D1673171

Schadstoffmobil

Der richtige Weg

zur Entsorgung umweltgefährdender Abfälle

Nicht nur Farben, Lacke, Lösemittel, Chemikalien und Haushaltsreiniger, auch Medikamente, Thermometer, Leuchtstoffröhren, Pflanzenschutzmittel etc. gehören in die Schadstoffsammlung Ihres Landkreises. Dies gilt im Prinzip auch für Altöl, Batterien und Kfz-Batterien, die trotz der Rückgabemöglichkeiten im Handel am Schadstoffmobil abgegeben werden können. Die Abgabemenge pro Anlieferer und Tag ist auf 100 kg beziehungsweise 100 l beschränkt, bei Mehrmengen wenden Sie sich direkt an den Abfallberater aus Ihrem Landkreis

Mehr Infos zum Schadstoffmobil und den Terminen in Ihren Nähe in Ihrem Umweltkalender, beim Abfallberater des Landkreises oder im Internet unter www.schadstoffsammlung.de und www.him.de

Jahrbuch 2005
für den Kreis Limburg-Weilburg

JAHRBUCH FÜR DEN KREIS LIMBURG-WEILBURG

2005

LIMBURG-WEILBURG 2005

Zum Titelbild:

Weilburg wird im Jahre 2005 das größte hessische Volksfest ausrichten. Viele tausend Menschen aus Hessen und den angrenzenden Bundesländern werden zum Hessentag vom 17. bis 26. Juni in der Stadt an der Lahn und auch im Landkreis Limburg-Weilburg zu Gast sein. Mit den charakteristischen Weilburger Motiven auf dem Titelbild des Jahrbuches 2005 möchte die Jahrbuchredaktion auf dieses Großereignis im Sommer hinweisen.

Die Fotos der Collage stammen von Werner Eisenkopf (Runkel-Steeden), Thomas Franz (Weilburg) und Simone Frohne (Limburg).

ISBN-Nr.: 3-927006-40-8

Herausgeber: Der Kreisausschuss (Kreisheimatstelle) des Landkreises Limburg-Weilburg, Schiede 43, 65549 Limburg, Tel.: 0 64 31 / 29 62 42 oder 29 62 05
e-Mail: heimatstelle @limburg-weilburg.de
Redaktion: Bernd Kexel, Simone Frohne, Dr. Marie-Luise Crone und Heinz Pfeiffer
Lektorat: Simone Frohne und Hannelore Wagner
® REKOM-Verlag Wetzlar
Satz, Gestaltung und Bildbearbeitung: Studio X2, Mengerskirchen-Winkels
Druck: Wetzlar-Druck
Anzeigenleitung: Alex Weber

INHALTSVERZEICHNIS

	Vorwort	7
	Kalendarium	9
	Chronik	13

ZEITGESCHEHEN

Hans-Peter Schick	Der Hessentag soll ein fröhliches Fest werden	25
Hans-Peter Schick	Weltweit einzigartig: Weilburger Tunnel-Ensemble	27
Walter Gerharz	Die WFG leistet Wirtschaftsförderung in der Region	30
Antonia Haberkern	Ein- und Auspendlerquoten im Landkreis	35
Wilfried Hofmann	Arbeitslos	38
Wilma Rücker	Um es vor dem Vergessen zu bewahren	39
Uli Becker	Die Ausgleichsämter haben 26.526 Anträge bewilligt	45
Astrid Roos	Ehrenamt wird groß geschrieben	47
Julia Weigand	Was bringt uns das Partizipationsleasing?	48
Martin Kaiser	Medienpädagogisches Projekt	50
Melanie Eriksson	Betreute Familienfreizeit	51
Walter Stöppler	Frisch-Fromm-Fröhlich-Frei	53
Josef J.G. Jung	Fußwallfahrten nach Walldürn	56
Reinhold Hasselbächer	Tourismus im Landkreis Limburg-Weilburg	62
Dr. Crone / Stähler	Das Steinkistengrab	65
	Verdienstorden und Ehrenbriefe	68
Dr. Manfred Fluck	Zu Fuß über die Alpen	70
Bernd Kexel	Exkursion der Heimatstelle	76
Edith Bröckl	Neuerscheinungen	79

HEIMATGESCHICHTE

Peter Paul Schweitzer	Woher kommt der Name Heidenhäuschen?	83
Joachim Habel	Die Wotan-Steine auf dem Blasiusberg	87
Renate Kaßnitz	Der Westerwald	90
Kurt Nigratschka	Ursprung und Hintergrund des Ortsnamens Hünfelden	91
Dr. Erhard Grund	Contra Sextum	93
Helmut Plescher	Ein Lehrvertrag aus dem Jahre 1782	97
Lydia Aumüller	Villmar vor 215 Jahren	99
Monika Jung	Im Dienste des herzoglich-nassauischen Militärs	103
Dr. Rolf Faber	Gerichtsorganisation im Herzogtum Nassau	113
Franz-Karl Nieder	Zusammenkünfte zu politischen Zwecken sind verboten	117
Gerhard Eller	Die Christianshütte und ihre wechselvolle Geschichte	122
Hubert Hecker	Westerwälder Bettel- und Handelskinder	127
Renate Kaßnitz	Schöne Kinderzeit	132
Franz Motyka	Ein Kirchenstreit im Dombachtal	133
Manfred Kunz	Zwei Bischöfe besuchen Camberg in schwieriger Zeit	139
Hermann Engel	Vom Drommershäuser Weg zur Kreisstraße	143
Franz Josef Stillger	Papierkrieg um ein stilles Örtchen	145
Dr. Hubert Wagenbach	Volksschule vor 100 Jahren	149
Bernhard P. Heun	Babbdeckelshause	153

ERZÄHLTES UND UNTERHALTUNG

Josef Schmidt	1944/45 Erinnerungen	156
Gertrud Preußer	Wäi de Kriisch ausgeng 1945	158
Rudi Leinweber	An unsere Heimatstadt	159
Erna Elisabeth Schermuly	Gasthaus Wagner	160
Frohne/Holm	Rezepte für »Jeder Mann«	162
Wilfried Hofmann	Beim Anna'chen	163
Günter Gran	Das Buschwindröschen	165
Monika Kasteleiner	Herbst im Wald	168
Renate Kaßnitz	Heimat im Tal	169
Josef Schmidt	Im Backes	170
Willi Schoth	È aal vergräffe Braifje	172
Willi Schoth	Dii jungè Leu schwetzè kaa Platt net mii	173
Erich Becker	Heimkehr	175
Eugen Caspary	Fremdarbeiter im Goldenen Grund	176
Paula Diefenbach	Trautes Limburg	186
Leni Blechschmidt	Dä Mensche und die Vielsche	187
Gertrud Preußer	Dawenä Maat	188
Johannes J. Musolf	Das Besel	189
Otto Erbe	Aulenhäuser Widder	191
Bernhard P. Heun	Doomals, als noach Wänder woar	197
Dieter Stahl	Liebe Else	201
Erich Becker	Der Rosengarten von Hadamar	203
Kurt Engelmann	En urrem Durf deham	206
Ulrich Finger	Statistik gibt Einblicke in das Leben von 170 Jahren	208

MENSCHEN

Gundel Müller	Paula Datum	213
Josef Kramm	Namenlose Grabstele erinnert an eine tragische Liebe	214
Heinz Ketter	Großmutter und Enkelin	215
Christa Pullmann	Lauf, Vater, lauf!	217
Ullrich Dahinden	Werner Bell - Malen aus Leidenschaft	223
Walter Rudersdorf	Krista Jaschinski-Ehlers	227
Armin M. Kuhnigk	Der BdKJ-Präses Willy Bokler	231

KUNST UND KULTUR

Erich Müller	Der Rentnerchor von Würges	234
Helga Reucker	Das Weilburger Kriegerdenkmal	236
Carl Appel (†)	An die Veteranen des Oberlahnkreises	238
Linda Bausch	Museum »Lichthäuschen«	239
Klaus Dönges	Die Neesbacher Kirche	243
Erwin Schön	Die Kirche St. Michael zu Probbach	245

NATUR UND UMWELT

Erich Müller	Wie schnitze ich ein Pfeifchen?	250
Dr. Bernold Feuerstein	Die Naturräume unseres Landkreises	251
Helmut Paul	Schwarzwildbestände nehmen zu	257
Dr. Rüdiger Fluck	Tölt und Pass	261
Dieter Stahl	Einblicke in heimische Marmorbrüche	267
Heinz Pfeiffer	Jahrbuchquiz	275
	Autorenverzeichnis	280

Vorwort des Landrats

Liebe Leserinnen, liebe Leser,

unser etabliertes und sehr gut angenommenes Jahrbuch hat Konkurrenz bekommen. Und zwar aus den eigenen Reihen. Was die heimatkundlich interessierten Bürgerinnen und Bürger bisher nur in schriftlicher Form aufnehmen konnten, ist nun mit allen Sinnen zu erfahren. Denn Heimatgeschichte kann seit neuestem nicht nur nachgelesen werden, sondern es ist jetzt auch möglich, sie zu erwandern oder gar per Fahrrad zu erradeln. Da kann man das Wasser der Lahn und den Duft des Waldes riechen, die Basaltsteine des Westerwaldes unter den Füßen spüren und den kräftigen Wind oder die milden Sonnenstrahlen der Heimat genießen.

Das Team von der Kreisheimatstelle hat bereits im vergangenen Jahr mit einer Serie von Exkursionen begonnen, die auf überaus positive Resonanz gestoßen sind. Gestartet wurde mit einer Exkursion unter Leitung von Dr. Holger Rittweger zur beeindruckenden Kegelkarstlandschaft bei Runkel-Hofen, im Juni 2004 folgte eine Radexkursion zur Industrie- und Verkehrsgeschichte an der Lahn mit Hans-Peter Günther, Anfang September erklärte die neue Bezirksarchäologin Dr. Sabine Schade-Lindig vor Ort das restaurierte Steinkammergrab von Niederzeuzheim und zum Tag des Geotops 2004 führte wiederum Dr. Rittweger über 135 Kinder und Erwachsene durch 70 Millionen Jahre unserer Urgeschichte vom Aussterben der Dinosaurier bis zum ersten Auftreten des Menschen in unserer Region.

Wir freuen uns sehr, dass diese für unseren Landkreis neue Form heimatkundlicher Betätigung einen so großen Anklang gefunden hat. Deshalb werden sicherlich weitere Veranstaltungen dieser Art folgen. Wer mehr über die Exkursionsreihe der Kreisheimatstelle erfahren möchte, um vielleicht an den kommenden Aktionen selbst teilzunehmen, findet eine Nachlese darüber in diesem Jahrbuch auf Seite 76. Zahlreiche weitere aufschlussreiche, spannende und unterhaltsame Beiträge wurden in diese 15. Auflage des Kreisjahrbuches aufgenommen. Sie beinhalten eine ausgewogene Mischung aus den Themenbereichen:

Zeitgeschehen, Heimatgeschichte, Erzähltes und Unterhaltung, Menschen, Kunst und Kultur, Natur und Umwelt.

Freuen Sie sich mit mir auf die Lektüre des neuen Jahrbuches 2005.

Ihr

Fluck

(Dr. Manfred Fluck)
Landrat

Januar

Mo	Di	Mi	Do	Fr	Sa	So
					1	**2**
3	4	5	6	7	8	**9**
10	11	12	13	14	15	**16**
17	18	19	20	21	22	**23**
24	25	26	27	28	29	**30**
31						

Menschen, denen wir eine Stütze sind, geben uns guten Halt.

Februar

Mo	Di	Mi	Do	Fr	Sa	So
	1	2	3	4	5	**6**
7	8	9	10	11	12	**13**
14	15	16	17	18	19	**20**
21	22	23	24	25	26	**27**
28						

Mit Vorsicht kann man vieles voraussehen, weniges nur verhüten.

März

Mo	Di	Mi	Do	Fr	Sa	So
	1	2	3	4	5	**6**
7	8	9	10	11	12	**13**
14	15	16	17	18	19	**20**
21	22	23	24	**25**	26	**27**
28	29	30	31			

Wirbelst du Staub auf, fliegt er anderen ins Auge.

April

Mo	Di	Mi	Do	Fr	Sa	So
				1	2	**3**
4	5	6	7	8	9	**10**
11	12	13	14	15	16	**17**
18	19	20	21	22	23	**24**
25	26	27	28	29	30	

Die Superklugheit ist eine der verächtlichsten Arten der Klugheit.

Mai

Mo	Di	Mi	Do	Fr	Sa	So
						1
2	3	4	**5**	6	7	**8**
9	10	11	12	13	14	**15**
16	17	18	19	20	21	**22**
23	24	25	**26**	27	28	**29**
30	31					

Mit der einen Hand arbeiten, mit der anderen Hand Tränen trocknen.

Juni

Mo	Di	Mi	Do	Fr	Sa	So
		1	2	3	4	**5**
6	7	8	9	10	11	**12**
13	14	15	16	17	18	**19**
20	21	22	23	24	25	**26**
27	28	29	30			

Nicht alles, worüber lange geredet wird, geschieht auch.

Juli

Mo	Di	Mi	Do	Fr	Sa	So
				1	2	3
4	5	6	7	8	9	10
11	12	13	14	15	16	17
18	19	20	21	22	23	24
25	26	27	28	29	30	31

Frieden kannst du nur haben, wenn du ihn selbst um dich verbreitest.

August

Mo	Di	Mi	Do	Fr	Sa	So
1	2	3	4	5	6	7
8	9	10	11	12	13	14
15	16	17	18	19	20	21
22	23	24	25	26	27	28
29	30	31				

Wenn die Narbe verheilt ist, ist der Schmerz vergessen.

September

Mo	Di	Mi	Do	Fr	Sa	So
			1	2	3	4
5	6	7	8	9	10	11
12	13	14	15	16	17	18
19	20	21	22	23	24	25
26	27	28	29	30		

Ein Baum wird nicht nach seinen Blättern, sondern nach seinen Früchten bewertet.

Oktober

Mo	Di	Mi	Do	Fr	Sa	So
					1	**2**
3	4	5	6	7	8	**9**
10	11	12	13	14	15	**16**
17	18	19	20	21	22	**23**
24	25	26	27	28	29	**30**
31						

Gewalttätigkeit bringt immer Ärger und nie Erfolg.

November

Mo	Di	Mi	Do	Fr	Sa	So
	1	2	3	4	5	**6**
7	8	9	10	11	12	**13**
14	15	16	17	18	19	**20**
21	22	23	24	25	26	**27**
28	29	30				

Es ist natürlich, eher über einen Stein zu stolpern als über einen Berg.

Dezember

Mo	Di	Mi	Do	Fr	Sa	So
			1	2	3	**4**
5	6	7	8	9	10	**11**
12	13	14	15	16	17	**18**
19	20	21	22	23	24	**25**
26	27	28	29	30	31	

Nicht alles, was dem Munde mundet, tut dem Magen gut.

Die Wetterregeln und Sprüche stellte Gertrud Preußer zusammen.

KREISCHRONIK 2003/2004

VON HEINZ PFEIFFER

NOVEMBER 2003

Merenberg/Beselich. Bei der Bürger-

meisterwahl in Merenberg setzte sich Reiner Kuhl (parteilos) gegen drei andere Kandidaten durch. Er trat die Nachfolge des ebenfalls parteilosen Gerald Born an, der nach zwei Amtszeiten nicht mehr kandidierte. Der 45 Jahre alte Büroleiter der Gemeindeverwaltung vereinigte 58 Prozent der Stimmen auf sich. Der Herborner Michael Liesfeld bekam 22,7 Prozent der Stimmen. Jürgen Wenzel (Merenberg) kam auf 14,5 Prozent, Jörg Unkelbach (Merenberg) auf 5,8 Prozent.

In Beselich wurde Bürgermeister Martin Rudersdorf (parteilos) mit 78,8 Prozent im Amt bestätigt. Das sind 10,8 Prozent mehr als bei seiner Wahl sechs Jahre zu-

vor. Gegenkandidaten gab es nicht.

Dornburg-Frickhofen. Ein Großbrand richtete nachts auf einem Aussiedlerhof bei Frickhofen 150.000 Euro Schaden an. Die Polizei ging von Brandstiftung aus. Mehr als 100 Feuerwehrleute waren bis in die frühen Morgenstunden damit beschäftigt, den Lagerhallenbrand unter Kontrolle zu bringen.

Limburg. Karl-Winfried Seif, Staatssekretär im Ministerium für Umwelt, ländlichen Raum und Verbraucherschutz, feierte seinen 60. Geburtstag. Der CDU-Politiker aus Limburg ist seit den 80er Jahren in der Kommunal-, Kreis- und Landespolitik aktiv.

DEZEMBER 2003

Limburg-Weilburg. Nach Ansicht von Politikern und Verwaltungsfachleuten wird Limburg als großer Gewinner aus der Behördenreform des Landes Hessen hervorgehen. Nach der Auflösung von sieben Katasterämtern im Rhein-Main-Gebiet und in Weilburg erhält die Domstadt mit dem Amt für Bodenmanagement eine neue Superbehörde mit mehr als 260 Bediensteten. Mehr als 200 Verwaltungsleute werden neu nach Limburg kommen. Wegfallen soll in Limburg die Regionalstelle des Hessischen Landesinstitutes für Pädagogik (Help) mit zwei Bediensteten. Sie wird dem Weilburger Help angegliedert. Weilburg verliert sein Katasteramt an Limburg sowie die Außenstelle des Amtes für Straßen- und Verkehrswesen an dessen Hauptsitz in Dillenburg. Das Finanzamt wird zu einer Außenstelle der Limburger Behörde. Im Gegenzug zieht das Staatliche Schulamt in die Residenzstadt. Das Weilburger Forstamt ist künftig auch für Teile der bisherigen Bezirke Hadamar (wird aufgelöst) und Driedorf zuständig. Das Forstamt in Weilmünster verwaltet auch Teile des aufgelösten Braunfelser Bezirks. In Hadamar wird das Amtsgericht der Oberhoheit in Limburg unterstellt. Das Amt für Veterinärwesen und Verbraucherschutz wird aufgestockt und ist künftig auch für den Lahn-Dill-Kreis zuständig. Die Außenstelle Arbeitsschutz wandert nach Wetzlar.

Weilburg. Drei Studierende der Weilburger Technikerschule knackten den schlecht gesicherten Zugangscode eines Mannes aus Ludwigsburg und ersteigerten im Internt-Auktionshaus ebay Waren im Wert von 130 Millionen Euro, darunter ein Flugzeug, eine Gaststätte und

Kunstgegenstände. Der Betrug flog auf, die Staatsanwaltschaft ermittelte.

Waldbrunn / Elz / Bad Camberg. Walter Rudersdorf aus Ellar, Josef Weimer aus Elz und Willi Sabel aus Bad Camberg wurden mit dem Bundesverdienstkreuz ausgezeichnet.

Weilburg. Georg Hauch aus Weilburg wird zum 1. Januar 2004 neuer Kreisbrandinspektor. Hauchs Amt als Weilburger Stadtbrandinspektor übernimmt Armin Heberling aus Ahausen.

JANUAR 2004

Weilburg. Er ist 42 Jahre alt, Zahntechniker und Gardist der Bürgergarde in Weilburg, sie ist 30 Jahre alt und Kriminaloberkommissarin im Bundeskriminalamt. Zusammen bilden Dirk Petersen und Kerstin Abel das Hessentagspaar. Als Botschafter werben die beiden in diesem Jahr für das Großereignis Hessentag, das im Juni 2005 in der Residenzstadt zu Gast sein wird. Bürgermeister Hans-Peter Schick stellte das Paar zusammen mit Gardehauptmann Jörg Schönwetter beim Ball der Weilburger Bürgergarde vor (Foto).

Damit begann die *»heiße Phase«* der Vorbereitungen. Historisch gesehen ist das Weilburger Hessentagspaar im Biedermeier angesiedelt. Dirk Petersen trägt die Uniform der Weilburger Bürgergarde, Kerstin Abel schlichte weiße Reifröcke, die mit blauen Streifen verziert sind. Ihren ersten großen Auftritt mit der Bürgergarde hatten Petersen und Abel beim Hessentagszug im Juni 2004 in Heppenheim.

Limburg. Die Bahn AG taufte einen ihrer ICE-Züge auf den Namen *»Limburg an der Lahn«* und erklärte die seit drei Jahren dauernden Bauarbeiten am neu errichteten Bahnhofsgebäude für beendet. Bürgermeister Martin Richard (CDU) mahnte im Vorfeld der Taufe an, am selben Tag absprachegemäß auch das neue Reisezentrum in Betrieb zu nehmen. Probleme mit der Heizung und den automatischen Türöffnern verhinderten bislang die Nutzung der Schalterhalle. Die Stadtverordnetenfraktion der Grünen blieb der Zugtaufe demonstrativ fern. Sie protestierte damit gegen die Baumängel am Bahnhofsgebäude und den ihrer Ansicht nach nicht ausreichenden Schallschutz entlang der Hochgeschwindigkeitsstrasse.

Limburg. Bischof Dr. Franz Kamphaus erhielt in Frankfurt am Main den mit 50.000 Euro dotierten Ignatz-Bubis-Preis für Verständigung zwischen Juden und Christen. Der Preis wird nur alle drei Jahre verliehen.

Weilburg. Forstdirektor Dr. Dr. Gisbert Backhaus erhielt an seinem 63. Geburtstag vom hessischen Finanzminister Karlheinz Weimar (CDU) das Bundesverdienstkreuz. Backhaus ist seit 40 Jahren im Dienst.

Hadamar-Oberweyer. Der Malteser-Ritterorden ehrte Heinz-Georg Muth mit seiner höchsten Auszeichnung, dem Orden *»Pro Merito Melitensi«*. Der Diakon aus Oberweyer ist eines von vier Gründungsmitgliedern des Malteser Hilfsdienstes im Kreis Limburg-Weilburg.

Limburg. Weihbischof Gerhard Pieschl feierte seinen 70. Geburtstag. Pieschl kümmert sich seit mehr als 25 Jahren vor allem um die seelsorgerische Betreuung von Soldaten, Polizisten und Vertriebenen.

Limburg. Yvonne Taudor aus Limburg

(Foto) gewann in Jena die Wahl zur »*Miss Mittel- deutschland*«. Für die 22 Jahre alte Lehramtsstudentin ging damit ein Traum in Erfüllung. Wenige Tage spä- ter durfte sie sich bei der Wahl zur »*Miss Germany*« im Europapark Rust gemeinsam mit 20 an- deren Schönheiten der Jury präsentieren. Dort kam die amtierende »*Miss Wester- wald*« jedoch nicht unter die ersten drei.

Limburg-Weilburg. Die Suche nach den Überlebenden eines Flugzeugabsturzes hielt den Kreis Limburg-Weilburg tagelang in Atem. Vermisst wurden die beiden Piloten Wolfgang Barth, ehemaliger Oberliga-Fußballer des VfR 19 Limburg, und Walter Lützenkirchen. Gefunden wurde die Maschine schließlich bei Oestrich-Winkel im Rheingau. Die Polizei entdeckte die Leichen der Vermissten in den Trümmern des Sportflugzeugs.

Februar 2004

Limburg. Dr. Marie-Luise Crone (Foto) ist als erste hauptamtliche Heimatpflegerin des Landkreises Nachfolgerin von Armin M. Kuhnigk. Landrat Dr. Manfred Fluck (Mitte) verabschiedete den Geschichtslehrer aus Niederselters. Er hörte nach 6 $\frac{1}{2}$ Jahren auf eigenen Wunsch auf.

Hadamar. Hermann Bellinger, Ehren- bürgermeister der Stadt Hadamar und langjähriger Kreistagsvorsitzender, erhielt die goldene Ehrennadel der CDU.

Bad Camberg/Mengerskirchen/Altendiez. Bei einem Überfall auf einen Lebensmittel- markt in Bad Camberg erbeuteten Unbe- kannte mehrere 1.000 Euro. Der Filialleiter und eine Mitarbeiterin wurden mit Pistolen bedroht und an einen Schreibtisch ge- fesselt. In Mengerskirchen überfiel am Vor- mittag ein auf 60 bis 65 Jahre geschätzter und mit einer Pistole bewaffneter Mann die Kreissparkassenfiliale und erbeutete einige 1.000 Euro. In Altendiez wollten drei mit einem Elektroschocker und einem Base- ballschläger bewaffnete Männer einen Polizeibeamten und dessen Frau zur Herausgabe von 18.500 Euro zwingen. Der Überfall schlug fehl, weil der Polizeibeamte von seiner Dienstwaffe Gebrauch machte und einen der Männer verletzte.

Limburg-Weilburg. Der Landkreis Lim- burg-Weilburg sowie die Kommunen Mengerskirchen, Löhnberg, Merenberg, Beselich und Villmar verabschiedeten im Februar die Haushalte für das Jahr 2004. Während der Haushaltsansatz für den Landkreis nach Ausfällen von Bundes- und Landesmitteln ein Rekorddefizit von rund 16,5 Millionen Euro ausweist, das nicht korrigiert wird, kalkulierten die Kommunen wesentlich vorsichtiger. Doch auch sie können ihre Haushalte nicht in allen Fällen ausgeglichen gestalten.

Anders als geplant, nahmen die Fraktionen im Kreistag einen großen Teil der ursprünglich vorgesehenen Einsparungen zurück. Unter anderem wurde die Sportförderung nicht für ein Jahr ausgesetzt, sondern nur um ein Drittel auf 80.500 Euro gekürzt. Auch für andere Bereiche wurde wieder Geld zur Verfügung gestellt.

Villmar-Aumenau. Im Keller eines Wohnhauses an der Erzstraße in Aumenau brach am Monatsanfang ein Feuer aus, das schnell auf die zwei darüber liegenden Geschosse übergriff. Fast 60 Feuerwehrleute aus Seelbach, Villmar und Weilburg waren den Nachmittag damit beschäftigt, den Brand unter Kontrolle zu bringen.

Limburg. Helmut Peuser wurde mit 96,3 Prozent der Stimmen für weitere zwei Jahre an die Spitze der Kreis-CDU gewählt.

MÄRZ 2004

Runkel/Villmar. Carsten Adams wurde als neuer Pfarrer der ev. Kirche in Runkel eingeführt. Adams ist auch für Villmar und Ennerich zuständig.

Villmar/Selters-Haintchen. Der Bäcker Paul Schmidt aus Villmar und der Fleischer Karl Stath aus Haintchen erhielten für 50 Jahre als Meister von der Handwerkskammer Wiesbaden den Goldenen Meisterbrief.

Weilburg/Weinbach. Der Männergesangverein »*Liederkranz*« Weilburg feierte mit einem Konzert in der Schlosskirche sein 175-jähriges Bestehen. Der »*Liederkranz*« gehört zu den ältesten Chören Deutschlands und ist der fünftälteste Gesangverein in Hessen. Der TuS Weinbach beging sein 100-jähriges Bestehen mit einem Kommersabend. Weitere Jubiläumsveranstaltungen folgen im Laufe des Jahres.

Weilburg. Der Mühlbergtunnel, der die Frankfurter Straße in Weilburg auf einer Länge von 132 Metern unterquert und die Weilstraße mit dem Ahäuser Weg verbindet, wurde am 3. März unter großer Anteilnahme der Bevölkerung für den Verkehr freigegeben (Foto gegenüberliegende Seite). Das 4,5 Millionen Euro teure Projekt ist Teil der Innenstadtumgehung, zu der auch eine neue Lahnbrücke gehört. An ihr wird noch gebaut, sie soll im Dezember fertig werden. Mit sechs Scheren durchtrennten Hessens Wirtschafts- und Verkehrsminister Dr. Alois Rhiel (CDU), Weilburgs Bürgermeister Hans-Peter Schick (parteilos), dessen Frau und Tunnelpatin Mechthild Schick, Guntram Gumprecht, Vizepräsident des Landesamtes für Straßen- und Verkehrswesen, Thomas Weber, Leiter des Amts für Straßen und Verkehrswesen (ASV) in Dillenburg, und Werner Laux, Projektleiter des ASV für die Teilortsumgehung, das schwarz-rotgoldene Band vor dem Südportal des Tunnels.

Der Tunnel entlastet die Innenstadt von 20.000 Fahrzeugen täglich.

Merenberg. Anfang des Monats wurde eine 49 Jahre alte Frau in ihrem Haus in Merenberg durch einen Messerstich in den Rücken getötet. Die Polizei verdächtigte den 43 Jahre alten, geistig behinderten Bruder.

Weilmünster-Laubuseschbach. Die neue Gymnastikhalle der Grundschule in Laubuseschbach ist fertig. Nachdem knapp 50 ehrenamtliche Helfer 19 Monate lang mit den Bauarbeiten beschäftigt waren, konnte die neue Halle im März ihrer Bestimmung übergeben werden.

APRIL 2004

Limburg. Günther Schmidt aus Dornburg bleibt für fünf weitere Jahre Präsident der Industrie- und Handelskammer Limburg. Dem Präsidium gehören außerdem Petra Häuser (Limburg), Dr. Klaus Joachim Reucker (Weilburg) und Dr. Karl-Bernhard Sammel (Limburg) an.

Weilburg-Bermbach. Walter Frank feierte im April nicht nur seinen 65. Geburtstag; der Bermbacher war außerdem seit 50 Jahren im öffentlichen Dienst tätig. In seiner Karriere, die als Lehrling bei der Staatskasse in Weilburg begann, brachte es Frank bei der Kreisverwaltung bis zum Büroleitenden Beamten, Personalchef, Hauptamtsleiter und Verwaltungsdirektor. Mit Ablauf des Monats ging Walter Frank in Pension. Sein Nachfolger wurde Wolf-Dirk Räbiger, der bereits das Rechtsamt der Kreisverwaltung leitet.

Limburg. Dr. Klaus Peter Schalk, Chefarzt der Abteilung Hämatologie (Bluterkrankungen) und internistische Onkologie (Tumorerkrankungen), wurde vom Verwaltungsrat des St.-Vincenz-Krankenhauses in Limburg zum neuen ärztlichen Direktor des Krankenhauses ernannt. Er trat die Nachfolge von Prof. Dr. Matthias Volk an. Neuer Stellvertreter ist Dr. Udo A. Heuschen.

Villmar. Hermania Schrauth, fast 30 Jahre lang Leiterin des Kinderhorts »Am Huttig« in Villmar, feierte ihr 50-jähriges Ordensjubiläum. Sie ist Nonne der »Armen Dienstmägde Jesu Christi«.

Limburg. Beatrix Schlausch wurde zur Präsidentin der Diözesanversammlung des Bistums Limburg gewählt. Ihr Vorgänger Dr. Hans-Peter Röther kandidierte nicht mehr.

Beselich-Niedertiefenbach. Willy Schneider, Metallbaumeister aus Beselich-Niedertiefenbach, erhielt den goldenen Meisterbrief.

Limburg-Weilburg. Vier Verkehrstote – das ist die Bilanz eines in Sachen Verkehrsunfällen eher ruhigen Monats. Am 4. April kamen auf der A 3 zwischen Bad Camberg und Idstein die Insassen eines Jaguars ums Leben. Der Sportwagen, in dem der 69 Jahre alte Fahrer und seine 76 Jahre alte Frau saßen, wurde nach dem Aufprall auf ein Brückengeländer in zwei Teile gerissen (Foto unten). Bei einem Frontalzusammenstoß zweier Pkw auf der Landesstraße zwischen Staffel und Görgeshausen erlag am 19. April ein 28 Jahre alter Mann seinen Verletzungen. In der Nacht zum 25. April kam ein 19-Jähriger auf der B 456 bei Dietenhausen ausgangs einer scharfen Linkskurve von der Fahrbahn ab. Der Wagen prallte gegen drei Bäume, der Fahrer überlebte nicht.

Waldbrunn/Limburg. Wegen eines Schusswechsels mit der Polizei und eines Angriffs auf zwei Amtstierärzte verurteilte die fünfte große Strafkammer des Limburger Landgerichts eine 45 Jahre alte Frau aus Waldbrunn-Hausen zu zwei Jahren Haft ohne Bewährung. Weil die Angeklagte wegen ihres aggressiven Verhaltens als gefährlich einzustufen sei, ordnete das Gericht außerdem die Einweisung in eine psychiatrische Klinik an.

Die Vorgeschichte: Die Frau ging im Juni 2002 mit einem Traktor auf zwei Amtstierärzte los, die auf ihrem Hof die artgerechte Tierhaltung kontrollieren wollten. Einem der Ärzte fuhr sie über ein Bein. Als die herbeigerufene Polizei eintraf, bedrohte sie einen der Beamten mit einem Messer. Ein Jahr später kam sie einer Vorladung vor das Amtsgericht nicht nach. Auf die acht Polizisten, die den Vorführungsbefehl vollstrecken sollten, eröffnete sie das Feuer, wurde dabei aber mit einem gezielten Schuss in den Oberschenkel außer Gefecht gesetzt.

Villmar-Seelbach. Nach einer Bauzeit von zwölf Monaten wurde die Seelbachtalhalle, eine 1,5 Millionen Euro teure Mehrzweckhalle in Villmar-Seelbach, eingeweiht. Der Neubau war nötig geworden, weil die tragende Balkenkonstruktion der 1924 bis 1926 erbauten Vorgängerhalle völlig verfault war.

Weilburg. Für den Festakt zum 100-jährigen Bestehen der Kreissparkasse Weilburg am 27. April 2004 in der Weilburger Stadthalle hatten sich 55 der 268 Beschäftigten zu einem Chor zusammengefunden (Foto), der mit selbst getexteten Liedern »Wir beraten Sie gern« und »Hand in Hand« lang anhaltenden Beifall von den 200 ge-

ladenen Gästen bekam. An mehreren dienstfreien Samstagen hatten die Sparkassenmitarbeiter und -mitarbeiterinnen unter der Leitung des Dirigenten Dennis Amendt dafür geprobt. Die ursprüngliche Absicht, den Chor danach wieder aufzulösen, hat sich dann nicht verwirklicht, nachdem er einerseits weiteren Zulauf bekommen hatte und andererseits beim Bunten Abend der Kreissparkasse kurz darauf und einem Betriebsfest am 1. Oktober erneut auftrat. Nun wollen die Sparkassen-Sänger wieder üben für einen weiteren Auftritt beim Hessentag in Weilburg vom 17. bis 26. Juni 2005 (Text und Foto: Dieter Nobbe).

Mai 2004

Weinbach-Freienfels. Die Freienfelser Ritterspiele litten unter schlechtem Wetter. Der Freitag und der Samstag waren total verregnet, nur am Sonntag zeigte sich die Sonne. Etwas mehr Glück hatten die Veranstalter und Besucher der anderen Feste, die im Mai gefeiert wurden: Weinfest und Löwenparade lockten zahlreiche Besucher auf den Weilburger Marktplatz, auch das Apfelweinfest in Weilmünster-Laubuseschbach und das Merenberger Brunnenfest waren gut besucht.

Villmar-Seelbach. Mit einer Fotoausstellung im neuen Dorfgemeinschaftshaus, einer akademischen Feier und der Herausgabe eines 340 Seiten dicken Heimatbuches feierte Seelbach seine urkundliche Ersterwähnung im Jahr 1154. Der akademischen 850-Jahr-Feier wohnten auch Hessens Finanzminister Karlheinz Weimar (CDU) und Carl Fürst zu Wied bei, dessen Haus noch immer das Patronat über die Seelbacher Kirche ausübt.

Beselich-Obertiefenbach. Steffen Brühl aus Obertiefenbach wurde zum katholischen Priester geweiht.

Selters-Niederselters. Franz Josef Stillger, Ortsvorsteher von Niederselters, wurde mit dem Bundesverdienstkreuz am Bande ausgezeichnet.

Limburg-Weilburg. Sexualvergehen und Sadismus, Diebstahl und Drogengeschäfte beschäftigten die Polizei und die Gerichte. So schickte das Landgericht in Limburg einen 37 Jahre alten Rechtsanwalt für 4 $\frac{1}{2}$ Jahre hinter Gitter, weil er eine Bekannte mit einem Schlafmittel bewusstlos machte und sich dann an ihr verging.

Der Bundesgerichtshof bestätigte das Urteil gegen das »Westerwälder Sadistenpaar« Lutz und Monika Kecke. Sie wurden für den Mord an zwei Limburger Schülerinnen verurteilt. Der Mann muss für 15 Jahre in Haft, die Frau erhält eine lebenslange Strafe.

Rauschgiftfahnder der Polizeidirektion Limburg-Weilburg sprengten einen litauischen Heroinhändlerring und nahmen dabei insgesamt 14 Personen fest. Die Polizei stellte in Waldbrunn-Hausen 14 gestohlene Baumaschinen im Wert von mehr als 200.000 Euro sicher. Die Polizei nahm einen Tatverdächtigen fest, mehreren anderen gelang die Flucht. In Linter versuchte eine Bande in einer einzigen Nacht in 31 Häuser einzubrechen. In sechs Fällen waren die Diebe erfolgreich.

Limburg-Weilburg. Aus den Vereinen: Die Europa-Union Oberlahn feierte ihr 50-jähriges Bestehen. Gleich drei Turnvereine begingen im Mai ihr 100-jähriges Jubiläum: der TV Würges, der TV Eschhofen und der TuS Weinbach. Der Gesangverein »Concordia« Barig-Selbenhausen wurde 125 Jahre alt, der Gesangverein »Einigkeit« Schupbach 150 Jahre.

Juni 2004

Weilburg-Hirschhausen. Werner Hild, ehemaliger Ortsvorsteher in Hirschhausen und seit 1990 Ortsgerichtsvorsteher, wurde für 60 Jahre Tätigkeit im öffentlichen Dienst geehrt.

Runkel-Schadeck. Susanne Holz-Plodeck wurde neue Pfarrerin in Schadeck.

Limburg. Wolfgang Ibel, ehemaliger CDU-Kreis- und Landespolitiker aus Limburg, feierte seinen 70. Geburtstag.

Bad Camberg/Brechen/Hünfelden.
Wolfgang Erk (SPD) wurde neuer Bürgermeister der Stadt Bad Camberg. Der 52-Jährige (Foto) setzte sich in der Stichwahl mit 50,4 Prozent und 48 Stimmen Vorsprung gegen den  CDU-Bewerber Harald Theuerkauf durch. In Brechen erhielt der parteilose Werner Schlenz (Foto) 68 Prozent der Stimmen und wurde neuer Bürgermeister. In der Gemeinde Hünfelden wurde der parteilose Bürgermeister Norbert Besier (Foto) mit 86 Prozent der Stimmen in seinem Amt bestätigt. Für ihn ist es die zweite Amtszeit.

Limburg-Weilburg.
Aus den Vereinen: Der TV Eschhofen feierte sein 100-jähriges Bestehen. Der Frauen- und Mädchenchor Wirbelau wurde 75 Jahre alt. Die Kirmes in Obershausen stand im Zeichen dreier Vereinsgeburtstage. Die Freiwillige Feuerwehr wurde 70 Jahre, der Naturschutzverein 40 Jahre und die Jugendfeuerwehr 20 Jahre alt. Der Chor »*Concordia*«

Reichenborn konnte auf sein 125-jähriges Jubiläum zurückblicken. Der Gesangverein »*Concordia*« Ahausen wurde aus Anlass seines 100-jährigen Bestehens mit der Zelter-Plakette, der höchsten Auszeichnung für Laienchöre, geehrt. Der Carnevalsclub Waldernbach besteht seit 25 Jahren. Der Musikverein Limburg wurde 50 Jahre, der Chor »*Uhland*« Weilmünster 125 Jahre alt. Die Probbacher Feuerwehr feierte ihr 70-jähriges Bestehen.

Limburg. Auf der Autobahn Köln-Frankfurt in Höhe des Elzer Berges stellte der Fahrer eines Opel Omega mit 184 km/h eine Bestmarke für das Jahr 2004 auf. Erlaubt ist eine Höchstgeschwindigkeit von 100 km/h. Der Fahrer, der aus Polen stammt, musste für die zu erwartende Geldbuße eine Sicherheit in Höhe von 525 Euro hinterlegen.

Limburg-Weilburg. Das Regierungspräsidium in Gießen genehmigte den Haushaltsplan des Kreises Limburg-Weilburg für das Jahr 2004 – trotz eines Rekorddefizits von 15,5 Millionen Euro. Das Regierungspräsidium empfahl dem Kreis, die Hebesätze für die Kreisumlage zu erhöhen, machte dies aber anders als im Lahn-Dill-Kreis nicht zur Auflage.

Juli 2004

Limburg. Chaos auf der Autobahn: Bei einer Massenkarambolage auf der Autobahn Frankfurt-Köln rasten am 2. Juli gegen 19 Uhr insgesamt 43 Fahrzeuge ineinander (Foto). Der Polizei zufolge wurden die Fahrer in Höhe des Elzer Berges von der tief stehenden Sonne geblendet, die sich außerdem auf der regennassen Fahrbahn spiegelte. 90 Helfer, darunter Ärzte, Polizei und Feuerwehrleute, waren an der Unfallstelle im Einsatz. Bei der Massenkarambolage, der bislang größten im Kreisgebiet, wurden zwei Personen schwer und 18 leicht verletzt. Den Sachschaden schätzte die Polizei auf 200.000 Euro. Während der Bergungsarbeiten war die Autobahn drei Stunden lang für den Verkehr gesperrt. Es kam zu einem 15 Kilometer langen Stau in Richtung Köln; in der Gegenrichtung stauten sich die Fahrzeuge auf zwölf Kilometer Länge.

Limburg-Weilburg. Im Juli feierte der DLRG Kreisverband Limburg-Weilburg sein 75-jähriges Bestehen. Dem Verband gehören heute zehn Ortsgruppen mit insgesamt 2.500 Mitgliedern an. Neben den Festlichkeiten zum Jubiläum wurde aber auch intensiv geübt, wie das auf dem Foto festgehaltene Manöver »*Volle Fahrt voraus*« beweist.

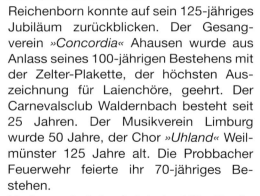

Hauptaufgaben der DLRG sind die Ausbildung von Schwimmern und Rettungsschwimmern, die Organisation und Durchführung des Wasserrettungsdienstes an unseren Gewässern im Kreisgebiet und die Mitwirkung im Rahmen des Katastrophenschutzes des Landes Hessen mit dem 1. Wasserrettungszug.

Foto: Sascha Braun

Ein weiterer Teil sind die Ausbildung ehrenamtlicher Helfer im Bereich der Jugendarbeit, des Wasserrettungsdienstes und des Katastrophenschutzes sowie die Taucher-, Bootsführer-, Funk-, Erste-Hilfe- und Sanitätsausbildung. Im Kreisgebiet unterhält die DLRG drei Rettungsstationen an der Lahn, in Limburg, in Runkel und in Weilburg.

Bad Camberg. Franz Theo Löw aus Bad Camberg erhielt für seine Leistungen in der Rinderzucht den Staatsehrenpreis.

Bad Camberg. Gegen den Ausgang der Bad Camberger Bürgermeisterwahl gingen insgesamt vier Einsprüche ein. Der Vorwurf: Bei der Briefwahl habe es zu Lasten des in der Stichwahl um 48 Stimmen unterlegenen CDU-Kandidaten Harald Theuerkauf Unregelmäßigkeiten gegeben. So hätten 1.100 Bürger Briefwahlunterlagen zugesandt bekommen, die diese nicht beantragten. Im Oktober 2004 entschied das Bad Camberger Parlamet, dass im Frühjahr 2005 Neuwahlen stattfinden werden.

Limburg-Weilburg. Für die Modernisierung der 113 Kilometer langen Strecke der Lahntalbahn zwischen Gießen und Koblenz stellte die Bahn AG für die zweite Jahreshälfte 60 Millionen Euro zur Verfügung. Erneuert werden das Gleisbett und die Schienen. Außerdem wird der Untergrund mit Schaumstoff gedämmt, was leiseres Fahren ermöglichen soll.

Limburg. Bei der dritten Chor-Olympiade in Bremen wurden drei Chöre aus dem Kreis Limburg-Weilburg in ihren Kategorien als Sieger ausgezeichnet. Es sind der große Männerchor »*Cäcilia*« aus Lindenholzhausen, der Frauenchor »*Carpe Diem*« und der Männer-Kammerchor »*Cantabile*«, beide aus Limburg. Bei den großen Männerchören wurde die »*Harmonie*« aus Lindenholzhausen mit dem dritten Preis ausgezeichnet.

August 2004

Weilburg/Weilmünster. Bei schönstem Wetter wurde der erste autofreie Sonntag im Weiltal zu einem Riesenerfolg. Zwischen Weilburg und Weilrod waren viele Kinder, Jugendliche und Erwachsene bei prächtiger Stimmung unterwegs. Die meisten mit dem Fahrrad, viele gingen aber auch mit Skatern auf die Strecke und zwei sogar mit Rollstühlen (Foto).

Limburg-Weilburg. Im August starben drei Menschen bei Unfällen im Kreisgebiet. Ein schrecklicher Unfall ereignete sich auf der B 456 bei der Abfahrt Hirschhausen. Ein 33-jähriger Edelsberger geriet auf gerader Strecke zweimal mit seinem Wagen nach rechts von der Fahrbahn ab, raste über eine Seitenfläche und prallte gegen einen Baum. Für den Fahrer, der herausgeschleudert wurde, kam jede Hilfe zu spät.

Auf einem Wirtschaftsweg bei Mengerskirchen kam ein 38-jähriger Radfahrer ums Leben. Der Fahrer eines mit Heuballen beladenen Traktors lenkte sein Gefährt zwar etwas zur Seite, dennoch geriet der Letzte aus der Dreier-Radfahrergruppe aus ungeklärter Ursache unter den Traktor, wobei er sich tödliche Verletzungen zuzog.

Bad Camberg-Würges. Seinen schweren Verletzungen erlag ein 38-jähriger Autofahrer, der auf der Straße von Bad Camberg-Würges nach Wallrabenstein mit seinem Wagen von der Fahrbahn abkam und gegen einen Brückenpfeiler prallte.

Runkel-Dehrn. Der Felshang am Ortsausgang von Dehrn in Richtung Dietkirchen hat sein Aussehen stark verändert, denn rund 800 Tonnen Fels wurden weggesprengt, um die Sicherheit der Verkehrsteilnehmer zu gewährleisten.

Nachdem wieder Gesteinsbrocken auf der Fahrbahn landeten, sah sich das Amt für Straßen- und Verkehrswesen im Zugzwang: die Verbindung in Richtung des Limburger Stadtteils Dietkirchen wurde gesperrt und die Sprengung des Hanges vorbereitet.

Nach der Zündung zweier größerer Sprengsätze setzten sich dann riesige Felsbrocken in Bewegung. Dazu wurden rund 50 Bäume beseitigt, die keinen Halt mehr hatten. Die Sicherungsmaßnahme kostete 125.000 Euro, inklusive eines 40 Meter langen Fangzauns, der künftig die Autofahrer vor Steinschlag schützt.

Mengerskirchen. 39 Mitarbeiter des Mengerskirchener Büromöbelwerks Buckard & Sprenger (BUS) verloren ihren Job, denn die Firma stellte beim Amtsgericht Limburg den Antrag auf Eröffnung eines Insolvenzverfahrens. Grund war, dass einerseits die Aufträge seit Jahren stark zurückgegangen waren und andererseits der Personalstamm auf Grund arbeitsrechtlicher Rahmenbedingungen nicht ohne weiteres zu verkleinern war.

Durch die desolate Auftragslage war das Unternehmen nicht mehr liquide, für die Fortzahlung der Löhne und Gehälter kein Geld mehr vorhanden.

Limburg. Sehr schwere Brandverletzungen an Kopf und Arm zog sich ein 27-Jähriger aus Hahnstätten zu, der am Limburger ICE-Bahnhof auf einen vier Meter hohen Strommast kletterte und einen Strom-Überschlag der 15.000-Volt-Oberleitung auslöste, ohne mit der Oberleitung in Berührung zu kommen.

Der Zugverkehr auf der Schnellbahnstrecke Köln-Frankfurt war wegen des Vorfalls unterbrochen. Die Feuerwehr barg den jungen Mann aus dem Mast, in dem er sich verfangen hatte. Er wurde in eine Koblenzer Klinik gebracht.

Limburg. Einen Großeinsatz der Rettungskräfte erforderte ein Feuer im Dachgeschoss eines siebenstöckigen Wohnhauses im Limburger Stadtteil Blumenrod. Die Bewohner des Hauses sowie der beiden Nachbarhäuser – insgesamt rund 150 Menschen – wurden vorsichtshalber evakuiert, der Schaden belief sich auf 50.000 Euro.

SEPTEMBER 2004

Limburg. 54 Männer und Frauen wollten Nachfolger des Ersten hauptamtlichen Stadtrats Dr. Heinrich Richard (parteilos) werden, der im März 2005 als dann 65-Jähriger nach 18-jähriger Dienstzeit im Limburger Rathaus in den Ruhestand geht.

Der Wahlvorbereitungsausschuss nahm elf davon in die engere Wahl. Die Wahl des Nachfolgers ist am Montag, 8. November, im Limburger Rathaus.

Limburg-Weilburg. In einer Sondersitzung in Bad Camberg hatte der Kreistag im August einstimmig beschlossen, »Hartz IV« (die Zusammenlegung von Arbeitslosen- und Sozialhilfe) gemeinsam mit der Agentur für Arbeit umzusetzen. Seitdem wird fieberhaft daran gearbeitet, damit über 4.700 arbeitslose erwerbsfähige Personen zum 1. Januar 2005 das ihnen zustehende Arbeitslosengeld II bekommen.

Der neuen Gesellschaft stehen für 2005 etwa 13,2 Millionen Euro zur Verfügung. Sie unterteilen sich in 8,3 Millionen Euro für Eingliederungsleistungen und 4,9 Millionen Euro die für Personal-, Raum- und Sachkosten.

Limburg-Weilburg. Im Kreis Limburg-Weilburg sollen Aussiedler mit vereinten Kräften integriert werden. Das werde mit Hilfe des Projekts »Ost-West-Integration« geschehen, das den Neubürgern Hilfestellung in unterschiedlichen Lebensbereichen anbietet. Der Kreis mit derzeit 13.000 Aussiedlern wurde vom Bundesinnenministerium als einziger in Hessen für dieses Projekt ausgewählt.

Weilburg. Ein bunter Festzug war der Höhepunkt eines dreitägigen Jubiläumsfestes, mit dem die hessische Vereinigung für Tanz- und Trachtenpflege in Weilburg das 30. Landes-Kindertrachtenfest feierte. Über 40 Jugendgruppen von Vereinen aus dem ganzen Land zeigten ihre oft einzigartigen traditionellen Trachten. Zuvor hatten verschiedene Tanzgruppen Proben ihres Könnens gezeigt.

Villmar. Für sein außergewöhnliches Engagement im Bereich der Völkerverständigung und der Jugendverbandsarbeit ist Franz Krotzky aus Villmar mit dem päpstlichen Orden »Pro Ecclesia et Pontifice« geehrt worden (Foto). Der Beauftragte der Deutschen Bischofskon-

Text und Foto: Rolf Goeckel

ferenz für Vertriebenen- und Aussiedlerseelsorge, Weihbischof Gerhard Pieschl, überreichte dem Jubilar die hohe Auszeichnung in einer Feierstunde mit vielen Ehrengästen, unter ihnen auch Landrat Dr. Manfred Fluck.

Weilburg. Das Kreiskrankenhaus »Hessenklinik« feierte die Einweihung der größten Baumaßnahme in seiner Geschichte und das 30-jährige Bestehen der Klinik in einem großen Rahmen: Landrat Dr. Manfred Fluck begrüßte dazu im Festzelt zahlreiche Ehrengäste, darunter den Hessischen Finanzminister Karlheinz Weimar und Dr. Wulf Schröder, der am 1. November die Arbeit als neuer Chefarzt der Chirurgie aufnehmen wird. Fluck hob den früheren Ersten Kreisbeigeordneten und späteren Staatssekretär im Hessischen Sozialministerium Karl-Winfried Seif hervor, der durch sein

Engagement zur Verwirklichung des neuen Operations- und Funktionstraktes beigetragen habe. Neben dem Land Hessen, das die 19 Monate dauernden Baumaßnahmen mit 5,8 Millionen Euro zu 100 Prozent bezuschusst hatte, sei aber auch der Kreis nicht untätig gewesen, sagte Fluck. Denn er verwirklichte den Anbau Süd-West, die Sanierung der Stationen sowie den Verbindungsgang zwischen Krankenhaus und Schwesternwohnheim.

Dem Vorsitzenden des Fördervereins Heinz Pfeiffer und dem Weilburger Musikpädagogen Martin Wolfgang Sommer dankte der Landrat für ihr Engagement bei einer Lotterie. Hierbei sollen von Schülern des Gymnasiums Weilburg, der Westerwaldschule Waldernbach und der Gesamtschule Weilmünster bis zum Jahresende 12.000 Lose zu je zwei Euro verkauft werden. Der Erlös ist für die Finanzierung eines Ultraschallgerätes bestimmt. Nicht zuletzt dankte Dr. Manfred Fluck den Mitarbeitern des Krankenhauses, die mit ihrem Einsatz zum Erhalt der Klinik beitragen würden.

Freudige Gesichter gab es zur Schlüsselübergabe bei der Einweihung des neuen Operations- und Funktionstraktes des Weilburger Krankenhauses. (v.l.n.r.) Architekt Michael Hamm, Verwaltungsdirektor Peter Schermuly, Landrat Dr. Manfred Fluck und Architekt Willi Hamm.

Karlheinz Weimar sieht »überhaupt keine Gefährdung des Weilburger Krankenhauses für die Zukunft«. Das beweise auch die Einrichtung der geriatrischen Abteilung mit 20 Betten.

Das Land Hessen werde zudem weitere Gelder für Investitionen in den Jahren 2005 und 2006 bereitstellen. Mit 350 Arbeits- und 60 Ausbildungsplätzen sei das Weilburger Kreiskrankenhaus ein wichtiger Wirtschaftsfaktor für die Region.

Derzeit werde als nächster Schritt die Schaffung einer zentralen Notaufnahme vom Krankenhaus in Eigenleistung angegangen.

DER HESSENTAG SOLL EIN FRÖHLICHES FEST FÜR DIE GESAMTE REGION WERDEN

VON HANS-PETER SCHICK

Vom 17. bis 26. Juni 2005 findet in der Stadt Weilburg an der Lahn und der Oberlahn-Region der 45. Hessentag mit dem Motto »*Nach Weilburg ist kein Weg zu weit, zum Hessentag voll Fröhlichkeit*« statt. Über 750.000 Besucher werden erwartet, damit ist der Hessentag die größte und bedeutendste Veranstaltung in der Geschichte der Stadt Weilburg und des Landkreises Limburg-Weilburg; erstmals gastiert der Hessentag seit 1993 wieder in Mittelhessen.

1961 wurde der Hessentag als verbindendes Fest aller Hessen vom damaligen Ministerpräsidenten Georg August Zinn ins Leben gerufen. Gastgeber und Ausrichter des 45. Hessentages sind die Stadt Weilburg gemeinsam mit den Kommunen Beselich, Braunfels, Löhnberg, Mengerskirchen, Merenberg, Runkel, Villmar und Weinbach; die Städte Limburg und Wetzlar sowie die Gemeinde Hünfelden unterstützen die Ausrichter; damit stärkt der 45. Hessentag auch die kommunale Familie in der heimischen Region. Hessentagspaar sind Kerstin Abel und Dirk Petersen, beide aus Weilburg, die als Stadtfräulein im Biedermeierkleid und Bürgergardist Botschafter und Sympatieträger für Stadt und Region sind. Zehn Tage lang ist Weilburg die »*heimliche Hauptstadt*« Hessens.

Der 45. Hessentag wird am Freitag, dem 17. Juni 2005, um 14.00 Uhr im Renaissancehof des Schlosses zu Weilburg durch Ministerpräsident und Hessentagspaar eröffnet; großen Abschluss bildet am Sonntag, dem 26. Juni 2005, ab 13.30 Uhr der Hessentagszug mit Mitwirkenden aus ganz Hessen. Bis zu 1.000 Veranstaltungen finden im Rahmen des Hessentages statt. Die Innenstadt Weilburgs präsentiert sich als Hessentagsdorf mit Musik, Marktgeschehen und Schaustellern.

Aber auch in den Kommunen der Oberlahn-Region werden Akzente gesetzt, so verbindet beispielsweise eine Oldtimer-Rallye alle mitwirkenden Kommunen, die Leichtathletik präsentiert sich in Mengerskirchen, Villmar steht im Zeichen des Marmors und Weinbach lässt das Mittelalter lebendig werden.

Hessentagspaar 2005: Kerstin Abel und Dirk Petersen
Foto: Amling, Weilburg

Stadt Weilburg an der Lahn
Hessentagsbüro ~ Mauerstraße 6/8 ~ 35781 Weilburg
Tel.: 0 64 71/3 14 69 ~ Fax: 0 64 71/3 14 77
email: hessentag@weilburg.de ~ **www.hessentag2005.de** ~ **www.weilburg.de**

WELTWEIT EINZIGARTIG:
WEILBURGER TUNNEL-ENSEMBLE

VON HANS-PETER SCHICK

Weltweit einzigartig ist das Weilburger Tunnel-Ensemble, das seit März 2004 besteht. Drei Tunnel für völlig unterschiedliche Verkehrsmittel bilden dieses Ensemble, und zwar ein Eisenbahntunnel, ein Schiffstunnel und ein Autotunnel, alle drei unmittelbar nebeneinander am Fuße des Taunus, in Weilburgs Innenstadt.

Der Schiffstunnel mit einer Länge von 195 Metern und einer Doppelschleuse am Südportal ging 1847 in Verkehr, diente zunächst dem Transport von Eisenerz und ist heute der Höhepunkt des Wasserwanderns auf der Lahn; es ist der einzige Schiffstunnel in Deutschland und der einzige mit Doppelschleuse in der Welt.

Der Eisenbahntunnel im Zuge der Lahntalbahnstrecke umfasst eine Länge von 302 Metern und wurde 1862 eröffnet.

Für den Autotunnel mit einer Länge von 130 Metern erfolgte im März 2004 die Verkehrsfreigabe.

Dieser Tunnel ist auch Teil der Teilortsumgehung Weilburg im Zuge der B 456, für die im Oktober 2000 die Bauarbeiten begannen und an Ostern 2005 abgeschlossen sein werden. Die Teilortsumgehung besteht neben dem Tunnel, »*Mühlberg-Tunnel*«, aus einer neuen Lahnbrücke, »*Oberlahn-Brücke*«, einem Kreisverkehrsplatz sowie einer Parkeinrichtung mit 193 Stellplätzen und den verbindenden Straßenabschnitten. Die Gesamtkosten für das größte Straßenbauprojekt in der Geschichte der Stadt Weilburg belaufen sich auf rund 29 Millionen Euro; davon tragen die Bundesrepublik Deutschland 24,5 Millionen Euro und die Stadt Weilburg 4,5 Millionen Euro; die Stadt erhält für ihren Anteil einen Zuschuss des Landes Hessen in Höhe von 3,2 Millionen Euro. Die Teilortsumgehung Weilburg im Zuge der B 456 wird die komplette Altstadt vom Durchgangsverkehr befreien und gleichzeitig die Westerwald- und Taunusseite von Stadt und Oberlahn-Region einander näher bringen, Wege verkürzen für Menschen und Wirtschaft.

Im Rahmen des 45. Hessentages 2005 findet in Weilburg weltweit erstmals ein Tunnel-Triathlon statt.

Drei Tunnel für drei unterschiedliche Verkehrsmittel bilden in Weilburg ein einmaliges Ensemble.

Tätigkeitsfelder

Standortberatung

Wir beraten Sie bei der Suche nach einem geeigneten Gewerbegrundstück oder passenden Immobilie. Unser Standortinformationssystem bietet einen schnellen Überblick.

Existenzgründung

Zur Unterstützung auf dem Weg in die Selbstständigkeit bieten wir Informationsveranstaltungen, Seminare, Einzelberatungen und Coachings.

Fördermittel

Wir geben einen Überblick über die Förderprogramme von Land, Bund und EU und sagen Ihnen welche unternehmerischen Vorhaben förderungswürdig sind, unterstützen bei der Antragsstellung und Finanzierungsplanung.

Betriebs- u. Technologieberatung

Auch bei betriebswirtschaftlichen Problemen oder einem einfachen Unternehmens-Check-Up sind wir für Sie da.

Ob ein neues Produkt oder innovatives Verfahren, wir unterstützen Sie bei der Patentierung und Markteinführung, helfen Ihnen bei der Suche nach Kooperationspartnern oder einem Spezialisten.

Über unseren Kooperationspartner die Steinbeis-Stiftung für Technologietransfer und weitere Netzwerke ist es möglich, für jede Fragestellung den passenden Spezialisten zu finden.

Wirtschaftsförderung Limburg-Weilburg-Diez GmbH
Freiherr-vom-Stein-Platz 1
65549 Limburg
Tel: (0 64 31) 91 79-0, Fax: (0 64 31) 91 79-20
e-mail: wfg-stz@t-online.de
www.wfg-limburg-weilburg-diez.de

DIE WFG LEISTET SEIT ZEHN JAHREN WIRTSCHAFTSFÖRDERUNG IN DER REGION

VON WALTER GERHARZ

Am 12. April 1994 wurde die Wirtschaftsförderung Limburg-Weilburg-Diez (WFG) als GmbH gegründet mit dem Ziel, die wirtschaftliche Struktur in der Region zu verbessern. Neben den Städten und Gemeinden im Landkreis Limburg-Weilburg, Kreditinstituten und Kammern schloss sich auch die rheinlandpfälzische, geographisch und sozial eng verbundene Stadt und Verbandsgemeinde Diez der Wirtschaftsregion an.

Der Weitsicht und dem unternehmerischen Denken der Initiatoren und Mitglieder der ersten Stunde ist es zu verdanken, dass die Region durch die WFG als Wirtschaftsraum gemeinsam agiert. Die WFG setzt auf eine bessere Positionierung der gesamten Region, die durch ihre gute Lage – zwischen den Ballungsräumen Rhein-Main und Rhein-Ruhr – für viele Wirtschaftszweige einen attraktiven Standort darstellt.

Insbesondere durch die ICE-Verbindung werden neue Potenziale erschlossen, Europa rückt näher zusammen, alle wichtigen Metropolen sind leicht und schnell zu erreichen. Dies stellt eine Chance dar, internationaler zu werden und die Bedeutung der Region Limburg-Weilburg-Diez weiter zu steigern.

Im Mai 2004 konnte die WFG in neuen Räumen im Gebäude der ehemaligen PPC-Schule ihr zehnjähriges Jubiläum feiern.

Im Rahmen einer kleinen Festveranstaltung hatten sich über 60 Gäste aus Politik und Wirtschaft eingefunden, unter den Gästen konnte die WFG auch den Regierungspräsidenten Wilfried Schmied aus Gießen begrüßen.

Gastredner waren neben dem Aufsichtsratsvorsitzenden und Landrat Dr. Manfred

Fluck auch Dr. Dr. h. c. Johann Löhn, Ehrenkurator der Steinbeis-Stiftung und Präsident der Steinbeis-Hochschule, sowie das Vorstandsmitglied der Nassauischen Sparkasse Gunter Högner.

DIE WFG INFORMIERT UND BERÄT

Die Wirtschaftsförderung Limburg-Weilburg-Diez GmbH ist seit zehn Jahren die zentrale Anlaufstelle, deren Service regionale Unternehmen und Investoren kostenfrei in Anspruch nehmen können.

Hilfe bei der Suche nach geeigneten Betriebsgrundstücken und Büroflächen

Unternehmen wachsen oder verändern die Schwerpunkte ihrer Aktivitäten an ihrem Standort. Die WFG lotst und berät Investoren und Unternehmen objektiv bei der Wahl von Gewerbeflächen. Sie berät bei Fragen zu gesetzlichen und behördlichen Regelungen, wie Baugenehmigungen, Verkehr, Planungsrecht, Ver- und Entsorgung, Erweiterungen, Umsetzungen, Umstrukturierung und neuen Standorten. Die WFG nennt die richtigen Ansprechpartner und vermittelt den fachlichen Rat von Spezialisten.

Unterstützung bei technologieorientierten und betriebswirtschaftlichen Problemstellungen

Die Palette der durchgeführten Beratungen und Projekte der WFG ist äußerst vielfältig. Nachfolgeplanung, Erhöhung der Produktivität, Unterstützung bei Patentierung und Markteinführung neuer Produkte, Neuausrichtung der Vertriebsaktivitäten, Begleitung der Genehmigungsverfahren bei technischen Anlagen, Betriebserweiterungen, Unternehmensbewertungen, Sanierung und Finanzierung, so lauten nur einige Titel der insgesamt gut 300 durchgeführten Projekte im Bereich spezieller Beratungen.

Die WFG ist mittlerweile Partner und Begleiter vieler Unternehmen, die sich mit teilweise sehr spezifischen Themenstellungen vertrauensvoll an sie wenden. Wenn auch nur ein kleines Team bei der WFG vor Ort zur Verfügung steht, können doch alle herangetragenen Aufgabenstellungen mit Hilfe von Spezialisten aus dem Steinbeis-Netzwerk oder anderen sachkundigen Stellen bearbeitet werden.

Information zu Fördermöglichkeiten und Finanzierungswegen

Die Vielzahl von Fördermitteln und -programmen von Bund, Ländern und EU sind für Unternehmen »*erschlagend*«. Die WFG unterstützt Unternehmen, die beispielsweise ihren Betrieb erweitern, eine Umsiedlung/Ansiedlung planen, neue Maschinen und weitere Mitarbeiter einstellen möchten, bei der Auswahl der richtigen Programme und der Vorgehensweise. Die WFG konnte so rund 120 Unternehmen der Region bei der Erstellung eines individuellen Finanzierungsplans mit bestmöglicher Ausnutzung von Fördermitteln und -programmen unterstützen.

Ausbildungsplatzförderung

Gemeinsam mit dem Landkreis konzipierte die Wirtschaftsförderung Limburg-Weilburg-Diez eine monetäre Ausbildungsplatzförderung, um Anreize zur Ausbildung zu schaffen. Obgleich die Beschäftigungssituation im Landkreis Limburg-Weilburg über dem hessischen Durchschnitt liegt, zeigt der Landkreis Limburg-Weilburg die niedrigste Ausbildungsquote im Vergleich zu Nachbarkreisen. Um dieses Verhältnis zu verbessern, wurde 1998 erstmalig die Förderung vergeben. Bis heute konnten so circa 180 Unternehmen dabei unterstützt werden, ihrer Verantwortung zur Ausbildung nachzukommen.

Bei der Existenzgründung hatten Walter Gerharz (Mitte) und Achim Weber Nasim Schäfer beraten. Zur Geschäftseröffnung gratulierten sie der jungen Unternehmerin.

*Unterstützung beim Start
in die Selbstständigkeit*

Ein gutes Gründungsklima zu schaffen, ist eine wichtige Aufgabe, deren Langzeitwirkung nachweislich zur Verbesserung der Arbeitsmarktsituation beiträgt. Seit der Gründung wurden fast 2.000 Einzelberatungen durchgeführt. Die mehrtägigen Seminarangebote der WFG für Existenzgründer wurden von über 600 Teilnehmern gebucht. Allein im Jahr 2003 besuchten über 800 Personen die Informationsveranstaltungen über die Existenzgründung aus der Arbeitslosigkeit.

Die WFG orientiert sich bei ihrer Beratungsleistung an regionalen Gegebenheiten. Die Wirtschaftsregion weist einen gesunden Branchenmix auf, den es zu erhalten gilt. Denn ein ausgeglichenes Verhältnis der Branchen stellt einen Garant für die Stabilität der regionalen Wirtschaft dar. Aus diesem Grund erstreckt sich die Beratung auf alle Bereiche der Wirtschaft – Dienstleistung, Handel, Handwerk und die freiberuflichen Tätigkeiten.

SERVICE FÜR UNSERE GESELLSCHAFTER

*Gewerbeflächenausweisung und
Standortmarketing*

Die Gesellschafter der WFG erhalten seit zehn Jahren Unterstützung bei der Gewerbeflächenausweisung und ihrem individuellen Standortmarketing. Seit 2002 vertritt die WFG beispielsweise die gesamte Region gemeinsam mit Frankfurt und der Region Rhein-Main auf der größten Immobilien- und Gewerbeflächenmesse, der Expo Real in München.

Speziell für neu erschlossene Gewerbegebiete der Region erstellt die WFG geeignetes Präsentationsmaterial für zukünftige Investoren. Die Marktflecken Villmar, Mengerskirchen und auch Weilmünster haben dieses Angebot bereits in Anspruch genommen zur Bewerbung ihrer aktuellen Gewerbeflächen.

Zur Vermarktung der Gewerbeflächen erhebt die Wirtschaftsförderung regelmäßig Gewerbeflächendaten für die gesamte Region, um diese aufbereitet in das Standortinformationssystem des Landes Hessen einzuspeisen und aktuell zu halten. Diese Plattform bietet die Chance, auch ausländische Investoren und Unternehmen auf die gute Lage der Region aufmerksam zu machen.

Die WFG sieht sich als Ansprechpartner und Interessensvertreter ihrer Gesellschafter, erarbeitet Lösungsansätze für Problemstellungen, übernimmt Projekte und erstellt Studien auf kommunaler oder regionaler Ebene. Ein Projektbeispiel der jüngeren Zeit ist die Erstellung eines Branchenführers gemeinsam mit dem Marktflecken Merenberg. Der erstellte Branchenführer informiert die Einwohner über ansässige Firmen, hergestellte Produkte und Dienstleistungen, ortsansässige Unternehmen können Geschäftsbeziehungen untereinander ausbauen und stärken.

NETZWERKE

Durch die Struktur der Gesellschafter steht die WFG seit jeher in enger Verbindung zu Kommunen, Behörden, Kreditinstituten und Kammern. Der 1997 durch mehrere Unternehmer gegründete Förderverein *»Region Aktiv«* dient zusätzlich als Schnittstelle für Nutzentransfer zwischen Wirtschaft und Verwaltung. Regelmäßige Treffen, Diskussion verschiedener regionaler Themen, die Veranstaltung von Vorträgen und Betriebsbesichtigungen machen den Förderverein *»Region Aktiv«* mit seinen circa 50 Mitgliedern zu einem wichtigen Bestandteil der regionalen Wirtschaftsförderung, gleichzeitig ist er auch ein lebendiger Verein.

VERANSTALTUNGEN

Information, Förderung der Kommunikation, Vermittlung von neuen Erkenntnissen und Wissen. Auch dies sind die Aufgaben der Wirtschaftsförderung Limburg-Weilburg-Diez GmbH. Regionale Fachmessen, wie der in diesem Jahr zum achten Mal veranstaltete Gründertag, die Technologietage, die gemeinsam mit den Wirtschaftsförderungseinrichtungen der Nachbarkreise veranstaltet wurden, und der Innovationspreis, der 1998 gemeinsam mit der Kreissparkasse Limburg und Kreissparkasse Weilburg ins Leben gerufen wurde, bringen Nutzen insbesondere für kleinere, aber umso innovativere Unternehmen der Region.

Achim Weber (links) und Walter Gerharz standen Rede und Antwort beim Gründertag 2004.

Zur Etablierung moderner Telekommunikationstechnologie wurde 1996 in Kooperation mit der Staatlichen Technikerschule in Weilburg der *»Mittelhessische Internettag«* ins Leben gerufen. Nach sieben erfolgreichen Veranstaltungen ist das Internet eine Selbstverständlichkeit geworden, und die neu konzipierte Nachfolgeveranstaltung *»Trialog – Automationonline«* hat 2004 den Internettag abgelöst. Durch ein gutes Kontaktnetzwerk gelingt es der Wirtschaftsförderung immer wieder,

hochkarätige Referenten mit aktuellen Themen für Vorträge oder Seminare zu gewinnen oder Firmeninhaber zu einer Öffnung ihres Betriebes für fachkundige Besucher zu überzeugen. Nicht wenige waren überrascht, welche Firmen und welche Produkte oder Dienstleistungen in der Region Limburg-Weilburg-Diez ansässig sind bzw. produziert werden.

HOCHSCHULE

Zur Steigerung der zentralörtlichen Funktionen suchte die WFG gezielt nach einem geeigneten Partner, der die Kreisstadt Limburg zu einem Hochschulstandort machen würde. Gewinnen konnte man hierfür das Internationale Institut für Facility Management aus Oberhausen, das seit Herbst 2002 einen Aufbaustudiengang zum Bachelor of Facility Management anbietet, und die Steinbeis-Hochschule Berlin, die seit Herbst 2002 sogar ihre erste Außenstelle in Limburg gründete und Studiengänge im Gesundheits- und Sozialwesen sowie *»Economics«* anbietet. Mittlerweile haben die ersten Studenten ihre Abschlüsse in Limburg erhalten. Trotzdem liegt noch ein langer Weg bevor, um die Hochschule fest in Limburg zu verankern, und so Limburg und Diez auf dem Weg zum Oberzentrum zu unterstützen.

Auch in Zukunft ist es das Bestreben der WFG, die Region als einen Wirtschaftsraum Limburg-Weilburg-Diez zu positionieren. Nur das gemeinsame Handeln bringt die Region voran. Das Ziel ist ein dynamischer Gewerbestandort mit starker Annäherung an Rhein-Main mit einem Oberzentrum Limburg-Diez.

EINE FASZINIERENDE, UNWIRKLICHE
SEENLANDSCHAFT SCHUF DIE LAHN IM
ÜBERFLUTETEN LÖHNBERGER BECKEN

Foto: Walter Kurz

24.915 ARBEITNEHMER HABEN IHREN ARBEITSPLATZ AUSSERHALB DES LANDKREISES

AUSPENDLERQUOTE 45,2 PROZENT – EINPENDLERQUOTE 29,3 PROZENT

VON ANTONIA HABERKERN

Nach den neuesten Ergebnissen der Pendler-Statistik der Agentur für Arbeit (AA) Limburg – Stand 30. Juni 2003 – ist die Zahl der Berufsauspendler über die Kreisgrenze hinweg erstmals nach acht Jahren rückläufig, und zwar um 322 (1,3 Prozent) auf 24.915. Damit liegt das Auspendler-Ergebnis in etwa auf dem Niveau von Juni 2001 (24.927).

Mitte 1992, dem Zeitpunkt, zu dem erstmals von der Bundesagentur für Arbeit die Pendlerstatistik auf Basis der sozialversicherungspflichtig Beschäftigten zur Verfügung gestellt werden konnte, gingen 20.856 Arbeitnehmer außerhalb ihres Heimatkreises einer Beschäftigung nach. Das aktuelle Ergebnis liegt um 4.059 (19,5 Prozent) über dem damaligen Wert. Die Auspendlerquote erhöhte sich innerhalb dieser Zeitspanne von 37,9 Prozent auf 45,2 Prozent.

Im gleichen Zeitraum (1992 bis 2003) reduzierten sich im Agenturbezirk Limburg, der flächenmäßig identisch ist mit dem Landkreis Limburg-Weilburg, die hier vorhandenen Arbeitsplätze, die mit sozialversicherungspflichtigen Arbeitnehmern besetzt sind, um 1.624 (3,7 Prozent) auf 42.780. Innerhalb des letzten Jahres sank ihre Zahl um 424 (1,0 Prozent).

Ein starker Anstieg zeichnete sich innerhalb der gleichen Zeitspanne bei den arbeitslos gemeldeten Personen ab. Ihre Zahl erhöhte sich von Juni 1992 (3.081) bis Juni 2003 um 3.036 (98,5 Prozent) auf 6.117 – also nahezu eine Verdoppelung.

Das im heimischen Raume nicht in ausreichendem Maße vorhandene Arbeitsplatzangebot führt zwangsweise zu einem Ausweichen der Erwerbspersonen auf andere Wirtschaftsräume bzw. Arbeitsmärkte. Längere Arbeitswege zum Arbeitsplatz müssen von den Arbeitnehmern in Kauf genommen werden. Die 24.915 Berufsauspendler, die außerhalb des Agenturbezirkes Limburg einer Beschäftigung nachgehen, erreichen immerhin einen Anteil an der Gesamtzahl der im Agenturbezirk Limburg wohnenden sozialversicherungspflichtig Beschäftigten (55.165) von 45,2 Prozent. Demnach pendelt fast jeder zweite sozialversicherungspflichtig Beschäftigte mit Wohnort im Landkreis Limburg-Weilburg aus. Nicht enthalten sind in dieser Zahl die Beamten (5.286), die Selbstständigen und mithelfenden Familienangehörigen (8.990) sowie die geringfügig Beschäftigten (10.914).

Der stärkste Pendlerstrom mit 16.371 Auspendlern – das sind nahezu zwei Drittel aller Auspendler – geht weiterhin in das Rhein-Main-Gebiet. Fast die Hälfte der Gesamtauspendler 11.199 (44,9 Prozent) hat ihren Arbeitsplatz im Agenturbezirk Frankfurt. Der Auspendlerstrom in die Agenturbezirke des Rhein-Main-Gebietes wird im Südkreis aus den Gemeinden Brechen, Bad Camberg, Hünfelden und Selters alleine mit 7.072 (43,2 Prozent) sozialversicherungspflichtigen Arbeitnehmern gespeist.

Außerhalb Hessens arbeiten 5.568 (22,3 Prozent) Personen, wovon alleine 2.902

36

(11,6 Prozent aller Auspendler) auf den Agenturbezirk Montabaur entfallen. Ihren Wohnsitz in anderen Agenturbezirken haben 12.530 (29,3 Prozent) der im Bezirk der Arbeitsagentur Limburg sozialversicherungspflichtig beschäftigten Arbeitnehmer. Innerhalb des letzten Jahres ist ihre Zahl um 259 (2,1 Prozent) angestiegen. Das Ergebnis liegt um 2.333 (22,9 Prozent) höher als Ende Juni 1992. In den Jahren 1993 bis 2001 waren jeweils Zuwächse in den verschiedensten Größenordnungen gegeben.

Der stärkste Einpendlerstrom kommt mit 6.634 Arbeitnehmern (52,9 Prozent) aus dem Agenturbezirk Montabaur, gefolgt von den Agenturbezirken Wetzlar mit 1.501 (12,0 Prozent), Wiesbaden mit 976 (7,8 Prozent), Frankfurt mit 881 (7,0 Prozent) und Gießen mit 378 (3,0 Prozent) Einpendlern. Insgesamt pendeln aus dem Bezirk der Regionaldirektion Hessen 4.020 (32,1 Prozent) und aus den anderen Regionaldirektionsbezirken 8.510 (67,9 Prozent) Arbeitnehmer ein. Aus dem Bezirk der Regionaldirektion (RD) Rheinland-Pfalz/Saarland, wozu der Agenturbezirk Montabaur zählt, kommen alleine 7.206 (57,5 Prozent) Einpendler.

Der Auspendlerüberhang für den Agenturbezirk Limburg liegt derzeit bei 12.385; es pendeln somit 12.385 Beschäftigte mehr aus als ein. Gegenüber Juni 2002 hat sich der Auspendlerüberhang um 581 (4,5 Prozent) reduziert. Bei den Angestellten liegt der Auspendlerüberhang bei 8.647 (16.864 Aus- und 8.217 Einpendler), bei den Arbeitern bei 3.738 (8.051 Aus- und 4.313 Einpendler).

30.250 (70,7 Prozent) der im Agenturbezirk Limburg vorhandenen sozialversicherungspflichtigen Arbeitsplätze sind mit Arbeitnehmern besetzt, die auch ihren Wohnsitz im Agenturbezirk Limburg haben. Vor Jahresfrist waren es noch 30.933; ihre Zahl ist demnach um 683 (2,2 Prozent) zurückgegangen. In 13.228 (Vorjahr 13.616) Fällen (43,7 Prozent) sind sogar Wohn- und Arbeitsort identisch. Die übrigen 17.022 (Vorjahr 17.317) Arbeitnehmer (56,3 Prozent) pendeln innerhalb des Agenturbezirkes Limburg von ihrem Wohn- zum Arbeitsort; das sind die so genannten internen Pendler.

Unter den Berufsauspendlern befinden sich 1.157 (4,6 Prozent) Auszubildende. Somit haben 36,8 Prozent der im Landkreis Limburg-Weilburg wohnenden Auszubildenden (3.144) ihren Ausbildungsplatz außerhalb ihres Heimatkreises. 239 davon pendeln sogar auf Ausbildungsplätze außerhalb Hessens. Innerhalb Hessens liegen anteilig die meisten Ausbildungsplätze der Ausbildungsauspendler im Rhein-Main-Gebiet (719). Hier liegt der Schwerpunkt mit 473 Ausbildungsauspendlern im Bezirk der AA Frankfurt. Außerhalb Hessens haben die meisten der Ausbildungsauspendler aus dem Bezirk der AA Limburg ihren Ausbildungsplatz im Bezirk der AA Montabaur (151).

Im Agenturbezirk Limburg bestehen 2.506 sozialversicherungspflichtige Ausbildungsverhältnisse, 38 (1,5 Prozent) weniger als vor Jahresfrist. Seit 1998 geht die Zahl der Ausbildungsverhältnisse kontinuierlich zurück, nachdem im Juni 1997 mit 3.000 Ausbildungsplätzen der bisherige Höchststand (seit Einführung dieser Statistik im Jahre 1992) erreicht wurde. Das jetzige Ergebnis liegt um 494 (16,5 Prozent) unter diesem Höchststand. Zu den sozialversicherungspflichtigen Ausbildungsverhältnissen zählen teilweise auch schulische Ausbildungsgänge, wie z.B. die Ausbildungsgänge im Krankenpflegebereich, die zwar an Krankenpflegeschulen der Krankenhäuser durchgeführt werden, jedoch der Sozialversicherungspflicht unterliegen.

In 519 (20,7 Prozent) Fällen werden auswärtige Jugendliche ausgebildet. Die

AUSPENDLER AUS DEM BEZIRK DER ARBEITSAGENTUR LIMBURG IN DIE ANDEREN AGENTURBEZIRKE DER REGIONALDIREKTION HESSEN

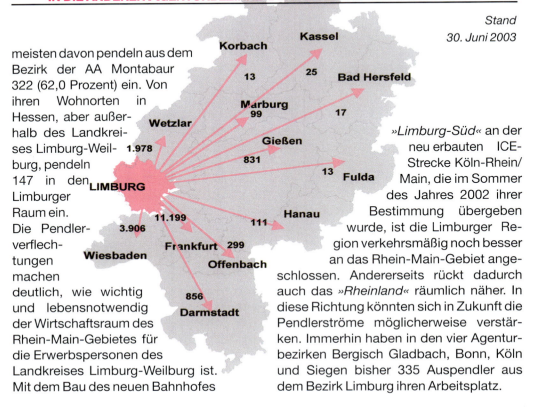

Stand
30. Juni 2003

meisten davon pendeln aus dem Bezirk der AA Montabaur 322 (62,0 Prozent) ein. Von ihren Wohnorten in Hessen, aber außerhalb des Landkreises Limburg-Weilburg, pendeln 147 in den Limburger Raum ein. Die Pendlerverflechtungen machen deutlich, wie wichtig und lebensnotwendig der Wirtschaftsraum des Rhein-Main-Gebietes für die Erwerbspersonen des Landkreises Limburg-Weilburg ist. Mit dem Bau des neuen Bahnhofes »Limburg-Süd« an der neu erbauten ICE-Strecke Köln-Rhein/Main, die im Sommer des Jahres 2002 ihrer Bestimmung übergeben wurde, ist die Limburger Region verkehrsmäßig noch besser an das Rhein-Main-Gebiet angeschlossen. Andererseits rückt dadurch auch das »Rheinland« räumlich näher. In diese Richtung könnten sich in Zukunft die Pendlerströme möglicherweise verstärken. Immerhin haben in den vier Agenturbezirken Bergisch Gladbach, Bonn, Köln und Siegen bisher 335 Auspendler aus dem Bezirk Limburg ihren Arbeitsplatz.

ARBEITSLOS

Dät Resje wor e tüchtich Mädche,
recht hübsch, noch jung und ach noch ledisch,
et Resje wor bei bessern Leut,
tagein, tagaus als Putzfrau tätisch.
Doch eines Tages sot die Dame
von diesem feine Haus:
»Theres, sie brauchen nicht mehr kommen,
wir ziehen fort, wir wandern aus!«
Jetzt war dät Resje arbeitslos,
et meint: Auf alle Fälle,
geh' ich sofort zu'm Arbeitsamt,
die hun für mich bestimmt 'ne Stelle.

Es sehd zu dem Beamde:
»Mein Herr, im Falle eines Falles,
do brauch eich net zu bozze,
eich kann ach sonst fast alles!«
Da meint der gute Mann dort:
»Sie sind zwar unbedarft,
doch ist ein schöner Platz frei,
ein Platz in der Agrarwirtschaft.«
Do mant dät Res: »Eich hun mei Zweifel,
ob dät mät dere Wirtschaft klappt,
eich hun em ganze Lewe,
noch nie e Gläsje Bier gezappt!«

VON WILFRIED HOFMANN

UM ES VOR DEM VERGESSEN ZU BEWAHREN

50 JAHRE HANDEL, HANDWERK, LANDWIRTSCHAFT UND INDUSTRIE IN STAFFEL

VON WILMA RÜCKER

Die »*weißt Du noch Gedanken*« kommen mit zunehmendem Alter immer öfter, und manchmal wird es schwierig, die richtige Antwort zu finden. Sich zu erinnern, was war da mal und was ist heute, beschäftigt nicht nur ältere einheimische Mitbürger. Die Erinnerung an manche, schon verstorbene, liebe Mitmenschen oder auch penetrante Zeitgenossen fördert öfter mal ein Nachdenkthema in den Kopf. Es gibt nicht mehr viele Zeitzeugen, die man befragen könnte. Die hier aufgelisteten Möglichkeiten, auf mannigfache Art und Weise in Staffel sein Brot zu verdienen, seine Familie zu ernähren und sein Anwesen zu erhalten, sind heute aus vielerlei Gründen nicht mehr durchführbar. Von den aufgelisteten Klein- und Familienbetrieben ist im Jahre 2004 nur noch ein Bruchteil existent gegenüber der großen Anzahl von vor 50 Jahren, in der Zeit nach dem Kriege. Die schleichende Veränderung, bedingt durch die Gründung der damaligen EWG, heute EU, hat 22 landwirtschaftlichen Betrieben die Rentabilität genommen, um es deutlich zu sagen, die Luft abgedreht. Nicht jeder hatte den Mut, war in dem entsprechenden Alter und hatte die familiäre Unterstützung, einen neuen Betrieb am Ortsrand aufzubauen und wirtschaftlich zu führen. Genügten damals circa 40 Morgen Ackerland zu bebauen, um eine größere Familie zu ernähren, so sind es heute oftmals 400 bis 600 Morgen (100 bis 150 Hektar),

die ein einzelner Landwirt bestellt, bei ständig fallenden, von Brüssel vorgegebenen Produktpreisen.

Das gleiche Schicksal haben unsere damals vier Bäcker und drei Metzger erlitten. Heute besteht die Versorgung mit Brot und Wurst nur noch durch Filialisten.

Die vielen kleinen Lebensmittelläden wurden so ganz allmählich vom Supermarkt auf der grünen Wiese verdrängt. Heute ist der Lebensmitteleinkauf in Staffel nur noch beim neu errichteten SPAR-Markt möglich. Und das Schlimme ist, man findet die Situation »*ganz normal*«.

Auch viele Handwerksbetriebe, die in Staffel alt eingesessen waren, sind den neuzeitlichen Wirtschaftsidealen zum Opfer gefallen. Preiskampf, schlechte Zahlungsmoral, mangelndes Interesse des Nachwuchses haben die Vielfältigkeit im Berufsleben innerhalb des Dorfes fast auf Null gebracht. Auch die Großbetriebe haben durch neue

Der älteste Bauernhof Staffels, Schulplatz, ehemaliger Besitzer: Rudolf und Gerhard Stamm, seit 1968 ausgesiedelt, Schirlinger Hof. Das Gebäude gehört heute der ev. Kirchengemeinde Staffel.
Handzeichnungen von Ullrich Dahinden

politische Akzente, verändertes Steuersystem und Konkurrenz des Auslandes schwere Steine auf ihren Wegen liegen. Der in der Region führende Großbetrieb Buderus hatte in Glanzzeiten (um 1960) circa 1.600 Beschäftigte. Heute sind es kaum noch 100 Mitarbeiter. Die bodenständige Steingutfabrik, auch liebevoll die *»Dippschesmill«* genannt, musste kurz nach ihrem 100. Geburtstag für immer ihre Tore schließen.

Selbst Banken diskutieren darüber, ob sich eine Filiale in Staffel noch rentiert, und die Post hat auch schon das Handtuch geworfen, ebenso die von ihr beauftragte Agentur. In einer Zeit, in der Handy-Läden auf- und drei Monate später wieder zumachen, und sogar Arbeitsvermittlungsfirmen ebenso schnell wieder verschwinden, rentiert sich eigentlich in Staffel und auch im übrigen Deutschland fast nichts mehr.

Die hier vorliegende Auflistung von kleinen und mittelständigen Betrieben der letzten 50 Jahre dient der Erinnerung an ein einst blühendes und selbstständiges und vor allem selbstversorgendes Dorf. Im Gespräch mit Zeitzeugen erarbeitet, danach aufgelistet, kann es sein, dass vielleicht jemand übersehen wurde. Manchmal ist auf die Erinnerung auch kein Verlass. Während der Arbeit an diesem Artikel erreichten mich zwei weitere Hiobsbotschaften dieser Art. Einer der zwei praktizierenden Ärzte verabschiedet sich aus Altersgründen, und der Handyladen ist insolvent. Niemand hatte letzterem eine lange Geschäftsdauer vorausgesagt, nun ist er der Prophezeihung einiger Ortsansässigen und dem Erfinder der kuriosen *»ICH-AG«* zum Opfer gefallen. Und es hat sich wundersamer Weise ganz schnell – so nebenbei – eine neue Postagentur finden lassen. Die Fahrschule Nachtschatt, vormals Volksbank, davor Landwirt Albert Heberling in der Koblenzer Straße, verkauft jetzt die so schmerzlich vermissten Briefmarken in Staffel bis auf weiteres.

So rasend schnell sind die Veränderungen zum Thema *»Arbeitsplatz oder Beruf im Dorf«* (seit 1976 Stadtteil von Limburg) geworden.

Verschwundenes wirtschaftliches Leben in Staffel zwischen den Jahren 1950 bis 2000

Anstreicher:	Jakob Himberger, Kirschenberg 21 Heinrich Bruchhäuser, Koblenzer Straße 77 Erwin Bauer, Koblenzer Straße 97 heute Rainer Bauer, Borngartenweg, besteht noch
Apotheke:	Schulplatz 21, Frau Regehr, danach Familie Groß, besteht noch
Ärzte:	Dr. med. Karl-Heinz Böhler, Hans-Wolf-Straße 24, Dr. med. Herbert Hecking, besteht noch Burkhard Luther, prakt. Arzt, Koblenzer Straße 53, besteht noch Zahnarzt Bruno Kittel, Limburger Weg
Bäcker:	Walter Weimar, Haiger Straße August Schmidt, Haiger Straße 11 Franz Dillmann, Koblenzer Straße 38, zeitweise Café Karl Brumm, Hans-Wolf-Straße 8
Banken:	Kreissparkasse, Koblenzer Straße, besteht noch Nassauische Sparkasse, Diezer Straße, besteht noch Volksbank, Koblenzer Straße, heute Fahrschule Nachtschatt

Bauern:	Wilhelm Aulmann, Lahnstraße
	Karl und Richard Unkelbach, Koblenzer Straße 90
	Karl Weimar, Ecke Diezer Straße, ab 1968 Fasanenhof
	Karl Weimar, Schulplatz 2
	Karl Weimar, Schulplatz, und Lebensmittelgeschäft Theodor
	Weimar, später Richard Häuser, Alleestraße 1
	Heinrich Hartmann, Haiger Straße 14
	Wilhelm Wald, Haiger Straße
	Hermann Menges, Schulplatz 1
	Karl Bruchhäuser, Schulplatz 4
	Rudolf Wolf, später Hermann Schof, Koblenzer Straße 78
	Karl Wies, Koblenzer Straße 82
	Karl Himberger, später Adolf Wiesinger, Koblenzer Straße 80,
	ab 1968 Dillbacher Hof, besteht noch
	Gabriel Heberling , Diezer Straße, niedergelegt
	Karl Heberling, später Theo Heberling, Schulplatz,
	ab 1968 Texelhof
	Albert Heberling, Koblenzer Straße
	Adolf Stamm, später Werner und Gerhard Ullius, Diezer Straße,
	(Abriss) heute NASPA, ab 1968 Weiherhof, besteht noch
	Rudolf Stamm, später Gerhard Stamm, Schulplatz,
	ab 1968 Schirlinger Hof, besteht noch
	Heinrich Opel, Koblenzer Straße 74
	Karl Lanz, Koblenzer Straße 66
	Hermann Senft, Koblenzer Straße 54
	Wilhelm Senft, Schulplatz 25
	Emil Kübler, später Richard Kübler, Koblenzer Straße 46
	Wilhelm Seel, Koblenzer Straße 48

Die Einrichtungen der bäuerlichen Grundstücksgemeinschaften, wie Dreschhalle und Wiegehäuschen, sind ebenso aus dem Dorfbild verschwunden.

Bauunternehmer:	Firma Karl Busch, Koblenzer Straße 22
	Anton Schneider V, Diezer Straße 3
Blumenhandel	Familie Kühnling, Alleestraße
und Kranzbinderei:	Blumenladen, Koblenzer Straße, Henrich, Willig, Sollbach, Zosel
	heute Blätterkiste, besteht noch
Dachdecker:	Willi Wisser, danach Friedhelm Wisser, heute Herbert Wisser,
	Friedrich-Ebert-Straße 12, besteht noch
Elekrobetriebe:	Rudolf Wegner, Schulplatz
	Richard Hessel, später Helmut Hessel, Koblenzer Straße 88
	Friedel Hahn, Koblenzer Straße 8
	Erhard Eberling, Waschmaschinenreparatur, Koblenzer Straße 64
Fahrschule:	Jean-Claude Forestier, Dresdener Straße 4
Farbengroßhandel:	Friedrich Wienand, Am Bahnhof 6
Fotographen:	Familie Möller, Limburger Weg

Friseure:	Karl Wüst, Alfons Habel, Koblenzer Straße 73 Willi und Martha Diehl, Koblenzer Straße 6 Erika Fischer, Haiger Straße Gertrud Kleiber-Müller, Koblenzer Straße, besteht noch Petra Demmerle, Friedrich-Ebert-Straße, besteht noch Frau Marx, Egerländer Straße Hugo Steger, Diezer Straße
Fuhrbetriebe:	Adolf Sterkel, Koblenzer Straße 18 Karl Stöppler, Koblenzer Straße Taxi-Arendt, Erwin Arendt, Gartenstraße 9, heute Reiner Arendt, besteht noch
Futtermittelhandel:	Frau Rosper, Haiger Straße
Gärtnerei:	Staudengärtnerei Erhard Gärtner, heute Fam. Pohler, besteht noch
Gaststätten, *Hotelbetriebe*:	Gaststätte Heinz Schwenk, Koblenzer Straße 3, verpachtet an Familie Canovicz, besteht noch Bürgerstube Heinz und Helga Seeler, heute Alt-Staffel, Familie Ott-Weiß, Koblenzer Straße, besteht noch Zum Frühling, Familie Lenz, Familie Müller, Thing, Pizzeria, Schulplatz Felseneck, Familie Pfeiffer, Senft, Schauder, später Möbel-Reuss, Handy-Laden und Diverses, Koblenzer Straße Metzgerei Stock, Speiselokal, Haiger Straße Dorfgemeinschaftshaus, Ringstraße, Familie Schrankel, später wechselnde Pächter, besteht noch Texelhof, Speise- und Ausflugslokal, Familie Theo Heberling, heute Familie Bender-Oppitz, besteht noch Bahnhofsrestaurant, wechselnde Pächter, Bahnhof Ratsschänke, Schulplatz, wechselnde Pächter, besteht noch Feldschlösschen, Elzer Straße, Familie Schäfer, danach Wechsel

Staffels größte Industrieansiedlung. Am Rande des Ortes gelegen, hat die »Karlshütte« Buderus einen Bevölkerungswandel in der Gemeinde im Laufe vieler Jahre bewirkt.

*Noch zwischen den Lücken der Neuzeit: Lebensmittel-
geschäft von Hermann Linden, vormals Hermine Opel,
später Wellda Kalk, Gebäude wurde abgerissen.
Rechts Blick auf den Kirchturm der kath. Kirche Staffel.*

Geschenkeladen:	Lieschen Kilbinger, Koblenzer Straße 91 (Abriss), heute Obstladen von Giovanni Di Cesare
Heizungsbau:	Firma Gemeinder, Friedhofsweg, besteht noch, vormals Dreherei Heinz Schmidt
Industriebetriebe:	Firma Buderus, einst 1.600 Mitarbeiter, heute circa 90 Steingutfabrik Staffel, Dippschesmill Näherei Stephan, Haiger Straße MKW Sitz Staffel Firma Weton, Lieferbeton und Fertighäuser, Elzer Straße, besteht noch
Kunstmaler:	Otto Möller, Limburger Weg, Sohn des Fotografen
Lebensmittelläden:	Marie Weimar, Schulplatz Hermann Linden, später Wellda Kalk, Diezer Straße (Abriss) Oskar Druck und Fr. Klarowitz, Schulstraße 3 Hilde Weimar, später Ruth Barwig, Koblenzer Straße 62 heute Sporthaus Olschewski (Anke Schreiber) Martha Sterkel, Koblenzer Straße 18 Walter und Birgit Senft, Dresdener Straße 1

Maschinenhandel und Reparaturen:	Hermann Noll, Koblenzer Straße, danach, Diezer Straße 8, danach Günther und Thomas Noll, heute Elzer Straße, Landmaschinen und Hallenbau, besteht noch Ursula Marx-Prein, Koblenzer Straße 20 a, Baubeschläge, besteht noch Heinz Schmidt, Friedhofsweg, Dreherei, heute Firma Gemeinder, Heizungsbau
Massagepraxen:	Heike Wieberneit-Römer, Koblenzer Straße 89, besteht noch Fröhlich-Birk, Schulplatz
Metzger:	Karl Stock, danach der Sohn von Karl Stock, Haiger Straße Rudi Naumann, Koblenzer Straße 95, heute Filiale der Metzgerei Raab Limburg Robert Heberling, später Adolf Pernat, Koblenzer Straße 64
Milchstube:	Elise Sartorius, Haiger Straße
Möbelhandlung und Lager:	Gebrüder Reuss, Limburg, Koblenzer Straße 89 Karl-Heinz Wisser, Ringstraße 5, danach Michael Wisser, Sanitär und Heizungsbau, Ringstraße 5, besteht noch
Polsterei:	Heinrich Edel, Schulplatz, heute in Elz noch bestehend
Post:	wechselnd Koblenzer Straße, seit Mai 2004 geschlossen
Sägewerk:	Firma Carl Junck, später Firma Eckert, Am Bahnhof 18, besteht noch
Schmiede:	Adolf Kilbinger, Koblenzer Straße 91
Schnapsbrennerei:	Rudolf Wolf, später Hermann Schof, Koblenzer Straße 78
Schreinerei/ Beerdigungsinstitute:	Oskar Schwedes, Familie Damm, Koblenzer Straße 88 Willi Poths, Koblenzer Straße 52, heute Klaus Poths, besteht noch
Schuster:	Familie Herbel-Schaaf, Koblenzer Straße Adam Volk, Koblenzer Straße Rudolf Braun, Diezer Straße 1
Steinmetzbetrieb:	Kurt Schwenk, Friedrich Ebert-Straße
Steuerberater:	Familie Hilges, Koblenzer Straße
Tankstellen:	Firma Renault-Müller, Gebrüder Müller, Elzer Straße, heute Renault Werkstatt Rafael Gidrowicz, besteht noch BP Erich Reichwein, heute Horst Reichwein, besteht noch
Textilgeschäfte:	Oskar Druck, später Lebensmittel, Schulstraße 3 Lieschen Fischer, Koblenzer Straße 42 Marie Kröller, Koblenzer Straße 71 Christel Olschewski, später Anke Schreiber, Koblenzer Straße 62, besteht noch
Viehhandlungen:	Willi Litzinger, Diezer Straße 2 Andreas Hartmann, Koblenzer Straße 9, für die Genossenschaft
Wäscherei:	Walter Schang, Koblenzer Straße 77, heute Bernd Schang, besteht noch
Werbeartikel:	Firma Schroeder-Marx, Friedrich-Ebert-Straße 1
Wurstbraterei:	Baccari, ambulantes Gewerbe, besteht noch

44

IN 52 JAHREN HABEN DIE AUSGLEICHSÄMTER 26.526 ANTRÄGE BEWILLIGT

VON ULI BECKER

In unserer schnelllebigen Zeit ist es schon außergewöhnlich, dass eine gesetzliche Aufgabe über so einen langen Zeitraum bearbeitet wird. Damit sich dem Leser die Aufgaben und die Bedeutung des Ausgleichsamtes erschließen, ist es zunächst notwendig, einen kurzen Blick in die Jahre nach 1945 zu werfen.

Deutschland ist ein durch den Krieg verwüstetes Land und hat ein Drittel seines Staatsgebietes im Osten verloren. Aus diesen verlorenen Gebieten und aus den deutschen Siedlungsgebieten in Ost- und Südosteuropa werden Millionen von Deutschen gezwungen, ihre Heimat und ihren Besitz aufzugeben, um nur mit ein paar Habseligkeiten als Vertriebene in Westdeutschland anzukommen. Hatten die Vertriebenen anfangs noch die Hoffnung, in ihre Heimat zurückzukehren, so mussten sie früh erkennen, dass mit der Nachkriegsordnung, die sowohl Deutschland als auch Europa faktisch für viele Jahrzehnte teilte, dies nicht mehr möglich sein würde. Mit der Gründung der beiden deutschen Staaten im Jahre 1949 werden Millionen von Deutschen die DDR bis zum Fall der »Mauer« im Jahre 1989 durch Flucht nach Westen verlassen, um dem kommunistischen Herrschaftssystem zu entkommen.

Schon der erste Bundestag und die Bundesregierung sahen es als eine ihrer Hauptaufgaben an, neben dem Wiederaufbau des Landes die Bevölkerungsgruppen, denen der Krieg großes Leid zugefügt hatte, wenigstens teilweise zu entschädigen oder Eingliederungshilfen zu gewähren. Mit diesen zu gewährenden Mitteln sollte den Betroffenen die Möglichkeit gegeben werden, sich aktiv am Wiederaufbau Deutschlands zu beteiligen. Von Anfang an war sich der Gesetzgeber der Tatsache bewusst, dass eine so gewaltige Aufgabe nicht alleine aus Steuermitteln bewältigt werden konnte. Zur Mitfinanzierung sollten deshalb die Bürger herangezogen werden, deren große Vermögen nicht durch den Krieg oder seine späteren Folgen verloren gegangen war. Die benötigten Finanzmittel sollten somit von Bund, Ländern und Privatpersonen zu jeweils einem Drittel aufgebracht werden. Bis zum Jahre 2002 konnte so ein beeindruckender Betrag von 145 Milliarden Mark an die Betroffenen in Westdeutschland ausgezahlt werden. Dieser solidarische Grundsatz führte im Deutschen Bundestag zur Verabschiedung des Lastenausgleichsgesetzes (LAG), das am 1. September 1952 in Kraft trat. Für die Umsetzung des Gesetzes sollten in den unteren Verwaltungsebenen Ausgleichsämter eingerichtet werden, so auch in den beiden Kreisstädten Limburg und Weilburg. Zum Kreis der Anspruchsberechtigten gehörten insbesondere Vertriebene, Aussiedler, Flüchtlinge bzw. Übersiedler aus der ehemaligen DDR, Westdeutsche mit Vermögensverlusten in der ehemaligen DDR bzw. deutschen Ostgebieten, Kriegssachgeschädigte, Währungsgeschädigte, Reparationsgeschädigte. Den Anspruchsberechtigten konnten nach dem Willen des Gesetzgebers reine Entschädigungsleistungen gewährt werden, zu erwähnen sind hier besonders die Haupt-, Hausrat- und Sparerentschädigung, und daneben Leistungen, die einen Eingliederungscharakter darstellen, wie die Kriegsschadensrente,

Ausbildungshilfe, Aufbau- und Heimförderungsdarlehen. Die politischen Veränderungen im Jahre 1989 und die Wiedervereinigung Deutschlands im Jahre 1990 führten notwendigerweise zu einem Gesetz, bei dem die Kriegsfolgen abschließend geregelt werden sollten. Das Lastenausgleichsgesetz wurde dabei so geändert, dass unter anderem seit 1993 keine neuen Anträge mehr gestellt werden konnten. Die möglich gewordene Vermögensrückgabe in der ehemaligen DDR an die Alteigentümer wurde mit einem Rückforderungsverfahren berücksichtigt, dabei sollten die gewährten Entschädigungsleistungen bei einer Vermögensrückübertragung miteinander verrechnet werden.

Die hier lebenden Betroffenen konnten seit 1952 ihre Ansprüche anmelden bei dem zuständigen Ausgleichsamt in Limburg bzw. Weilburg. Das Ausgleichsamt führte zunächst eine Schadensfeststellung durch. Dabei musste der Schaden individuell nachgewiesen oder zumindest glaubhaft gemacht werden. Es konnte in der Vergangenheit vorkommen, dass amtliche Ermittlungen in besonders gelagerten Fällen mehrere Jahre dauerten. Waren die Ansprüche berechtigt, so wurde das Verfahren mit einem so genannten Schadensfeststel-

lungsbescheid abgeschlossen. Daran anschließend konnten Leistungen gewährt werden wie z. B. die Hauptentschädigung. Auf dem Gebiet des heutigen Landkreises konnten insgesamt 26.526 Anträge positiv entschieden werden. An Finanzmitteln wurde hierbei ein Betrag von 42.953.500 Euro ausgezahlt. Bemerkenswert sind ebenfalls die Gewährung von 5.884 Kriegsschadensrenten, die Aufbaudarlehen für die Errichtung von 3.853 Wohnungen, die 459 Gewerbegründungen und die durch Fördermittel entstandenen 815 landwirtschaftlichen Voll- bzw. Nebenerwerbsbetriebe. Bedeutsame Veränderungen für die Ausgleichsämter brachte der Zusammenschluss der beiden Landkreise, in dessen Folge sie zu einem Ausgleichsamt mit Sitz in Weilburg verschmolzen wurden. In den Jahren 1988 bis 1992 erlebte das Ausgleichsamt eine kurze Renaissance, da erneut viele Anträge gestellt wurden. Durch den Wegfall der Antragstellung seit 1993 wurde das Aufgabengebiet des Ausgleichsamtes von Jahr zu Jahr geringer. Mit der Umgestaltung der Kreisverwaltung im Jahre 1998 wurde auch das Ausgleichsamt aufgelöst und dem Amt für soziale Angelegenheiten als Lastenausgleichverwaltung eingegliedert. In der zweiten Jahreshälfte 2004 wird im Rahmen einer feierlichen Übergabe von dem Ersten Kreisbeigeordneten Manfred Michel, dem Amtsleiter Edgar Preußer und Sachgebietsleiter Dietrich Stroh dem Betroffenen der letzte Schadensfeststellungsbescheid in unserem Landkreis überreicht.

Im November 1972 feierten die Bediensteten des Ausgleichsamtes das 30. Dienstjubiläum von Adele Ost: (obere Reihe v.l.n.r.) Arno Schöffler, Alfred Roth, Wolfgang Daniel, Dietrich Stroh, Helmut Haibach, (vordere Reihe) Heini Fritz, Adele Ost und Karl-Heinz Schmidt.

JUGENDAMT AKTIV

EINSATZ IM DIENSTE DER KINDER UND JUGENDLICHEN UNSERES LANDKREISES

ASTRID ROOS:
EHRENAMT WIRD GROß GESCHRIEBEN

In einer Zeit von Arbeits- und Freizeitstress streben viele nur noch den Konsum an und wollen in der wenigen wirklich freien Zeit, die bleibt, lieber nur teilhaben als aktiv werden und sich engagieren.

Bei den Ferienfreizeiten des Kreisjugendamtes läuft das aber ganz anders. In der Initiativgruppe Kinder- und Jugenderholung (IKUJ) haben sich ehrenamtliche Mitarbeiterinnen und Mitarbeiter zusammen-

Rechtsunterweisung, einer regelmäßigen Erste-Hilfe-Schulung und einem mehrtägigen Vorbereitungsseminar, stehen für die eingesetzten Fahrtenteams zahlreiche organisatorische Treffen auf dem Programm.

Die Fahrtenteams müssen sich kennenlernen, ihre besonderen Fähigkeiten abgleichen und die Rollen verteilen, so dass sich jeder Ehrenamtliche erfolgreich in die Freizeit einbringen kann. Natürlich wird hierbei auch festgestellt, welche

geschlossen und engagieren sich vorbildlich, um Kindern und Jugendlichen aus unserem Landkreis ein attraktives Ferienprogramm bei den Freizeiten des Kreisjugendamtes zu bieten.

Fast 500 Kinder und Jugendliche pro Jahr werden bei den Sommer- und Winterfreizeiten durch die Ehrenamtlichen betreut und angeleitet. Außer zahlreichen Pflichtveranstaltungen, wie z. B. einer

Viel Freude hatten die Jugendlichen bei ihrer Kanutour im sonnigen Frankreich.

vielfältigen Materialien an das Fahrtenziel mitgenommen werden müssen; angefangen vom Bastelmaterial über Sportutensilien, Farben, Eimern bis hin zu Lenkdrachen erfolgt eine Bestückung der Freizeiten aus dem Spielarchiv des Kreisjugendamtes. Ein Freizeitteam muss natürlich grundsätzlich auch auf alle Witterungsbedingungen eingehen, um ein abwechslungsreiches Programm zu bieten.

Und natürlich wird der Ablauf der Freizeit durchgeplant: welche Ausflüge sind möglich, was könnte die Kinder und Jugendlichen interessieren und welche Regeln braucht man, um eine Gruppenfreizeit durchzuführen.

Und vor Ort stellt man dann fest, dass auch die beste Planung wieder über den Haufen geworfen werden muss, weil das Wetter nicht mitspielt, die Gruppe keine Lust hat oder manche Pläne nicht aufeinander abgestimmt werden können. Statt dessen werden Streitereien geschlichtet, Heimweh bekämpft, Wäsche gewaschen, Pflaster verteilt, Reisebrote geschmiert oder die Tränen nach dem ersten Liebeskummer getrocknet – auch das gehört dazu.

Einer, der ein Lied von vielen Jahren ehrenamtlicher Tätigkeit als Betreuer und Fahrtenleiter beim Kreisjugendamt »singen« kann, ist Thomas Heun aus Limburg.

Seit 1980 ist der Dipl.-Sozialarbeiter bei unterschiedlichen Freizeiten im Sommer und Winter im ehrenamtlichen Einsatz. Mittlerweile war er 50-mal mit dabei. Grund genug für den Ersten Kreisbeigeordneten und Jugenddezernenten Manfred Michel, der Gruppe in Lembruch einen Besuch abzustatten und ihm persönlich zum außergewöhnlichen Jubiläum zu gratulieren.

Auch Jörg Wingenbach aus Runkel-Dehrn und Rainer Eufinger aus Beselich-Schupbach können auf das 25. Jubiläum zurückblicken. Jugenddezernent Manfred Michel ist zu Recht stolz auf den persönlichen Einsatz, der alljährlich den Kindern und Jugendlichen aus unserem Landkreis zugute kommt, und lässt es sich nicht nehmen, einen Einblick in die Freizeiten des Kreisjugendamtes und die Arbeit der Initiativgruppe zu verschaffen.

So konnte er auch der Ferienfreizeit auf der Insel Borkum einen Besuch abstatten und dem Team unter Leitung von Sandra Türk aus Dornburg-Wilsenroth buchstäblich auf die Schulter klopfen. Für die Kinder

spendierte er Eis, und an der abendlichen Spielerunde am Würstchengrill hatte er sich tatkräftig beteiligt.

Manfred Michel möchte alle am Ehrenamt Interessierten aufrufen, sich beim Kreisjugendamt als Betreuerin oder Betreuer zu bewerben (Kontakt: Astrid Roos unter der Telefonnummer: 0 64 31/2 96 - 3 51, e-mail: a.roos@limburg-weilburg.de).

Informationen gibt es auch auf der Homepage der Initiativgruppe Kinder- und Jugenderholung (IKUJ) unter www.ikuj.de.

JULIA WEIGAND:
WAS BRINGT UNS DAS PARTIZIPATIONSLEASING?

Jugendhearing, Demokratie-Training, Schul-TV und Kindergartenparlament – um nur einige Aktionen des Jugendbildungswerks Limburg-Weilburg (JBW) in den vergangenen Jahren zu nennen – zeigen, dass Kinder und Jugendliche unter bestimmten Voraussetzungen durchaus zu politischem Engagement bereit sind.

Die Beteiligungsprojekte fanden im Rahmen des vom Hessischen Sozialministerium 2002 ausgeschriebenen »Aktionsprogramm Partizipation und interkulturelle Bildung« statt.

Das JBW hatte sich mit dem Konzept »Partizipationsleasing«, das von der Bildungsreferentin Pia Stöckl erarbeitet worden war, beworben und wurde mit 75.000 Euro bis Ende 2004 gefördert. Das Projekt war eines von 19 landesweiten Projekten, die alle von der Universität Marburg wissenschaftlich begleitet und ausgewertet wurden.

Ziel war es, das Thema Partizipation verstärkt in der Öffentlichkeit vorzustellen und zu diskutieren.

Auftakt war eine Informationsveranstaltung, zu der alle Bürgermeister, Schulen, Vereine, Kindertagesstätten und Interessierte eingeladen waren. Der Erste Kreisbeigeordnete und Jugenddezernent Manfred Michel erklärte an diesem Abend Sinn und Zweck des Angebotes: Das Konzept

»*Partizipationsleasing*« beinhaltet die Möglichkeit für Kommunen, Schulen, Vereine und Verbände sowie Kindertagesstätten, sich mit einer Projektidee zur Beteiligung von Kindern und Jugendlichen zu bewerben und die Unterstützung der Projektmitarbeiterin zu beantragen.

Gemeinsam mit der Diplom-Pädagogin Julia Weigand, die für die Leitung der Projekte vor Ort eingestellt worden war, wurden Voraussetzungen und Bedingungen analysiert und verschiedene Beteiligungsmodelle entwickelt.

So wurde für die Gemeinde Elbtal ein Jugendbüro eingerichtet und verschiedene Aktionen (z. B. Fragebogenaktion, Filmprojekt . . .) für die Jugendlichen angeboten. Großes Engagement zeigten die Mitglieder des Jugendraums in Elbgrund, als sie für die Wiedereröffnung ihres geschlossenen Raumes vor dem Gemeindevorstand vorsprachen. Auch beim »*Schul-TV*« konnten Elbtaler Viertklässler ihre Schule kritisch unter die Lupe nehmen und ihre Meinung in Form einer Internet-Seite ausdrücken.

Die Fürst-Johann-Ludwig-Schule in Hadamar war Kooperationspartner bei dem Projekt »*Demokratie-Training*«. Durch verschiedene Seminare wurden die Schülerinnen und Schüler im Rede-, Team- und Moderationstraining für ihre Arbeit qualifiziert, um die Grundlage für eine funktionierende Mitbestimmung zu schaffen. Das Jugendbildungswerk begleitete das Projekt im Schuljahr 2003/04 zusammen mit dem Pädagogischen Leiter Werner Wittayer und den Verbindungslehrern Thomas Höhenberger, Martina Felgentreff und Theresia Magenheim.

Dass Partizipation nicht an Alter gebunden ist, haben die Kinder des Kindergartenparlamentes Kirberg bewiesen. Bei der »*Abschluss-Sitzung*« der Nachwuchsparlamentarier waren sich Jugenddezernent Manfred Michel und Bürgermeister Norbert Besier von Hünfelden einig: von

diesen Kindern können selbst »*die Großen*« noch so einiges lernen. Selbstsicher präsentierten die Fünfjährigen am Mikrofon Leo, den Wappenlöwen, ihre Anwesenheitsliste, das Protokollbuch und die Abstimmungssteine. Bei Ihren Diskussionen und Lösungsfindungen wurden die Kinder von den Erzieherinnen Maren Kah und Anika Jäger sowie Julia Weigand (JBW) begleitet. Die Leiterin des Kindergartens Jutta Hofmann hat dieses Modell der Beteiligung in ihre Konzeption mit aufgenommen, um die Kinder nicht nur bei Entscheidungen, sondern auch bei Planungen und Umsetzungen zu beteiligen.

Dass sich Engagement lohnt, zeigte die Einweihung des neuen Jugendraums in Villmar. Im Vorfeld hatten sich die jungen Villmarer auf einer Jugend-Anhörung für einen solchen Aufenthaltsort ausgesprochen. Mit der Unterstützung von Julia Weigand sammelten die Jugendlichen Argumente und verhandelten mit Bürgermeister Hermann Hepp und Pfarrer Daum über die Nutzungsbedingungen des neuen Raumes. Im Rahmen des Partizipationsleasings entstand weiterhin ein Kinderstadtplan für die Stadt Weilburg und ihre Stadtteile. Der von Kindern für Kinder erarbeitete Stadtplan, in dem alle wichtigen Informationen für junge Besucher über die barocke Residenzstadt zu finden sind, ist auch für den Hessentag 2005 in Weilburg eine große Bereicherung.

Bei Spiel- und Skaterplatzplanungen, Dorfdetektiven und Stadtforschern konnten Kinder und Jugendliche erleben, dass Beteiligung Spaß macht und die aktive Mitgestaltung der Lebensräume deren Qualität nachhaltig verbessert.

Diese Beispiele zeigen, dass sich Kinder und Jugendliche durchaus für ihre Belange einsetzen, entscheidend ist jedoch, ob sie auch die Chance zur Übernahme echter Verantwortung für die Gestaltung des eigenen Lebens erhalten.

Für Kommunen bedeuten Beteiligungs-modelle die Möglichkeit, Probleme im Zusammenleben von Jung und Alt in den Griff zu bekommen. Planungen im öffent-lichen Raum können durch Mitsprache und Mitwirkung der Zielgruppen unterstützt werden und damit z. B. Vandalismus vor-beugen. Die Beteiligung von Kindern und Jugendlichen fördert die Erhaltung demo-kratischer Werte und die Bereitschaft zum sozialen und politischen Engagement in der Gemeinde.

Eine Broschüre zum Thema Partizipation und den verschiedenen Beteiligungsmo-dellen im Landkreis kann beim Jugend-bildungswerk Limburg-Weilburg, unter der Telefonnummer 0 64 31 / 2 96 -1 18 an-gefordert werden.

MARTIN KAISER:
MEDIENPÄDAGOGISCHES PROJEKT IN
KINDERTAGESEINRICHTUNGEN

In Kooperation mit der Hessischen Landes-anstalt für privaten Rundfunk veranstaltete das Kreisjugendamt Limburg-Weilburg ein dreiteiliges medienpädagogisches Bau-steinprojekt, das sich an Kinder, Eltern und

Kinder haben ihre eigenen Vorstellungen und können sie auch zu Papier bringen.

Erzieherinnen von Kindertageseinrichtun-gen im Landkreis richtete. *»Das Projekt sollte vor allem Eltern und Erzieherinnen Impulse für eine erfolgreiche Medien-erziehung von Kindern geben«*, so der Erste Kreisbeigeordnete Manfred Michel.

Der Kooperationspartner des Kreis-jugendamtes, die Hessische Landesan-stalt für privaten Rundfunk – kurz LPR Hessen -, ist für die Regelung des privaten Rundfunks in Hessen zuständig und engagiert sich unter anderem für medien-pädagogische Projekte, die Erwachsenen und Kindern Hilfestellung im Umgang mit den Medien anbieten.

An dem Medienprojekt nahmen aus dem Landkreis Limburg-Weilburg die ev. Kinder-tagesstätte Blumenrod, der Kindergarten Seelbach und die Kindertagesstätte Aumenau teil. Mit der Projektdurchführung wurden die Medienpädagoginnen Inga Becker und Alexandra Zerl vom Netzwerk Medien- und Kulturarbeit mit Kindern e.V. aus Frankfurt beauftragt.

Der erste Baustein bestand aus einer zwei-tägigen Fortbildung, an der alle Erziehe-rinnen der Einrichtungen aus Blumenrod, Seelbach und Aumenau teilnahmen. Die Erzieherinnen erhielten Informationen über die Wirkung von Medien auf Kinder und die Möglichkeiten der Erziehung zum bewussten Umgang mit den Medien.

Im Verlauf des Seminars hatten die Er-zieherinnen die Möglichkeit, beliebte Kindersendungen zu sichten. Anhand von Kinderfilmen wie *»Bob der Baumeister«* und *»Yu-Gi-OH«* wurde unter anderem analysiert, welche Gesamtwirkung die Filme auf Kinder haben, welche Konflikte und deren Bewältigung gezeigt werden und wie die Identifikationsfiguren der Filme zu charakterisieren sind. Anschließend entwickelten die Seminarteilnehmerinnen Ideen, wie die in den Filmen gezeigten Themen mit Kindern aufgegriffen und besprochen werden können.

Erster Kreisbeigeordneter Manfred Michel (links) und Villmars Bürgermeister Hermann Hepp überreichten den Kindern der Kindertagesstätte in Aumenau für ihre tollen schauspielerischen Leistungen einen Oskar.   *Foto: Christine Kissel*

Im Rahmen des zweiten Bausteins wurde in den einzelnen Einrichtungen ein Konzept für ein Medienprojekt erarbeitet und anschließend mit den Kindern umgesetzt. In der Einrichtung in Blumenrod entstand ein Videofilm; im Kindergarten Seelbach wurde nach den Wünschen der Kinder eine Fantasiegeschichte entwickelt und in eine Ton-Dia-Show umgesetzt.

Eine Gruppe von Kindern der Einrichtung in Aumenau entschied sich im Rahmen einer Kinderkonferenz dafür, »Findet Nemo II« zu verfilmen. Der Film handelt von dem Fisch Nemo, der von seinem Vater getrennt und von Haien verfolgt wird. Da Nemo den Haien zu dünn ist, fressen sie ihn nicht, sondern sperren ihn in eine Mülltonne. Nemo ruft um Hilfe und die Seepferdchen retten ihn. Sie bringen ihn zurück zu seinem Vater. Anschließend feiern alle die Rettung.

Zur Filmpremiere lud die Leiterin der Kindertagesstätte Aumenau Birgit Berger den Villmarer Bürgermeister Hermann Hepp und den Ersten Kreisbeigeordneten Manfred Michel ein. Beide waren von der Kreativität und den schauspielerischen Leistungen der Kinder begeistert, und sie überreichten den talentierten Nachwuchskünstlern im Anschluss an die Vorführung einen »Oskar« in Fischform und eine Urkunde.

Auf Grund der guten Kooperationsbeziehung zu der Hessischen Landesanstalt für privaten Rundfunk ist es dem Kreisjugendamt Limburg-Weilburg in diesem Jahr möglich, weitere Kindertageseinrichtungen des Landkreises ein vergleichbares Medienprojekt im Bereich der Computerarbeit mit Kindern anzubieten.

MELANIE ERIKSSON: BETREUTE FAMILIENFREIZEIT IM BAYERISCHEN WALD

Auf dem Gelände der Jugendfreizeitstätte in Waldmünchen im Bayerischen Wald war in den Sommerferien einiges los. 14 Tage lang tummelten sich auf dem Gelände der alten Schlossanlage zwölf Kinder, die mit ihren Müttern an der Betreuten Familienfreizeit des Kreisjugendamtes Limburg-Weilburg teilnahmen.

Die Betreute Familienfreizeit versucht, sowohl den Bedürfnissen der Kinder als auch denen der Erwachsenen gerecht zu werden. Die Kinder werden zeitweise betreut, es gibt Programmpunkte für die Erwachsenen, ein Programm für die gesamte Gruppe und Zeit zur freien Verfügung.

Für die Kinder standen die 14 Tage unter dem Motto »*Indianer*«. Es wurden für alle Kinder Indianernamen gesucht, Indianerspiele gespielt, ein Totempfahl gestaltet und aufgestellt, Kleidung und Federschmuck gebastelt.

Die Mütter machten unter anderem einen Ausflug nach Tschechien und besuchten das Trenck-Festspiel. Aber es blieb auch noch genügend Zeit, mit der ganzen Gruppe die Gegend zu erkunden, z. B. bei einer Wanderung zum Kohlenmeiler, beim Schwimmen im nahe gelegenen Perlsee, bei einer Schnitzeljagd rund um die Burg oder beim gemeinsamen Ponyreiten.

Auch der Jugenddezernent des Landkreises Limburg-Weilburg Manfred Michel ließ es sich nicht nehmen, die Gruppe vor Ort zu besuchen und sich von der gelungenen Familienfreizeit zu überzeugen.

Das Kreisjugendamt Limburg-Weilburg führte die Betreute Familienfreizeit in diesem Jahr bereits zum zehnten Mal durch. Die Freizeiten der letzten Jahre fanden in Zwiesel im Bayrischen Wald, Bad Aussee in Österreich, auf einem Campingplatz am Gardasee in Italien und auf einem Bauernhof an der Ostsee statt. Einschließlich der diesjährigen Freizeit haben insgesamt 260 Erwachsene und Kinder an den Betreuten Familienfreizeiten teilgenommen.

Der Erste Kreisbeigeordnete Manfred Michel sieht es als wichtige Aufgabe an, Familien zu unterstützen, die sich einen Urlaubswunsch aus sozialen oder wirtschaftlichen Gründen nicht erfüllen können. Daher fördert der Landkreis Limburg-Weilburg die gemeinsame Erholung von Eltern und Kindern.

Die Betreute Familienfreizeit bietet den Teilnehmenden die Gelegenheit, gemeinsam mit der Familie und einem vierköpfigen erfahrenen Betreuungsteam Urlaub zu genießen, zu entspannen, Spaß und Zeit zu haben.

Durch die gemeinsam verbrachte Zeit wird der Familienzusammenhalt gestärkt und die Beziehungen der einzelnen Familienmitglieder untereinander verbessert.

Alleinerziehende sind durch Erwerbstätigkeit und die alleinige Kindererziehung ungleich höher belastet als Familien mit beiden Elternteilen. Das Konzept ermöglicht ihnen, viel Zeit mit ihren Kindern zu verbringen, was im Alltag durch vielseitige Belastung oft nicht in befriedigendem Maße möglich ist, aber auch Entspannung und Erholung.

Die Betreute Familienfreizeit versucht, die Gesamtsituation der Familie zu berücksichtigen, und ist eine bedeutsame Möglichkeit, die Familie einmal außerhalb der Alltagsbelastungen zueinander zu führen und Gemeinsames zu erleben.

Die Zielsetzung der Freizeit orientiert sich aber nicht nur an den Bedürfnissen der einzelnen Familien, sondern auch an denen der gesamten Gruppe. Die Gruppe soll Zeit haben, sich kennen zu lernen, gemeinsame Erfahrungen zu machen, Gedanken auszutauschen und eventuell länger anhaltende Kontakte zu knüpfen.

Da es allen gut gefallen hat, wird bereits überlegt, Waldmünchen auch im nächsten Jahr zum Ziel der Betreuten Familienfreizeit zu machen.

Für weitere Informationen steht das Kreisjugendamt Limburg-Weilburg unter der Telefonnummer 0 64 31 / 2 96 - 3 50 zur Verfügung.

Frisch – Fromm – Fröhlich – Frei

Von Walter Stöppler

Als der Turnvater Ludwig Jahn, geboren am 11. August 1778 zu Lanz/Prignitz, gestorben am 15. Oktober 1852 in Freyburg/ Unstrut, die Turnbewegung ins Leben rief, war an ein deutsches Sportabzeichen noch nicht zu denken.

Aber schon in den dreißiger Jahren des 20. Jahrhunderts, als der Sport wieder mehr gefördert wurde, wurde das deutsche Sportabzeichen nach verschiedenen Leistungen als »Fünfkampf« verliehen.

Die Kreisvolkshochschule des Kreises Limburg-Weilburg ermöglichte in ihrem Programm 1964 in Verbindung mit dem Sportamt des Kreises im Landesverband, durch Gymnastikkurse die Leistungen für das deutsche Sportzeichen zu erwerben.

Der erste und langjährige Übungsleiter war Paul Kremer, geboren am 26. Juni 1919, gestorben am 3. Dezember 2003 in Eschhofen. Paul Kremer war lange Jahre ein bekannter guter Starter und Sportabzeichenobmann. Die damalige Gymnastikgruppe war anfangs etwa zehn Personen stark. Kremer führte diese und begeisterte die Mitglieder so sehr, dass die Gruppe heute 40 Sportler zählt.

Im März 1979 wurde diese Gymnastikgruppe in den Sportverein VfR 19 Limburg aufgenommen und damit die Möglichkeit gegeben, für die zukünftigen Jahre immer montags eine Turnhalle benutzen zu können und auch gegen Sportunfälle versichert zu sein.

Namhafte Mitglieder der Gymnastikgruppe waren einst:

Karlheinz Weimar,
Hessischer Finanzminister
Dr. Sigurd van Riesen, Stadtrat a. D.
Helmut Peuser, Kreisvorsitzender der CDU und Mitglied des Hessischen Landtags
Dr. Günter Hrabe, Ordinariatsrat a. D.
Otto Wenk, Arkansass, USA
Antonio Constanco

Die inzwischen »Senioren-Gymnastikgruppe des VfR 19« genannte Abteilung konnte im vergangenen Jahr auf ihr 40-jähriges Bestehen zurückblicken. Das Alter der Mitglieder beginnt mit 52 und endet mit 91 Jahren.

Während der schulischen Sommerferien sind die Turnhallen geschlossen. Dann werden auf der Lahnkampfbahn die Leistungen für die drei Sportabzeichen – deutsches, bayrisches und österreichisches – erbracht. Zahlreiche Spitzenleistungen wurden von den Sportlern der Gruppe erzielt: so z. B. gewann 1972 Otto Wenk beim Volkslauf in Neckarsteinbach die Goldmedaille.

Mit ihm feierten den Erfolg Paul Kremer und Heinrich Busch (Foto).

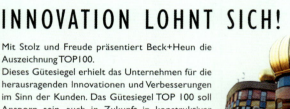

Beck + Heun unter den innovativen TOP100
Lothar Späth ehrt den innovativen Rolladenkastenbauer auf der Zugspitze

Preisverleihung auf der Zugspitze:
v. l. Stefan Orth, Schirmherr Lothar Späth, Bernd Beck

Die Beck+Heun GmbH aus Mengerskirchen erhält für ihre herausragenden innovativen Leistungen das Gütesiegel TOP100. Dieses wird im Rahmen einer bundesweiten Vergleichsstudie verliehen. Prof. Nikolaus Franke von der Wirtschaftsuniversität Wien untersucht darin das Innovationsmanagement mittelständischer Unternehmen: Die hundert Besten – so auch die Waldernbacher Beck+Heun GmbH – dürfen sich nun zukünftig mit dem Qualitätssiegel TOP100 schmücken. Beim exklusiven Gipfeltreffen der TOP-Innovatoren auf der Zugspitze überreichte der Schirmherr Lothar Späth die angesehene Auszeichnung an die beiden Geschäftsführer Bernd Beck und Stefan Orth.

Die Untersuchung misst einerseits den Innovationserfolg im Markt, gleichzeitig bewertet sie vier Bereiche, welche die Erneuerungskraft auch langfristig sicherstellen sollen: Innovative Prozesse und Organisation, Innovationsklima, Innovationsmarketing sowie innovationsförderndes Top-Management.

Beck+Heun konnte als Marktführer in allen Kategorien überzeugen und sicherte sich damit einen Platz unter den TOP 100. Das Unternehmen entwickelt, produziert und vertreibt Rolladenkastensysteme, die heute im Zeichen eines geschärften Umweltbewusstseins vermehrt auf Einsparpotenziale geprüft werden. Auf diesem Weg ist der Rolladenkastenspezialist Vorreiter, was insbesondere auf das innovationsfreundliche Klima im Betrieb zurückzuführen ist. Kurze Entscheidungswege und das schnelle Rekrutieren von Projektteams erlauben das flexible Umsetzen neuer Ideen.

Jährlich werden im Hause Beck+Heun durchschnittlich vier bis fünf neue Ideen zu Patenten angemeldet – von raumseits geschlossenen Kästen über das montagefreundliche Clipfix-System bis zum weltweit einzigen stranggepressten Ziegelrolladenkasten. Aktueller Höhepunkt ist die Belieferung der olympischen Spiele in Athen, wo Beck+Heun aus seinem Geschäftsbereich Hindernisbau den kompletten Springparcour für die Weltelite liefert.

Erfolgreiche Innovationen aus dem Westerwald – sie sind Ergebnisse eines kontinuierlichen Verbesserungsprozesses, der schon heute flexibel auf die Kundenwünsche von morgen reagiert.

Drei Mitglieder der Gruppe nahmen am zweiten internationalen Hoechster-Marathonlauf in Frankfurt zu Pfingsten 1981 teil, das waren: Klaus Schneider, Heinrich Busch und Berthold Nebgen (Foto).

1991 nahm Heinrich Busch in Turku/Finnland am 20 Kilometer-Gehen teil und gewann die Goldmedaille. *»Unser Heinrich«* gewann 1995 bei den Seniorenmeisterschaften in Buffalo/USA die Goldmedaille und errang zusätzlich den siebten Platz im Kugelstoßen. Die Gruppe feierte den Sieger mit einer Gruppenaufnahme (Foto unten).

Und darüber hinaus gewann unser aller Vorbild Heinrich Busch noch zahlreiche Siege und Medaillen bei Weltmeisterschaften in Europa und Bundesmeisterschaften.

Diese hervorragenden sportlichen Leistungen finden auch Ausdruck in der Verleihung des 53. deutschen Sportabzeichens. Heinrich Busch ist der dritte Träger des Ordens in unserer Heimat Hessen.

Die übrigen Gruppenmitglieder bringen durch ihre Fitness überdurchschnittliche Leistungen. Die montäglichen Übungsstunden wurden in einem gesunden Muskeltraining an verschiedenen Geräten durch Bewegung und Spiele ausgeführt. Am 16. Januar 2004 feierten im kleinem Rahmen die sportlichen VfR 19 Senioren den 40. Jahresbeginn ihrer Gruppe im Bürgerhaus Offheim. Anlass war nicht nur dieser Jahresabschluss 2003, sondern auch die Verleihung von 48 Urkunden für das deutsche, das bayrische und das österreichische Sportabzeichen.

Kreisobmann Karlfred Theby überreichte diese Auszeichnungen und lobte die Gruppe für ihr diszipliniertes und zahlreiches Erscheinen zu den Übungsstunden. Viele Vereine beneiden diese Gymnastikgruppe um die Treue zu ihrem Verein – lobte der Kreisobmann in seiner Ansprache.

Altersgerecht wurden die Übungsstunden 40 Jahre in Folge von Paul Kremer, Manfred Klärner, Alois Bay und Winfried Schneider durchgeführt.

Genau zum richtigen Zeitpunkt brach Übungsleiterin Anette Zinndorf in die Männerdomäne ein, um beim VfR 19 nach den neuesten Erkenntnissen eine altersgerechte Bewegungs- und Muskeldehnungstherapie durchzuführen.

FUßWALLFAHRTEN NACH WALLDÜRN IN UNSERER REGION IM WANDEL DER ZEIT

VON JOSEF J. G. JUNG

Alljährlich durchzieht die Kölner Fußwallfahrt von Porz-Urbach nach Walldürn unseren Landkreis, und zwar von Elz-Malmeneich über Limburg und den *»Goldenen Grund«* hinauf bis Bad-Camberg-Würges. Sie verlief früher in diesem Abschnitt ausschließlich auf der Bundesstraße 8, der Nachfolgerin der alten Hohen- und Heerstraße Köln-Frankfurt/M. Wegen des starken Verkehrsaufkommens hat man seit Jahren größtenteils von dieser Straße Abstand genommen und benutzt nunmehr die in ihrer Nähe befindlichen Wander- und Radwege, die in der heutigen Zeit angelegt worden sind. In fast allen Orten, die tangiert werden – auch aus deren Umgebung –, schließen sich Pilger an.
Die meisten von ihnen haben Walldürn zum Ziel, während manche die Wallfahrer lediglich ein Stück des Weges begleiten. Die Zahl der Prozessionsteilnehmer wächst jährlich; 2003 waren es 685 Personen, die beim abendlichen Einzug in die Walldürner Basilika begrüßt werden konnten, darunter zahlreiche aus unserer Region.
Die Wallfahrt beginnt jeweils dienstags nach Pfingsten und endet immer montags abends der darauf folgenden Woche. An sieben Tagen nehmen Fußpilger für die Bewältigung der Gesamtstrecke von mehr als 260 Kilometern besondere Mühen

und Anstrengungen auf sich. Sie bekennen öffentlich ihren christlichen Glauben und bilden eine Gebetsgemeinschaft, die über persönliche Bitten hinaus auch die großen Anliegen der Welt und der Kirche aufgreift.
Walldürn liegt südlich von Wertheim am Main zwischen Würzburg und Heilbronn an der Bundesstraße 27. Diese Stadt im nördlichen Baden-Württemberg, die zum Erzbistum Freiburg gehört, wurde zum Wallfahrtsort durch ein Ereignis, das sich dort um das Jahr 1330 ereignet hatte. Der Priester Heinrich Otto stieß bei einer Messfeier den Kelch mit dem bereits konsekrierten Wein um, der auf eine Leinenunterlage (Korporale) floss. Auf dieser entstand in blutroter Farbe ein wundersames Bild: Christus am Kreuz, umrahmt von elf Köpfen, die alle den mit Dornen gekrönten Christus darstellen. Erschreckt durch dieses unfassbare Geschehen, versteckte der Geistliche das Tuch mit der Abbildung und berichtete erst kurz vor seinem Tod von dessen Existenz. 1445 brachte man das Tuch nach Rom, wo Papst Eugen IV. eine Urkunde zur Förderung von Wallfahrten nach Walldürn ausstellte. Sodann sind die ersten großen Wallfahrten zur Verehrung des *»Heiligen Bluts«* bereits für das Jahr 1456 bezeugt.

Wenn auch bisher keine konkreten Unterlagen über die Anfänge der Kölner Wallfahrt nach Walldürn bekannt sind, wird davon ausgegangen, dass sie schon in der ersten Hälfte des 17. Jahrhunderts begonnen haben und somit auf eine lange Tradition zurückblicken können. Die Organisation der heutigen Fußwallfahrt obliegt dem Vorstand der Erzbruderschaft vom Kostbaren Blut, deren Präses ein Geistlicher ist. Dieser Vorstand kümmerte sich um Quartiere und Verpflegung, hält Verbindungen zu den Pfarrämtern am Prozessionsweg, sorgt für dessen Sicherheit, für Pausen und Übernachtungen sowie für Omnibusse für »Fußkranke« und das Reisegepäck. Der Pilgerschar voran werden Kreuz und Fahnen getragen. Brudermeister und Ordner gewährleisten einen disziplinierten Ablauf der Prozession, die in der Regel mehrere Geistliche begleiten. Mit lauten Rufen und dem Heben der »Bruderstöcke« geben die Vorbeter die »Kommandos« zum gemeinsamen Beten, Singen und Schweigen. Gerastet und übernachtet wird – teils in Privatquartieren oder in Hotels und Gasthäusern – an festen Stationen.

Unseren Landkreis erreicht die Prozession am Ende des dritten Tages seit ihrem Beginn. Eine Kaffeepause in Hundsangen fand vorher statt. Dann geht es über Malmeneich, durch den Elzer Wald, zur »Mordschau« und weiter nach Elz, wo in der Kirche St. Johannes der Täufer der Abendsegen gespendet wird. Anschließend begibt man sich in diesem Ort zur Nachtruhe. Bereits sehr früh am nächsten Morgen beginnt der Fußmarsch für die mit rund 45 Kilometern längste Tagesroute nach Schlossborn/Glashütten im Taunus. Vorbei an Staffel, entlang der Lahn, über die Alte Lahnbrücke in die Altstadt von Limburg, wird in der dortigen Stadtkirche St. Sebastian Station gemacht, wo oftmals Weihbischof Gerhard

Pieschl zur Begrüßung erscheint. Sodann geht es wieder ein Stück längs der Lahn, dann über die Landstraße nach Eschhofen, und von dort gelangt man über den so genannten Deponieweg nach Lindenholzhausen, wo traditionsgemäß in der St. Jakobus-Kirche eine Pilgermesse stattfindet mit anschließendem gemeinsamen Frühstück im Pfarrsaal oder bei privaten Gastgebern.

Die Pilger ziehen nun ins Emsbachtal und den »Goldenen Grund« hinauf, vorbei an der Berger-Kirche, durch Niederbrechen, wo die Glocken der St. Maximinus-Kirche zum Gruß erklingen. Nach einem kurzen Aufenthalt in der Oberbrechener Pfarrkirche »St. Felizitas und Heilige Sieben Brüder« bieten dortige Ortseinwohner den Pilgern stets Schnaps, aber auch Erfrischungsgetränke an. Hinter Oberbrechen ist die »Marienkapelle bei der Heiligen Eich« zu sehen, wo man früher eine kleine Rast einlegte, weil hier die Hälfte des gesamten Pilgerwegs erreicht war. Und nun ist Niederselters das nächste Etappenziel. Dort werden zunächst die Mariengrotte im Wald und die Pfarrkirche St. Christophorus besucht; anschließend findet die Mittagspause statt. Sodann führt der Weg nach Oberselters, wo am dortigen Mineralbrunnen die »Taufe« der Erstpilger mit Selterswasser erfolgt. Weiter im Emsbachtal durchqueren die Wallfahrer die Gemarkungen von Erbach, Bad Camberg, Würges und Walsdorf, um schließlich nach Esch zur Kaffeepause zu gelangen. Über Heftrich wird nach einer steilen Strecke den Taunus hinauf das Tagesziel Schlossborn/Glashütten erklommen. Aber noch sind drei Tagesmärsche bis nach Walldürn zu bewältigen.

Nicht immer konnte die Kölner Fußwallfahrt nach Walldürn so ungehindert wie heute ihren Verlauf nehmen. So hatte der Kölner Erzbischof und Kurfürst Maximilian – dem Zeitgeist der Aufklärung folgend – in seinem weltlichen Herrschaftsbereich bereits am 10. April 1765 *die öffentlichen Prozessionen und Bittfahrten, wobei übernachtet wird,* verboten. Offensichtlich hielten sich viele nicht daran, denn bereits drei Jahre später ließ die zuständige Obrigkeit verlauten, dass man missfällig die Übertretungen bemerkt habe und *nach wie vor übernachtende Zusammenrottungen ohne Anführung eines Geistlichen gehalten werden.* Das Verbot soll abermals von den Kanzeln verkündet und jedem Übertreter mit einem Goldgulden Strafe gedroht werden. Wer unvermögend ist, soll dafür *acht Tag lang mit Wasser und Brot* in Haft genommen werden.

Um 1775 vermerkte der Walldürner Pfarrer, dass am zweiten Sonntag nach Pfingsten eine Prozession aus Haintchen »bei Limburg« und eine weitere aus Montabaur – beide also aus dem Kurtrierischen – in Walldürn eingezogen waren. In 1783 wurden sogar *500 Haincher* als Pilger registriert.
Welche Bedeutung der Wallfahrt nach Walldürn auch im Kurfürstentum Trier – zu dem damals auch Teile unseres heutigen Landkreises und des Westerwalds gehörten – beigemessen wurde, geht aus einer Denkschrift von 1787 des Johann Wilhelm Josef Castello hervor, der in jener Zeit

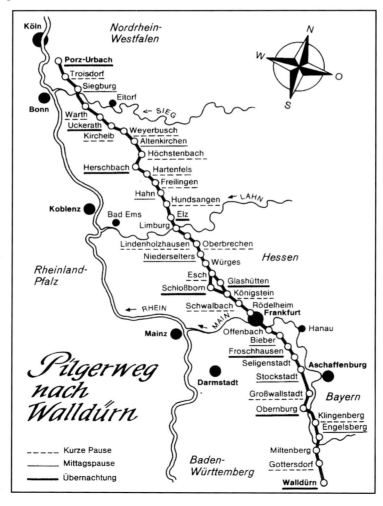

Haushofmeister der Familie von Walderdorff auf Schloss Molsberg bei Wallmerod war.

Er verfasste diese Abhandlung wohl im Auftrag des späteren Trierer Bischofs Josef von Hommer in der Intention, die Aufklärung im Volk zu verbreiten und die Geistlichen zu Volksführern heranzubilden. Castello schrieb: »*Die Erfahrung beweist, daß diese frömmelnden Reisenden mit der Bruderschaftskordel und Rosenkranz in der Hand auf dem Rückwege alle beurteilen, alles tadeln, jedem die Ehre abschneiden, beneiden, der besser als sie gekleidet ist.*« Vor allem wandte sich der Schreiber gegen den Besuch der entfernteren Wallfahrtsstätten, weil *dabei mehr Geld verzehrt, mehr Zeit und Arbeit versäumt, weil durch leichtere Gelegenheit längeren Umgang und Beisammensein ohne alle Aufsicht unter Unbekannten die Schamhafigkeit und Ehrbarkeit gemindert und also der Unschuld größere Gefahr bevorsteht.* Er hielt es für äußerst schlimm, dass die Leute nach Walldürn pilgerten. Ihm widerstrebten *Unfug und Ausschweifungen, das Fressen und Saufen auf solchen Orten, angesichts deren er sich wahre Andacht unmöglich vorstellen konnte.*

Schon vorher, und zwar am 29. November 1784, bestimmte der letzte Kurfürst und Erzbischof von Trier Klemens Wenzeslaus in einer landesherrlichen Verordnung, *daß ferner gar keine Prozessuin mehr über eine Stunde weit erstreckt werden darf, und daß die bisher an entferntere Orte üblichen Bittgänge mit Zustimmung des erzstiftischen Generalvikariats abgeändert werden müssen.* Bereits am 19. April des gleichen Jahres hatte Klemens Wenzeslaus dem Generalvikariat zu Trier befohlen, *daß hinfür in allen Prozessionen sowohl in als außer Trier die florierenden Vorstellungen abgeschafft und nur dasjenige belassen werden solle, was dem Sinn der Kirche und der Vorschrift des trierischen Rituals angemessen ist.*

Doch ungeachtet solcher Äußerungen und der erlassenen Verbote kamen die Wallfahrten nach Walldürn nie ganz zum Erliegen, obwohl sie auch nach Beginn des 19. Jahrhunderts infolge von neuen Gesetzen und Polizeiverordnungen, die nach der Säkularisation und dem Ende der napoleonischen Zeit vom Liberalismus geprägt waren, eine starke Dämpfung erfahren hatten.

Da sich für die damaligen Menschen ihr Dasein fast ausschließlich auf das Leben und Arbeiten in ihren Dörfern und Städten beschränkte, war die Wallfahrt zweifellos nicht nur ein religiöses Erlebnis, sondern auch Gelegenheit, einmal aus dem oft grauen Alltag herauszukommen und andere Menschen und Gegenden kennen zu lernen. Auch bot sich mitunter die Möglichkeit, persönliche Bedürfnisse zu erfüllen. So hatte nämlich ein Brudermeister aus Porz im Jahre 1842 auf dem Prozessionsweg einen Ochsen gekauft und denselben hinter der Prozession nachführen lassen, allerdings sehr zum Unwillen des mitpilgernden Geistlichen.

Ein Gesetz des Herzogtums Nassau vom 27. August 1815 verbot nicht nur das Wallfahren der nassauischen Untertanen, sondern schrieb ebenso vor, dass die Beamten fremde Prozessionen an der Landesgrenze zurückzuweisen hatten. Wie wenig der Staat sich aber gegen die lebendige Frömmigkeit des Volkes durchsetzen konnte, ergibt sich daraus, dass das herzoglich nassauische Amt Selters im Westerwald noch am 17. Mai 1845 gegenüber dem Pfarrer zu Hartenfels beanstandete, dass am selben Abend die Kölner Walldürnpilger mit Kreuz und Fahnen die Grenzen des Herzogtums überschritten und in Herschbach Quartier bezogen hätten.

Um 1860 gab es für das im Jahre 1827 errichtete Bistum Limburg lediglich noch eine Wallfahrt nach Walldürn, denn 1862 teilte der damalige Pfarrer von Lindenholzhausen, Dekan Martin Kremer, dem Bischöflichen Ordinariat in Limburg mit, *Lindenholzhausen sei herkömmlich der Sammelplatz der sogenannten Montabaurer oder trierischen Prozession.* Und in einem anderen Bericht von 1864 schrieb er sogar von Wallfahrern aus dem trierischen Anteil der Diözese Limburg. Die Ordnung jener Prozession von 1862, die ohne geistlichen Begleiter nach Walldürn zog, ließ zu wünschen übrig. Deshalb ersetzte die bischöfliche Behörde den bis dahin von den Wallfahrern gewählten Brudermeister durch einen anderen. Im gleichen Jahr bemerkte Dekan Kremer, dass er seit Jahren um eine Ordnung der trierischen Prozession bemüht gewesen sei. Auch trat er für eine Trennung nach Geschlechtern in der Kirche und beim Zug durch den Ort ein. Weiter hielt er in seinem Bericht fest, dass diese *Montabaurer Prozession* in Walldürn als *Knüppel- oder Ranzengarde* bezeichnet und auch nicht – wie andere Prozessionen – durch einen Geistlichen begrüßt und eingeholt werde.

Außerdem führte Dekan Kremer 1862 noch folgendes an: »*Seit einigen Jahren schon wollen die Wallfahrer hiesiger Gegend nicht mehr mit der trierischen* (= Montabaurer Prozession) *laufen, sondern warten die kölnische Prozession ab, welche kürzere Tagesstrecken wandert, die Geschlechter strengstens gesondert hält, für die Müden oder Kranken sorgt und namentlich energisch an der Regel festhält, dass jede mitwandernde Person den anfangs eingenommenen Platz in den Reihen der Wallfahrer beibehält und Unordentliche aus dem Zuge ausschließt. Auch gehen die Kölner prozessionsweise wieder zurück, während die Trierer, jeder nach Belieben ausreißen, an der Spitze die sogenannten Brudermeister.*«

Am 13. Juni 1862 wies der im gleichen Jahr als Brudermeister eingesetzte Sendschöffe Johannes Steudter aus Oberahr bei Montabaur darauf hin, dass wegen der schlechten Ordnung der trierischen Prozession ein Drittel der Pilger aus der Diözese Limburg mit den Kölnern nach Walldürn gezogen sei. Doch angesichts seiner guten Führung der trierischen Prozession 1862 hätten ihm die Pilger aus der Diözese Limburg bei der Ankunft in Walldürn erklärt, dass sie 1863 wie früher mit den übrigen Limburger Wallfahrern gehen würden. Dennoch gab es aus den Reihen der Teilnehmer bald wieder Klagen, die offenbar dazu führten, dass spätestens seit 1869 ein Geistlicher die Prozession begleitete, wie das auch bei den Kölnern seit 1863 wieder üblich war.

Am 23. Mai 1864 gab Dekan Kremer aus Lindenholzhausen nochmals folgenden Bericht an das Bischöfliche Ordinariat in Limburg: »*Heute Vormittag meldete ein unsignierter Brudermeister der kölnischen Wallfahrer die Ankunft der Prozession, die von einem Priester geführt wurde. Beim Einzug der Prozession ins Dorf und die Kirche ließ ich die Glocken läuten und erteilte den begehrten Segen mit dem Allerheiligsten. Die Wallfahrer hielten kurze Rast, und als ich gegen den Priester anerkennend über die gute Disziplin der Wallfahrer mich äußerte, gab er den Aufschluß, daß die Erhaltung der Ordnung von den Brudermeistern hauptsächlich besorgt wurde, daß eben dieselben auch einen Priester engagieren und denselben täglich mit zwei Talern honorieren.*«

Im Jahre 1869 wurden die Pilger aus der Limburger Diözese von Pfarrer Fluck aus Weidenhahn bei Montabaur betreut. Diese sammelten sich ebenfalls in Lindenholzhausen, wo sie am 23. Mai um 9.00 Uhr aufbrachen, um abends in Glashütten anzukommen. Nach vier Tagesmärschen erreichte man am Abend des 26. Mai mit *brennenden Kerzen* Walldürn. Der Rückweg am nächsten Tag führte nach Miltenberg am Main, wo die über 700 Pilger Schiffe bestiegen, die sie wohl bis Frankfurt brachten. Von dort wird die Prozession wieder – wie auf dem Hinweg – die Frankfurter Straße nach Limburg benutzt haben. Das Verhalten der Wallfahrer soll während der ganzen Pilgerreise *»erbaulich«* gewesen sein.

Zur Wallfahrtszeit 1873 hielt sich in Walldürn auch der Mainzer Bischof Wilhelm Freiherr von Ketteler auf, ein bedeutender Vertreter des politischen Katholizismus und Mitbegründer der christlich-sozialen Bewegung. Sein Besuch gab ihm Gelegenheit, gegenüber den Pilgern auf die Nöte der Kirche infolge des ausgebrochenen Kulturkampfes hinzuweisen.

Wohl im Laufe der Jahre hat man die Eigenständigkeit der *»Limburger«* Wallfahrt nach Walldürn aufgegeben. Wer aus unserem heimischen Raum dorthin mitpilgern wollte, machte von der gegebenen Möglichkeit Gebrauch, sich den Kölner Wallfahrern anzuschließen. Und das ist bis heute so geblieben.

Am 30. Mai 1915 wurde den Walldürn-Pilgern in Elz ein großartiger Empfang bereitet. Der Limburger Bischof Dr. Augustinus Kilian war gekommen, um die Prozession einzuholen und anschließend in der dortigen Kirche eine Predigt zu halten. Im Jahre 1939, also kurz vor dem Zweiten Weltkrieg, starteten in Urbach 60 Fußpilger zur Wallfahrt. Die gleiche Anzahl schloss sich im Raum Limburg an. In Walldürn kamen noch 450 Pilger hinzu, die mit der Eisenbahn oder im Bus gereist waren. Auch der Zweite Weltkrieg (1939 bis 1945) konnte die Wallfahrten nicht ganz verhindern, belastete sie aber stark. 1945 haben lediglich drei Personen den Weg nach Walldürn auf sich genommen. Der ersten Wallfahrt nach dem Krieg im Mai 1946 schlossen sich auch aus unserer Gegend mehrere Pilger an: zehn aus Lindenholzhausen, drei aus Oberbrechen, zwei aus Niederbrechen und je einer aus Elz und Niederselters. Die ständig zunehmende Teilnehmerzahl hielt sich bis 1972 bei etwa 100 und lag seit 1985 bei 500 bis 600, mit steigender Tendenz in den letzten Jahren.

Wohl zu Recht und ganz im Sinne der Pilger schrieb im Jahre 1995 der damalige Präses der Bruderschaft vom Kostbaren Blut Porz-Urbach, Msgr. Clemens Feldhoff: *»In unserer hektischen Zeit sind die Tage der Wallfahrt für viele Pilger wie Exerzitien. Die Erfahrung der Gemeinschaft Gleichgesinnter, das Abschalten vom Alltag, das Nachdenken über den Sinn des Lebens, das Erspüren der Nähe Gottes in der Begegnung mit anderen Menschen, im Gebet, in der Natur und in schönen Gottesdiensten sind für viele Pilger ein unverzichtbares Erlebnis. Daraus schöpfen viele neuen Mut und Kraft für ihren Alltag.«*

Literatur:

Susanne Hansen (Hrsg.), Die deutschen Wallfahrtsorte. Ein Kunst- und Kulturführer zu über 1.000 Gnadenstätten, Pattloch Verlag, Augsburg, Weltbild Verlag (1990).

Wolfgang Brückner, Die Verehrung des Heiligen Blutes in Walldürn. Volkskundlich-soziologische Untersuchung zum Strukturwandel barocken Wallfahrtens (Aschaffenburg 1958).

Jürgen Huck, »Kölner« Fußwallfahrt von Porz-Urbach nach Walldürn (Porz 1974).

Clemens Feldhoff, Die Kölner Fußwallfahrt nach Walldürn. Stationen der Wallfahrt. Hrsg.: Bruderschaft vom Kostbaren Blut Porz-Urbach (Bonn 1995).

Clemens Feldhoff, Pilgerbuch für die Wallfahrt zum Heiligen Blut in Walldürn. Hrsg.: Erzbruderschaft vom Kostbaren Blut in Porz-Urbach, Köln (1979, 2. Auflage 1986).

Tourismus als Wirtschaftsfaktor im Landkreis Limburg-Weilburg

Von Reinhold Hasselbächer

Fremdenverkehrsintensität : 293 Übernachtungen je 100 Einwohner

Die Fremdenverkehrsintensität gibt die Zahl der Übernachtungen bezogen auf die Einwohner an und ist damit eine der wichtigsten Kennzahlen für die volkswirtschaftliche Bedeutung des Tourismus innerhalb eines Gebietes.

Das Ferienland Westerwald-Lahn-Taunus e.V. (für das Gebiet des Landkreises Limburg-Weilburg mit den Tourismusaufgaben beauftragt) belegt mit dieser Fremdenverkehrsintensität unter allen 19 Landkreisen in Hessen einen mittleren Platz.

Hessen = 420 Übernachtungen je 100 Einwohner
Deutschland = 367 Übernachtungen je 100 Einwohner

Legt man die Fremdenverkehrsintensität als Maßstab für die volkswirtschaftliche Bedeutung des Tourismus zugrunde, so nimmt die Stadt Bad Camberg mit 1.301 Übernachtungen je 100 Einwohner, gefolgt von Weilburg (510) und Limburg (352), die Spitzenstellung ein.

Steueraufkommen durch Tourismus circa 2,4 Millionen Euro

Aufbau und Unterhaltung touristischer Infrastruktur erfordern erhebliche öffentliche Mittel. Hinzu kommen öffentliche Gelder für die Unterstützung touristischer Marketingorganisationen. Diese Gelder tragen auch im Landkreis Limburg-Weilburg dazu bei, eine erhebliche tourismusbedingte Wertschöpfung zu induzieren und damit bedeutende Beschäftigungs- und Einkommenseffekte auszulösen. Diese wiederum führen aber zu einem Steueraufkommen, das sich direkt auf den Tourismus zurückführen lässt.

Das Deutsche Wirtschaftswissenschaftliche Institut (DWIF) schätzt den Anteil der gemeindlichen Steuereinnahmen auf 2 1/2 bis drei Prozent der touristisch bedingten Umsätze. Professor Freyer ist in dieser Einschätzung vorsichtiger, aber ein realistischer Durchschnittswert dürfte bei zwei Prozent liegen.

Ausgehend von einem touristischen Gesamtumsatz im Landkreis Limburg-Weilburg von circa 120 Millionen Euro würden daraus gemeindliche Steuereinnahmen von circa 2,4 Millionen Euro resultieren.

Tourismusbedingte Umsätze 120 Millionen Euro

Grundsätzlich muss zwischen den Umsätzen durch den Übernachtungstourismus und den Umsätzen durch Tagestouristen unterschieden werden.

Das DWIF geht für das Ferienland von einem durchschnittlichen Nettoumsatz pro Gästeübernachtung von 81,30 Euro aus. Bei 443.464 Übernachtungen in Betrieben mit mehr als acht Betten errechnet sich daraus ein Umsatz von circa 36.053 Millionen Euro. Die durchschnittlichen Ausgaben pro Tag und Person in Euro unterteilen sich nach Unterkunft, Verpflegung, Einkauf, Freizeit/Unterhaltung, lokaler Transport und sonstige Dienstleistungen. Unter den 14 Reisegebieten in Hessen belegen wir einen guten siebten Platz, wobei das Reisegebiet Marburg-Biedenkopf mit 69,40 Euro den niedrigsten und das Reisegebiet Main und

ANZAHL DER BETRIEBE MIT MEHR ALS ACHT BETTEN – JAHRESVERGLEICH –

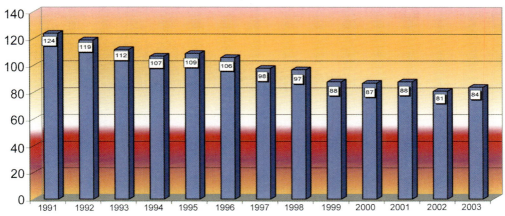

Taunus mit 144,90 Euro die höchsten Ausgaben der Übernachtungsgäste aufweist.
Weitere Berechnungsgrößen sind die geschätzten 110.000 Übernachtungen in Kleinbetrieben und Privatquartieren, die 72.050 Übernachtungen auf Campingplätzen (nur Feriencamper) und die circa 2,3 Millionen Tagesbesucher im Landkreis Limburg-Weilburg. In den so ermittelten Umsatzzahlen sind weder die Umsätze von Reisebüros, Reiseveranstaltern und sonstigen Reise- und Verkehrsunternehmen im Landkreis berücksichtigt noch die Umsätze aus dem freizeitbedingten PKW- oder ÖPN-Verkehr im Landkreis.

BESCHÄFTIGUNGSEFFEKTE DURCH DEN TOURISMUS CIRCA 1.650 BESCHÄFTIGTE

Wird eine tourismusbedingte Wertschöpfung von circa 29,2 Millionen Euro jährlich zugrunde gelegt, so ergeben sich bei einem durchschnittlichen jährlichen Arbeitseinkommen einer Person von 22.500 Euro circa 1.297 Vollbeschäftigte im Landkreis, die durch den Tourismus finanziert werden. Professor Freyer geht bei der überdurchschnittlichen Zahl von Saison- und Teilzeitkräften sogar davon aus, dass eine solche Zahl um 25 Prozent nach oben korrigiert werden muss. Demnach würden über 1.650 Menschen ihren Verdienst im Landkreis Limburg-Weilburg dem Tourismus verdanken.

BETTENANGEBOT IN BETRIEBEN MIT MEHR ALS ACHT BETTEN – JAHRESVERGLEICH –

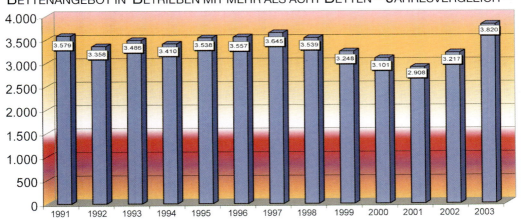

FERIENLAND
WESTERWALD
LAHN-TAUNUS

...lohnende Ausflugsziele

Limburg	Dom · Altstadt Diözesanmuseum
Weilburg	Renaissance-Schloß Bergbaumuseum Tiergarten Kubacher Kristallhöhle
Runkel	Burg, historische Waffensammlung
Hadamar	Liebfrauenkirche · Stadtmuseum
Bad Camberg	Kurpark · Amthof Turmmuseum

Schöne Rundwanderwege im Naturpark Hochtaunus und Westerwald.

Über 700 km ausgeschilderte Radwanderwege zwischen Westerwald, Taunus und im Lahntal.
Wasserwandern auf der Lahn. Wir sagen Ihnen, wo Sie Boote leihen können.

Kreisausschuß Limburg-Weilburg

Schiede 43
65549 Limburg a. d. Lahn
Telefon (0 64 31) 2 96-2 21
Telefax (0 64 31) 2 96-4 44
e-mail: ferienland.wlt@limburg-weilburg.de

HISTORISCHER VEREIN NIEDERZEUZHEIM RESTAURIERT DAS STEINKISTENGRAB

VON DR. MARIE-LUISE CRONE UND THEO STÄHLER

Anfang Dezember 2003 gingen jahrlange Bemühungen um die Suche nach einer Deckplatte des Steinkistengrabes von Niederzeuzheim in Erfüllung. Eigentlich sollte das Steinkistengrab aus der Jungsteinzeit (3500 bis 2800 v. Chr.), dessen Existenz seit den Grabungen von Revierförster G. Roedler in den Jahren 1911 und 1913 bekannt war, schon zur 1200-Jahrfeier (1990) freigelegt werden. Dazu kam es jedoch nicht, da eine Abdeckplatte nicht gefunden werden konnte. Genau diese Lücke ließ Theo Stähler nicht ruhen, immer wieder den Versuch zu wagen, mögliche Fundorte näher zu begutachten, bis schließlich Ende des vergangenen Jahres seine Bemühungen belohnt wurden. Nur etwa 15 Meter östlich des Grabes fand er unter einer Erdschicht, 45° im Boden liegend, das verschollene Relikt, eine Platte aus Basaltstein.

Sogleich informierte Theo Stähler die zuständigen Behörden, die sich zu einem Ortstermin einfanden. Die Obere und Untere Denkmalschutzbehörde wie auch das Amt für Dorf- und Regionalentwicklung und die Forstbehörde waren mit der Restaurierung des Steinkistengrabes einverstanden und betrauten Stähler mit Planung und Realisierung der Arbeiten. Es entwickelte sich eine enge Zusammenarbeit mit dem Landesamt für Denkmalpflege Hessen, das mit Dr. Sabine Schade-Lindig eine sehr engagierte Bezirksarchäologin beauftragte. Nach den letzten Grabungen um 1950 war das Steinkistengrab wieder stark in sich zusammengefallen. Es schien fast wieder im Waldboden zu versinken, der vollständige Zerfall drohte.

Mit zahlreichen ehrenamtlichen Helfern des Historischen Vereins Niederzeuzheim machte sich der Initiator an die Arbeit, dieses Megalithgrab zu restaurieren. Das Wort »Megalith« stammt aus dem Griechischen und teilt sich in die Wortstämme »megas« = groß *und* »lithos« = Stein. Der Begriff Megalithkultur umschreibt eine europäische Kulturerscheinung, deren gemeinsames Merkmal es ist, Tote einer Gruppe in großen Steinkammergräbern beizusetzen, die man gemeinschaftlich errichtete.

Zunächst galt es, im Rahmen der Restaurierungsarbeiten umgestürzte Steine zu sichern und die vorhandenen Steine wieder aufzurichten. Anders als die Erbauer des Steinkistengrabes, die die schweren Steine und Platten mittels Holzrollen und Menschenkraft *(siehe Abbildung von P. Kalb in: Spuren der Jahrtausende, 2002)* herbeischafften, konnten die freiwilligen Helfer auf moderne Gerätschaften zurückgreifen.

Die Bodenpflasterung und die Aufschüttung des Grabhügels sind abgeschlossen. Bisher noch nicht gefunden wurde der Stein mit dem Seelenloch.

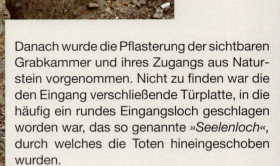

Das Steinkistengrab von Niederzeuzheim zählt zur Gruppe der *Ganggräber,* die durch eine langgestreckte und parallelseitig mit stehenden Steinen ausgebaute Kammer gekennzeichnet sind. Die vorgefundenen Wandsteine haben eine Länge von ein bis zwei Metern, eine Höhe von 1 ½ Metern und eine Stärke von 40 bis 60 Zentimetern.

Nach der Sicherung der Wandsteine des etwa 6,6 Meter langen und 2 ½ Meter breiten in NW-SO Richtung liegenden Grabes wurde Maß genommen für die Auflage des gefundenen Decksteins, der noch im späten Frühjahr aufgelegt werden konnte.

Nach der Sicherung der Wandsteine war die ursprüngliche Form schon wieder recht gut erkennbar.

Danach wurde die Pflasterung der sichtbaren Grabkammer und ihres Zugangs aus Naturstein vorgenommen. Nicht zu finden war die den Eingang verschließende Türplatte, in die häufig ein rundes Eingangsloch geschlagen worden war, das so genannte »Seelenloch«, durch welches die Toten hineingeschoben wurden.

Schließlich schütteten die Restauratoren den ehemaligen Grabhügel wieder auf und sorgten für eine naturgerechte Bepflanzung. So präsentiert sich heute das Steinkistengrab als ein eindrucksvolles archäologisches Denkmal.

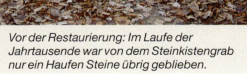

Vor der Restaurierung: Im Laufe der Jahrtausende war von dem Steinkistengrab nur ein Haufen Steine übrig geblieben.

Die Kollektivgräber der Wartbergkultur, der dieses Grabmal zugerechnet wird, liegen häufig an leicht geneigten Hängen in kleinen, lockeren Gruppen beieinander (z. B. Hadamar-Niederzeuzheim, Hadamar-Oberzeuzheim, Beselich-Niedertiefenbach). Die plattig zugerichteten Felsstücke der Gräber stammen meist aus der näheren Umgebung, können aber durchaus auch über einige Kilometer weit transportiert worden sein.

Das Einzigartige an dem Steinkistengrab von Niederzeuzheim ist, dass es »*in situ*« liegt, das heißt, es befindet sich noch immer an dem Ort, an dem es einst angelegt worden war, und das seit über 5.000 Jahren. Obwohl der Kreis Limburg-Weilburg in Niedertiefenbach

Ihnen ist die Restaurierung zu verdanken: Josef Schäfer, Alois Reichwein, Theo Stähler, Sascha Nickel, Gerhard Jaik, Tadeusz Klyz (v.l.n.r.).

und Oberzeuzheim weitere Funde aufweisen kann, ist es das einzige noch vor Ort erhaltene Grab.

Den Mitgliedern des Historischen Vereins Niederzeuzheim ist es zu verdanken, dass dieses frühzeitliche Grabmal fachkundig restauriert wurde und nun der Öffentlichkeit präsentiert werden kann. Schautafeln und Hinweisschilder, die noch aufgestellt werden, sollen die Besucher über Galeriegräber am Ende der Jungsteinstein, die Kollektivbestattungen in der Jungsteinzeit und das Galeriegrab von Hadamar-Niederzeuzheim informieren.

Zu einer Exkursion zum Steinkirstengrab mit Dr. Sabine Schade-Lindig hatte die Kreisheimatstelle eingeladen.   *Foto: Manfred Weber*

VERDIENSTORDEN DER BUNDESREPUBLIK

MIT DEM VERDIENSTORDEN DER BUNDESREPUBLIK DEUTSCHLAND
WURDEN IM JAHRE 2003 UND 2004 AUSGEZEICHNET:

Walter Rudersdorf aus Frankfurt/M. (Waldbrunn-Ellar)
am 3. Dezember 2003 mit dem Verdienstkreuz am Bande

Willi Sabel aus Bad Camberg
am 12. Dezember 2003 mit dem Verdienstkreuz am Bande

Josef Peter Weimer aus Elz
am 12. Dezember 2003 mit dem Verdienstkreuz am Bande

Prof. Dr. Dr. habil. Gisbert Backhaus aus Weilburg
am 24. Januar 2004 mit dem Verdienstkreuz am Bande

Franz Josef Stillger aus Selters-Niederselters
am 14. Mai 2004 mit dem Verdienstkreuz am Bande

EHRENBRIEFE DES LANDES HESSEN

MIT DEM EHRENBRIEF DES LANDES HESSEN
WURDEN IM JAHRE 2003 UND 2004 AUSGEZEICHNET:

Winfried Breser aus Limburg-Lindenholzhausen am 6. November 2003

Hans Georg Dernbach aus Limburg-Lindenholzhausen am 6. November 2003

Karl Heinz Dernbach aus Limburg-Lindenholzhausen am 6. November 2003

Klaus Jung aus Limburg-Lindenholzhausen am 6. November 2003

Karlheinz Schmitt aus Limburg-Lindenholzhausen am 6. November 2003

Heinz Wessels aus Limburg am 6. November 2003

Guido Rühl aus Weilburg-Kubach am 9. November 2003

Inge Hein aus Weilburg am 15. November 2003

Doris Ketter aus Weilmünster-Laubuseschbach am 15. November 2003

Eberhard H. Spilke aus Weilmünster-Möttau am 15. November 2003

Edith Gruhn aus Villmar am 24. November 2003

Adolf Hartung aus Villmar am 24. November 2003

Klaus Zorembsky aus Selters am 27. November 2003

Werner Mors aus Bad Camberg am 28. November 2003

Karl-Heinz Wolf aus Weilburg am 8. Dezember 2003

Alfred Itter aus Weilmünster-Dietenhausen am 10. Dezember 2003

Hartmut Laux aus Villmar-Weyer am 13. Dezember 2003

Karl-Heinz Baumer aus Hünfelden-Dauborn am 17. Dezember 2003

Eugen Laux aus Elz am 4. Januar 2004

Manfred Kunz aus Dornburg-Dorndorf am 17. Januar 2004

Frank-Rudolf Huber aus Limburg am 4. Februar 2004

Franz-Karl Nieder aus Limburg-Linter am 18. Februar 2004

Gisela Fink aus Hadamar-Niederhadamar am 26. Februar 2004

Reinhold Kaßnitz aus Dornburg-Thalheim am 6. März 2004

Helmut Metzler aus Dornburg-Thalheim am 6. März 2004

Manfred Metzler aus Weilmünster am 6. März 2004

Alfred Rompel aus Limburg-Lindenholzhausen am 6. März 2004

Josef Nett aus Elz am 15. März 2004

Helmuth Fluck aus Runkel am 21. März 2004

Walter Gerhard aus Runkel am 21. März 2004

Franz Busbach aus Mengerskirchen-Waldernbach am 24. März 2004

Peter Caspari aus Villmar am 27. März 2004

Ulfried Breitkopf aus Runkel am 2. April 2004

Karin Meier aus Runkel am 2. April 2004

Wolf-Dirk Räbiger aus Runkel am 2. April 2004

Michael Uhl aus Runkel am 2. April 2004

Karl-Heinz Geisel aus Hünfelden-Mensfelden am 29. April 2004

Helmut Blum aus Waldbrunn-Lahr am 30. April 2004

Reiner Gärtner aus Waldbrunn-Lahr am 30. April 2004

Inge Brehmer aus Beselich-Schupbach am 7. Mai 2004

Walter Lemp aus Runkel-Steeden am 9. Mai 2004

Klaus Baumann aus Runkel am 14. Mai 2004

Ellen Rompel aus Runkel am 14. Mai 2004

Herta Reibling aus Hünfelden-Kirberg am 15. Mai 2004

Hans-Dieter Keuter aus Limburg-Dietkirchen am 25. Mai 2004

Oskar Fleischer aus Runkel-Dehrn am 26. Mai 2004

Theo Eufinger aus Limburg-Dietkirchen am 4. Juli 2004

Karl-Willi Jung aus Brechen-Niederbrechen am 27. Juli 2004

Adam Reifenberg aus Brechen-Niederbrechen am 27. Juli 2004

Werner Jeuck aus Waldbrunn-Hausen am 25. August 2004

Edgar Simon aus Runkel-Dehrn am 9. September 2004

ZU FUß ÜBER DIE ALPEN

VON LANDRAT DR. MANFRED FLUCK

Ein herrliches Panorama bot sich den Wanderern beim Aufstieg zur 2.600 Meter hohen Seescharte.

Es muss wohl mit dem Alter zusammenhängen. Wenn die Haare langsam grau werden, wenn bei der Zeitungslektüre die Buchstaben verschwimmen und man trotz aller Eitelkeit eine Lesebrille benötigt, horcht man erwartungsvoll in sich hinein und macht sich Gedanken über das eigene Leistungsvermögen. Die Fahrradtour nach Rom, die Besteigung des Kilimandscharo liegen lange zurück. Man sucht eine neue sportliche Herausforderung. Es war Ferienzeit. Reisefieber und Fernweh stellen sich wie üblich bei mir ein, aber ich wollte einmal einen gänzlich anderen Urlaub planen. In unserer technisierten Zeit überwinden wir die Entfernungen mühelos mit Automobil, Flugzeug oder Schiff. Wir modernen Menschen wissen leider oft nicht mehr, unsere eigenen Gehwerkzeuge zu schätzen. Ich erinnerte mich eines wohlgemeinten Ratschlags, dass der Mensch zwei Ärzte hat: das linke und das rechte Bein. Wie wäre es also mit einer längeren Wanderung zu Fuß? Was heute veraltet anmutet und nicht mehr in unser Weltbild passt, war früher tägliche Übung und Notwendigkeit. Die Menschen gingen zu

Fuß und erreichten ihr Ziel auch. Nur die Reichen und Edlen reisten hoch zu Ross oder in der Kutsche. Erinnern wir uns an die Lebensweise unserer Vorfahren im Nassauer Land im 19. Jahrhundert und früher. Damals waren die eigenen Füße das übliche Fortbewegungsmittel. Bauhandwerker und Hausierer aus Westerwald und Taunus gingen oft weite Wege für Arbeit und Brot. Auch heute noch sieht man hin und wieder Handwerksburschen auf der Wanderschaft, die sich sichtlich wohl dabei fühlen. Die Fortbewegung aus eigener Kraft über längere Distanz ist also reizvoll in zweifacher Hinsicht: etwas für die Gesundheit tun und dabei die Natur erleben.

Der Zufall wollte es, dass ich vor einiger Zeit einen Lichtbildervortrag erlebte mit dem aufmunternden Titel »*Zu Fuß über die Alpen von München nach Venedig*«. Meine erste Reaktion: zu weit, zu beschwerlich und unvorstellbar. Der Landrat kann nicht über Wochen oder gar Monate auf Wanderschaft gehen. Dann zufällig ein privater Hinweis. Es gibt in Abweichung des amtlichen Fernwanderweges E 5 eine von Bergführern aus dem Allgäu ausgearbeitete Wochentour von Oberstdorf nach Meran in Südtirol. Anstrengend zwar und kompakt, aber vom Zeitaufwand vertretbar und ohne Bergführer zu bewältigen. Täglich acht bis neun Stunden wandern von Berg zu Berg, von Hütte zu Hütte, zwischendurch auch ein paar Kilometer mit dem Postbus und der Seilbahn.

Hier war sie also, die Herausforderung. Allein oder in Begleitung? Freund Dieter sagte nach kurzer Überlegung ab. Atemnot, die müden Knochen, nur kein Stützungsfall werden im Gebirge. Freund Werner war mutiger. Als unternehmungslustiger Frührentner, nicht ausgelastet und voller Tatendrang, brauchte er den besonderen Kick. Er wurde mein Bergkamerad.

Die Vorbereitungsphase war kurz und von guten Ratschlägen begleitet. Täglich kurze und zugleich stramme Fußmärsche, ein Paar gute Wanderschuhe aus Karstadts Sonderangebot und Wanderstöcke erworben, auch Freund Erichs Ratschlag befolgt (Schuhe im Alkoholfußbett einlaufen und wirklich nur das Allernotwendigste an Gepäck) und dann viel Zuversicht und Gottvertrauen. Am Freitag, dem 30. Juli 2004, nach verkürzter Dienstzeit im Büro, einer zügigen Autofahrt nach Oberstdorf und Ankunft dort gegen 15 Uhr sind wir bereit zur ersten Bergetappe.

VON OBERSTDORF-SPIELMANNSAU ZUR KEMPTNER HÜTTE

Wir beginnen unsere Tour im Trettach-Tal auf etwa 1.000 Meter Höhe und sind voller Tatendrang. Die Gehzeit ist mit drei Stunden angegeben, der Anstieg beträgt 850 Höhenmeter. Bei klarem Himmel und viel Sonnenschein vermeintlich eine leichte Aufgabe, das vor uns liegende Bergmassiv zu bezwingen. Schattig ist der Weg im Schutz der Bäume, steigt aber stetig an und verläuft in Biegungen. Eine schwankende Holzbrücke führt uns über einen Bergbach, der steil nach unten stürzt. Am Fels entlang sind hin

und wieder Stahlseile und Ketten angebracht, die das Abrutschen verhindern sollen. Der Weg ist reizvoll, jedoch nicht ohne Gefahren. Denn links steht steiler Fels neben dem schmalen steinigen Weg, und rechts droht der abrupte Abgrund mit einem Spalt zwischen zwei Bergzügen, teilweise noch mit Altschnee und Eis bedeckt, das abgeschmolzen ist bis auf eine Resthöhe von vier bis fünf Meter. Darunter hört man das Rauschen eines Flusses. Wehe dem, der dort abrutscht und zwischen Fels und Eiswand stürzt.

Alles geht gut, wenn auch die Kräfte nachlassen und das Gepäck immer schwerer wird. Denn allen Ratschlägen zum Trotz sind wir am Anfang viel zu schnell vorangeschritten, anstatt uns erst einzugewöhnen und ohne falschen Ehrgeiz langsam, aber stetig einen Fuß vor den anderen zu setzen. Der übliche Anfängerfehler. Bergsteiger, die uns entgegenkommen, muntern uns auf: »*Nur noch 50 Minuten. Gleich hinter der nächsten Anhöhe und Biegung kann man hoch oben rechts die Kemptner Hütte sehen.*«

Das gibt neuen Mut, denn das Ziel kommt näher. Kuhglockenläuten verheißt menschliche Behausung, die Umgebung wird grüner, die Stimmung steigt, auch wenn die Sonne sticht. Denn Wald gibt es nicht mehr, nur weit und breit einzelne Berge, die majestätisch auf uns herabblicken. Dann endlich wird die Hütte von weitem sichtbar. Unsere Schritte werden wieder länger und schneller. Niemand darf uns jetzt mehr überholen wie vorhin noch zwei junge Frauen, die wie Bergziegen leichtfüßig an uns vorbeizogen. Wir sollten sie auf der Tour noch mehrmals treffen.

Schließlich nach gut 3 ½ Stunden am Ziel. Wir fühlen uns wie Gipfelstürmer. Bergschuhe aus, Schweiß abgewischt, kaltes Wasser auf Gesicht und Arme. Durst und Hunger sind schnell gestillt. Selten schmeckte das Bier so erfrischend. Wir haben die erste Etappe bewältigt, und das als ungeübte Flachlandbewohner. Obwohl ich selten vor Mitternacht zu Bett gehe, werden schon früh die Augenlider schwer. Auch ist auf der Hütte um 22 Uhr absolute Nachtruhe. Also hinein in den Schlafsaal mit 60 Matratzen auf der Erde, zurück zu Jugendherbergszeiten und voller Zuversicht dem nächsten Tag entgegen!

VON DER KEMPTNER HÜTTE ZUR MEMMINGER HÜTTE

Morgens ab 6 Uhr darf laut Hüttenordnung aufgestanden werden. Wir sind bei den ersten, die die Schnarchgesellschaft verlassen. Auf geht's, der Berg ruft! Einem kurzen Aufstieg zum Mädelejoch (1.974 m) nahe der Staatsgrenze folgt ein langer Abstieg durch das Höhenbachtal bis nach Holzgau in Österreich. Die Gegend ist reizvoll, der Abstieg jedoch mühsam. Schmale, steinige Wege müssen wir benutzen. Es geht teilweise steil abwärts. Hierbei erweisen sich die Wanderstöcke als besonders nützlich. Sie geben Halt und verlagern das Gewicht. In der Bergwelt hilft dem Menschen sein aufrechter Gang wenig. Er ist oft besser beraten, vorn übergebeugt mittels der Stöcke gewissermaßen auf allen vieren zu kraxeln. Bergkamerad Werner entwickelt dazu eine eigene Technik, mit der er zwar etwas langsamer, aber dafür stetig vorwärtskommt. Nach 3 ½ Stunden erreichen wir den eindrucksvollen Simmser Wasserfall und gelangen kurze Zeit später bei angenehmem Sonnenschein in den Ort Holzgau, der nur noch 1.070 Meter hoch liegt. Alles, was wir an Höhe verloren haben, ist bis zur Memminger Hütte wieder aufzuholen, und noch einiges dazu. Denn sie liegt auf 2.242 Metern Höhe.

Wir müssen über die Landstraße zunächst ins Madau-Tal zur Talstation und nehmen mit weiteren sieben Bergwanderern einen Kleinbus. Es gibt dort eine Drahtseilbahn zur Memminger Hütte, jedoch nur für den Materialtransport. Wer auf der Holzkiste seinen Rücksack ablegt, darf hoffen, dass irgendwann die Fracht über die hohen Bergmassive hinweg transportiert wird und heil ankommt, während man selbst den steilen Anstieg von etwa vier Stunden zu bewältigen hat. Wir geben uns dieser Hoffnung hin, befreien uns vom Gepäck und beginnen aufzusteigen.

Es geht eine gute Stunde lang steil hinauf durch schattige Büsche und Bäume auf stufenförmig angelegtem Wald- und Steinboden. Dann folgen Geröllwüsten und Bergbäche. Weit und breit keine Menschenseele und auch keine Hütten in der heißen Mittagsglut.

Schließlich nach beschwerlichem Anstieg und einem letzten Bergkamm, den wir überqueren, öffnet sich das Hochtal. Wir sehen vor uns in der Ferne groß und einladend die Memminger Hütte. Die Hoffnung auf Rast und Erquickung beschleunigt unsere Schritte, und wir schaffen ausgepumpt, aber glücklich unser Tagesziel.

Aber dann große Aufregung. Alle Rucksäcke sind angekommen, nur meiner fehlt. Was tun ohne notwendige Kleidung, Wäsche, Waschzeug und Kartenmaterial an einem Ort, der bis zur nächsten Ortschaft eine Tageswanderung entfernt ist? Ausweis, Bargeld und Scheckkarte, im Brustbeutel am Körper mitgetragen, helfen da wenig. Außer Essen und Getränken gibt es nichts zu kaufen. Unser liebes Geld, das wir in der Ebene so sehr schätzen, ist im Gebirge nicht viel wert. Am Abend gibt es dann große Erleichterung bei mir, als sich der Rucksack in den Personalräumen der Hüttenbewirtschaftung findet. Jetzt ist endlich Zeit und Grund zur Erholung. Man kann den nächsten Wandertag planen und braucht nicht abzubrechen. Ich bin so erfreut und befreit, dass ich hinter der Hütte in den kalten Alpsee springe und mich erfrische. Bergkamerad Werner bekommt vom Zuschauen schon eine Gänsehaut.

Wir unternehmen, bevor es dunkelt, noch einen Rundgang um den See. Vom nahen Gebirge klettert ein Rudel Steinböcke herab und zeigt sich ohne Scheu. Murmeltiere kommen aus ihren Erdhöhlen und betrachten uns zutraulich.

Am Abend auf der Memminger Hütte wurde die nächste Tagesroute nach Zams ins Inntal besprochen.

Vom Lechtal ins Inntal

Der Aufstieg über gut 1 ½ Stunden führt uns zur Seescharte auf 2.600 Meter Höhe über Schneefelder, Geröllhalden und Felsbrocken hinweg und gibt uns oben einen wunderbaren Ausblick über viele Kilometer hin ins unberührte Lochbachtal. Die Sicht ist klar, aber die Sonne sticht. Uns steht Schlimmes bevor bei aller Schönheit der Landschaft, die hier besonders abwechslungsreich ist. Denn nun geht es über sechs bis sieben Stunden nur abwärts bis nach Zams bei Landeck. Wir erfahren am eigenen Leibe die alte Bergsteigerwahrheit, dass Absteigen beschwerlicher und ermüdender sein kann als der Aufstieg.

Im Gebirge macht man Bekanntschaft mit den unterschiedlichsten Menschen: Ein Einzelgänger ist auf dem Weg vom Bodensee zum Gardasee. Eine Studentengruppe aus Belgien sammelt Bergerfahrungen.

Drahtige und smarte Jungunternehmer aus dem Münchner Raum steigern durch Betriebsausflug ihr Wir-Gefühl. Ein 55-jähriger Schulmeister aus Norddeutschland, schon längst wegen Krankheit im Vorruhestand, macht seit Jahr und Tag Landschaftsaufnahmen für Dia-Vorträge und weiß über alles Bescheid. In der Bergwelt ist er gesundheitlich wieder aufgeblüht, zurück in den Schuldienst will er aber nicht. Die beiden jungen Frauen, die schon am ersten Tag mit großem Elan an uns vorbeizogen, entwickeln ein erstaunliches Laufpensum. Während wir uns abmühen und froh sind, das Ziel zu erreichen, machen sie zwischendurch noch größere Umwege, um weitere Gipfel »mitzunehmen«. Kein Wunder, Sieglinde und Irmgard stammen aus dem Allgäu und sind von Kindheit an in der Bergwelt zu Hause. Unsere Hochachtung vor ihnen steigt jedes Mal aufs Neue, wenn sie uns leichtfüßig überholen und schon bald in der Ferne verschwinden. Wenn wir auf Befragen unser Ziel mit Meran angeben, erheischen wir überall Bewunderung, die aber schnell wieder verfliegt, wenn man sieht, wie langsam wir uns fortbewegen.

Endlich gegen Abend kommen wir ausgepumpt im Fremdenverkehrsort Zams bei Landeck an und sind froh darüber, wieder einmal ausgiebig duschen zu können und in einem ordentlichen Bett zu schlafen. Es war höchste Zeit, der Hygiene die nötige Aufmerksamkeit zu widmen. Verwahrlosungserscheinungen dürfen bei uns nicht einreißen. Tägliches Zähneputzen und Nassrasieren sind Pflicht, ebenso wie frische Wäsche und ein sauberes Hemd. Wer den Rucksack richtig packt und leichte Kleidung mitnimmt, kommt gut über die Runden.

VON ZAMS INS PITZTAL

Die Alpenkette verläuft bekanntlich von West nach Ost, wir aber wollen in den Süden nach Meran und müssen deshalb die einzelnen Gebirgszüge queren, also bergauf und bergab von einem Tal über den Berg in das nächste. Um uns den Aufstieg von Zams zu ersparen, geht es mit der Venet-Bahn zum Krahberg auf über 2.200 Meter Höhe und dann zu Fuß über den Venet in einem fünfstündigen Abstieg nach Wenns in Pitztal. Bei einer Rast am Gipfelkreuz freundet sich Bergkamerad Werner mit einer Bergziege an, die ihm zum allgemeinen Gelächter die Arme und Beine ablecken will und geschwind nach dem Proviant schnappt. Wenn man oben auf dem Grat steht und hinunterschaut nach Landeck zur Linken und Wenns zur Rechten, beträgt die Luftlinie vielleicht sechs bis acht Kilometer. Will man diese Strecke aber mit dem PKW fahren, benötigt man einen halben Tag.

Unser Tagesziel heißt Braunschweiger Hütte auf 2.758 Metern. Zeitdruck verbietet Rast und Stärkung. Wir fahren mit dem Linienbus von Wenns nach Mittelberg und geraten in die stechende Mittagshitze. Zur Braunschweiger Hütte braucht man drei bis vier Stunden für den steilen Anstieg. Wir erleben ein grandioses Panorama, gleich ob man rückwärts schaut oder nach oben blickt. Gletscher zur Rechten, Sommerskigebiet in der Ferne, und ganz oben thront majestätisch im grauen Berggranit die Braunschweiger Hütte. Es wird schon gegen 5 Uhr nachmittags empfindlich kalt und windig. Man kann sich nichts Schlimmeres vorstellen, als das Ziel ständig vor sich zu sehen und immer wieder eine längere Biegung ansteigen zu müssen, ohne dass das Ziel merklich näher kommt. Nach gut zwei Stunden hat der Berg Mitleid mit uns. Wir erreichen die Hütte mit Mühe und stolpern erschöpft in die warme Wirtsstube. Wer sitzt schon da und lässt es sich mit Essen und Trinken gut gehen? Natürlich unsere beiden Berggazellen, die mit uns um 8.30 Uhr an der Drahtseilbahn gestartet sind und dann in bekannter Leichtfüßigkeit auf und davon eilten.

PANORAMAWEG DURCH DIE ÖTZTALER ALPEN BIS VENT

Am frühen Morgen steigen wir zum Pitztaler Jöchl auf, das knapp 3.000 Meter hoch liegt und damit die Zugspitze, Deutschlands höchsten Berg, übertrifft. Vorbei geht es an Gletschern und über Schneefelder. Man sieht die Braunschweiger Hütte noch lange in der Ferne. Sie wird immer kleiner, bleibt aber dominant in der Landschaft. Wieder führt uns der Weg abwärts in das Söldener Sommerskigebiet. An dieser Stelle weicht der Tourenverlauf von dem Europäischen Fernwanderweg E 5 ab und verläuft über den seit 1995 ausgebauten Panoramaweg, der an Zeit vier bis fünf Stunden abverlangt und bei bestem Wetter großartige Rundblicke ermöglicht.

Wir werden wieder einmal richtig gefordert und entwickeln unseren eigenen Laufrhythmus auf diesem langen Panoramaweg. Bergkamerad Werner hat eine etwas geringere Laufgeschwindigkeit als ich. Deshalb gehe ich meistens voraus. Wir verstehen uns prächtig und respektieren unsere Eigenarten. Er redet von Hause aus stets gerne und meist viel und außerdem laut. Die Anstrengung lässt ihn verstummen. Das gibt mir viel Zeit, in Ruhe nachzudenken. Die Bergwelt beflügelt und streift den Alltagsstress ab. Der Kopf ist frei für viele Gedanken, dienstlich und privat. Morgen, wenn alles gut geht, erreichen wir Meran.

ÜBER DIE SIMILAUN HÜTTE INS TIROLER SCHNALSTAL

Der letzte Tag ist ein besonderer. Es kommt leichte Wehmut auf. Wir genießen ihn deshalb besonders intensiv. Denn ab

Nach einem erfrischenden Bad im Alpsee führte der Weg den Landrat und seinen Begleiter über das Eisfeld bergauf.

morgen geht's zurück in die Zivilisation und den Alltag.

Wir starten schon um 7 Uhr früh. Auf dem Fahrweg zur Martin-Busch-Hütte (2.501 Meter) überholen uns zwei Mountainbiker, die vor zwei Tagen in Mittenwald gestartet sind und den Gardasee als Ziel haben. Nach kurzer Rast beginnt der Aufstieg zur Similaun Hütte, die 3.019 Meter hoch liegt. Wir erreichen den höchsten Punkt unserer Wanderung. Der Weg enthält noch einmal alles, was die Alpen zu bieten haben: Schneefelder, Gletscher, Kletterfelsen, langgezogene Bergpfade, die nicht enden wollen, und Gebirgsbäche, die wir überqueren müssen. Ganz in der Nähe liegt der Fundort des »Ötzi«.

In der Hütte bei unserem Eintreten gibt es plötzlich ein großes Hallo. Die vermissten Limburger sind wieder da. Unsere beiden Berggazellen feiern Abschied in fröhlicher Runde. Schade, dass die Zeit so schnell verging. Die Gesellschaft zollt uns Hochachtung, was unser Herz höher schlagen lässt. Ein steiler Abstieg durch das Tisental ins Schnalstal zum Vernagt-Stausee schließt sich an, der tief unten im Tal liegt und mit seinem kräftigen Blau von oben sofort ins Auge fällt. Wir kehren ein letztes

Mal auf der Bergwanderung bei einem südtiroler Bauernhof ein und verarbeiten unsere Bergerlebnisse. Alles war bestens: die Stimmung, das Wetter, das körperliche Wohlbefinden. Was braucht der Mensch mehr als Zufriedenheit und hin und wieder ein kleines Glücksgefühl.

Ein Linienbus bringt uns gegen Abend nach Meran. Wir sind am Ziel.

Am frühen Morgen des nächsten Tages geht es per Bahnfahrt von Meran über Bozen nach München und dann mit dem ICE nach Limburg-Süd, wo wir am Nachmittag wohlbehalten und zufrieden eintreffen. Auch ein wenig stolz sind wir auf unsere Leistung und zugleich auch nachdenklich. Denn wir haben eine wunderbare Bergwelt erlebt, die immer wieder fasziniert. Wer den Menschen aber als das Maß aller Dinge ansieht und ihm alle Macht dieser Welt beimisst, wird klein und unbedeutend, wenn er am Fuße eines Alpengipfels steht und sich mit der Größe, Ordnung und Erhabenheit der Berge vergleicht. Die Errichtung eines solchen Bauwerks durch menschliche Hand ist nicht vorstellbar. In der Bergwelt schaut man nach oben und fühlt sich dem Himmel und der Sternenwelt nahe.

LEBEN, LANDSCHAFT UND GESCHICHTE HAUTNAH ERFAHREN

VON BERND KEXEL

Begonnen hatte es im September 2003. Zum Tag des Geotops waren auf Einladung der Kreisheimatstelle rund 50 Interessierte unter Leitung des Geo-Wissenschaftlers Dr. Holger Rittweger aus Waldbrunn-Hausen unterwegs, um Kegelkarstformationen in Runkel-Hofen, Basalt- und Ölschiefervorkommen auf der Dornburg und die Elzer Elbbachaue zu erforschen. Gleich die erste Exkursion war ein voller Erfolg, was liegt da näher, als weitere Unternehmungen dieser Art auf den Weg zu bringen.

Inzwischen hatte die Historikerin Dr. Marie-Luise Crone das Amt der Kreisheimatpflegerin übernommen und arbeitet nun mit großem Engagement im Team mit. Geplant wurde jetzt eine Exkursion per Fahrrad entlang der Lahn von Weilburg bis Aumenau. Ziele waren: der einzige deutsche Schiffstunnel mit seiner interessanten Kuppelschleuse, die Architektur von Bahnhöfen und Tunnelportalen der Lahntalbahn. Geradelt wurde vom Bahnhof in Weilburg bis nach Aumenau.

RADTOUR IN DIE INDUSTRIEGESCHICHTE DES LAHNTALS

Die Leitung dieser Exkursion hatte die Kreisheimatstelle Hans-Peter Günther aus Limburg übertragen. Von ihm erfuhren die rund 30 Teilnehmerinnen und Teilnehmer, dass der erste Zug am 14. Oktober 1862 auf der zunächst eingleisigen Eisenbahnstrecke von Limburg kommend im Weilburger Bahnhof einlief.

Damit war Weilburg durch die Herzoglich Nassauische Eisenbahn über Limburg, Diez, Bad Ems, Oberlahnstein und Rüdesheim mit der Landeshauptstadt Wiesbaden verbunden. Um die Jahrhundertwende stieg die Bedeutung des Weilburger Bahnhofs mit der Inbetriebnahme der Zweigstrecke ins Weiltal. Eine Verkehrszählung aus dem Jahre 1910 am Bahnübergang *»Ahäuser Weg«* zeigte die damalige Verkehrsdichte. So wurden nach Angaben der Bahn die Schranken täglich 82-mal geschlossen, und zwar jeweils für zwei Minuten. In der Zeit von 4.00 Uhr morgens bis 1.00 Uhr nachts überquerten den Übergang 943 Personen, 67 Fuhrwerke, 62 Radfahrer, vier Automobile, 15 Stück Treibvieh.

Günther berichtete aber auch über den Bergbau in der Region, die Verladestellen

In der Guntersau referierte Exkursionsleiter Hans-Peter Günther über die Lahntal-Eisenbahn. Fotos: Bernd Kexel

und den Abtransport der Erze per Bahn. Er stellte die ehemalige Erzaufbereitungs-anlage bei Gräveneck, die Phosphorit-mühle in Fürfurt und die Verladestelle »*Schafstall*« bei Aumenau vor.

Der zweite Themenkomplex widmete sich der Lahn als Wasserstraße. Bis etwa 1800 waren lediglich 53 Flusskilometer von Lahnstein bis Diez schiffbar. 1809 befahl Fürst Friedrich Wilhelm von Nassau-Weil-burg, die Lahn bis Weilburg auszubauen. Ein weiterer Ausbau erfolgte zwischen 1816 und 1860, um größeren Lastschiffen die Fahrt zu ermöglichen. In diesem Zeit-raum entstanden zahlreiche Schleusen und (1847) auch der einzigartige Schiffs-tunnel in Weilburg. Heute ist der Güter-verkehr sowohl von der Lahntalbahn als auch von der Lahn verschwunden. Während die Lahntalbahn heute noch Berufspendler und Schüler befördert, gehört die Lahn den Freizeitkapitänen und Wassersportlern. Der Leinpfad erfreut un-zählige Radfahrer, so auch die Gruppe, die während der Exkursion in die Industrie- und Verkehrsgeschichte des Lahntals viel dazugelernt hatte.

KREISHEIMATSTELLE BESUCHTE STEIN-KAMMERGRAB VON NIEDERZEUZHEIM

Einem ganz anderen Thema widmete sich die nächste Exkursion der Kreisheimat-stelle Anfang September. Im Dezember des vergangenen Jahres hatte der »*Historische Verein Niederzeuzheim*« auf Initiative des überaus aktiven Mitglieds Theo Stähler mit der Sanierung des Steinkistengrabes in Niederzeuzheim begonnen (siehe Artikel auf Seite 65 in diesem Jahrbuch). Nach der Vollendung der Restaurierung war dieses einzigartige Juwel aus der Wartbergzeit Ziel der dritten Exkursion der Kreisheimatstelle. Kreisheimatpflegerin Dr. Marie-Luise Crone hatte die Bezirksarchäologin Dr. Sabine Schade-Lindig für die Leitung der Ver-anstaltung gewinnen können. Eine überaus

gute Entscheidung, wie sich herausstellte, denn mit viel pädagogischem Geschick und mitreißendem Elan erklärte Dr. Schade-Lindig die Entstehung der Wartbergkultur und deren Begräbnissitte.

Entstanden ist das Steinkammergrab in der späten Jungsteinzeit um 3000 v. Chr. Es handelt sich um ein steinernes Gang-grab mit einer langgestreckten Form, dessen Wände aus großen stehenden Steinplatten gebaut sind. Die Zwischen-räume der unförmigen Platten wurden mit einem Trockenmauerwerk ausgefüllt. Zu-oberst schlossen mehrere Deckplatten das Grab ab.

Viele Steinkistengräber sind in der Ver-gangenheit meist schon mehrfach beraubt worden, so auch in Niederzeuzheim. Bis zu 300 Tote konnten in einem solchen Grab beigesetzt werden, erläuterte die Bezirks-archäologin. In Niederzeuzheim fand man bei Grabungen im 19. Jh. jedoch lediglich Überreste von 23 Erwachsenen und zwei Kindern. Von den Beigaben blieben nur 2 $1/2$ Beilklingen übrig.

Der Bestattungsvorgang aus der Jung-steinzeit ist uns natürlich nicht überliefert. Aber an den Spuren in den Gräbern lässt sich zumindest die Art der Ruhebettung erkennen. Der Tote wurde durch einen Ein-gangslochstein in die Grabkammer ge-schoben, wo er in gestreckter Rückenlage mit dem Kopf in Richtung des Eingangs niedergelegt wurde. Weitere Verstorbene und deren Beigaben kamen dann im Laufe der Jahre hinzu und wurden aufeinander gestapelt. Hin und wieder schob man ältere Bestattungen beiseite. War das Grab dann schließlich doch voll, legte die Gruppe in der Nähe eine neue Toten-kammer an.

Die mehr als 50 interessierten Teilnehme-rinnen und Teilnehmer der Exkursion waren von dem restaurierten Grabmal sehr angetan und würdigten die Arbeit des Heimatvereins.

70 MILLIONEN JAHRE IN FÜNF STUNDEN ZU FUß DURCHQUERT

Zusammen mit Dr. Holger Rittweger und dem Team der Kreisheimatstelle hatten sich mehr als 135 Frauen, Männer und Kinder auf eine 70 Millionen Jahre lange Zeitreise im Zeitrafferverfahren begeben. Vom Aussterben der Saurier bis zum ersten Auftreten des Menschen in unserer Region sollte die Wanderung gehen, und um es vorwegzunehmen, es war für alle Beteiligten ein tolles Erlebnis.

In einer Ausstellung in der Mehrzweckhalle Hausen, dem Ausgangspunkt der acht Kilometer langen Exkursion, hatte Dr. Rittweger die Zeitspanne vom Aussterben der Dinosaurier bis zum Auftreten der ersten Menschen in unserer Region lebendig werden lassen. Zahlreiche Exponate wie Fossilien, Darstellungen von vorzeitlichen Lebewesen, Faustkeile, Feuersteine und einfache Waffen begeisterten Groß und Klein.

Die Reise begann am Ende der Kreidezeit, etwa 70 Millionen Jahre vor heute. Damals gab es weder das Heidenhäuschen, auf das der Blick der Gruppe fiel, noch den von Basalthügeln gekennzeichneten Westerwald. Weite Teile Deutschlands waren vom Meer bedeckt, das Klima wärmer als heute, es dominierten die großen Sauropoden, die Säugetiere führten ein untergeordnetes Leben. Zu dieser Zeit schlug ein riesiger Meteorit auf der Erde ein, der mit der Kraft von 100 Millionen Wasserstoffbomben verheerend wirkte. »*Ob dies der einzige Grund für das Aussterben der Saurier ist, bleibt bis heute umstritten*«, erklärte Dr. Rittweger.

Das folgende Zeitalter des Tertiärs, 65 bis 1,6 Millionen Jahre vor heute, ist durch einen Temperaturrückgang gekennzeichnet. Die Säugetiere sind auf dem Vormarsch. Der Westerwald muss damals eine flache, seenreiche Landschaft gewesen sein. Aus dieser Zeit stammt die in Enspel im Westerwaldkreis gefundene Stöffelmaus. Gegen Ende des Tertiärs traten in Afrika schließlich die ersten Vormenschen auf.

Dem Quartär wird die Zeit von vor 1,6 Millionen Jahren bis heute zugerechnet. Hier unterscheidet man zwischen Eiszeitalter und Nacheiszeitalter. Während der kältesten Phasen erstreckte sich ein kalter Korridor von Skandinavien bis über die Alpen hinaus.

Vor etwa einer Million Jahren begann mit dem Auftreten des aus Afrika eingewanderten »*Homo erectus*« die Altsteinzeit in Mitteleuropa. Aus ihm entwickelten sich im Laufe der Jahrtausende die heutigen Menschen. Dr. Rittweger wusste diese spannende Evolution sehr lebendig an Hand von zahlreichen Abbildungen und Hinweisen in der Natur darzustellen. Mit großer Begeisterung waren Kinder und Erwachsene bei der Sache. Das überaus große Interesse an den Exkursionen der Kreisheimatstelle zeigt uns, dass wir auf dem richtigen Weg sind. Weitere heimatkundliche Veranstaltungen werden sicher folgen! Eine Bildergalerie zur Veranstaltung findet man unter: www.mobileslandschaftsmuseum.de.

Dr. Holger Rittweger hatte auf der Exkursion durch die Urzeit aufmerksame Zuhörer.

NEUERSCHEINUNGEN

VON EDITH BRÖCKL

Arbeitskreis »Kirchenmusik und Jugendseelsorge« im Bistum Limburg: Lass dein Licht leuchten. Sammlung mit 103 neuen geistlichen Liedern, Rufen und Kanons für Chöre und Bands zur Advents- und Weihnachtszeit. Hg.: Patrick Dehm und Peter Reulein. 2003 (Zu beziehen vom Bischöfl. Ordinariat, Roßmarkt 12, Limburg).

Aumüller, Lydia: Die Kapelle »Oberheiligenhaus« in Villmar an der Lahn. Interessante Rötelzeichnungen entdeckt. In: Denkmalpflege u. Kulturgeschichte. Hg.: Landesamt für Denkmalpflege Hessen. Wiesbaden (ZSB 1703) 2003, 42-44

Aumüller, Lydia: Zwangsarbeiter in Villmar. Polen durften deutschen Gottesdienst nicht besuchen. In: Heimat an Lahn und Dill 485. 2003

Azzola, Friedrich Karl: Die beiden Zeichen im Siegel der Strumpfstricker zu Limburg an der Lahn, 1696: ein Werkzeug zum Rauhen der Strümpfe und eine Strumpfstrickerschere. In: Nassauische Annalen Bd. 115/2004, S. 533-537

Battenfeld, R.: Forts.: Der Weiltalradweg, T. 2: Durchs Weiltal nach Weilburg. In: Jahrbuch des Rheingau-Taunus-Kreises 55/2004. Kreisausschuss Bad Schwalbach

Bild- und Kalenderverlag Knapp, Limburg: Kalender Limburg/Lahn für 2004

Bischof Franz Kamphaus: Um Gottes willen – Leben. Einsprüche. Freiburg: Herder 2004

Bischof Franz Kamphaus: Kinder – aus Liebe zum Leben. Brief des Bischofs an die Gemeinden im Bistum Limburg zur österlichen Bußzeit 2004

Blumenröder Kochtreff: 1. Internationales Blumenröder Kochbuch. Illustrationen von Anna Dyczynska. 2003, 43 S. (Erhältl. beim Treffpunkt Blumenrod, Bodelschwinghstr. 12, 65549 Limburg)

Bode, F.-J. u. Damm, G.: Das Bischöfliche Ordinariat. Die Verwaltung des Bistums Limburg. In: Balduinsteiner Blätter 3, 2001, 40f.

Braun, Karl-Heinz u. Keller, Karl-Hermann: Festbuch 100 Jahre TV Würges. Fotos v. Stefan Krämer. Inh.: Vereinsgeschichte u. Aus der Entstehungsgeschichte von Würges v. K.-H. Braun 2004, 128 S.

Braun, Karl-Heinz; Miedl-Heim, Ilona; Wagenknecht, Egon: Bad Camberger Chronik des Jahres 2003. 2004, 671 S.

Bürgerinitiative »Alt-Weilburg« (Redaktion Helga Reucker): Weilburger Blätter 2004

Caspary, Eugen: Dr. Friedrich Gottfried Andreas Fabricius (1777-1843). Feldarzt in Mainz – Amtsarzt in Wiesbaden und Hochheim – Brunnenarzt in Weilbach. In: Nassauische Annalen Bd. 115/2004, S. 389-407

Crone, Marie-Luise: Fortsetzungsserie zur Geschichte von Neesbach. In: Nassauische Neue Presse, August 2004

Diehl, M.: Hundsbach – eine einstige Siedlung zwischen Biskirchen und Löhnberg. In: Biskirchener Heimatkalender 17/2004, 38-43

Diözesanleitung (Prof. Dr. Ernst Leuninger u. Andreas Mengelkamp) Hg.: Arbeit und Solidarität. Festbuch zum 100-jährigen Jubiläum der katholischen Arbeitnehmer-Bewegung im Bistum Limburg. Limburg 2004, 674 S. u. 220 Abb. (Zu bestellen unter 06431/295358)

Dönges, Klaus: Eine Zeitreise durch die Geschichte von Neesbach. 2004 mit Bildern, 100 S.

Festschrift 100 Jahre GV *»Concordia«* Ahausen 1903 - 2003. Inh: Vereins- u. Ortsgeschichte u. Gedicht von Heinz Hamm: Erhalte Dein Lied. Gestaltung d. Festbuches: Hermann Engel, Heinz Hamm, Kurt Erbe, Lothar Michel, Lothar Engelbrecht. 2003

Finger, Uschi u. Ulrich: Zum Vergessen zu schade – Erinnernswertes aus der Geschichte unserer Gemeinden (Weiltalgemeinden). 7. Jahresband 2003

Finger, U.: Die Krankenpflege in Weilburg vor 100 Jahren. Aus der Arbeit der Gemeindeschwestern. In: Heimat an Lahn und Dill, 475, 2003 (Beilage zum Weilburger Tageblatt u. a.)

Flögel, Walter: Limburger Ansichten. Fotografien mit der Panoramakamera. Limburg: Glaukos Vlg. 2003

Frank, Abraham; Buck, Gerhard: The Eschenheimer and Nachmann Families. Biographies and Genealogical Charts. Volume II. In engl. Sprache. Jerusalem/ Israel: Abraham Frank, 9, Ben Maimon Avl, 92262 Jerusalem/Israel, 2003, 167 S. m. zahlr. Abb. u. Stammtafeln. Brosch. (Geschichte der im Raum zwischen Limburg, Diez, Camberg u. Wiesbaden wurzelnden und lebenden jüdischen Familien Eschenheimer u. Nachmann)

Freiwillige Feuerwehr Villmar: Festschrift zum 75-jährigen Vereinsbestehen. 25 Jahre Blasorchester, 20 Jahre Jugendfeuerwehr. Villmar 2004

Friedhoff, J.: Burgenportrait: *»Burg Eigenberg und Schloss Mengerskirchen«*, Kr. Limburg-Weilburg. In: Burgen und Schlösser. Zeitschrift für Burgenforschung u. Denkmalpflege. Hg.: Europ. Burgeninstitut, Marksburg über Braubach/Rhein. 44/2003, 1-4, 67-77

Garbe, Burckhard: Die schönsten Sagen aus Hessen. (Mit den Sagen vom Weilburger Schlosshündchen und dem Schinderhannes im Limburgischen). Kassel: Prolibris Vlg., 1. Aufl. 2003

Garzinsky, Kurt: Bilder der Heimat. Runkel. Jahreskalender 2004

Gemischter Chor »Uhland« Weilmünster e.V.: Festschrift zum 150-jährigen Jubiläum vom 25. - 27. Juni 2004. Texte u. Erforschung d. Vereinsgeschichte u. d. Dirigenten bis 1979: Rudi Czech. Ergänzung d. Vereinsgeschichte u. d. Dirigenten ab 1979: Jürgen Schrupp, Kurt Bausch, Rudi Czech, Herbert Köster, Arnold Radu. Zeichn.: Rudi Czech. Satz u. Gestaltung: Hildegard Weber. Beiträge zum Vereinsleben v. Arnold Radu, Joachim Gottschalk, Rudi Czech u. Gerhard Peschl. 102 S.

Geschichtsverein Weilburg: (Hg.)*:* Weilburg – Erinnerungen. Eigenverlag d. Geschichtsvereins 2004, ca. 80 S.

Götzen, »Hardy«: Küchengeflüster. Unterm Dom Bd. II. Unter Mitarbeit von Friedel Kloos. Karikaturen: Eva Götzen. Hadamar: Stefanie Götzen Vlg., 1. Aufl. 2003

Götzen, Hartmut: Gottesknäuel. Nicht immer reicht Menschenwille. Humorvolle Erzählung, Kinder sind ein Geschenk. Hg.: Zum Batzewirt, Limburg. Okt. 2004

Gymnasium Philippinum Weilburg: Jahrbuch 2003-2004. Redaktion: Hans-Helmut Hoos, Anke Hartmann, Björn Hendel, Stefanie Kanthak, Meike Keul-Stubbe, Volker Schmidt, Andreas Schulz. 249 S.

Kloft, Matthias: Dom und Domschatz in Limburg an der Lahn. Königstein: Langewiesche Nachf. Hans Köster 2004

Kohl, Lothar; Wolf, Reinhard; Ristau, Harald; Stahl, Gerhard; Molkenthin, Heinz; Schäfer, Jürgen; Scholz, Karin (Red.): Seelbach – 850 Jahre. 1154-2004. Ein Dorf im Wandel der Zeit. Hg. im Auftrag des Gemeindevorstandes Villmar 2004, 340 S. mit zahlr. Abb.

Kreisausschuss (Kreisheimatstelle) des Landkreises Limburg-Weilburg: Jahrbuch für den Kreis Limburg-Weilburg 2005. Red.: Bernd Kexel, Simone Frohne, Heinz Pfeiffer, Dr. Marie-Luise Crone. Wetzlar: Rekom Vlg. 2004

Kreissparkasse Weilburg: Jubiläumskalender 100 Jahre Kreissparkasse Weilburg 1904-2004. Fotos: Kreissparkasse Weilburg. Text: going public Relations, Weilburg (Geschichte der Kreissparkasse). Gestaltung: Creative Communication GmbH, Königswinter

Limburg: Domstadt an der Lahn. Roland Dieckmann (Fotos), Dietrich Podgorski (Texte). Gudensberg-Gleichen: Wartberg Vlg. 1. Aufl. 2003

Löber, Günter: Festschrift zum 100-jährigen Jubiläum des Verschönerungsvereins Dauborn. 2004, 120 S. (Erhältl. u.a. in den Dauborner Bankfilialen)

Maibach, Heinz: Das Herzogtum Nassau als Gegenstand der Literatur. In: Nassauische Annalen Bd. 115/2004, S. 299-323

MGV »Liederkranz« 1829 Weilburg: Festschrift zum 175-jährigen Jubiläum. Inh. u. a.: Vereinsskizzen aus anderthalb Jahrhunderten von Wolfgang Schoppet. Gekürzte u. geänderte Fassung von H. Lommel, H. Raab, V. Reimold u. W. Zimmermann. – Der MGV »Liederkranz« 1829 Weilburg in den vergangenen 25 Jahren u. Vereinschronik in Kurzform nach Aufzeichnungen v. Herbert Ohly. Grafik u. Gestaltung: Laukötter Werbeagentur Weilburg u. Helmut Haybach, 2. Vorsitzender. Weilburg: Print 2004, 130 S.

Nieder, Franz-Karl: Von der Stiftsschule zur Volksschule in Limburg. Hg. v. Kreisausschuss des Landkreises Limburg-Weilburg u. den Kreissparkassen Limburg u. Weilburg. (Schriftenreihe zur Geschichte und Kultur des Kreises Limburg-Weilburg Bd. 6)

Pfanzelter, Bernd: Lahntalhöhlen. Höhlen der Lahn- und Hahnstätter Mulde. Sonderheft der Höhlenkundlichen Arbeitsgruppe Hessen (HAGH). 2003. Höhlen im Kreis Limburg-Weilburg S. 60ff. Zu beziehen unter Tel. 069/895456

Pullmann Christa u. Caspary Eugen: Das Gebinde des Lebens – Die jüdische Kultusgemeinde Weyer und Münster vom 17. Jahrhundert bis zur Vernichtung 1940. 175 S.

Ries, Angelika: Krippen in Limburg u. Umgebung Heft 2, »Taunus - Lahn - Westerwald 1«. Ein Krippenführer für Einheimische u. Gäste. Fotos, Texte u. Gestaltung v. A. Ries, Villmar. 1. Aufl. 2003 (Erhältl. in den Buchhandlungen)

Sängerchor »Einigkeit« 1854 Schupbach:. Festschrift zum 150-jährigen Bestehen mit Zeittafel u. Abbildungen. 2004

Schatz, K.: Wie entstand das Bistum Limburg? Rückblick in eine Zeit staatlicher Kirchenherrschaft. In: Rheingau-Forum 12, 2003, 10-23. Hg.: Rheingauer Weinkonvent e.V., Eltville

Schulze, Martin: Bootswandern auf der Lahn. Flussführer. Oberschleißheim. Pollner Vlg. 2002

Schweitzer, Peter Paul: namen, wörter, heimatforschung. CD 2003

Sindele, K.-G.: Henriette von Nassau-Weilburg (1780-1857) »*Großmutter Europas*«. Fast vergessene Werbeträgerin für die Residenzstadt an der Lahn. In: Heimat an Lahn und Dill 484. 2003

Speck, Christa: Meesterer Kochbichelche (Münsterer Kochbüchlein) mit Anekdoten, Mundartgedichten u. zahlreichen Illustrationen zum 50-jährigen Bestehen des Landfrauenvereins Münster e.V. 2004, 200 S.

Spielmann, Johann Christian Karl: Geschichte der Stadt und Herrschaft Weilburg. Faksimile-Druck. Lebenslauf Spielmanns und zur Entstehung der Christian-Spielmann-Schule von Helga Reucker. Hg. von der Stadt Weilburg. Neuauflage 2003, Print GmbH

Staatliche Technikerschule Weilburg: Technisches Bildungszentrum. Info-Broschüre. Stand: Nov. 2001. 48 S. mit vielen Abb.

Stolzenau, M.: Wortgewaltiger Lutheraner. Erasmus Alberus ging in Weilburg zur Schule. In: Heimat an Lahn u. Dill 479. 2003

Stolzenau, M.: Friedrich Traugott Friedemann reformierte Weilburger Gymnasium. Vor 150 Jahren gestorben. In: Heimat an Lahn und Dill 478/2003

Strauss, Heinz: Laneburg. Die Baugeschichte Band III. Hg.: Förderverein »*Laneburg*« e.V., Löhnberg. Beselich: Kissel Vlg. 2004

Der Tilemann. Jahresschrift Gymnasium Tilemannschule Limburg/Lahn. Aus 2003: H. Maibach: Tilemann Ehlen von Wolfhagen. Anmerkungen zu Leben und Werk des bekannten Limburger Chronisten. Forts. W. Eisenkopf: Die frühen Direktoren des Gymnasiums zu Limburg a.d. Lahn

Turnverein Eschhofen 1904 e. V.: Festschrift zum 100-jährigen Jubiläum. Inh u.a.: Vereinschronik, Abteilungshistorien und kurze Ortsgeschichte. 2004, 142 S., mit Abb.

Turnverein Würges: Festschrift zum 100-jährigen Bestehen. Mai 2004

Verein Ernsthausen 2000: (Hg): Jahreskalender 2004 mit historischen und aktuellen Bildern. 2003

Verschönerungsverein Dauborn: 1904 - 2004. Jubiläumskalender mit alten Ansichten auf das Jahr 2004 anlässlich des 100-jährigen Vereinsjubiläums von Günter Löber

Wilinaburgia: Verein ehemaliger Angehöriger des Gymnasiums zu Weilburg (Red.: Eugen Caspary): Mitteilungsblätter 2003, 2004

Wolf, R.: Die Säkularisation des St. Georg-Stifts zu Limburg im Jahre 1803. In: Archiv für mittelrheinische Kirchengeschichte 55.2003.333-79

Zabel, Norbert: Pionier der Radiologie Alban Köhler (1874-1947) und seine Erinnerungen an Wiesbaden und Niederselters, In: Nassauische Annalen Bd. 115/2004, S. 371-388

WOHER KOMMT DER NAME HEIDENHÄUSCHEN?

VON PETER PAUL SCHWEITZER

Auf der linken Seite des Elbtales erheben sich östlich von Hangenmeilingen und Oberzeuzheim mehrere Basaltkuppen und bilden verschiedene Höhenzüge; ihre höchste Erhebung, das Heidenhäuschen, ist 398 Meter hoch und trägt auf dem Bergrücken ein kleines Naturschutzgebiet. Dieses Heidenhäuschen fällt nach allen Seiten hin steil ab, nur nach Norden in Richtung Ellar bildet es vor dem endgültigen Abfall zunächst noch einmal eine schmale Plattform.

Natürlich haben die gewaltigen Basaltbrocken, die die höchste Spitze des Heidenhäuschen bilden und aussehen, als seien sie von Riesenhänden dort aufgetürmt worden, zusammen mit dem Namen, der mundartlich *hârehäusje* ausgesprochen wird, vielerlei sagenhafte Erzählungen veranlasst, die man im *Heimatbuch für den Kreis Limburg*[1] nachlesen kann.

Archäologisch gesichert sind drei Tatsachen[2]:

1. Reste eines kleinen Ringwalles umgeben die oberste Partie des Heidenhäuschens. Dieser Ringwall ist durch viele Keramikfunde in die Eisenzeit (Spätlatène) datiert.

2. 1902 fand man unter dem Berggipfel zwei keltische Münzen, in der ersten Hälfte des ersten vorchristlichen Jahrhunderts aus einer Gold-Silber-Legierung geprägt und mit einem springenden Pferd verziert. Die Münzen tragen die Aufschrift Pottina(a) und sind Prägungen der (keltischen) Treverer.

3. Etwa 700 Meter nördlich der Bergspitze findet man Mauerreste (roter Kreis) frühmittelalterlicher Herkunft und Andeutungen zweier Steinkreise im Wald auf der erwähnten schmalen Plattform.

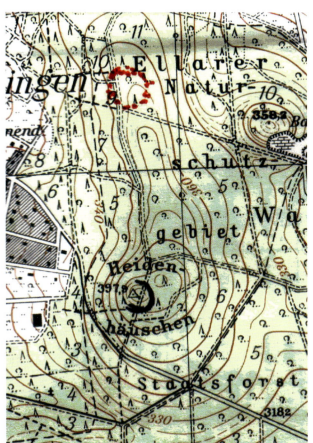

Lageplan: Heidenhäuschen Latènezeitlicher Ringwall an der Bergspitze, nördlich davon frühmittelalterliches Gericht.

Keltische POTTINA-Münze,
erste Hälfte des 1. vchr. Jhs.[3]

Dazu ist erwähnenswert, dass die Bergspitze einst zur alten Gemarkung von Hangenmeilingen gehörte, während Mauerreste und Steinkreise auf Ellarer Boden liegen. Schließlich ist daran zu erinnern, dass die Waldflur mit den Steinkreisen *Ellarer Wald* heißt und unmittelbar an eine Flur angrenzt, die *Ellarer Gericht zum Langen Nebel* heißt.

Der Name *Heidenhäuschen* hat eine lange Geschichte und ist ein gutes Beispiel für die oft zu beobachtende Tatsache, dass auch beim Wechsel der Bevölkerung und deren Sprachen die landschaftsgebundenen Namen zwar verändert, aber im Grunde doch über Jahrtausende hin erhalten bleiben können. Und meistens gehen die kleinen sprachlichen Veränderungen der alten Namen mit volksetymologischen Deutungen einher, das heißt der Volksmund erklärt mit der Erneuerung des Namens, was die ältere Form bedeutet haben kann. Dass man sich dabei täuschte, kann nicht verwundern; aber in einem täuschte sich der Volksmund nicht: Die Namen müssen doch einen Sinn gehabt haben.

Wie der Name heute in den Landkarten steht, dürfte er von (preußischen) Vermessungsbeamten des 19. Jhs. stammen, die die Grundlagen für unsere heutigen Landkarten schufen und dabei die Namen von den Einwohnern erfragten. Die nannten ihnen *hârehäusje* und erklärten ihnen

gewiss, im nassauischen Dialekt seien *hâre* = Zigeuner und e *häusje* = *ein kleines Haus*[4]. Vielleicht gaben Feuerreste in der später so genannten *Schinderhanneshöhle* unter dem größten der Felsblöcke am Gipfel Anlass zu Vorstellungen, hier hausten von Zeit zu Zeit Umherziehende – und diese Vorstellungen bediente der Name *hârehäusje*.

Und doch war der Name keine volkstümliche Erfindung, sondern geht auf das frühe Mittelalter zurück und steht im Zusammenhang mit einem frühen fränkischen Gericht, das durch archäologisch gesicherte Reste auf der Plattform 700 Meter nördlich der Bergspitze lokalisiert werden kann.

In den frühmittelalterlichen Gesetzestexten der *Ribuarier* kommt *harahus* vor, und zwar als Bezeichnung für die Stätte, an der die gerichtlichen Eide zu schwören waren.

Diese so genannte *Lex Ribuaria,* die 633/634 unter König Dagobert I. für Sigibert III. und sein ostfränkisches Kleinkönigtum (Austrasien = Ostmark) niedergeschrieben wurde, galt für das fränkische Stammesgebiet um Köln, von wo aus Bischof Kunibert und Herzog Adalgisel das Kleinkönigtum regierten, während Sigibert selbst in Metz saß, weil er dort sicherer vor den damals die Ostgrenzen bedrohenden Wenden war. Mit denen schlug sich weniger erfolgreich Adalgisel herum, er hatte gerade zwei Jahre vorher vom Wendenherzog Samos eine schwere Niederlage einstecken müssen. Das neue Gesetzbuch sollte nun die Gewissen der Franken in der Ostmark schärfen und erneuerte dafür die alten salischen (= gemeinschaftlichen) Gesetze *(Lex Salica)* und fügte einige neuere hinzu, z. B. verschärfte Strafen für säumige Folge beim Heeresaufgebot.[5]

In diesem Gesetzeswerk wird nun wiederholt verlangt, geforderte Eide seien in *haraho = an der Schwurstätte* zu leisten.

Beispiele: Wollte ein Herr eine Anklage gegen seinen Knecht vor Gericht abwehren, musste er mit drei Zeugen *in haraho* dessen Unschuld beschwören (Tit. 34a).

Oder: Bei angeblich ungerechtfertigter Festnahme eines Freien beschwören Eideshelfer die Unschuld und die Kläger mit ihren Zeugen die Schuld des Gefangenen *in haraho*. Je nachdem, wessen Schwurgewicht überwiegt, kommt es zur Verurteilung oder zur Freilassung des Gefangenen und zur Bestrafung des Klägers wegen unbewiesener Klageerhebung (Tit 45,1).

Oder: Ein *Eigenmann* wird gerichtlich geladen, vor Verhandlungsbeginn verstirbt er jedoch. Nun muss sein Herr ihn unter Zeugen an einer Wegkreuzung beisetzen, und zwar mit einem Weidenband um die Fußfessel, und dieses Weidenband muss sichtbar aus dem Grab herausreichen. Zum Dingtermin muss dann der Herr mit den Begräbniszeugen erscheinen und mit diesen *in haraho* den natürlichen Tod und Begräbnis des *Eigenmannes* beschwören (Tit.75,1).

In haraho, eine Dativform zu *harahus,* meint also an der Schwurstätte, die nach germanischem Brauch dort, wo ein Heiligtum war, auf dessen Heiligkeit und Würde der Eid abgelegt wurde, dessen heilige Macht die Wahrheit des Eides bestätigen und jede Unwahrheit machtvoll bestrafen konnte.

Noch das ahd. *harug* bezeichnete solche heilige Stätten[6] sowohl heilige Haine als auch Opferstätten, Heiligtümer und Tempel. Dieses ahd. *harug* stammt von germ. *harugaz* = Steinhaufen.

Der mit *mund und hand* Schwörende musste mit der rechten Hand das Heiligtum berühren, auf das sich sein Eid bezog, und die Eidesformel laut, vernehmlich und ohne Zittern und Stottern sprechen.

Der Ort des Eides war deshalb die Stelle, wo sich ein Heiligtum befand, wenn der Schwörende sich nicht auf ein bewegliches Heiligtum bezog, eine Bibel, ein Kreuz oder eine Reliquie etwa in christlicher Zeit. Das ribuarische *harahus* muss deshalb trotz aller missionarischer Bemühungen im 7. Jh. in unserer Gegend nicht unbedingt eine Kirche gewesen sein[7], zumal der Name ganz im heidnischen Vorstellungsbereich geblieben ist und vergleichbare frühfränkische Gerichte in ihren Namen mal an *harahus* anknüpfen – so *Hahrehausen* am Knoten bei den Königswiesen-, mal andere Bezeichnungen tragen – so *uualthusa* (881/1100) Waldhausen bei Löhnberg, dem späteren Gericht *Heimau.*

War *harahus* in den fränkischen Leges ein aus dem germanischen *haraguz* (Steinhaufen) entstandenes Wort der Rechtspflege, das heilige[8] steinerne Grabhügel als Schwurstätten voraussetzt, so verstand man dieses Wort in karolingischer Zeit nicht als Steinernes Mal, sondern als *Haus* (ahd. *hûs*), in dem die *Klage erhoben wurde* (ahd. *harên = schreien, rufen, Klage erheben*), als Gerichtsgebäude. Es bestimmte nämlich 818/819 Ludwig der Fromme im Art. 14 seines Königgesetzes: »*...Kleinere Termine aber halte der Gaugraf entweder innerhalb seines Machtbereichs oder wo er tätig werden kann. Wir wollen jedenfalls, dass vom Gaugrafen am Ort, wo er Termin halten soll, ein Haus erbaut werde, damit wegen der Sonnenhitze und des Regens das öffentlich Notwendige nicht unterbleibe.*«

Wie die Mauerreste am Heidenhäuschen zeigen, scheint man das dort befolgt zu haben – und damit den Umwohnern einen verständlichen Namen in den Mund gelegt zu haben: *harêhûs* = Klagehaus, Gerichtsgebäude.

Fraglich bleibt dabei, wen die Franken im 6./7. Jh. bei ihrer Eroberung des Elbtales hier antrafen. Waren das Reste einer ubisch-germanischen Grundbevölkerung, die an der Umsiedlung durch Agrippa 38 n. Chr. nicht teilgenommen hatten? Waren das Reste keltischer Oberherrschaft, die um 50 n. Chr. von den Sueben aufgerieben wurden und ihre Wallburgen-Städte den Ubiern hinterließen? Hinweise gibt es auf beide – und vielleicht trafen sie wirklich auch auf Nachkommen beider – und inzwischen weiterer zugewanderter Germanen, wofür es auch Hinweise zu geben scheint[9].

Jedenfalls legt eine Untersuchung der beiden Ortsnamen Meilingen *(Hangen-, und Hintermeilingen)*, die sich eindeutig auf das Heidenhäuschen beziehen, nahe, dass dessen Name zeitweise oder bei einer bestimmten Bevölkerungsgruppe *mâling* hieß, wie die Mundartform beider Ortsnamen bis heute belegt.[10] Diese Namen klingen an die ubische Verehrung von niederrheinischen Muttergottheiten an, von denen viele Votivtafeln mit ubischen Namen erhalten blieben. Wäre diese Verbindung sicher, hätte man vor der fränkischen Eroberung unserer Heimat mit der Verehrung dieser Muttergottheiten zu rechnen. Das hat schon vor Jahrzehnten Walter Rudersdorf vermutet.

Anderseits ist der Gedanke verlockend, in *harahus* eine volksetymologisch überformte Fortsetzung eines gallischen Wortes zu sehen: Im Keltischen ist die Wurzel *kar-* weit verbreitet, die *Fels* und *Stein* bedeutet. Im iberischen und mediterranen Raum trifft man überall auf *carra* = Steinhaufen und altirisch ist *carrae* = Felsen, Klippe. Nach der germanischen Laut-

verschiebung wäre, wenn das Heidenhäuschen *karra* geheißen hätte, daraus *harra* geworden – eine wunderbare Vorlage für Franken, daran *harahus* anzuschließen. Der keltischen Wurzel *kar-* schreibt man allgemein eine vorindoeuropäische Herkunft zu.[11] Darauf weist auch das baskische Wort *harri* = Stein[12] hin. Das alles gibt zu der Vermutung Anlass, dass die Mundartform des Namens Heidenhäuschen *hârehäusje* letztlich auf eine Wortwurzel *ghar-* der alteuropäischen Topo- und Hydronomie (AETH) zurückgeht, die nach der letzten Eiszeit von iberischen Hirtennomaden in Mitteleuropa eingeführt wurde.[13]

1 Mitte des 20. Jhs. herausgegeben vom Schulrat des Kreises Limburg , S. 26-28, von K. Jeuck zusammengefasst
2 H. Jockenhövel, Die Vorgeschichte Hessens, Stuttgart 1990, 399 f; Katalog: Eisenland – Ausstellung Nassauischer Altertümer, Wiesbaden 1995, hrg. von B. Pinsker, S.175
3 Pinsker, a.a.O. , S.163
4 J. Kehrein, Nassauisches Namenbuch, Weilburg 1864, 445: In den Zusammensetzungen mit Heiden (V. meist Hare) ist gewiß meist d i e H e i d e n, zuweilen auch d e r H e i d e gemeint. Mit letzterem Namen werden vom Volk die herumziehenden Z i g e u n e r belegt. An die altdeutschen H e i d e n wird dabei nicht gedacht.
5 Leges Nationum Germanicarum: Tomi III. Pars II. LEX RIBVARIA, Hannoverae MCMLI; Einleitung S.17 ff
6 G. Köbler, Taschenwörterbuch des ahd. Sprachschatzes, UTB 1994, 156
7 Vgl. auch Jacob Grimm, Deutsche Rechtsaltertümer II, 412 (794), 557 (903)
8 ahd. harugâri = Wahrsager, (heidnischer) Priester – vgl. Fußnote 6
9 P.P. Schweitzer, Ubier an der Lahn?, Hadamar 2003 > im Internet http//:ippsch.bei.t-online.de und auch auf der CD-ROM namen – wörter – heimatforschung, Heimatstelle des Landkreises Limburg-Weilburg, 2003
10 dto. Namen - wörter - heimatforschung, Namen des Lahngebietes aus Vor- und Frühgeschichte und Mittelalter, S.55, 'Meilingen'
11 Pokorny, Indogermanisches Etymolog. Wörterbuch I, 532
12 H. Kühnel, Wörterbuch des Baskischen, Wiesbaden 1999, 32
13 Theodor Vennemann, Die mitteleuropäischen Orts- und Matronenamen mit f,th,h und die Spätphase der Indogermania in Dunkel/Meyer/Seidl, Früh-, Mittel-, Spätindogermanisch, Wiesbaden 1994, 422 ff

DIE WOTAN-STEINE AUF DEM BLASIUSBERG

VON JOACHIM HABEL

Es sollte uns nicht wundern, dass der Blasiusberg, 388 Meter hoch, ein mächtiger Basaltkegel und als markantes Landschaftsmerkmal ein Wahrzeichen der Gemeinde Dornburg, schon in vor- und frühgeschichtlicher Zeit ein Ort war, an dem man den Göttern huldigte. Benachbart lag die keltische Dornburg (396 Meter), ringumwallt, eine befestigte Stadtanlage, deren Blütezeit für das 2./1. vorchristliche Jahrhundert (Latène-Zeit) belegt ist, die aber bereits im 6. Jh. v. Chr. (Hallstatt-Zeit) besiedelt war. Erst viel später kamen die Germanen.

Die St. Blasius-Wallfahrtskirche blickt auf eine über tausendjährige Geschichte zurück. Ihre jetzige Gestalt hat sie erst seit 1870. Mit Absicht errichteten die frühen Christen ihre ersten Kirchen auf Plätzen ehemaliger heidnischer Kultstätten. Sie wollten die heidnischen Versammlungsorte in christliche umwandeln und gleichzeitig darüber Zeugnis abgeben, dass Christus über die alten Götter triumphiert hatte. Ein markantes Beispiel dafür ist der fünf Meter hohe Langenstein, ein Menhir oder Hinkelstein, der in der gleichnamigen Ortschaft zwischen Kirchhain und Stadt Allendorf im Kreis Marburg-Biedenkopf in die Kirchhofmauer eingebaut wurde. In der französischen Bretagne gibt es unzählige Beispiele für die Integration heidnischer Steinmale, so z. B. der Menhir von St. Duzec, dem man ein steinernes Kreuz aufgesetzt hat und der mit Christi Leidenssymbolen verziert wurde (Dornenkrone, Nägel, Geißel, Speer, Essigschwamm). Zu ihm führen alljährlich an Christi Himmelfahrt Prozessionen hin, und man sagt ihm Wunderheilungen nach.

Das Foto zeigt links den Blasiusberg, den Fundort der Wotan-Steine, und rechts die Dornburg, die als befestigte keltische Stadtanlage Bekanntheit erreicht hat.   *Fotos: Joachim Habel*

Die Blasiuskapelle war zuerst dem hl. Michael geweiht, dem Erzengel, der mit dem Flammenschwert den Satan aus dem Paradies vertrieb. Der hl. Michael sollte das Böse, das dem heidnischen Kultort anhaftete, bannen. Das Patrozinium des hl. Blasius, einer der 14 Nothelfer, begann erst im späten Mittelalter.

Einen weiteren Hinweis auf die heidnische Vergangenheit des Blasiusberges gibt uns der Name des ausgedehnten Bergwaldgebietes »Watzenhahn«, zu dem er gehört. Der »wilde Watz« war ein Beiname des Germanengottes Odin (= Wodan, Wotan), der nächtliche Jagden mit seinen Getreuen über den gesamten Himmel vollführte und sich dabei benahm wie eine tollwütige Wildsau (Wutz, Watz). Plausibel erscheint auch die Herleitung Watzenhahn aus Wotanshain. Wotans Gattin war die Göttin Frigga (= Freya), Namensgeberin von Frickhofen? Heute ist man allerdings der Ansicht, dass Frickhofen auf »Fridehuba« zurückgeht, was »umfriedeter Hof« bedeutet. Darauf weist auch die urkundliche Ersterwähnung (802/817) hin.

Die Kultsteine auf dem Blasiusberg, die jetzt hinten in der Kapelle stehen, gleich rechts neben der Eingangstür, stammen nicht vom Ort. Hier herrscht schwarzblauer Basalt. Die rötlich-braunen Steine bestehen laut Untersuchung des Geologen Dr. Nesbor aus Wiesbaden, den die Bezirksarchäologin Dr. Sabine Schade-Lindig vom Landesdenkmalamt zur Begutachtung geschickt hatte, aus basaltischem eisenoxidhaltigem Schlackenagglomerat. Diese Gesteinsart ist für unsere vulkanisch entstandene Region nicht ungewöhnlich, obwohl uns die dunklen Basaltsäulen geläufiger sind. Vielleicht hat man mit der Andersfarbigkeit das Besondere des heiligen Ortes optisch unterstreichen wollen. Ob die Steine zur Kelten-Zeit dort aufgestellt wurden oder erst später von den Germanen, ob sie vielleicht schon in der Jungsteinzeit (Steinkistengrab von Niederzeuzheim, circa 3.000 v. Chr.) dort standen, das kann ohne archäologische Untersuchung nicht eingeordnet werden. Ein Kind muss einen Namen haben, so ist es zur Bezeichnung »Wotan-Steine« in Frickhofen und Umgebung gekommen.

1989 wurde der erste Stein im Osthang des Blasiusberges von Georg Stähler, Frickhofen, gefunden (Foto). Stähler glaubte zunächst noch, er habe einen alten Grabstein aus der Zeit, als dort oben ein Friedhof war, zu dem der heute noch bestehende »Totenweg« von Wilsenroth führte, entdeckt. Doch bei der genaueren Beschau war sehr schnell klar, dass man hier ein Stück aus uralten Zeiten vor sich hatte. Der Stein ist 99 Zentimeter hoch, 70 Zentimeter breit und im Mittel 26 Zentimeter dick. Ein 16 Zentimeter breites und eineinhalb bis zwei Zentimeter erhabenes Randstück gibt Hinweise darauf, dass es sich bei diesem Stein um das Bruchstück eines waagrecht liegenden Beckens gehandelt haben muss. Rechts oben befindet sich eine ovale Kuhle von 13,5 Zentimeter waagrechten Durchmessers, ein so genanntes Näpfchen mit einem sich trichterförmig verbreiternden Auslauf nach rechts, Mündung 14 Zentimeter breit. Solche Strukturen werden in der Literatur zuweilen als »Blutrinne« benannt. Die Bezeichnung »Näpfchen« oder »Schale« ist ein fester archäologischer Begriff. Näpfchen- oder Schalensteine sind weitverbreitet unter megalithischen Monumenten (Menhire, Großsteingräber). Mit viel Phantasie kann man darin Auffangschalen für Blutopfer sehen, genauso aber auch Aushöhlungen für Öl-/Tran-Lichter oder pflanzliche Opfergaben. An der unteren Bruchkante erkennt man links eine circa acht Zentimeter breite Bohrung, ein »Blutkanal«? Wir wollen nicht spekulieren und belassen es bei der Vermessung und Beschreibung.

Der nächste Stein (unten) wurde 2000 im Osthang gefunden. Er ist 59 Zentimeter hoch, 46 Zentimeter breit und 25 Zentimeter dick. Ein überhöhter Rand im rechten Winkel im Mittel 20 Zentimeter breit mit Scheitelpunkt links unten lässt an ein Bruchstück von Stein 1 und an die Fortsetzung von dessen Beckenform denken.

Der dritte Stein (oben) wurde 1998 bei Steinmetzarbeiten beim Einbau der neuen Portaltreppe (Westtor) aus dem Boden gehoben. Er ist 78 Zentimeter hoch, 44 Zentimeter breit, und die Tiefe nimmt keilförmig von 16 auf 23 Zentimeter zu (von links nach rechts). Die Ecke oben rechts ist abgeschlagen. In der unteren Hälfte am rechten Rand findet sich ein eiförmiges Näpfchen von 16 Zentimeter Länge und zwölf Zentimeter Breite, das nach oben infolge Beschädigung spitz zuläuft. In diesem Bereich ist der Stein nur noch 15 Zentimeter dick.

Der letzte Stein (folgende Seite) wurde 2001 im Südhang gefunden. Er steht auf seiner runden Spitze, 73 Zentimeter hoch, oben 47 Zentimeter breit, unten vor Beginn der Rundung 42 Zentimeter breit. Ein nach oben offenes Näpfchen (zwölf Zentimeter breit, elf Zentimeter hoch) befindet sich oben links.

Der Geologe Dr. Nesbor machte mich bei der Besichtigung darauf aufmerksam,

Es kann davon ausgegangen werden, dass der Blasiusberg noch mehr Geheimnisse birgt. In diesem Zusammenhang muss man auch die mittelalterliche Altenburg erwähnen, die circa 160 Meter nördlich der Blasiuskapelle auf 410 Meter lag, deren Bedeutung man aber nicht kennt. Bergkuppe und Befestigung sind durch den Steinbruch auf der Ostseite (bekannt als »*Zeltlager*«) völlig verschwunden. Beziehungen zur Kapelle können auch in Ermangelung urkundlicher Dokumente nicht mehr festgestellt werden. Ein heidnischer Kultplatz als Vorläufer der kleinen Festung wäre denkbar, da diese Stelle ja noch höher als das Blasiusbergplateau lag.

Vielleicht werden in den Hangbereichen des Blasiusberges noch weitere Bruchstücke einer archaischen steinernen Kultanlage aufgefunden. Wahrscheinlich ist aber auch, dass unter den Bodenplatten und unter den Fundamenten der altehrwürdigen Kapelle archäologische Sensationen für immer der Nachforschung verborgen bleiben.

dass sehr wahrscheinlich auch im Mauerwerk der Kapelle einige solcher Steine verarbeitet sind.

DER WESTERWALD

VON RENATE KASSNITZ

Dunkle Wälder, tiefe Täler,
von fern das Jagdhorn schallt;
ich kann den Blick nicht von dir wenden,
du wunderschöner Westerwald.

Umrahmt von grünen Wiesen,
wie ein kostbares Juwel,
spiegelt sich die Sonne
im klaren blauen See.

Ich kann dich nicht verlassen,
sonst wird ums Herz mir kalt;
meine ganze Liebe
gehört dem Westerwald.

Ursprung und Hintergrund des Ortsnamens Hünfelden

Von Kurt Nigratschka

Im Zuge der hessischen Landschulreform schlossen sich im Jahre 1965 die sieben Orte Dauborn, Heringen, Kirberg, Mensfelden, Nauheim, Neesbach und Ohren zu dem »*Schulverband Hühnerstraße*« zusammen. Dessen Ziel war die Zusammenführung der wenig gegliederten, einzelnen örtlichen Schulen in eine große, moderne Mittelpunktschule für alle Kinder aus diesen einzelnen Dörfern.

Als dann in den Jahren 1969 bis 1972 die große hessische Gebietsreform durchgeführt wurde, bei der aus den einst 2.682 kreisangehörigen Gemeinden, 39 Landkreisen und neun kreisfreien Städten in Hessen nur noch 421 kreisangehörige Gemeinden, 21 Landkreise und fünf kreisfreie Städte entstanden, lag es nahe, dass sich die einst im gemeinschaftlichen Amt Kirberg jahrhundertelang verbundenen oder daran benachbarten sieben obigen Orte am 1. Oktober 1971 wieder zu einer Großgemeinde zusammenfanden.

Der für diesen Zusammenschluss notwendige Grenzänderungsvertrag sah unter § 1 eine Namensgebung für diese neue Gemeinde vor. Hierüber gab es damals in den einzelnen Gemeindevertretungen harte Diskussionen. Der von Mensfelden vorgeschlagene Name Kirberg wurde von den anderen kategorisch abgelehnt. Es kam der Vorschlag »*Güldenau*«, in Anlehnung an die Bezeichnung Goldener Grund. Weiterhin kam der Name »*Römbergen*« ins Gespräch, nach dem Römberg (Modellflugplatz), von dem man einen herrlichen Blick auf fast alle Hünfeldener Ortsteile hat. Schließlich wurde die gute alte »*Hühnerstraße*« (B 417), die quer durch das gesamte neu gebildete Gemeindegebiet führt und die den Schulverband bereits den Namen gab, Ausgangspunkt für die neue Namensfindung.

Diese uralte Handelsstraße von Mainz über Limburg in das Rheinland berührt in unserer Gegend eine Reihe von vorgeschichtlichen Gräberfeldern mit zahlreichen

Die Hünengräber an der Hühnerstraße werden der frühen Keltenzeit zugerechnet, stammen also aus der Zeit um 500 bis 400 v. Chr.

»*Hünengräbern*« (fachlich richtig: Hügel-gräber), von denen sie dann ihren Namen erhielt. Diese Gräber werden der frühen Keltenzeit zugerechnet, der Zeit also um 500 bis 400 Jahre v. Chr., in der die Kelten unseren Raum besiedelten. Der Begriff »*Hünengrab*« dürfte daher auf das keltische Wort »*hön*« für hoch zurückzuführen sein, das damit wohl die Ausmaße der Erdhügel beschreibt, aber auch die Menschen, die hoch gewachsen, also wahre »*Hünen*« sein mussten, um in so riesigen Grabhügeln be-erdigt zu werden. Richtig müsste heute also die Hühnerstraße ohne »*h*« geschrieben werden, wie es auch bei ihren ersten ur-kundlichen Erwähnungen geschah. Erst-mals finden wir die Bezeichnung »*an dem Honerstraßer wege*« 1497 in einer Limbur-ger Flurbeschreibung, dann erst wieder um 1730, wo es heißt: »*...weil die Strasse daher von dem Fuhrmann die Hünerstrasse weit und breit genannt ist.*« Vorher hieß sie Alte Mainzer Landstraße oder Limburger Straße und noch davor um das Jahr 790 n. Chr.

Bubenheimer Straße, nach dem unterge-gangenen Ort Bubenheim zwischen Kirberg und Dauborn. Man einigte sich also bei der Namenssuche auf den Namen Hünfelden, was so viel heißen soll: das Land und die Felder der Hünen. Die südlich gelegene Nachbargemeinde griff übrigens dann auch bei ihrer Namensgebung auf die gleichen Quellen zurück und nannte sich Hünstetten, also die Stätte, wo die Hünen wohnten. Wer auf der Hühnerstraße von Wiesbaden her aus dem weit ausgedehnten Waldgebiet südlich von Kirberg heraustritt und das weite vor sich ausgebreitete Kulturland des Südlimburger Hügellandes mit Fel-dern, Wiesen und Ortschaften liegen sieht, kann sich die Bedeutung dieses Namens »*Hünfelden*« wohl gut vorstellen. Somit knüpft also dieser Ortsname Hün-felden an die geschichtlichen Zeugnisse einer etwa 2.500-jährigen Vergangenheit an, an die Hünengräber, die entlang der Hühnerstraße an vielen Punkten zu finden sind.

CONTRA SEXTUM

ZUR SITTENGESCHICHTE IM KIRCHSPIEL KIRBERG

VON DR. ERHARD GRUND

Das Jahr 2005 bringt den Bürgern der Gemeinde Hünfelden mehrere miteinander verbundene Jubiläen mit der gemeinsamen Jahreszahl 650. Dazu zählen die Errichtung des Amtes Kirberg mit den zugehörigen Ortschaften Kirberg, Nauheim, Neesbach, Heringen und Ohren, aber auch die Erbauung der Burg und der Pfarrkirche in Kirberg. Dass die Kirche noch rechtzeitig renoviert werden konnte, ist ein unverhoffter Glücksfall und entsprechend erfreulich.

Daneben kann die Kirchengemeinde Kirberg-Ohren noch ein anderes, wenn auch weniger rundes Jubiläum begehen, denn seit Einführung der Reformation im Jahr 1535 sind zugleich 470 Jahre vergangen. Im Verlauf dieser langen Zeit sind tiefe gesellschaftliche und religiöse Veränderungen eingetreten. Auch in den schriftlichen Quellen der Kirchengemeinden finden sich hierfür zahlreiche Hinweise. Besonders treten diese Wandlungen in dem Bereich hervor, den man einmal Sitte und Anstand nennen konnte. In früheren Zeiten war gerade das sittliche Benehmen der Bevölkerung ein Anliegen der Obrigkeit. Dementsprechend war die Überwachung des Volkes auch eine wichtige Aufgabe der Pfarrer und Kirchenvorsteher.

Der Titel dieses Aufsatzes ist dem schriftlich niedergelegten Stoßseufzer eines Kirberger Pfarrers entnommen. Gemeint war die wiederholte Übertretung des sechsten Gebotes durch »*ein Mensch*« aus Kirberg. Die sprachliche Nähe des Zahlwertes zum angesprochenen Sündenfall ist zwar neckisch, das Thema jedoch bietet einen reichen und ernsthaften Schatz der Hinterlassenschaften, wenn auch zuweilen mit einhergehendem Unterhaltungswert.

Die solcherart festgestellten »*gefallenen*« oder »*geschwächten*« Personen mussten eine Kirchenstrafe in Geld zahlen und eine öffentliche oder private Kirchenbuße leisten. Gelegentlich bestand sie darin, dass der Pfarrer selbst Hand anlegte und die männlichen Missetäter verprügelte. In einem Fall mit der herzigen Begründung, der junge Mann sei einfach zu jung und dumm gewesen. Was sonst?

Daneben war eine Zwangsverheiratung möglich. Offenbar eine gerne genutzte Möglichkeit der jungen oder auch weniger jungen Leute, eine von der Familie und dem Staatswesen unerwünschte Eheschließung mit Hilfe des Pfarrers zu erzwingen. Dazu zählen Verwitwete, nahe Verwandte und andere Gruppen, die eigentlich eine Genehmigung benötigten, die sich auf diese Weise aber umgehen ließ. Solche Ehen schloss der Pfarrer unmittelbar nach der gemeinsamen Kirchenbuße, so dass auch die übliche Proklamation entfallen durfte.

Die ältesten Nachrichten dieser Spielart sind aus den Visitationen überliefert. Bereits um das Jahr 1617 wurde dem Ohrener Peter Scherer vorgeworfen, er habe sein späteres Weib vor der Eheschließung geschwängert und mit seinem unordentlichen Leben die Kirche und die Gemeinde Gottes geärgert. Pfarrer und sämtliche Kirchen »*Seniores*« legten ihm »*güttlich*« eine öffentliche Kirchenbuße auf. Scherer verweigerte aber den Gehorsam. Auch Cloß, der Schäfer in Ohren, wurde zurechtgewiesen. Er hatte sich mit einer Braut aus dem Rheingau verlobt und dort auch proklamieren lassen. Das junge Paar war jedoch alsbald zerstritten und in Unfrieden »*von einander gelauffen*«. Dem Bräutigam war nun schon vor einem Jahr auferlegt worden, sich mit seiner Braut zu einigen. Diese hatte sich jedoch in ihre Heimat zurückgezogen, und auch der Schäfer war nicht mehr willens, gehorchte dem Befehl zur »*execution*« mitnichten.

Auch in Kirberg wurde Zucht und Ordnung vermisst. So gibt es Beschwerden über ein Mädchen, das mit zwei Knechten Unzucht getrieben, aber von keinem geheiratet werden wollte. Der Text lässt offen, welche der Parteien einer Verehelichung abgeneigt gewesen ist.

Ein Verstoß gegen das sechste Gebot ist vordringlich der so genannte Ehebruch, und gerade diese Sünde findet sich in den Kirberger Kirchenbüchern nur im Falle der angetroffenen Ehemänner angemerkt. In allen diesen Fällen waren die beteiligten Frauen aber ledig. Das heißt, Kirchenvorsteher und Pfarrer haben die Einhaltung der ehelichen Treue der verheirateten Frauen nicht überwacht, sondern lediglich die Sittentreue der Ehemänner, vor allem aber das Verhalten der ungebundenen Frauen, seien sie nun ledig oder verwitwet gewesen. Das überrascht, derzeit lassen sich die Beweggründe dieser Ordnung aber nicht weiter überprüfen, geschweige ernsthaft diskutieren.

Anlass der Vermerke waren demnach die unehelich geborenen Kinder, nicht selten auch eine Schwangerschaft. Geringer ist die Zahl der Kirchenbußen für unsittliche Verhältnisse ohne solche sichtbaren Ergebnisse. Die Kirchenbücher bieten auf mehreren Wegen Hinweise zum Themenkreis. Da sind zunächst die zahlreichen Vermerke zu erteilten Kirchenbußen, »*poenitenz*« genannt. Zum anderen die Taufen von Kindern mit zweifelhafter Vaterschaft. Schließlich gibt es nicht wenige Hinweise aus zweiter Hand, die uns sozusagen auf Umwegen erreichen. So heißt es in einem Trauungseintrag von 1713: »*der liebe Gott segne die Ehe und laße das Ehebandt in reiner Keuschen Eheliebe fest bleiben*«. Auch ein unschuldiger Geist unter den heute Lesenden wird sich ob dieser Formulierung schon mal seine unkeuschen Gedanken machen dürfen.

Gelegentlich betätigen sich die Pfarrer als Mathematiker. So finden sich mehrere Taufeinträge, bei denen feststellt wird, dass seit der Eheschließung weniger als die mindestens zu erwartenden neun Monate bis zur Niederkunft der Braut vergangen seien. In einem sehr schönen Beispielfall stellt der Seelsorger gar fest, das Kind sei sechs Monate zu früh geboren. Da war's offenkundig höchste Zeit gewesen. Bei anderer Gelegenheit wird die Beschwerde notiert, die Eltern hätten sich – offenbar zu spät – verheiratet, die Mutter aber gleichwohl Kranz und Schleier getragen. Das hatte den Pfarrer doch geärgert. Der Eintrag lässt zudem vermuten, dass dem Pfarrer der Zustand der Braut bei der Trauung noch nicht aufgefallen war; auch er hatte also später nachgerechnet.

Im Rückblick ist festzustellen, dass zwischen 1656 und 1830 rund 140 derart uneheliche Kinder getauft worden sind, gibt einen Durchschnitt von etwa 1 $\frac{1}{4}$ im Jahr. Gegen Ende dieser Spanne und vor allem auch in den Zeiten mehrerer Kriegsläufe und Einquartierungen war die Zahl der unehelichen Kinder aber beträchtlich höher. Allerdings lässt sich sagen, dass die Kindersterblichkeit gerade bei unehelich Geborenen besonders hoch gewesen ist. Diese Mütter mussten sehr hart um ihren Lebensunterhalt kämpfen, waren gelegentlich – aber nicht grundsätzlich – auch von ihren Familien verstoßen. Manche heirateten später, wodurch sich ihre Situation verbesserte. Ohne die tatkräftige Unterstützung durch einen Ehemann oder wenigstens die engere Familie hatten es diese Frauen aber sehr schwer. Die Kinder der meist jungen Frauen werden benannt als unehelich, in Unehren geboren bzw. gezeugt, sie firmieren als »*Hurenkind, Bastard oder Bankert*«. Die betroffenen Frauen

werden vom Pfarrer »*ein liederliches Mensch geheißen, liederliches Frauenzimmer, Dirne, Hure, Hur- und Bettelmensch*«.

Als Väter kamen in Betracht: ein verheirateter Nachbar, ein ebenso jugendlicher Liebhaber, gelegentlich war es ein Cousin mit den entsprechenden Widrigkeiten, wenn der Fehltritt mit einer Ehe geheilt werden sollte, der Verlobte, Knechte, das heißt Arbeitskollegen, ein unbekannter Jäger, auch ein gewesener Gymnasiast, ein katholischer Gutsverwalter, nicht zuletzt der »*Paff von Camberg*«, fremde Soldaten verschiedener Nationen, darunter ein französischer Offizier und ein ebensolcher »*citoyen*«. Vergewaltigungen werden sehr wenige angemerkt oder angedeutet, und alle erst mit dem Wechsel vom 18. auf das 19. Jahrhundert; vielleicht war der Pfarrer dabei beeinflusst vom Gedankengut der französischen Revolution. Zuvor war man wohl stärker geneigt, der jungen Mutter die Schuldenlast aufzuladen, das war sicherlich der leichteste Weg. Es ist auch nicht selten, dass solche Mütter mehrmals in Schwierigkeiten geraten sind. Darunter sind Frauen mit drei und vier unehelichen Kindern vermerkt.

Bis ins beginnende 19. Jahrhundert genügte offenbar das Zeugnis der jungen Mutter, um einen vermeintlichen Vater ins Buch einzutragen. Die Obrigkeit war an einer solchen Feststellung interessiert. Hierzu waren die Hebammen beauftragt, den Müttern während der Geburt des Kindes den Namen des Vaters zu entlocken. Wollen wir hoffen, dass die mögliche Auswahl immer übersichtlich geblieben ist.

Die Zukunftshoffnungen solcher Kinder waren nicht die besten. Da sie im Allgemeinen nur von der Mutter erbten, fehlte ihnen der Anteil des Vaters, wodurch ihr späteres Eigentum erheblich reduziert war. Gelegentlich finden sich in den staatlichen Akten Hinweise, wonach diese Kinder von der Familie ihrer Mutter materiell begünstigt wurden. So ist ein Ohrener Testament überliefert, in dem die Großeltern ihrer unehelichen Enkelin den überwiegenden Teil ihres Vermögens überschrieben haben. Dieses Mädchen wurde unter dem Familiennamen seines unehelichen Vaters konfirmiert. Der spätere Ehemann dieses Kindes wurde mit der Beihilfe dieser Erbschaft zu einem der reichsten Männer im Dorf und Schultheiß obendrein.

Seit Errichtung des Herzogtums gibt es zahlreiche Hinweise, dass sich solche benannten Väter mit einem Eid vor Gericht lossprechen konnten. Von dieser unrechten, frauenfeindlichen Möglichkeit haben etliche der als Väter gescholtenen Männer dankbaren Gebrauch gemacht. In einem Zweifelsfall wurde ein Pfarrer in Wiesbaden eingeschaltet, der nach einer eingehenden Befragung der Mutter feststellte, dass sich für deren Behauptung kein Beweis erbringen ließe. Ohne die heute möglichen DNA-Belege sind Beweise in solchen prekären Rechtslagen aber durchweg schwierig beizubringen. Gelegentlich sprachen die unehelichen Väter beim Kirberger Pfarrer oder bei Gericht vor und erklärten ihre Urheberschaft. Tapfere Leute, ohne Zweifel, wenn wir beachten, mit welcher Leichtigkeit der Mann sich von einer angeschuldigten Vaterschaft durch einen Schwur befreien durfte.

Die Namensgebung der Kinder war eher uneinheitlich. Während in Kirberg die Familiennamen der Mütter auch an die Kinder fielen, war es in Ohren üblich, den Namen des Vaters zu vergeben. Von diesen Nutznießern modernen Gedankengutes blühen noch einige Familien. Nur wenigen der durchaus zahlreich lebenden Nachkommen werden diese fortschrittlichen Zusammenhänge bekannt sein.

Nicht selten geben die Einträge im Kirchenbuch kund von Schicksalsschlägen und Verzweiflung. So gibt es 1817 eine Taufe, die stattfand im Zuchthaus zu Diez. Die Mutter des Kindes war eine Kirberger Witwe. Sie hatte ihre kleine Tochter im Alter von zwei Tagen bei Linter in »*boshafter Weise ausgesetzt*«. Die Staatsmacht schaffte Mutter und Kind ins Zuchthaus, und Catharina Reusch, die Ehefrau eines Unteraufsehers, wurde so zur unverhofften Taufpatin. Das hier zu Tage tretende Vergehen der Kindesaussetzung war nicht das erste seiner Art in Kirberg. Schon 1768 waren zwei junge, ledige Frauen wegen solcher Delikte zu Zuchthaus und Landesverweisung verurteilt worden. Die Schuldigen zählten beide zu angesehenen Familien, was sie aber nicht vor dieser Verfehlung bewahrt hatte.

Die staatlichen Akten berichten viel von solchen Ärgernissen, so lebte eine junge Frau aus Kirberg mit einem fremden Mann zusammen. Auf Fragen der Nachbarn erklärte die Mutter, die jungen Leute hätten auswärts geheiratet. Das entpuppte sich zwar als Notlüge, zeigt aber auf, welche Wege möglich waren. In einem anderen Fall wurde eine junge Frau beschuldigt, sie habe sich mit mehreren französischen Soldaten in der Waldecke, Rahlbach genannt, in aller Öffentlichkeit vergnügt. Leider fehlt aber jede nähere Beschreibung der Vorgänge. Wollen wir zu ihren und unseren Gunsten

annehmen, dass es ein eher harmloses Vergnügen gewesen ist.

Spätestens seit 1747 wurden mehrere staatliche Edikte erlassen, die der Verhinderung und Bestrafung der allgemein eingerissenen »*Hurerey*« dienen sollten. Über den Erfolg lässt sich streiten. Schon 1769 bis 1783 waren Neuauflagen nötig. Im Jahre 1778 bittet eine Frau um Aufnahme in Kirberg. Sie wohnt zwar dort, hat jedoch keine Bürgerrechte. Der Antrag wird abgelehnt, nicht zuletzt, weil sie in den Augen der Beamten eine »*Hure*« war. Viele männliche Betroffene suchten ihr Heil in der Flucht in den niederländischen Militärdienst. Die beteiligten Frauen dagegen mussten bleiben und zahlen. Hier hatte der Staat demnach eine Sittensteuer aufgelegt, betätigte sich auf moralisch zweifelhaftem Boden, aber Bargeld war auch damals knapp.

An der Verfolgung der Sittenlosigkeit lässt sich auch eine sprachliche Banalisierung erkennen. Nachdem Bezeichnungen wie »*Dirne, Mensch oder Unzucht*« wohl nichts mehr bewegen konnten, kommt man zunehmend zu Wörtern wie »*Hure, Hurerey*«. Aber auch solche groben Ausdrücke schleifen ab. Heute hat selbst das altbewährte Schimpfwort Hure viel von seiner Kraft verloren. Und fast wirkt es wie ein Lob, ruft Stolz hervor, ein loses Mädchen als »*Luder*« zu bezeichnen. Dabei ist damit etwas zutiefst Verkommenes, Verdorbenes und Ungenießbares zu verstehen. Aber jeder lässt sich halt schimpfen, wie er mag.

Damit soll's genug sein, die Rundreise durch die Kirberger Sittengeschichte geht zu Ende. Wie der Leser erkennen mag, sind die Verhältnisse in früheren Zeiten nicht wirklich schlimmer gewesen als heutzutage. Lediglich der Umgang mit dem leichtfertigen Volk, der war schon anders. Ob aber die Unmoral am End durch die Bestrafung erfolgreich bekämpft werden konnte, das dürfen wir zu Recht bezweifeln. Sonst gäb's uns nämlich nicht.

EIN LEHRVERTRAG AUS DEM JAHRE 1782

VON HELMUT PLESCHER

Das Bad Camberger Stadtarchiv verwahrt einen Lehrvertrag aus dem Jahre 1782, der ein Licht auf die Zeit vor über 200 Jahren und die berufliche Ausbildung der Jugend wirft. Der Lehrherr, Schuhmachermeister Johannes Krim aus Camberg, und sein Lehrling Ferdinand Ponsar aus Erbach, schlossen am 16. Februar 1782 den nachfolgenden Vertrag:

>**Kund, und zu wissen seye,**
>daß zwischen Ferdinand Ponsar von Erbach Curatorio Nomine (= Vormund, Anm. des Vfrs.) des Heinrich Dötzel an Einem, sodann Johannes Krim Schuhmachermeister an anderen Theil, nachstehender Contract verabredet, geschlossen, und getroffen worden.
>
>Es hat nemblich jener seinen Curanden, um das Schuhmacher Handwerk zu Erlernen dem gehörten Krim unter nachstehenden Conditionen veraccordiert, dass
>
>1. Der Bub drey Jahren in der Lehr stehen und während dieser Zeit
>2. Der meister ihm soviel Schuhe, als er braucht geben, auch auf den Fall die Mutter des Lehrlings versterben sollte.
>3. Dem Buben waschen und flicken lassen, desgleichen
>4. In deren Lehrjahren die Seulen, und Zwicken (= das Schuster-handwerk, Anm. des Vfrs.) auf seine Kosten dem buben anschaffen, wenn aber die Lehrjahre vorbey und der Bub fortgehen will, diesem noch
>5. Ein paar neue Schuhe mit geben solle, wogegen dann
>6. Der Vormund dem Lehrmeister für Lehrgeld dreißig sieben Gulden, und dreißig Kreuzer rheinisch, benebst einen Gulden Trinkgeld der frau meisterin, und zwar zur Helfte in Zeit 14 Täg, die andere Helfte in der halben Lehrzeit zu bezahlen verspricht.
>
>Urkundlich haben sich beyde Theile unter-schrieben, und das wohllöbliche Gericht der Bestätigung halber vorbehalt.
>
>So geschehen Kamberg, den 16. Febr. 1782
>
>gez. Johannes Krim
>Ferdinand Ponsar«

Erhalten ist auch die gerichtliche Beglaubigung:

»Vorstehender Accord wird von Gerichts wegen bestättiget, zugleich aber dem Lehrmeister aufgegeben, den lehrbuben nach handwerkbrauch zu behandeln und durch sonstige neben arbeiten von der Profession nur nicht abzuhalten. Kamberg, in judico, dem 16. Febr. 1782
Joh. Höhler *Johannes Kuntz«*

Auch die vertraglich festgehaltene Einlösung dieses Lehrvertrages ist aktenkundig überliefert:

»*1782 dem 3. Mertz von dem formund Ferdinand Ponsar empfangen auf das Lehrgeld 18 Gulden 30 x* (= Zeichen für Kreuzer, Anm. des Vfrs) *benebst einem Gulden Dringgeld Johannes Krim als Lehrmeister 1783 dem 10. Nofember habig von dem formund Ferdinand empfangen die letzte helft lergeld zu 19 Gulden solges hiermid bescheinenJohannes Krim von Camberg.*«

Das waren also noch die Zeiten, in denen für die Ausbildung bezahlt werden musste, anders als heute, wo die Auszubildenden, »*Azubi*« genannt, eine Entlohnung erhalten. In der Regel waren es die Buben, die ein Handwerk erlernten. Die Mädchen bekamen daheim bei der Mutter das Kochen und die übliche Hauswirtschaft beigebracht, quasi als Vorbereitung auf die Ehe. Besser gestellte Eltern schickten ihre Töchter zu einer Weißnäherin oder

Zeichnerische Darstellung einer Schuhmacherwerkstatt um das Jahr 1750.

Schneiderin, wo sie nach Unterweisung ihre Aussteuer selbst nähen konnten. Manchmal gingen die Mädchen auch »*in Stellung*«, das heißt sie halfen in einem bürgerlichen Haushalt und erwarben sich dort die nötigen Kenntnisse als Hausfrau, meist ohne Bezahlung auf freie Kost und Logis.

Beim vorliegenden Lehrvertrag ist bemerkenswert, dass er amtlich bestätigt werden musste und das Gericht den Lehrherrn anwies, den Lehrling nicht bei berufsfremden Arbeiten einzusetzen, was keine Garantie war, dass sich der Lehrherr auch daran hielt.

Bleibt noch die Überlegung, welchen Wert das damalige Lehrgeld heute hätte. Das festzustellen, ist nicht ganz einfach, Löhne waren zu unterschiedlich Preise bestimmter Grundnahrungsmittel sind dann unbrauchbar, wenn ihre Produktion gegenüber früher heute unter anderen Voraussetzungen geschieht und sind sehr stark abhängig von den jeweiligen Ernteergebnissen. Am besten zu gebrauchen ist der Rindfleischpreis, da sich im Laufe der Zeit von der Aufzucht bis zur Vermarktung hier am wenigsten geändert hat. Jedoch ist der Preisvergleich ungenau. Brauchbar ist allein die Kaufkraft. Nach einer Formel, die 1989 entwickelt wurde im Anhang etwas näher erläutert werden soll, war 1788 die Kaufkraft eines Guldens gleichzusetzen mit fünf Kilogramm Rindfleisch. Wenn heute das Kilogramm mit zehn Euro angesetzt werden kann, so hätte das Lehrgeld für den Schusterjungen von damals im Jahre 2004 rund 1.925 Euro betragen. Fürwahr ein stolzer Betrag!

Anhang: Berechnung der Kaufkraft: Die Formel lautet: Kaufkraft = Geldfaktor x Gewichtsfaktor in kg : Preisangabe. Beispiel: 1788 kostete 1 Pfund Rindfleisch 6 Kreuzer. Für die Berechnung müssen die einzelnen Faktoren umgewandelt werden, Geldfaktor: 1 Gulden in 60 Kreuzer, Gewichtsfaktor: 1 kg (2 Pfund) in 0,5 kg. 60 Kreuzer (1 Gulden) x 0,5 (kg) : 6 Kreuzer = 5,0 (kg). Für einen Gulden erhielt man also 1788 etwa 5 kg Rindfleisch oder anders gesagt, für 38 Gulden und 30 Kreuzer hätte man damals 192,5 kg Rindfleisch kaufen können.

Quellen: Stadtarchiv Bad Camberg; K 168/ I 360.20- 6 »Geldwesen, Kaufkraft und Maßeinheiten im Bereich des Fürstentums Kulmbach-Bayreuth« von Wilhelm Fickert. Erschienen 1989 als Band 21 der Freien Schriftfolge der Gesellschaft für Familienforschung in Franken.

VILLMAR VOR 215 JAHREN

VON LYDIA AUMÜLLER

Der Kurtrierer Amtsschreiber und spätere Amtmann zu Limburg Johann Simon Lamboy hat 1790 eine »*Beschreibung des Kurfürstlich-Trierischen Amts Limburg*« verfasst, die im Original im Hessischen Hauptstaatsarchiv Wiesbaden verwahrt wird. Johann Simon Lamboy d. Jüngere (III.) war ein Sohn des gleichnamigen Lamboy d. Älteren (II.), welcher am 12. November 1733 in Villmar geboren worden war und 1762 die frei gewordene Kellereistelle der Grafen von Leyen in Limburg (bis zu seinem Tod) innehatte. Sein gleichnamiger am 4. Dezember 1764 in Limburg geborener Sohn († 28. April 1815 Eltville) wurde 1789 zum Amtsschreiber ernannt. Als solcher verfasste er die Limburger Amtsbeschreibung, aus der die Villmar betreffenden Passagen wiedergegeben werden. Villmar erscheint als der größte Ort des Amtes. Es folgen Nieder- und Oberbrechen, Elz, Niederselters, Arfurt, Eschhofen, Werschau, Lindenholzhausen, Mühlen und Dietkirchen. Aus dem wirtschaftlichen Leben der Gemeinde Villmar vor über 215 Jahren wird ein Teil in leicht abgewandelter Schreibform wiedergegeben.

MARMOR ZU VILLMAR

»*Zu Villmar sind verschiedene Marmorbrüche wo selbst mehr als zwölf Sorten des schönsten Marmors angetroffen werden, welche aus weit entfernten Landen gesucht werden. Zu bedauern ist es aber, dass die dasigen Steinhauer, welche zwar diesen Marmor sehr geschickt zu schleifen und zuzubereiten wissen, meistens liederliche und verarmte Leute sind, welche von den ausländischen Liebhabern Geld im voraus nehmen müssen, und entweder keine, aber meistens übereilte und schlechte Arbeit liefern, wovon unzählige Beweise in den Amtsacten liegen.*«

VILLMAR

»*Villmar hatte vorhin mit Arfurt eine eigene Amtspflege, dermalen ist es dem Amt Limburg einverleibt. Der Ort Villmar ist ein großer Flecken, mit Mauern und geschlossenen Thoren und nach dem großen Brande 1699 mit breiten Straßen und ansehnlichen Häusern versehen, eine Stunde seitwärts von Niederbrechen und*

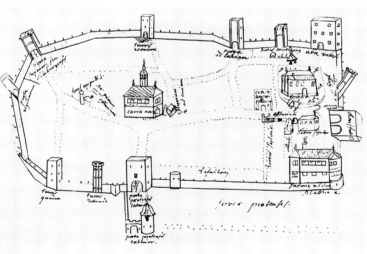

Villmar im 18. Jh. mit Stadtmauer, Toren, Türmen und Straßen. In der Mitte des Planes das 1702 erbaute Rathaus, rechts Kirche und Kellereigebäude. Original, HHStAW.

zwei von Limburg, oberhalb der Stadt Runkel an der Lahn gelegen. Im Flecken wohnen 185 ganze und 10 halb Bürger. Es ist daselbst eine schöne Kirche, ein ansehnliches Kellerei Gebäude- Rathaus-Brauhäuser und 209 Wohnhäuser, 100 Scheunen und 190 Stallungen und 950 Seelen.«

GRENZEN

»Die Gemarkung grenzt gegen Morgen an die Stadt Runkel, zu Mittag an Nieder-brechen, zu Abend und Mitternacht an Wiedrunkel, und enthält an gemeinen Grundstücken, ausschließlich der vielen abteilich Mattheiser Güther, 1.666 Morgen Ackerland und 183 Morgen Wiesen, hierzu 50 Pferde, 60 Ochsen und 340 Stück anderes Rindvieh. Wenn dieser Ort die ihm von der Natur an einem fruchtbaren leicht zu bebauenden Boden verliehenen Gaben mit Vorteil benutzen wollte, so könnte ihm im Amte an Wohlstand keiner gleich sein; da aber die Einwohner zur Trunk- Prozeßsucht und allen Arten kostspieliger Ausschweifungen geneigt sind, da der länderverderbliche Kaffee das tägliche Getränk auch der ärmsten Familie ist, so wird es nicht auffallen, wenn ich be-haupte, daß kaum zehn wohlvermögende Bauern in Villmar wohnen und die übrigen alle verschuldet und verarmt sind. Die hier aus dieser Ursache vorkommenden häufigen Güter Versteigerungen haben in Rücksicht an-derer Amtsortschaften den Preis, der nach Ver-hältnis der Güte bessere Villmarer Grundstücke weit unter die Hälfte herabgesetzt.«

RECHTE UND VERBINDLICHKEITEN DER GEMEINDE

»Die Einwohner sind frei von aller Leib-eigenschaft, müssen jedoch aus ihren sehr weitläufigen Waldungen, nach Proportion mit der Gemeinde Arfurt jährlich neun Klafter Holz zur Heizung der Amtsstube liefern, sodann nach nämlichem Verhältnis die Röhren zum Schloßbrunnen zu Limburg, wie auch das Holz zur Waldmühle zu einem vierten Teil gegen das Amt, weiter müssen sie die angrenzenden kurfürstlichen Höfe: Treisfurt, Unter- und Obergladbach mit dem nötigen Bauholz versorgen; wohin sie auch alle Hand- und Spann Frohnden leisten müssen, sobald eine Bauerei vorgenommen wird. Auch zur Kellnerei der Abtei Mattheis muß die Gemeinde alljährlich Gülten, Grundzinsen usw. entrichten.

Hier ist auch an der Lahn eine ansehnliche Mühle mit vier Mahlgängen angebaut, welche alljählich 20 Malter Frucht zur Kurfürstlichen Hofkammer und 18 Malter zur Mattheiser Kellerei liefert, wohin auch die Gemeinde mit Conkurrenz der Abtei das erforderliche Bauholz liefert.

Der ehemalige Jahrmarkt zu Villmar ist durch üble Aufsicht ganz in Verfall geraten.«

Mühle an der Lahn

ZUSTAND DER GEMEINDS-WALDUNGEN

»Die Gemeindswaldungen sind die größten und ansehnlichsten im ganzen Amte, sie reichen nicht allein zur hinlänglichen Behölzigung sämtlicher Gemeinds Nachbarn aus, sondern es wird auch noch ein ansehnliches, den bedürftigen übrigen Amtsuntertanen alljährlich verkauft – und könnte unter einer forstmäßigen strengen Aufsicht in einem Zeitraum von 20 Jahren soviel Holz darin gefällt werden, daß nicht nur damit die von den Kriegszeiten noch herrührenden 5.790 rthl. Schulden bezahlt würden, sondern auch ein Beträchtliches zum Besten der Gemeinde übrig bleiben könnte.«

GERICHT

»Das Gericht ist gleich in anderen Ortschaften von der hohen Kurtrierer (Obrigkeit) mit einem Schultheißen, sieben Schöffen und einem gelehrten Gerichtsschreiber bestellt, es besorgt unter Aufsicht die Zivilgerichtsakte, und ist diesem Gericht das nahe Dorf Arfurt unterstellt. Ein alljährlich gewählter Bürgermeister und die geschworenen Gemeinds Vorsteher besorgen die gemeinde Einnahmen und Ausgaben.«

KURFÜRSTLICHE KAMERAL HÖFE

»In der Villmarer Gemarkung liegen drei freie kurfürstliche Höfe: Treisfurt, Ober- und Unter-Gladbach, wohin die Gemeinden Villmar und Arfurt das Bauholz in der frohnde liefern und alle Hand- und Spannfronde leisten müssen. Die Hofbeständer haben gemeine Nutzung, sind jedoch von Wacht- und Jagddiensten und anderen persönlichen Gemeinde Lasten befreit.«
Ob die Meinung von Amtsschreiber Johann Simon Lamboy bezüglich der Villmarer Steinhauer gerechtfertigt war, sollte hinterfragt werden. Dass Handwerker und Künstler zu allen Zeiten gerne finanziellen Vorschuss bei Auftragsvergabe

entgegennahmen, ist nicht ungewöhnlich. Zur Ehrenrettung der Villmarer Steinmetze sollen jene kunstvollen Grabsteine aus den Jahren 1721 und 1773 genannt sein, die heute noch auf dem Totenhof an der Villmarer Pfarrkirche St. Peter und Paul Zeugnis von der Handwerkskunst der damaligen Bildhauer geben.

Es sind die Grabsteine der Urgroßmutter des Amtsschreibers Brigitta Lamboy geborene Flach, († 17. Juni 1721) sowie des Großvaters Johann Simon Lamboy I. (* 27. Mai 1707 und † 27. Oktober 1772), der am 14. Dezember 1732 die Witwe des Obergladbacher Hofes Dorothea Caspari geborene Brahm zur Frau genommen hatte. Aus dieser Ehe ging der Vater des späteren Amtsschreibers hervor. Großvater, Vater und Sohn erhielten in der Taufe den Vornamen Johann Simon. Als am 5. März 1736 Dorothea Lamboy verstarb, heiratete der Witwer am 29. Oktober 1736 Anna Margartha Rosbach, eine Tochter des Hermann Rosbach. Diese zweite Ehefrau setzte ihrem verstorbenen Ehegatten 1773 einen barocken Grabstein aus grauem Villmarer Marmor, der heute noch den Beschauer besticht. Er hat die Höhe von 1,60 Meter, eine Breite von 68 Zentimeter und Dicke von 13 Zentimeter. Die in Latein und Deutsch eingemeißelte Inschrift des stark verwitterten Steines wurde 1976 von Herbert Schulz abgeschrieben und durch eine Reinigungskur von Bernhard Grimm teilweise wieder lesbar gemacht.

Auch ein Gutachten vom 20. Dezember 1789, das der in Arfurt als Pfarrvikar tätige Pater Petrus Herres dem Trierer Domkapitel übersandte, spricht für die Villmarer Steinmetzarbeiten. Darin wird vorgeschlagen, dass Meister Simon Leonhard laut Auftrag einen Marmoraltar für die Domkirche liefern sollte. Vorgesehen war eine klassizistische Mensa von etwa fünf Metern Länge und 1 $\frac{1}{2}$ Metern Tiefe, deren

Vorderplatte in einem Me-
daillon die Büste eines
römischen Kaisers tragen
sollte. Pater Petrus Herres
beschreibt Simon Leon-
hard als den besten
Steinmetz von Villmar, der
gerade an der Herstellung
eines Altares für die Bene-
diktinerabtei in Seligen-
stadt tätig sei. Dieser ist
alles andere als eine
»schlechte Arbeit« und
kann noch heute in der
Abteikirche in Seligen-
stadt bewundert werden.
Bemerkenswert ist, dass
Johann Simon Lamboy III.,
dessen Wurzeln nach Vill-
mar reichen und dessen
Urgroßvater Peter Lam-
boy 1745 als Bürger-
meister Villmars erwähnt
wird, ein überwiegend
schuldhaftes Verhalten der Einwohner
seiner früheren Heimatgemeinde festhält.
Jedenfalls sprechen die oben genannten
exzellenten Steinarbeiten dagegen.

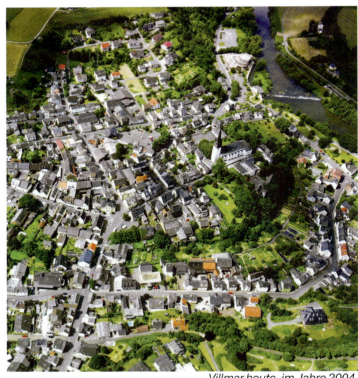

Villmar heute, im Jahre 2004.

Quellen- und Literaturangaben:
HStAW Abt. 115 Nr. IIIc 4b, Fol. 19, Fol. 136-140
DAL Villmar KB 2 und 3, S. 107, 28, 30,122

DAS HERZOGLICH-NASSAUISCHE MILITÄR BEI DER SCHLACHT VON WATERLOO

VON MONIKA JUNG

Mit der Unterzeichnung der Rheinbundakte in Paris am 12. Juli 1806 hatten sich die 16 deutschen Fürsten verpflichtet, Napoleon I. durch eigene Truppen militärische Unterstützung zu gewähren. Um dieser Verpflichtung nachzukommen, wurden die beiden Linien Nassau-Usingen und Nassau-Weilburg im August 1806 vereinigt, und es begann die Geschichte des herzoglich-nassauischen Militärs.

Im Fürstentum Nassau sowie den verbündeten Kleinstaaten des Rheinbundes wussten die Monarchen nur zu gut, dass sie Napoleon nicht nur die volle Souveränität, sondern auch den Fortbestand ihrer staatlichen Existenz verdankten, zudem besaßen sie im Wesentlichen nur »Paradetruppen«, mit denen sie keinesfalls ihre Territorien verteidigen konnten. Das gesamte damalige Militärpotential Nassaus bestand aus 60 Offizieren und circa 2.200 Soldaten zu Fuß, verteilt auf vier Bataillone. Um die vom französischen Kaiser geforderten Truppenverbände zur Verfügung stellen zu können, wurde das herzogliche Militärwesen nach französischem Vorbild reformiert und die Konskription eingeführt. Allerdings sträubte sich die Bevölkerung gegen die systematische Erfassung von jungen, ledigen Burschen, da sie als Arbeitskraft in der Familie fehlten. Zudem war der Soldatenstand im 18. Jahrhundert zutiefst verachtet. Von vielen als Abschaum bezeichnet, wurden die Soldaten in aller Öffentlichkeit auch so behandelt. Das entwürdigende und barbarische Strafsystem beim Militär gipfelte im Spießrutenlaufen.

In der militärischen Ausbildung regierte noch der Stock. Angesichts dieses durch entehrende Strafen aufrecht erhaltenen Zwangssystems war es verständlich, dass »Soldatsein« den Untertanen verhasst war. So wurde als erstes die körperliche Strafe für gewöhnliche Fälle abgeschafft und eine Disziplinarordnung eingeführt. Nun kostete Zuspätkommen oder Fernbleiben 20 bis 30 Kreuzer, Wachvergehen oder Ungehorsam gegen Vorgesetzte zwei bis sechs Gulden. Wer nicht zahlen konnte, kam in Arrest oder wurde zu Schanzarbeiten herangezogen.

Um den Soldatenberuf attraktiver zu gestalten, wurde die Staatsbürokratie angewiesen, bei der Besetzung von amtlichen Stellen Soldaten, die aus dem aktiven Militärdienst ausschieden, zu bevorzugen, besonders die Invaliden sollten hiervon profitieren. Bedingung war freilich ein tadelloses Verhalten während der militärischen Dienstzeit.

Nicht eingezogen wurden Adlige, Hofbedienstete und Geistliche sowie »*einzige Söhne, Ernährer von Witwen und unmündigen Geschwistern, Verheiratete und Selbstständige*«.[1] Von der Konskription ausgenommen waren zudem Studierende der Theologie, der Staats- und Sprachwissenschaft, angehende Ärzte und Apotheker sowie Lehrer und deren Söhne. Die Möglichkeit, dem Wehrdienst durch eine Geldzahlung zu entgehen, stand jedem Bürger offen, allerdings beschränkte der Betrag von 5.000 Gulden für eine Freistellung bzw. für die Stellung eines Vertreters, verbunden mit einer Zahlung von 150 Gulden bei der Infanterie und 300 Gulden bei der Kavallerie, die Nutzung dieses Rechtes auf die besitzenden Schichten.

Ein Hauptproblem, das die nassauische Militärpolitik zu bewältigen hatte, war die Desertion, auf dieses Vergehen stand seit 1803 die Todesstrafe. Da die Deserteure Hilfe bei der Bevölkerung fanden, wurden auch die Helfer und Mitwisser von Desertionen mit schweren Strafen belegt. Die Eltern des Deserteurs konnten finanziell belangt werden, auch war es verboten, dem Soldaten die überlassenen »*Armatur- und Montierungsstücke*« abzukaufen bzw. diese durch bürgerliche Kleidung zu tauschen. Wer sich nicht der Erfüllung der Militärpflichtigkeit zum genannten Termin stellte, verlor sein Vermögen und seine Untertanenrechte und wurde dem herzoglichen Militär übergeben. Das Herzogliche Nassauische Allgemeine Intelligenzblatt druckte unter Bekanntmachungen die Listen der Konscriptionspflichtigen ab sowie die zu erwartende Strafe bei Missachtung des Aufrufes:

Nachfolgende Conscriptionspflichtige haben sich binnen sechs Wochen dahier zu sistieren, widrigenfalls die gesetzlichen Strafen der Refractairs gegen sie verfügt werden sollen und sie sonst ihres Vermögens und ihrer Unterthanenrechte verlustig erklärt, und im Betretungsfall ohne weiteres an das Herzogliche Militär abgegeben werden sollen.

Idstein den 25. May 1815

Herzoglich Nassauisches Oberamt Pagenstecher.[2]

Der Aufruf und die Strafe galten auch für abwesende Reservisten, die sich nicht binnen einer Frist von sechs Wochen einfanden.

Im Stadtarchiv Bad Camberg zeigen die »*Conscriptionslisten*« der im Ort Camberg geborenen, unverheirateten Burschen im Alter von 16 bis 30 Jahren eine ausführ-liche Beschreibung des Rekruten und seiner Familie. Hieraus sei die Familie Pauli näher betrachtet:

Heinrich Pauli *1785, ohne Schäden und Gebrechen, Beruf: Wollweber, Vater: 60 Jahre alt, Mutter tot, einen Bruder außerhaus verheiratet, einen Bruder, ledig im Alter von 16 bis 18 Jahren und eine Schwester, im Alter von 16 Jahren und darüber, ist stumm[3]. Da sich Heinrich Pauli auf Wanderschaft befand, wurde er noch nicht eingezogen, sondern erst 1810 ins herzoglich-nassauische IV. Bataillon nach Wiesbaden beordert. Sein zwei Jahre jüngerer Bruder Mathias wird ab 1810 als Soldat im herzoglichen Dienst geführt.

Die Dienstzeit betrug bei der Infanterie 6 ¾ und bei der Kavallerie 8 ⅔ Jahre. Der Sold wurde an Unteroffiziere und Gemeine alle fünf Tage ausgezahlt und betrug monatlich drei Gulden 30 Kreuzer. Im Urlaub stand den Gemeinen keine Löhnung zu. Unteroffiziere und Gemeine erhielten Bekleidung, Waffen und Munition gestellt. Ein Hauptmann, der seine Uniform selbst bezahlen musste, benötigte für Uniform, Hut, Federbusch, Hutschnur, Goldschleifen, Portepee und den Umbau seiner Jagdbüchse in eine militärverwendungsfähige Büchse rund 100 Gulden. Beim Ausmarsch erhielt jeder 60 Patronen, und weitere 20 Schuss pro Soldat wurden im Munitionswagen mit geführt. Der Bedarf an Gewehrmunition war immens hoch. In der Schlacht von Waterloo wurden 45.500 Schuss verbraucht. Daher stellten die Soldaten zusätzlich Patronen selbst her, indem sie gegossene Bleikugeln zusammen mit Pulver in einen Streifen Papier wickelten und an beiden Enden zukniffen. Der außerordentlich hohe Bedarf an Tuch für Uniformen und Militärmäntel war in den Krisenjahren 1813/14 nur schwer zu decken. Engpässe gab es auch beim Grünfärben des vorwiegend aus dem nördlichen Taunus stammenden Uniformtuches, weshalb dem Regiment anstelle der traditionell dunkelgrünen Hose solche aus grauem Stoff geliefert werden musste. An Arbeitskräften zum Schneidern der Uniformstücke herrschte allerdings kein Mangel.

Bis 1810 verlangte Napoleon immer wieder die Bildung neuer Regimenter und den Einsatz nassauischer Truppen an seinen diversen Kriegsschauplätzen wie in den Schlachten bei Jena, Uckermünde, Kolberg, Stralsund und in dem fast fünf Jahre andauernden, verlustreichen Krieg in Spanien. Am 23. November 1813 verließen die beiden nassauischen Souveräne den Rheinbund und erklärten ihren Beitritt zur Allianz gegen Frankreich. Die Führung der Anti-Napoleon-Koalition erwartete jedoch noch höhere Truppenkontingente. Die Idee der Volksbewaffnung wurde umgesetzt und circa 36.000 Mann in militärischer Einheit zur Wehrhaftigkeit erzogen und eine Landsturmtruppe gebildet. Als Napoleon 1814 nach Elba verbannt wurde, gab es Freudenfeiern im ganzen Nassauer Land. »*Der 31. März 1814, der Tag an dem die Alliierten in Paris einmarschierten, war der merkwürdigste Tag in der Weltgeschichte. Nun wurden im ganzen römischen Reich Dank- und Freudenfeste angeordnet... Das Te Deum laudamus wurde in allen Kirchen angestimmt und eine herrliche Dankrede gehalten über die vorgeschriebenen Textworte... Das ist vom Herrn geschehen, und ein Wunder vor unseren Augen*«[4].

Umso größer waren das Entsetzen und die Entschlossenheit der befreiten Staaten, als Napoleon im Frühjahr 1815 aus seiner Verbannung nach Frankreich zurückkehrte, um erneut Kaiser der Franzosen zu werden. Der neuen Allianz gegen Napoleon schlossen sich alle europäischen Staaten, außer Portugal und Schweden, an und setzten sich vom 16. bis 18. Juni 1815 erfolgreich gegen die Franzosen zur Wehr. Ihre Armeen unter Herzog Wellington (England), Feldmarschall Blücher (Preußen), Feldmarschall Barclay de Tolly (Russland) und Fürst Schwarzenberg (Österreich) verfügten über 700.000 Mann, denen Napoleon höchstens 550.000 unzureichend ausgerüstete Soldaten entgegen stellte.

Das Heer von Wellington bestand aus einer Mischung von Engländern, Holländern, Flamen und Wallonen sowie Hannoveranern, Nassauern und Braunschweigern. Die nassauischen Streitkräfte bestanden aus nur zwei Infanterieregimentern mit je zwei Linien- und Landwehrbataillonen. Das I. Regiment war im Raum Brüssel-Löwen weit verstreut einquartiert und marschierte am 16. Juni in Richtung Quadre-Bras. Dieses Regiment, zu dem auch Johann Pauli aus Würges, ein Cousin von Heinrich und Mathias Pauli, gehörte, wurde dem I. Armeekorps unterstellt, das der Prinz von Oranien befehligte. Das II. Regiment bildete mit dem Regiment Nassau-Oranien und einer Kompanie freiwilliger Jäger die zweite Brigade unter dem Kommando des Prinzen Bernhard von Sachsen und gehörte zur II. königlich niederländischen Division. Zu den freiwilligen Jägern von Nassau-Oranien gehörte Johann Baptist Pauli aus Camberg, ein weiterer Cousin, der insgesamt sechs Jahre und drei Monate Militärdienst leistete. Ein weiterer entfernter Cousin, Joseph Pauli aus Dombach, kämpfte in der I. Flankeur-Kompanie des II. Regiments.

Die Uniformierung der beiden nassauischen Regimenter bestand aus dem schwarzen Tschako, der damals die Kopfbedeckung aller Armeen Europas war, einer dunkelgrünen Uniform mit schwarzem Kragen und schwarzem Ärmelaufschlag, alles gelb paspeliert. Auch das Lederzeug war hellgelb, eine typisch nassauische Eigenart. Während die Soldaten des I. Regiments seit 1814 auf den Schultern Achselwülste (Wings) nach englischem Muster trugen, hatte das II. Regiment bei Waterloo noch die Schulterstücke (Epaulets) nach französischem Muster. Beim I. Regiment waren die Tschakos nicht wie üblich mit schwarzem Wachstuch, sondern nach französischem Brauch mit weißem Leinen überzogen. Diese eigentlich unwichtigen Unterschiede hatten aber fatale Auswirkungen. Die hellen Leinenüberzüge zogen während der Schlacht am 18. Juni das französische Artilleriefeuer auf sich. Als Generalmajor Kruse das I. Regiment erneut ins Gefecht führte, ließ er daher die Leinenüberzüge vorher abnehmen. Die Soldaten des II. Regimentes gerieten, weil sie noch die französischen Epaulets trugen, unter verlustreichen preußischen Beschuss.

Der am 5. November 1779 in Wiesbaden geborene Generalmajor August Freiherr von Kruse war 1803 in nassauische Dienste getreten, wurde am 22. August 1814 Generalmajor, später Chef der nassauischen Brigade sowie Generaladjutant und Präsident des Kriegskollegiums. Er schied 1837 aus dem aktiven Dienst aus und starb am 30. Januar 1848 auf dem Hofgut Hausen bei Niederselters, das ihm Herzog Friedrich August als Dank für seine außerordentlichen Leistungen für das nassauische Militärwesen geschenkt hatte.

Sofort nach ihrem Eintreffen im Schlachtgebiet bekamen die Nassauer Munition und Lebensmittel, bevor sie in ihre Positionen einrückten. Die Soldaten erhielten im Durchschnitt nur etwas mehr als eine Zweitagesration an Brot (circa 3 1/2 Pfund) und an Fleisch (knapp ein Pfund). Die stockfinstere Nacht mit unaufhörlichem Regen und Gewitter verbrachten die Soldaten im Freien. Am nächsten Morgen mussten, ungeachtet des strömenden Regens, die durchnässten Steinschlossgewehre, die in den Läufen bereits Rost angesetzt hatten, mit Sacktüchern (Stofftaschentücher) gereinigt werden, um

sie wieder brauchbar zu machen, die durchnässte Kleidung getrocknet sowie Montur, Ausrüstung und Munition geordnet werden.

Angesichts der großen Überlegenheit der Allianz blieb Napoleon nichts anderes übrig, als die verbündeten Armeen einzeln zu schlagen. Daher griff er die noch unvollständig formierten Truppen in Quadre-Bras am 16. Juni 1815 an. Von den Nassauern kämpften hier das II. Regiment und das Regiment Nassau-Oranien, das I. Regiment traf erst gegen Abend ein. Am Sonntag, dem 18. Juni, standen sie gemeinsam im Kampf und verteidigten Ferme la Haye-Sainte und Schloss Hougoumont, wo sie durch den starken Regen nach wenigen Minuten bis an die Knöchel in Wasser und Schlamm standen. Am Abend des 18. Juni war die Schlacht erfolgreich geschlagen, Napoleon und seine Truppen flüchteten.

Das Schlachtfeld war mit Verwundeten, Sterbenden und Toten bedeckt. Die Verluste der beiden nassauischen Regimenter betrugen 42 Offiziere und 1.311 Unteroffiziere und einfache Soldaten. Verletzt wurden 38 Offiziere und 528 Unteroffiziere und Gemeine. Der englische Artilleriehauptmann Mercer berichtete über das Grauen danach: *Hier und dort saß ein armseliger Bursche aufrecht in mitten der zahllosen Toten, selber angestrengt damit beschäftigt, den Blutstrom seiner Verwundung zu stillen. Manche, die ich in der Nacht gesehen habe, waren beim Morgengrauen tot. Andere versuchten langsam aufzustehen, um hilfesuchend über das Schlachtfeld zu wandern*[5]. Vielfach lagen die Verletzten tagelang auf dem Schlachtfeld, bis Kameraden oder militärärztliches Personal sich um sie kümmern konnten.

Die Erstversorgung der Verwundeten auf dem Schlachtfeld fiel ausschließlich dem Truppensanitätspersonal zu, das damit völlig überfordert war. Es fehlte an Helfern, an organisierten geschulten Krankenträgern, und Feldlazarette standen nur vereinzelt zur Verfügung. Von den Ärzten hatten nur die wenigsten einen medizinischen Doktortitel, und das 1814 geschaffene *»Reglement für den Medizinaldienst«* schrieb vor, bei den Truppen *»keine anderen Übel ärztlich oder wundärztlich zu behandeln als Krätze, leichte Wunden, Fußübel, Schwäche der Maroden und alle unbedeutenden Krankheitszustände, die binnen weniger Tage geheilt werden können«* [6]. Auf dem Schlachtfeld wurden sie mit der Wirkung und den schweren Wunden der eingesetzten Waffen konfrontiert. Circa zwei Drittel aller Verwundungen gingen auf Infanterie- und Artilleriegeschosse zurück und ein Drittel auf Blankwaffen. Das Standard-Infanteriegeschoss, eine massive Bleikugel von circa 16 Millimetern Durchmesser und einem Gewicht von etwa 30 Gramm, führte wegen der runden Form und der geringen Fluggeschwindigkeit zu schweren Gewebszerreißungen und Knochenzertrümmerungen. Die Artillerie verfeuerte Eisengeschosse in Kugelform von drei bis sechs Kilogramm Gewicht, auch explodierende Granaten und Kartätschen. Mit den blanken Waffen (Säbel, Degen, Bajonetten, Lanzen) wurden zum Teil schwerste Hieb- und Stichverletzungen erzielt.

In den Waterloo-Akten im HHStAW [7] werden die Ärzte des I. und II. Infanterieregimentes genannt und die problematische ärztliche Versorgung des Militärs beschrieben: *»Bei dem II. Bataillon ist kein Chirurg in der hiesigen Kaserne zurückgeblieben, und es war bisher nicht möglich, wieder einen Chirurgen zu engagieren. 31. März 1815«* [8]. Heinrich Gerarz *Chirurgus aus Kamberg* stellte am 3. April 1815 ein Gesuch um Anstellung beim hiesigen Militär. Der 1795 geborene Sohn des Chirurgen Joh. Wilhelm Gerarz aus Camberg und seiner Ehefrau Franziska schreibt in seiner *»unterthänigsten Vorstellung«*, dass er sein Studium in der *neuerrichteten Medizinischen Facultät in Frankfurt und Gießen ausgeführt hat und die inzwischen eingetretenen Zeitereignisse es ihm als Unterthan wichtig erscheinen seine Eigenschaft dem hiesigen Militär zur Verfügung zu stellen.* Heinrich Gerarz wurde als Choadron-Chirurg beim freiwilligen Jäger-Corps-Bataillon in Dillenburg angestellt [9].

Unter den Verwundeten vom 18. Juni 1815 befanden sich aus dem Camberger Raum: *Johann Rauch, 29 Jahre, aus Camberg, tiefe Fleischwunde am Unterschenkel, Johann Hummerich, 21 Jahre, Würges, clades femoris, erhält 1 Jahrgehalt, liegt noch im Hospital, Peter Müller, 30 Jahre, Würges, Schuss durch das re. Knie, vorgeschlagen für Invalidenrente, Jäger, Moritz Schubert, 23 Jahre, Leinweber aus Würges, Schuss durch das re. Knie, Corp., Johann Heinz, 27 Jahre, Leinweber, Schuss durch den li. Arm, Johann Pauli, 21 Jahre, Wagner aus Niederselters, Amputation des re. Beines* [10]. Der nassauische Sergeant Döring berichtete niedergeschlagen: *neben einer Scheune lagen viele abgenommene Beine und Arme, teilweise sogar noch in Uniformstücken im Schmutz liegend und die Chirurgen mit angewinkelten Armen gleich Metzgern noch in voller Tätigkeit* [11].

Bei einer Amputation wurde das Bein oder der Arm oberhalb der Verwundung mit einem Tuch fest abgebunden, ein Schnitt rundherum bis auf den Knochen geführt, das Fleisch zurückgedrängt und der Knochen durchgesägt. Dann wurden mit einer Zange die Adern hervorgezogen und unterbunden oder mit einem Eisen zugebrannt, das Fleisch wieder hervorgezogen und Scharpie (gezupfte Leinwand mit

Buderus: System-Hersteller und Komplett-Anbieter

Buderus bietet dem Fachhandwerk ein komplettes Produktprogramm für die Errichtung von Heizungsanlagen:

Niedertemperaturheizkessel: für Öl und Gas von 5 kW bis 19,2 MW. **Brennwertheizkessel:** für Gas im Leistungsbereich von 5 bis 19,2 MW. **Festbrennstoffheizkessel:** für Holz von 14,8 bis 52 kW. **Elektronische Regelsysteme:** für alle heiztechnischen Anforderungen von Etagenwohnungen über Ein- und Mehrfamilienhäusern bis hin zu komplexen Heizungsanlagen mit übergeordneter Gebäudeleittechnik. **Speicher-Wassererwärmer:** integrierte, wandhängende, untergesetzte, nebenstehende und zusammengeschaltete Speicher von 70 bis 6000 Liter Inhalt. **Heizkörper:** Flachheizkörper, Gliederradiatoren, Handtuch-Radiatoren und Raumwärmer. **Handelsprogramm/Heizungszubehör:** für den heiztechnischen Bedarf: Rohre, Fittings, Armaturen, Pumpen, Aggregate, Wärmeerzeuger, Behälter usw. **Solaranlagen:** Flachkollektoren, Regel- und Kontrollsysteme, Solar-Speicher. **Kamin- und Kachelofen-Heizeinsätze:** für Gas, Öl und Festbrennstoffe von 7 bis 14,5 kW. **Kaminöfen:** für Holz von 7 bis 8 kW. **Blockheizkraftwerkmodule:** für Erdgas in fünf Leistungsgrößen von 18 bis 230 kW elektr. Leistung und entsprechend 34 bis 358 kW therm. Leistung.

108

Kalk und Bleiwasser getränkt) aufgelegt. Die Überlebenschance der Verwundeten war, gemessen an den damaligen Verhältnissen, relativ günstig (80 bis 85 Prozent), auch Johann Pauli aus Niederselters, ebenfalls ein Cousin von Heinrich und Mathias Pauli, hat das Martyrium einer Amputation überlebt, blieb allerdings bis am 12. November 1815 im Jesuiten-Hospital in Brüssel mit weiteren 40 verwundeten nassauischen Soldaten.

Im Nassauischen Intelligenzblatt vom 17. Juni 1815 erfolgt die Aufforderung an die nassauischen Bürger, für ausreichende ärztliche Betreuung von Verwundeten und kranken Soldaten zu sorgen. Dringend wurde um die Bereitstellung von Wäsche, Betten, Matratzen und Verbandszeug ersucht. Die Aufrufe verhallten nicht ungehört im Herzogtum Nassau, die Verwundeten schwammen auf einer Welle der Begeisterung, die der Sieg ausgelöst hatte. Das Militär-Gericht des »oberen Herzogthums Nassau« erließ eine Verordnung, die den Nachlass der Verstorbenen und die Ansprüche der Angehörigen regeln sollte, darüber hinaus erfolgte ein Spendenaufruf, für die Hinterbliebenen überall im Land zu sammeln. Im Nassauischen Intelligenzblatt Nr. 42 werden die Spendenergebnisse veröffentlicht: *Amt Kirberg 42 fl 18 kr, Amt Idstein 81 fl 7 kr und Amt Limburg 80 fl 28 kr.*

Im Verzeichnis der Toten von Waterloo offenbart sich schonungslos die Armut fast aller Hinterbliebenen, z. B.: *hinterlässt Witwe und Kinder in Mangel, unterstützte Vater und Mutter, war einzige Stütze von Eltern und Geschwistern*[12]. Unterstützungsgelder erhielten im Amt Idstein: Elisabeth Bertram und die Mutter von Johann Leichtfuss (40 fl); im Amt Limburg: die Eltern von Johann Muth (Eschhofen) und Conrad Kutscheid aus Elz (60 fl), die Mutter von Franz Bartz und die Eltern von N. Löw aus Limburg (60 fl.)[13]. Ebenso geben die Unterlagen Auskunft über die Pensionen für Unteroffiziere und Mannschaften der Waterloo-Schlacht, dabei auch die Akte von Johann Pauli, dem am 31. Januar 1816 vom herzoglich-nassauischem Kriegskollegium auf Grund seiner schweren Verwundung eine jährliche Pension von 211 fl 44 kr zugesprochen wurde. Unterzeichnet von: **Holbach, Bullmann, Geier, Croll und Werner.**[14]

Die nassauische Division wurde nach der Schlacht von Waterloo neu organisiert und zog Richtung Paris, wie General von Kruse berichtet: *Wir gelangten bis kurz vor Paris, ohne eine einzige Schlacht liefern zu müssen*[15]. Das nassauische Regiment litt unter der ungewohnten Unterbringung im Freien, die ersten Typhusfälle traten auf. 96 nassauische Soldaten sind in den Pariser Hospitälern an »Nervenfieber« gestorben, was auf die schwache Körperkonstitution zurückgeführt wurde. Am 28. November 1815 trat die nassauische Division den Rückmarsch in die Heimat an. Über Reims, Saarbrücken und Mainz erreichte sie am 28. Dezember 1815 das feierlich geschmückte Wiesbaden. Während des Marsches war wieder die Verpflegung knapp, dazu kam eine »Mordskälte«, die so stark war, dass selbst der Branntwein in den Flaschen gefror und man von einer »kleinen Eiszeit« sprach.

Nach der Schlacht von Waterloo erhielten die Soldaten in Anbetracht ihres ausgezeichneten Verhaltens die Tapferkeitsmedaille, schließlich bestanden die nassauischen Truppen 1815 zu zwei Dritteln aus kriegsunerfahrenen jungen Freiwilligen und Rekruten und hielten doch Napoleons Garde stand. Die Tapferkeitsmedaillen (zehn goldene, 100 silberne) wurden nur an Unteroffiziere und Mannschaften verliehen und war mit einer lebenslangen Rente verbunden. 29 Soldaten aus dem Umkreis von Limburg erhielten diese Medaille, zu denen Franz Foerg und Joh. Ch. Zimmermann aus Limburg, Joh. Jung und Georg

Mathies aus Lindenholzhausen sowie Joh. Muth aus Eschhofen gehörten. Als Dank und Anerkennung für ihre Soldaten stifteten die Souveräne für alle Teilnehmer an dem strapaziösen und verlustreichen Feldzug die Waterloo-Medaille, die rund 6.000-mal an sämtliche Offiziere, Unteroffiziere und Mannschaften verliehen wurde. Aus dem Limburger Raum wurden unter anderem Joh. Fuchs, J. Born, Joh. Stein, Math. Bree, H. Hilfrich, J. Jung, J. Kraus und A. Otto aus Lindenholzhausen, L. Muth aus Dietkirchen sowie Joh. Pauli, J. Nauheim, J. Fachinger, A. Krohmann und Joh. Kneiber aus Nieder-selters ausgezeichnet[16].

Die herzoglich-nassauische Waterloo-Medaille zeigt auf der Vorderseite das Porträt von Herzog Friedrich August und auf der Rückseite eine geflügelte Sieges-göttin mit Lorbeerkranz. Am unteren Medaillenrand steht der Buchstabe »L«, das Zeichen des Siegel- und Stempel-schneiders Joh. Lindenschmit, der 1771 in Camberg geboren war, das Siegel- und Stempelschneiden sowie das Gravieren bei dem kurfürstlichen Hofmünzgraveur Stieler in Mainz erlernte und selbst ein bekannter Graveur wurde[17].

Auf der Verleihungsurkunde steht neben dem Namen und dem Dank der Souveräne die Verordnung:

Die Herzoglich Nassauische Watterloo-Medaille wird an einem dunkelblau ge-wässerten Band mit Orange farbener Einfassung auf der linken Brust getragen. Es ist erlaubt außer Dienst eine kleinere als die ordonanzmäßige Medaille zu tragen, dagegen darf nie das Band ohne die Medaille oder mit einer Schnalle getragen werden.

- Herzoglich Nassauisches Kriegs-Collegium Kruse[18].

Wohl um keine bedeutende Schlacht ranken sich so viele Legenden wie um die von Waterloo. Beim einfachen Mann im Volke genossen die heimgekehrten Waterloo-Kämpfer für den Rest ihres

Lebens hohes Ansehen und erzählten im Wirtshaus ihre persönliche, schlachtent-scheidende Rolle. Ihre Geschichten und Legenden wurden in der Familie und am Ort überliefert bis in die Gegenwart. Aus Lim-burg stammt der nassauische Held Georg Anton Kaschau, der den Ehrennamen »Trompeter von Waterloo« führte. Er soll als Trompeter auf dem Schlachtfeld »nach gründlicher Inanspruchnahme des Mar-ketenders (betrunken)« irrtümlich anstelle des Signals zum Rückzug zum »Avancie-ren« (Angriff) geblasen haben. Als Jung-geselle verbrachte Kaschau seine Zeit oft in

den Wirtshäusern, wo er in seiner mili-tärischen Vergangenheit schwelgte. 1866 ertrank er auf dem Heimweg von der Kirmes in der Lahn. 1995 wurde vom Zweigverein für Nassauische Altertums-kunde und Geschichtsforschung e. V. am Haus Sackgasse/Ecke Schießgraben, dem ehemaligen Kaschau'schen Wohnhäus-chen, eine Gedenktafel angebracht.

Da die Schlacht von Waterloo das spekta-kulärste militärische Ereignis war, an dem das Land aktiven Anteil hatte, wurde in

Wiesbaden auf dem Luisenplatz ein Denkmal errichtet. Nach Ämtern geordnet kann man hier die Namen von 323 gefallenen Unteroffizieren und Gemeinen sowie von 14 Offizieren beider nassauischen Infanterieregimenter als auch die Widmung an die Erbauer und Planer des Denkmales nachlesen: »𝕭𝖔𝖓 𝖘𝖊𝖎𝖓𝖊𝖗 𝕳𝖔𝖍𝖊𝖎𝖙 𝖉𝖊𝖒 𝕳𝖊𝖗𝖟𝖔𝖌 𝕬𝖉𝖔𝖑𝖋 𝖛𝖔𝖓 𝕹𝖆𝖘𝖘𝖆𝖚 𝖜𝖆𝖗𝖊𝖓 𝖒𝖎𝖙 𝖉𝖊𝖒 𝕰𝖓𝖙𝖜𝖚𝖗𝖋 𝖚𝖓𝖉 𝖉𝖊𝖗 𝕬𝖚𝖘𝖋ü𝖍𝖗𝖚𝖓𝖌 𝖉𝖎𝖊𝖘𝖊𝖘 𝕯𝖊𝖓𝖐𝖒𝖆𝖑𝖘 𝖇𝖊𝖆𝖚𝖋𝖙𝖗𝖆𝖌𝖙: 𝖉𝖊𝖗 𝕲𝖊𝖓𝖊𝖗𝖆𝖑 𝖛𝖔𝖓 𝕭𝖗𝖊𝖎𝖉𝖇𝖆𝖈𝖍-𝕭ü𝖗𝖗𝖊𝖘𝖍𝖊𝖎𝖒, 𝕭𝖎𝖑𝖉𝖍𝖆𝖚𝖊𝖗 𝕾𝖈𝖍𝖎𝖊𝖘 𝖚𝖓𝖉 𝖉𝖎𝖊 𝕲𝖊𝖇𝖗ü𝖉𝖊𝖗 𝕯𝖔𝖗𝖒𝖆𝖓𝖓 𝖛𝖔𝖓 𝖍𝖎𝖊𝖗. 𝕯𝖊𝖗 𝕲𝖗𝖚𝖓𝖉𝖘𝖙𝖊𝖎𝖓 𝖜𝖚𝖗𝖉𝖊 𝖆𝖒 6. 𝕸𝖆𝖎 1865 𝖌𝖊𝖑𝖊𝖌𝖙 𝖚𝖓𝖉 𝖆𝖒 18. 𝕵𝖚𝖓𝖎 1865 𝖉𝖆𝖘 𝕸𝖔𝖓𝖚𝖒𝖊𝖓𝖙 𝖋𝖊𝖎𝖊𝖗𝖑𝖎𝖈𝖍 𝖊𝖓𝖙𝖍ü𝖑𝖑𝖙 𝖚𝖓𝖉 𝖉𝖊𝖒 𝕸𝖆𝖌𝖎𝖘𝖙𝖗𝖆𝖙 𝖉𝖊𝖗 𝕾𝖙𝖆𝖉𝖙 𝖂𝖎𝖊𝖘𝖇𝖆𝖉𝖊𝖓 ü𝖇𝖊𝖗𝖌𝖊𝖇𝖊𝖓«.[19] Am 18. Juni 1865 begann der Festtag der feierlichen Enthüllung des Denkmals mit Gottesdiensten in den christlichen Kirchen und der Synagoge. Danach versammelten sich die Veteranen und Abordnungen der beiden Infanterieregimenter auf dem Luisenplatz zur Enthüllungs-Zeremonie, um zusammen mit den »Spitzen der Deputationen« zum herzoglichen Schloss zu marschieren, wo für sie eine Tafel gedeckt war und Weine aus dem herzoglichen Keller auf die Gäste warteten. In die Kolonne soll sich auch ein »altes Mütterchen« eingereiht haben, von der behauptet wurde, es habe die Schlacht von Waterloo als Marketenderin mitgemacht. Am nächsten Tag trafen sich circa 400 Veteranen erneut in der Reitbahn, jeder von ihnen erhielt drei Gulden, wovon mancher sicher in der Stadt geblieben ist, da sich die Feierlichkeiten noch den ganzen Tag fortsetzten mit Restauration, Böllerschüssen, Militärmusik, Tanz, großer Raketen-Batterie und Signalfeuer[20]. Der »runden« Jubiläen der Schlacht von Waterloo wurde auch nach 1866 noch mit einem Festtag gedacht.

Quellen- und Literaturangaben:

- Bad Camberg, Stadtarchiv: Conscriptionsliste 1807/1808
- Limburg, Nassauische Neue Presse, Archiv: Damals im Nassauer Land Nr. 257/ 1988
- Hess. Hauptstaatsarchiv Wiesbaden (HSTAW) Abt. 177, Nr. 273 (Ärzte des 2. Und 3. Bat.) Abt. 177, Nr. 96 (Anstellung der Ärzte) Abt. 202, Nr. 448 (Die Gefallenen, Verwundeten und Vermissten der nass. Brigade) Abt. 202, Nr. 449 (Versorgung der Invaliden der Waterloo Schlacht) Abt. 202, Nr. 452 (Verteilung der Waterloo Medaillen) Abt. 202, Nr. 453 (Verteilung der Waterloo Medaillen) Abt. 210, Nr. 3108 (Pensionen für Unteroffiziere und Mannschaften)
- Nass. Intelligenzblatt Nr. 24. Vom 17.6.1815Π Nr. 27 vom 8.7.1815
- »Chronik der Familie Pauli«, Privatbesitz von Monika Jung
- Wolfgang Jäger: Staatsbildung und Reformpolitik. 1993.
- Peter Wacker, Das herzogl. nass. Militär von 1806-1866. 1989.

1 Wolfgang Jäger, Staatsbildung und Reformpolitik. 1993, S. 60.
2 Nass. Intelligenzblatt Nr. 27 vom 8.7.1815.
3 Camberg, Stadtarchiv, Conscriptionsliste vom Amt Camberg 1807/ 1808.
4 Limburg, NNP Archiv, Damals im Nassauer Land, Nr. 267/ 1988, S. 16.
5 Peter Wacker, Das herzogl.-nass. Militär, S. 159.
6 Peter Wacker, Das herzogl.-nass. Militär, S. 524.
7 HStAW Abt. 177, Nr. 273 (Ärzte des 2. und 3. Bat.).
8 HStAW Abt. 177, Nr. 96 (Anstellung der Ärzte).
9 Ebenda.
10 HStAW Abt. 202, Nr. 448 , S. 160 (Die Gefallenen, Verwundeten und Vermissten der nass. Brigade).
11 Peter Wacker, Das herzogl.-nass. Militär, S. 160.
12 HStAW Abt. 202, Nr. 448.
13 HStAW Abt. 202, Nr. 449, S. 172 (Versorgung der Invaliden der Waterloo Schlacht).
14 HStAW Abt. 210, Nr. 3108 (Pensionen für Unteroffiziere und Mannschaften).
15 Peter Wacker, Das herzogl.-nasss. Militär, S. 172.
16 HStAW Abt. 202, Nr. 452 (Verteilung der Waterloo Medaillen).
17 Inschrift des Waterloo Denkmals auf dem Luisenplatz in Wiesbaden.
18 Peter Wacker, Das herzogl.-nass. Militär, S. 302.
19 Inschrift des Water Denkmals auf dem Luisenplatz in Wiesbaden.
20 Wacker, Das herzoglich-nassauische Militär, S. 302.

Jehovas Zeugen im Kreis Limburg-Weilburg

Von Werner Rudtke

Das öffentliche Evangelisieren prägt die über 100-jährige Geschichte der christlichen Religionsgemeinschaft in Deutschland. Den Druck ihrer Zeitschrift „Der Wachtturm" (seit 1897) besorgt die nichtkommerzielle Wachtturm-Gesellschaft der Zeugen Jehovas seit 1984 in Selters/Taunus. Unsere Mitarbeiterin Maria Hombach (verstarb 2002) hat bereits 1931 in Limburg von Haus zu Haus über das Reich Gottes gesprochen. Das NS-Regime sperrte sie 1938 für ihre Glaubensaktivitäten ins Gefängnis Limburg —— ähnlich erging es vielen Bibelforschern. Nehmen Sie den 60. Jahrestag der Befreiung vom NS-Joch zum Anlass, unsere Geschichtsausstellung zu besuchen!

Nach Kriegsende legten Zeugen Jehovas, die in Konzentrationslagern für ihre Überzeugung gelitten hatten, die Grundsteine für die örtlichen Versammlungen (Gemeinden) im Kreis. Gertrud Ott (verstarb 1997 in Selters), eine Überlebende von Auschwitz, führte 1946 die Missionstätigkeit in Limburg fort. Ab April 1947 gab es in der Turnhalle, Marktstraße 16, öffentliche Vorträge, später auch im „St. Georgshof" (heute Karstadt-Gebäude); die Gründung der Versammlung erfolgte 1953. Georg Klohe war im KZ Buchenwald und kam 1954 als Vollzeitprediger nach Weilburg. Die zwei Jahre später gegründete Gemeinde versammelte sich im Glockenturm der Rathauskirche, seit 1983 im Königreichssaal, Backstania 4 (Foto). Im Kreis gibt es heute rund 500 Zeugen Jehovas, seit 1979 auch in Selters/Taunus.

Sie sind herzlich eingeladen ...

- zum Besuch der Verwaltungs-, Druckerei- und Wohngebäude der Wachtturm Bibel- und Traktat-Gesellschaft der Zeugen Jehovas, e. V., Am Steinfels, 65618 Selters/Taunus (Ausstellungen im Empfangsgebäude)

  Besichtigungszeiten: Montag bis Freitag, 8 bis 11 Uhr, 13 bis 16 Uhr, auch an Feiertagen Führungen in Deutsch und mehreren Fremdsprachen sowie für Gehörlose; auch Kurz- und Einzelführungen möglich

- zu den gottesdienstlichen Zusammenkünften der Zeugen Jehovas **Jede Woche biblische Vorträge:** Sonntag, 10 Uhr; Donnerstag, 19 Uhr

GERICHTSORGANISATION IM HERZOGTUM NASSAU

VON DR. ROLF FABER

Recht und Gericht bestimmen in vielerlei Hinsicht das Schicksal der Menschen. Amtsgericht, Landgericht und Oberlandesgericht sind heute bekannt. Sehr oft stellt sich aber die Frage, welche Gerichte waren früher eigentlich zuständig, wenn es um die Durchsetzung von Rechten ging. Dieser Frage will nachfolgender Beitrag für die Zeit des Herzogtums Nassau nachgehen.

ERSTE GRUNDLEGENDE MAßNAHMEN

Gewaltige politische Veränderungen ergriffen zu Beginn des 19. Jahrhunderts ganz Deutschland. Von diesen blieb auch die Justiz im Herzogtum Nassau nicht unberührt.

Noch vor der Gründung des Herzogtums wurde dem Gesamthaus Nassau im Reichsdeputationshauptschluss vom 25. Februar 1803 (§ 33) für seine alten und neuen Besitzungen das *»privilegium de non appellando illuminatum«* verliehen. Das bedeutete, dass für Rechtsstreitigkeiten in letzter Instanz nicht mehr die Reichsgerichte, das Reichskammergericht in Wetzlar bzw. der Reichshofrat in Wien zuständig waren, sondern nunmehr eine eigene, territoriale Justizstelle. Daraufhin errichteten Nassau-Usingen, Nassau-Weilburg und Nassau-Oranien im Juli 1804 in Hadamar das *»Fürstlich Nassauische Gesamt-Oberappellationsgericht«*.

Nach der Erhebung Nassaus zum Herzogtum im Jahre 1806 wurden erste umfassende Maßnahmen zu einer Neuorganisation der Verwaltung und des Gerichtswesens vorgenommen (Edikt vom 11. November 1806). Danach bildeten die 48 Ämter die unterste Instanz der Gerichtsorganisation, wobei sie auch für die staatliche Verwaltung zuständig waren. Ihnen übergeordnet war das Hofgericht in Wiesbaden als zweite Instanz; die beiden Hofgerichte in Ehrenbreitstein und Weilburg wurden aufgelöst. Dritte Instanz blieb das Oberappellationsgericht in Hadamar, das 1810 nach Diez verlegt wurde. Daneben bestand für die Zivilklagen gegen privilegierte Personen, Angehörige des Adels, höherer Staatsdiener, Militärpersonen, und Körperschaften der Justizsenat in Ehrenbreitstein.

Daneben gab es zwei *»Criminalgerichte«*, eines hatte seinen Sitz neben dem Hofgericht und dem Justizamt in Wiesbaden, ein zweites befand sich in Ehrenbreitstein. Die *»Criminalgerichte«* waren nur untersuchende Behörde; sie hatten die Prozesse unter Gestattung der schriftlichen Verteidigung lediglich vorzubereiten und sodann dem Hofgericht als *»Criminalhof«* oder auch der Landesregierung zur Urteilsfällung vorzulegen. Denn die Landesregierung hatte sich in politischen Fällen die Letztentscheidung vorbehalten. Eine mündliche Verhandlung war in den Strafprozessen nicht vorgesehen. Sie fanden hinter verschlossenen Türen statt, ohne dass sich jemals Richter, Angeklagter und Zeugen gegenübergestanden hätten.

Das Zuchthaus in Wiesbaden wurde durch Edikt vom 3./5. Dezember 1811 aufgehoben; damals wurde im Diezer Schloss ein neues Zucht- und Arbeitshaus eingerichtet.

Das alte Schloss in Wiesbaden ist der Sitz der nassauischen Landesregierung sowie des Oberappellationsgerichtes, des Hof- und Appellationsgerichtes und des Justizamtes.

WEITERE REFORMMAßNAHMEN

Eine grundlegende Neuordnung des Gerichtswesens erfolgte durch das Verwaltungsedikt vom 9. und 11. September 1815, – die beiden Daten ergeben sich daraus, dass das Edikt am 9. September in der Biebricher Residenz von Herzog Friedrich August und am 11. September in Weilburg von Fürst Friedrich Wilhelm unterzeichnet worden ist.

Für das gesamte Herzogtum wurde als zweite Instanz in allen Zivilstreitigkeiten und als erste Instanz für privilegierte Personen und Sachen nur noch ein Hof- und Appellationsgericht eingerichtet, und zwar in Dillenburg. Daraufhin beendete das Wiesbadener Hofgericht am 20. Dezember 1815 seine Tätigkeit. In die von ihm bisher innegehabten Räume zog Anfang 1816 das Oberappellationsgericht von Diez ein, das als unmittelbare Zentralbehörde dem Staatsministerium direkt

unterstand und deshalb unbedingt seinen Sitz in der Landeshauptstadt haben sollte. Dem Hofgericht in Dillenburg waren als Gerichte unterster Instanz die Ämter untergeordnet, die allerdings weiterhin auch die Staatsverwaltung in der untersten Stufe besorgten.

Die Tatsache, dass für das gesamte Herzogtum nur ein Hof- und Appellationsgericht vorhanden war, dazu auch noch in einer mehr oder weniger entlegenen Ecke des Landes, hatte sich im Laufe der Jahre nicht bewährt. Am 1. April 1822 wurde deshalb in Wiesbaden erneut ein weiteres Hof- und Appellationsgericht eingerichtet. So gab es im Herzogtum wieder zwei Hof- und Appellationsgerichte.

In Wiesbaden waren die Gerichtsbehörden der drei Instanzen (Justizamt, Hof- und Appellationsgericht und Oberappellationsgericht) im alten Schlossgebäude an einem Ort zusammengefasst.

Das Hof- und Appellationsgericht blieb allerdings nur zehn Jahre in Wiesbaden. 1832 wurde es auf Grund der politischen Unruhen im Zusammenhang mit den Auseinandersetzungen zwischen Herzog Wilhelm und der Ständeversammlung über die Frage der herzoglichen Domänen zum 1. September nach Usingen verlegt. Zum 1. Oktober 1849 kam es wieder zurück.

DIE REVOLUTION VON 1848 UND IHRE AUSWIRKUNG AUF DIE JUSTIZ

Zu den politischen Forderungen von 1848 gehörte insbesondere der Wunsch, »*die Verwaltung der Justiz bei offenen Türen stattfinden zu lassen*«. Noch immer war das Strafverfahren geheim und schriftlich. Deshalb waren Öffentlichkeit und Mündlichkeit der Prozesse, die Einrichtung von Geschworenengerichten sowie die Trennung von Justizausübung und Staatsverwaltung auf der Ebene der Ämter Inhalt der berühmten »*Forderungen der Nassauer*« vom 2. März 1848, die Herzog Adolph von Nassau am 4. März bewilligte.

Im Frühjahr 1849 erfolgte die Verabschiedung der neuen, grundlegenden Gesetze. So wurde der bis dahin bestehende privilegierte Gerichtsstand für Angehörige des Adels, höhere Staatsdiener und Militärpersonen aufgehoben. Auch hörten die letzten Reste der Patrimonialgerichtsbarkeit auf zu existieren. Justiz und Verwaltung wurden auf der untersten Ebene getrennt, die 28 Ämter als Justizämter weitergeführt. Schließlich wurden durch Gesetz vom 14. April 1849 Schwurgerichte eingeführt und bei ihnen Mündlichkeit und Öffentlichkeit der Verfahren. Um der Strafgerichtsbarkeit eine »*den Zeitverhältnissen entsprechende Grundlage zu geben*«, wurde ein neues Strafgesetzbuch erlassen, das dem im benachbarten Großherzogtum Hessen-Darmstadt vorhandenen Strafgesetzbuch nachgebildet worden war.

Bei den beiden Hofgerichten in Wiesbaden und Dillenburg wurde daraufhin je ein Schwurgericht (Assisen) gebildet, das aus dem Assisenhof (ein Vorsitzender und vier Richter) und zwölf Geschworenen bestand. Beim Oberappellationsgericht wurde außerdem ein »*Cassationshof*« errichtet. Erstmals wurden für die Schwurgerichtsverfahren Staatsanwaltschaften eingerichtet.

Doch schon zwei Jahre nach der Revolution begann die Reaktion und mit ihr die allmähliche Rückführung der Staatsverwaltung zu den alten Prinzipien. Bereits durch Gesetz vom 23. Dezember 1851 wurden mehrere Verbrechen, darunter Hoch- und Landesverrat, Majestätsbeleidigung, Gefährdung der Rechte und Verhältnisse des Herzogtums, Aufruhr, Verletzung der Amts- und Dienstehre, der Zuständigkeit der Schwurgerichte entzogen und den Hofgerichten zugewiesen. Anlass waren die Prozesse am 23. und 24. Oktober 1849 gegen den Redakteur der »*Freien Zeitung*« Julius Oppermann sowie gegen zehn führende Teilnehmer des Idsteiner Kongresses vor dem Wiesbadener Schwurgericht vom 8. bis 15. Februar 1850. Beide Prozesse endeten mit Freisprüchen und zeigten die Machtlosigkeit der Regierung gegenüber den Geschworenen.

Eine weitere Einschränkung der Geschworenengerichte erfolgte durch die Einführung des öffentlichen und mündlichen Verfahrens ohne Geschworene (Gesetz vom 16. Juni 1853). Darüber hinaus wurde die Trennung der Rechtspflege von der Verwaltung auf der Ämterebene wieder aufgehoben (24. Juli 1854), da angeblich die Vorteile, die man sich mit der Trennung versprochen hatte, nicht eingetreten seien. Nur in Wiesbaden blieben die beiden Behörden getrennt. Auch die Patrimonialgerichtsbarkeit wurde zum Teil wieder hergestellt.

Am Ende des Herzogtums bestanden in Nassau folgende Gerichtsbehörden:

I. Die unterste Instanz bildeten die 27 Ämter. An ihrer Spitze stand der Amtmann, der als Einzelrichter urteilte. Er entschied über sämtliche Zivilstreitigkeiten mit Ausnahme der Ehesachen; in Strafsachen führte er die Untersuchung; bis zu vier Wochen Amtsgefängnis konnte er als Strafe verhängen, Geldstrafen bis zu 30 Gulden. Außerdem führte er die Aufsicht über Bürgermeister, Feldgericht und Landoberschultheißen. Nur in Wiesbaden bestand ein eigenes Justizamt.

II. In Wiesbaden und in Dillenburg bestand je ein Hof- und Appellationsgericht. Das Hofgericht in Wiesbaden umfasste die Ämter Braubach, Eltville, Hochheim, Höchst, Idstein, Königstein, Langenschwalbach (heute: Bad Schwalbach), Nassau, Nastätten, Rüdesheim, St. Goarshausen, Usingen, Wehen und Wiesbaden.
Zum Hofgericht in Dillenburg gehörten die Ämter Herborn, Weilburg, Dillenburg, Hachenburg, Selters, Diez, Montabaur, Wallmerod, Hadamar, Rennerod, Runkel, Limburg, Marienberg, Reichelsheim. Die Hofgerichte waren in erster Instanz für alle Ehesachen zuständig; in zweiter Instanz für alle Zivilstreitigkeiten, allerdings musste die Appellationssumme mindestens 50 Gulden betragen.

In Strafsachen waren sie erste Instanz für Verbrechen und Vergehen, wenn die zu erkennende Strafe vier Wochen bzw. 30 Gulden Geldbuße überstieg. Außerdem bildeten sie die zweite Instanz für die Berufungen gegen die von den Ämtern abgeurteilten Vergehen. Bei den Hofgerichten waren auch die Schwurgerichte eingerichtet.
Darüber hinaus bestand bei jedem Hofgericht ein Kriminalgericht, das die Untersuchungen in Strafsachen führte.

III. Das Oberappellationsgericht in Wiesbaden war die Revisionsinstanz in Zivil- und Strafrechtsangelegenheiten. Es setzte sich aus einem Präsidenten und sieben Räten zusammen.
Den Hofgerichten und dem Oberappellationsgericht waren Staatsprokuratoren zugeordnet, die die Aufgaben der Staatsanwaltschaft bei den Schwurgerichten wahrnahmen.
Am 18. Juli 1866 marschierten preußische Truppen in Wiesbaden ein. In Begleitung des preußischen Generals befand sich der Wetzlarer Landrat Gustav von Diest, der als Zivilkommissar in Nassau eingesetzt worden war.
Nach der Annexion des Herzogtums durch Preußen am 8. Oktober 1866 begann auch die Angleichung der nassauischen Justizorganisation an die preußische.

ALLE ZUSAMMENKÜNFTE ZU POLITISCHEN ZWECKEN SIND VERBOTEN

VON FRANZ-KARL NIEDER

Vor mir liegt das »*Verordnungsblatt des Herzogthums Nassau*« aus dem Jahr 1832. Vor allem aus diesem Buch wird hier zitiert. Ehe wir uns jedoch dem Jahr 1832 zuwenden, sei ein kurzer Blick auf die Vorgeschichte geworfen. Im Zuge der Kriege infolge der Französischen Revolution unter Napoleon standen weite Teile Europas unter französischem Einfluss. Nachdem die Truppen Napoleons dem russischen Winter 1812/13 nicht standhalten konnten, kam es vom 16. bis 19. Oktober 1813 zur Völkerschlacht bei Leipzig mit hohen Blutopfern auf beiden Seiten. Napoleon unterlag. Dieser Sieg wurde begeistert gefeiert; auf dem Feldberg versammelten sich tausende von Studenten, Turnern, Bürgern und Arbeitern. Allenthalben loderten Freudenfeuer auf, z. B. auf der Platte bei Wiesbaden. Man kann vom ersten Volksfest des Landes sprechen. Der Sieg war durch den gemeinsamen Kampf der Fürsten und der Bürger errungen worden. Man glaubte nun, dass das Volk nicht nur zum Kampf für die Freiheit des Vaterlandes gebraucht werde, sondern auch an der Verwaltung des Landes beteiligt werde. Eine besondere Rolle spielten damals die Söhne des Weilburger Gymnasialdirektors Christian Wilhelm Snell. Als die Erwartungen des Volkes, der Studenten, der Turner formuliert wurden, regte sich der Widerstand der nassauischen Regierung: »*Es ist eine ebenso unvernünftige als gesetzwidrige Idee, wenn Privatpersonen glauben mögen, berufen oder ermächtigt zu sein, einzeln oder auch in Verbindung mit anderen selbständig oder unmittelbar jetzt oder künftig zu den großen Nationalangelegenheiten Deutschlands mitzuwirken.*«

Zum Wartburgfest am 18. und 19. Oktober 1817 hatten sich einige hundert »*Burschen*« aus ganz Deutschland versammelt; auch sechs nassauische Studenten waren dabei. Sie verbrannten eine Anzahl reaktionärer Schriften, ein Offiziersschnürleibchen, einen Zopf und einen Korporalstock. Die Studenten wollten mit ihrer Aktion gegen den Absolutismus der Fürsten protestieren. Solcher Protest war verdächtig; er wurde unnachsichtig von den Regierungen verfolgt.

All das war das verzweifelte Bemühen, die Fehlkonstruktion der Wiener Bundesakte von 1815 mit ihrer partikularistischen Fürstenherrschaft zu überwinden. Fürst Metternich hatte beim Wiener Kongress den Vorsitz; »*sein antirevolutionäres, antiliberales und antinationales System vereinigte alle Parteien der Bewegung gegen sich und verpaßte die Stunde ruhiger Reform*«. Fürst Metternich besaß von 1816 bis 1850 als habsburgisches Thronlehen das Schloss Johannisberg im Rheingau; zu den häufigsten Besuchern gehörte der Herzog von Nassau, der ihm zuliebe sogar eine feste Straße zum Johannisberg bauen ließ.

Da jedoch immer wieder der Ruf nach Freiheit und Einheit ertönte, hatte die nassauische Regierung im Oktober 1831 eine geheime politische Polizei eingerichtet, die alle verdächtigen Personen und den Postverkehr sorgfältig überwachte. Privatpersonen, die sich für Politik interessierten, mussten fortan damit rechnen, ins Gefängnis wandern zu müssen. Aber trotz Zensur, geheimer Staatspolizei und Bespitzelung flackerte der Protest immer wieder auf, vor allem in den Jahren 1831 und 1832. Jetzt erfasste die Protestbewegung tiefere Schichten des Volkes als die Opposition von 1817. Das Bürgertum, getragen von liberalem Gedankengut, wurde stärker, bekam ein größeres Selbstwertgefühl. Die Bürger wehrten sich gegen die Vielstaaterei in Deutschland und traten für die bürgerlichen Freiheiten ein. Mit der Politik des Herzogs und seiner Regierung war man unzufrieden. So gab es 1831 eine Massenpetition nassauischer Gemeinden für einen Beitritt zum deutschen Zollverein, den auch die Majorität der Herrenbank befürwortete, während die Regierung auf ihre Souveränität pochte und sich nur sehr zögernd dem Zollverein öffnete. Die meisten Fürsten standen einer deutschen Einheit reserviert gegenüber; sie befürchteten einen Machtverlust und wollten daher souverän bleiben.

1831/32 gärte es in deutschen Landen - auch im Herzogtum Nassau. Im Jahr 1831 hatte der Herzog mit einem raffinierten Schachzug die zweite Kammer des Landtages, die Deputiertenkammer, brüskiert. Bei Steuerbewilligungen mussten die Stimmen der ersten Kammer, der »Herrenbank«, und der zweiten Kammer, der »Deputiertenkammer«, zusammengezählt werden. Um die Majorität der zweiten Kammer zu brechen, ernannte 1831 die Regierung vier neue Mitglieder der Herrenbank, womit sich die Repräsentanz der Deputiertenkammer erneut verschlechterte. 16 Deputierte verzichteten daraufhin auf ihre Funktion, solange der Herzog nicht die Vermehrung der Herrenbank zurücknehme. Die 16 »rebellischen« Deputierten wurden teilweise gerichtlich belangt und verurteilt, so z. B. Herber, der Präsident der Deputiertenkammer. Die Menschen im Lande – nicht nur in Nassau – wollten sich jedoch nicht länger politisch bevormunden lassen. Sie wehrten sich gegen den Absolutheitsanspruch der Fürsten; sie sehnten sich nach Freiheit und nach der deutschen Einheit, die der Vielstaaterei in Deutschland ein Ende setzen sollte.

Schlagen wir nun das *Verordnungsblatt des Herzogthums Nassau 1832 auf: »In öffentlichen Blättern ist auf den 27. Mai dieses Jahres zu einer Versammlung auf dem Schlosse Hambach bei Neustadt an der Haardt, im Königlich Baierischen Rheinkreise, eingeladen worden, um daselbst über politische Gegenstände öffentlich zu verhandeln. Die Königlich Baierische Regierung des Rheinkreises hat sich veranlaßt gefunden, diese gesetzwidrige Versammlung durch eine besondere Verordnung vom 8ten dieses Monats bei Vermeidung angemessener Strafen zu verbieten, und zugleich das Ersuchen anher gerichtet, dieses Verbot zur öffentlichen Kenntniß im Herzogthum zu bringen, was zu Jedermanns Warnung und Danachachtung hiermit geschieht.*
Wiesbaden, den 12. Mai 1832.
Herzogliche Landes-Regierung.
gez. Möller.«

Trotz Verbot versammelten sich vom 27. bis 30. Mai 1832 Zehntausende unter der schwarz-rot-goldenen Flagge zum Hambacher Fest. »Radikale« Forderungen wurden in Hambach an der Weinstraße geäußert; so wurde z. B. die Umwandlung Deutschlands zu einem Bund freier Staaten und ein verbündetes republikanisches Europa gefordert. Redner Siebenpfeiffer schloss seine Rede: *»Es lebe das freie, einige Deutschland . . . Hoch lebe jedes Volk, das seine Ketten bricht und mit uns den Bund der Freiheit schwört. Vaterland – Volkshochheit – Völkerbund hoch!«* Der Deutsche Bund reagierte mit der völligen Unterdrückung der Presse- und Versammlungsfreiheit. Das Herzogtum Nassau bildete da keine Ausnahme. *»Da die bei A. Wirth zu Homburg und bei Dr. Siebenpfeiffer zu Oggersheim im baierischen Rheinkreise erscheinenden Zeitblätter 'Die deutsche Tribüne' und der 'Westbote'* fortwährend Aufsätze enthalten, deren gefährliche Tendenz sich nicht verkennen läßt..., haben seine Herzogliche Durchlaucht zu beschließen geruht, daß die Ver-

nungsblatt eine am gleichen Tag von Herzog Wilhelm unterzeichnete Verordnung. Diese Verordnung sei hier im vollen Wortlaut zitiert.

breitung und Versendung der oben genannten beiden Zeitblätter im Herzogtum untersagt werden. Alle Unterthanen sowie die Herzogliche Regierung haben sich hiernach zu bemessen und auf die genaue Handhabung dieses Verbots zu achten.« So stand es im Verordnungsblatt unter dem 29. Februar 1832. – Mit fast gleichem Wortlaut wurde dann am 13. Mai des gleichen Jahres »*das bei Friedrich Wagner erscheinende Zeitblatt 'der Freisinnige' untersagt*«. Kaum drei Wochen nach dem Hambacher Fest, am 16. Juni, erschien im Verord-

»Wir, Wilhelm, von Gottes Gnaden souveräner Herzog zu Nassau etc. haben Uns gnädigst bewogen gefunden, Nachstehendes zu verordnen.

§1 Alle Volksversammlungen, zu welchen nicht eine obrigkeitliche Erlaubniß schon vorliegt oder ertheilt worden ist, und alle Zusammenkünfte zu politischen Zwecken sind verboten.

§2 Es ist Unsern Unterthanen untersagt, an solchen Zusammenkünften in einem andern Staate Theil zu nehmen.

Auskunft erteilt:
**Verkehrsamt der Gemeinde
Waldbrunn**
65620 Waldbrunn/Ww.
·Hauser Kirchweg
Tel. (0 64 79) 20 90

WALDBRUNN Westerwald
Wo Gewerbe und Fremdenverkehr zusammenpassen

Der Fremdenverkehrsschwerpunktort Waldbrunn im Westerwald liegt mit seinen fünf Ortsteilen Ellar, Hausen, Fussingen, Lahr und Hintermeilingen im Feriengebiet „Westerwald-Lahn-Taunus" in einer landschaftlich einmaligen Region am Fuße des südlichen Westerwaldes. Der Ortsteil Fussingen ist mit dem Prädikat „Staatlich anerkannter Luftkurort" ausgezeichnet".

Ab 1. 1. 1971 schlossen sich die Gemeinden Ellar und Hintermeilingen zur neuen Gemeinde Ellar zusammen. Es war dies der erste freiwillige Zusammenschluß von Gemeinden im Landkreis Limburg-Weilburg. Die Gemeinden Hausen, Fussingen und Lahr bildeten ab 1. 1. 1972 die Gemeinde Waldbrunn. Aufgrund der kommunalen Gebietsreform wurden die Gemeinden Ellar und Waldbrunn ab 1. 7. 1974 zu der neuen Gemeinde Waldbrunn/Westerwald im neuen Landkreis Limburg-Weilburg zusammengeschlossen.

Durch diesen Zusammenschluß wurde es möglich, gemeinsam für die Bevölkerung Projekte voranzutreiben, die wahrscheinlich mit den Mitteln der einzelnen Gemeinden nicht realisierbar gewesen wären. So verfügen heute rund 6200 Einwohner über ausgezeichnete Sozial- und Freizeiteinrichtungen. Jeder Ortsteil verfügt über moderne Sport- und Spielplätze, Dorfzentren und Gemeinschaftseinrichtungen. Darüber hinaus gibt es in allen Ortsteilen ausreichende Möglichkeiten zur Teilnahme an kulturellen Veranstaltungen der Ortsvereine.

Rund 90 km lange, gepflegte, bequeme und markierte Wanderwege mit ausreichender Anzahl von Ruhebänken verbinden die Ortsteile miteinander. An den schönsten Stellen sind Grill- und Rastplätze mit Schutzhütten eingerichtet.

Die Gemeinde Waldbrunn verfügt über vier Grundschulen. Weiterführende Schulen befinden sich in Waldernbach, Hadamar, Weilburg und Limburg.

Seit Bestehen der Großgemeinde konnten die örtlichen Wasserversorgung, das Brandschutzwesen, die Abwasserbeseitigung und die Sportanlagen ständig um- und ausgebaut werden, wodurch ein moderner Stand erreicht wurde. Das Trinkwasser wird ausschließlich im Gemeindebereich gefördert.

Durch die Umweltfreundlichkeit seiner Gewerbebetriebe und seiner zentralen reizvollen Lage kann Waldbrunn einen hohen Wohn- und Freizeitwert vorweisen und sich als Wohngemeinde präsentieren. .

Die Gemeinde bemüht sich, neue Baugebiete auszuweisen und zu erschließen, um den Bedürfnissen der Bürger und der Nachfrage von außen gerecht zu werden.

Weiterhin werden Anstrengungen forciert, neue Arbeitsplätze zu schaffen. In erster Linie denken die Verantwortlichen daran, umweltfreundliche Gewerbebetriebe anzusiedeln, die sich mit den bereits vorhandenen Unternehmen ergänzen sollen.

Gewerbegelände ist in den Ortsrandanlagen der Ortsteile Hausen und Fussingen vorhanden bzw. in Planung.

Strukturell läßt sich über Waldbrunn sagen, daß die Gemeinde viele Auspendler hat. Günstige Verkehrsverbindungen, wie die nahen Bundesstraßen B 49, B 54, B 8 und die Autobahnen Köln-Frankfurt und Siegen-Gießen tragen dazu bei, daß man schnell und problemlos an den Arbeitsplatz und wieder nach Hause gelangen kann.

Die zentrale Lage wird aber auch durch die Entfernung zu den größeren Städten dokumentiert: Zur Kreisstadt Limburg sind es rund 16 km, nach Weilburg/Merenberg rund 11 km, zur Landeshauptstadt Wiesbaden rund 60 km, zum Wirtschafts- und Industrieballungsraum Rhein-Main rund 75 km und Rhein-Ruhr rund 120 km. Abschließend läßt sich wohl feststellen, daß die Kombination einer ausgezeichneten Verkehrslage mit hohem Freizeitwert ein gutes Umfeld für Wohnen, Arbeiten und Freizeit in der Gemeinde Waldbrunn/Westerwald darstellt.

§3 Es ist jedem, welcher nicht vermöge seines Amts dazu berufen ist, verboten, bei Volksversammlungen öffentliche Reden an das Volk zu halten.

§4 Es dürfen ohne vorherige Anzeige und Genehmigung der Polizeibehörde keine Vereine, welches auch ihr Zweck seyn mag, im Herzogthume errichtet werden.

§5 Es ist untersagt, ohne vorhergegangene obrigkeitliche Genehmigung für ausländische Vereine Beiträge im Herzogthum zu sammeln, oder auf sonstige Weise ihre Zwecke zu befördern, oder einem ausländischen Verein, welcher nicht die Genehmigung der betreffenden, sowie Unserer Regierung erhalten hat, beizutreten.

§6 Alle besonderen Abzeichen, namentlich das Tragen von Cocarden und Bändern, die nicht in dem Lande, dessen Unterthan der ist, der sie trägt, erlaubt sind, sind untersagt.

§7 Uebertretungen der im §1 bis 6 genannten Verbote sollen, wenn die Handlung nicht als ein solches Vergehen oder Verbrechen betrachtet werden muß, für welches die bestehenden Gesetze eine höhere peinliche oder correctionelle Strafe bestimmt haben, mit Geldstrafen bis zu höchstens dreißig Gulden, oder Gefängnissstrafen bis zu höchstens vier Wochen belegt werden.

§8 Es ist den Polizeibehörden gestattet, Gesellschaften, gegen welche gegründeter Verdacht vorliegt, daß sie politische Zwecke verfolgen, zu schließen, und fernere Zusammenkünfte bei angemessener Strafe zu untersagen.

§9 Mit der Vollziehung gegenwärtiger Verordnung ist unsere Landes-Regierung beauftragt.

Gegeben Biebrich, den 16. Juni 1832.

gez. Wilhelm.«

Die deutschen Fürsten erreichten durch Pressezensur, Inhaftierungen und andere Druckmittel, dass die Erfüllung des Wunsches nach bürgerlichen Rechten in weite Ferne gerückt wurde. Aber unterschwellig gärte es weiter. »Die deutsche Einheit gleicht einer Wurst, nicht bloß darin, daß sie an beiden Enden festgebunden ist, sondern daß sie zweimal aufhört, statt einmal anzufangen und daß nur derjenige, welcher aufschneidet, sagen kann, was in beiden steckt.« So schrieb die Mainzer Karnevalszeitung 1844. Gerade die Narren wussten zu allen Zeiten unter dem Schutz der Narrenfreiheit durch eine versteckte Sprache die Zensur geschickt zu umgehen. Trotz Pressezensur bewirkten die Zeitungen 1846, dass das politische Interesse neu erwachte. So kam es dann zu der Erhebung von 1848, die – ebenso wie die früheren – von den Fürsten unterdrückt wurde. Es hat in Deutschland noch lange gedauert, bis 1919 endlich die Demokratie eingeführt wurde, bis die Staatsgewalt nicht mehr vom Fürsten, sondern vom Volk ausging (Art. 1 der Weimarer Verfassung) und vor dem Gesetz alle gleich waren (Art. 109).

Beim Kampf um persönliche Freiheitsrechte standen die beiden Konfessionen 1832 und auch noch 1848 abseits. Die so genannte »Heilige Allianz« (1815), bestehend aus dem protestantischen Preußen, dem katholischen Österreich und dem orthodoxen Russland, beruhte auf dem Gedanken, es sei gottgewollt, dass der Untertan zu unbedingtem Gehorsam verpflichtet sei. Beide Kirchen beriefen sich auf das Pauluswort (Röm 13,1): »Jeder leiste der staatlichen Gewalt den schuldigen Gehorsam, denn es gibt keine staatliche Gewalt, die nicht von Gott kommt.« Erst im 20. Jahrhundert legten die Kirchen ihren Widerstand gegen die Demokratie ab; 1919 waren Christen bei der Formulierung und Durchsetzung demokratischer Rechte beteiligt.

DIE CHRISTIANSHÜTTE
UND IHRE WECHSELVOLLE GESCHICHTE

VON GERHARD ELLER

Die Christianshütte, im reizvollen Kerker-bachtal zwischen Schupbach und Eschenau gelegen, hatte bereits Ende des 18. Jahrhunderts in der Eisenverhüttung wirtschaftliche Bedeutung erlangt. Mit dem Aufstieg der Familie Buderus zu Beginn des 19. Jahrhunderts konnte sich dieser Hüttenbetrieb zu einem der ertragreichsten Unternehmen im Lahn-Dill-Gebiet entwickeln. Zwar sind von der einstigen Betriebsstätte, dem Schmelzturm und dem Werkhof nur noch Reste zu sehen, aber die alte Bausubstanz und die einst stattlichen Gebäude, von denen jedoch nur ein Teil erhalten geblieben ist, lassen immer noch eine gewisse Atmosphäre aufkommen und vermitteln einen Hauch von Nostalgie.

DIE CHRISTIANSHÜTTE IM 18. JH.

Die eigentliche Entstehungsgeschichte der Hütte beginnt im Jahr 1782. Zu diesem Zeitpunkt erteilte Graf Christian Ludwig zu Wied-Runkel (2. Mai 1732 bis 31. Oktober 1791) den Kaufleuten Johann Haentjes aus Köln-Mülheim und dem Holländer Dirck van Hees das Recht zur Anlegung von Berg-, Hütten- und Hammerwerken in der Herrschaft Runkel. In verkehrsabgelegener Lage, aber in der Nähe der Rohstoffe Eisenstein sowie Kalk zur Verhüttung – die Energieträger Wasser und Holz waren ebenfalls vorhanden –, wurde 1783 mit dem Bau der Hütte auf den Trümmern der Wüstung Attenhausen begonnen. Was lag wohl näher, als diese Siedlung nach dem Vornamen des damals regierenden Grafen und Lehnsherrn von Wied-Runkel »*Christianshütte*« zu benennen.

Der Aufbau ging zügig voran. Haentjes erbaute das Wohn- und Herrenhaus, ein imposanter Bruchsteinbau mit Walmdach, der später winkelförmig erweitert wurde. Über der Eingangstür waren Inschrift und Jahreszahl 1783 angebracht. Oranischer Stern und das Wappen des Hüttenbegründers Johann Haentjes sind heute noch über dem marmornen Oberlichtportal zu sehen. Das Nebengebäude des Herrenhauses – den Einheimischen als »*Hiefs – Haus*« bekannt – ist wohl der älteste Teil der Hütte. »*Das barocke Mühlengebäude mit einem gut geformten Mansardgiebeldach mit kleinen Walmen*«[1] hat seine heutige langgestreckte Form erst nach einer Erweiterung gefunden, nachdem es als Nebengebäude dem Herrenhaus zugehörig umfunktioniert wurde.

Das barocke Mühlengebäude mit dem gut geformten Mansardgiebeldach ist heute ein Schmuckstück.

Nach der Restaurierung ist es ein Schmuckstück geworden und dient dem heutigen Besitzer als Ruhesitz.

Gegenüberliegend muss die eigentliche Betriebsstätte mit dem Werkhof und dem Schmelzturm gelegen haben, dessen Sockel ebenfalls die Jahreszahl 1783 trug. Unterstellschuppen, Remisen, kleine betriebliche Anlagen, zum Teil in Fachwerk ausgeführt, schlossen sich an und bildeten einen großen, zusammenhängenden Komplex, von dem nur noch alte Werksfotografien und Ansichtskarten die einstige wirtschaftliche Blüte verdeutlichen können. Bereits 1784 konnte die Hütte in Betrieb genommen werden. Der Holzkohlenbedarf zur Verhüttung wurde aus den Waldungen von Wied-Runkel gedeckt, aber mit der Belebung der Wirtschaft ging ein steigender Bedarf an Holzkohle einher, den die Wälder nicht lange erfüllen konnten. Holzmangel zeichnete sich sehr schnell ab, und als Ausweg beschickte man den Hochofen je zur Hälfte mit Koks und Holzkohle. Das so gewonnene Roheisen zeigte sich in der Verarbeitung für dünne Gusswaren jedoch ungeeignet. Diese Schwierigkeiten und die Unruhen durch französische Truppen während der napoleonischen Kriege zwangen den Betrieb 1796 stillzulegen. Als Folge der französischen Vorherrschaft in Europa gerieten Wirtschaft und Handel auch in Deutschland zunehmend unter Druck. Der Gründer und Inhaber Johann Haentjes geriet 1799 in Konkurs, und der Betrieb musste bis 1802 ausgesetzt werden.

DIE CHRISTIANSHÜTTE UNTER BUDERUS

Nach den Befreiungskriegen konnte die Firma J. W. Buderus Söhne ihr 1731 gegründetes Familienunternehmen stark ausdehnen. Durch Erwerb und Zupachtung neuer Hütten nahm Buderus auch Einfluss in Nassau, investierte und modernisierte in großem Stil. So ging 1812

Ehemaliger Schmelzturm: Quadratischer Bruchsteinschaft mit kleinen Zugöffnungen, dessen Keilstein die Jahreszahl 1783 trägt.

bereits die Eisenhütte Löhnberg vom Großherzogtum Berg auf Buderus über, und 1822 erwarb Buderus von dem Kaufmann Johann Mertens aus Frankfurt die Christianshütte nebst dazugehörigem Grundbesitz von 1,56 Hektar. Zu diesem Zeitpunkt konnte der Hüttenbetrieb schon auf eine 40-jährige Geschichte zurückblicken. Neue Erzgruben wurden erschürft. Erzeugt wurde Gießerei-Roheisen zum Verkauf, aber auch zur eigenen Verarbeitung. Die Hütte war Fürstlich Wied'sches Lehen, bis durch einen Vergleich zwischen der Rentkammer Neuwied und der Sozietät J. W. Buderus Söhne vom Oktober 1841 Wied-Runkel auf die Lehnsherrlichkeit und die aus ihr rührenden Abgaben verzichtete und Buderus als freien Eigentümer anerkannte.

Um 1830 übernahm Richard Buderus (1814 bis 1871) die Verwaltung der Christianshütte einschließlich der dortigen Eisenerzgruben. Er war ein Urenkel des Firmengründers Johann Wilhelm Buderus (1690 bis 1753), in Audenschmiede geboren, besuchte er vier Jahre das Gymnasium in Weilburg und studierte in Heidelberg Mineralogie. Während der Schupbacher Zeit heiratete er Hermine Sophie Johannette

123

Burbach aus Frankental. Dem Paar wurden auf der Christianshütte, wie aus den evangelischen Schupbacher Kirchenbüchern hervorgeht, drei Töchter und zwei Söhne geboren. Zwei Kinder wurden in der Schupbacher Kirche konfirmiert.

Um 1865 hielt die Koksverhüttung an der mittleren und oberen Lahn ihren Einzug. Nach Eröffnung der Lahntalbahn lag die Christianshütte standortmäßig im Abseits. Richard Buderus erkannte die Zeichen der Zeit und trat für einen neuen Hüttenstandort, allerdings Wetzlar, ein. Den Wandel erlebte er nicht mehr. Er starb 1871 in Wiesbaden ohne Nachfolger. Sein Sohn Carl Friedrich August Albert, der das väterliche Erbe antreten sollte, war bereits 1864 als Chemiestudent in München verstorben. Von Richard Buderus heißt es in einer Würdigung: »*Er war ein Mann von tiefem Gemüt und hohen Charaktereigenschaften. Stets versöhnend und ausgleichend wirkend, hat er während seines ganzen Lebens an allen Geschäften des Familienunternehmens regen Anteil genommen.*«

Nach dessen Tod leitete Hüttenverwalter Friedrich Spies (1814 bis 1883) weiterhin die Christianshütte. Er war ein naher Verwandter der Familie Buderus und hatte zuvor die »*Löhnberger Hütte*« verwaltet. An seine Tocher Hermine (1857 bis 1893) erinnert noch heute ein Gedenkstein an der Schupbacher Kirche, in der sie ebenfalls konfirmiert worden war. Hermine wurde später eine gefeierte Sängerin, deren Ruhm über die Grenzen Deutschlands hinausging. Vielerorts vollzog sich ein Wandel vom Hüttenbetrieb zum Gießereibetrieb. Buderus hatte ein Verfahren entwickelt, nach dem sich nassauische Erze zu bestem Gießerei-Roheisen verschmelzen und verarbeiten ließen. Zeugen dieser Zeit waren Gusswaren aller Art, vornehmlich aber die alten Stufenöfen mit der Aufschrift »*Christianshütte*«, die noch vor fünfzig Jahren verbreitet in Bauernhäusern zu finden waren.

Die Wirtschaftskrise der siebziger Jahre des 19. Jahrhunderts zwang das Unternehmen unter Hugo Buderus zu Rationalisierungsmaßnahmen. Es folgte eine allmähliche Umstellung auf Kupolofenbetrieb. Der Kupolofen ist ähnlich wie der Hochofen ein Schachtofen, nur bei weitem nicht so groß. In ihm wird das geschmolzene Roheisen unter Zusatz von Koks und bestimmtem Schrottanteil gegossen. 1876 gab es auf der Christianshütte drei Kupolöfen, davon waren zwei in Betrieb. Das Werk beschäftigte zu dieser Zeit 85 Arbeiter, Facharbeiter wie Schmelzer und Former kamen zum Teil aus Belgien. Eine Rentabilität des Betriebes blieb jedoch versagt. 1878 erfolgte die endgültige Stilllegung, und mit den vorhandenen Modellen wurde in Lollar eine neue Gießerei eröffnet. Die stillgelegte Christianshütte wurde 1881 zum Preis von 49.000 Mark an die Bahngesellschaft der Kerkerbachbahn verkauft.

DIE CHRISTIANSHÜTTE ZUR ZEIT DER KERKERBACHBAHN

Nach dem Bau der Lahntalbahn galt es nun, auch die Seitentäler zu erschließen, um unter anderem die reichen Bodenschätze des Westerwaldes auf dem Schienenweg zum Lahntal zu bringen. Damit begann der letzte Abschnitt einer Epoche, in der die Christianshütte als industriell wirtschaftlicher Standort noch einmal Bedeutung erlangte. 1884 wurde mit dem Bau der Kerkerbachbahn in Etappen begonnen. 1886 war der erste Streckenabschnitt Dehrn – Kerkerbach fertiggestellt. Am 10. Januar 1888 konnte die Strecke Dehrn – Kerkerbach – Heckholzhausen für den Güterverkehr freigegeben werden. Ein halbes Jahr später erfolgte auch die Aufnahme des Personen- und Stückgutverkehrs. Die 15,9 Kilometer Gesamtstrecke bis Heckholzhausen kostete 1,3 Millionen Mark. Bis 1910 erfolgte der Ausbau bis Mengerskirchen, hinzu kamen Zweig- und Seilbahnen zu den jeweiligen Gruben und Steinbrüchen. Befördert wurden Erz aus den Gruben bei Eschenau, Christianshütte und Heckholzhausen sowie Kalk und Marmor aus den Brüchen Schupbach, Gaudernbach und Wirbelau sowie Basalt, Ton und Mangan-Erze aus Obertiefenbach, Heckholzhausen und Merenberg. Zu dieser Zeit befanden sich etwa 1.000 Arbeitsplätze im Kerkerbachtal. Am 1. Juli 1887 wurde der Sitz der Verwaltung der Kerkerbachbahn von Limburg nach Christianshütte verlegt. Die ehemalige Gießerei wurde umfunktioniert zu Werkstatt und Lokschuppen, und die einstige Betriebsamkeit kehrte noch einmal zurück.

Die Eisenerzgrube »*Magnet*« gehörte seit 1901 der Firma Friedrich Krupp und wurde unter deren Regie weiter ausgebaut. Der Name rührt von dem in der Gegend gefundenen relativ seltenen Magnet-Eisenstein, der im Gegensatz zum normalen Erz magnetische Eigenschaften hat. Das eigentliche Grubenfeld befand sich etwa 1 1/2 Kilometer südöstlich vom Stollenmundloch. Es ist heute noch zu sehen, etwa zwei Kilometer östlich der Gemeinde Eschenau und ein Kilometer östlich der Eisenerzgrube »*Eisensegen*«. Zwischen

1901 und 1915 wurde dieser »*Christiansstollen*« auf eine Länge von 1.569 Metern aufgefahren. Es entstand eine Verladerampe und ein Gleisanschluss. 1931 wurde die Eisenerzgrube »*Magnet*« jedoch stillgelegt. Zuletzt arbeiteten hier 14 Männer.

Eine weitere Baumaßnahme von Krupp war die Errichtung der »*Villa*« (um 1905), etwas abseits vom eigentlichen Betrieb, direkt am Waldhang wunderschön gelegen. Ein schmucker Ziegelstein-Fachwerkbau mit Veranda als so genannte »*Dependance*«, d. h. als gelegentliches Wohnhaus, das privaten und auch gesellschaftlichen Zwecken dienen konnte. 1906 wurde der Sitz der Kerkerbachbahn von der Christianshütte nach Kerkerbach verlegt, 1910 folgte der Lokschuppen nach dort, und 1935 wurde auch die Werkstatt abgezogen.

DIE CHRISTIANSHÜTTE ALS GESELLSCHAFTLICHER MITTELPUNKT

Ziel war jetzt, einen Kur- und Erholungsbetrieb entstehen zu lassen, der gleichzeitig den Personenverkehr beleben sollte. Mit malerisch sehr schönen und eindrucksvollen Ansichtskarten warb die Kerkerbachbahn und verwies auf ein gut geführtes Restaurant mit Kaffee-Garten, Kegelbahn, Tennis-Platz und Aussichtsturm, der auf den Grundmauern des alten Hochofens errichtet worden war:

Die Eisenerzgrube »Magnet« (hier eine Abb. aus dem Jahre 1920) gehörte seit 1901 der Firma Krupp. 1931 wurde sie stillgelegt. Zuletzt arbeiteten noch 14 Männer hier.

Bahnhofs-Restauration mit Sommerfrische in kräftigender, ozonreicher, absolut staubfreier Gebirgs-Waldluft.
Eigentum der Kerkerbachbahn Aktiengesellschaft
oder
Waldesrauschen, Tannenduft,
Vogelsang und reine Luft,
Seelenfrieden, Herzensfreud,
Dir die Christianshütte beut.

Bei regelmäßigen Tanzveranstaltungen wurde die Christianshütte zu einem gern besuchten Ausflugsort und zu einem beliebten Treffpunkt von Jung und Alt aus den umliegenden Orten und damit zu einem bedeutenden und bekannten gesellschaftlichen Mittelpunkt. Nicht selten wurden auch hier bestehende Rivalitäten junger Burschen mit den Fäusten ausgetragen. Der Erste Weltkrieg unterbrach jäh diese beliebten und frohgemuten Wochenendausflüge in die Abgeschiedenheit dieser herrlichen Waldgegend. Die nachfolgenden trüben Jahre konnten diese freundschaftlichen Kontakte der Menschen untereinander nicht mehr zurückbringen. Während des Zweiten Weltkrieges und danach siedelte sich noch einmal für kurze Zeit ein kleiner Industriebetrieb an, aber später wurde der Ort verstärkt Wohngebiet. Viele Familien, Evakuierte und Heimatvertriebene fanden dort eine neue Heimat.

Nach 220 Jahren industrieller, wirtschaftlicher und gesellschaftlicher Prägung ist nun wieder Ruhe im Tal eingekehrt. Fern von jedem Durchgangsverkehr, abseits von Hauptverkehrsstraßen, hat die Christianshütte im Kerkerbachtal ihr einstiges, ländliches Idyll wiedergefunden und ist für manchen dortigen Bewohner zu einer Oase der Ruhe geworden.

Quellennachweis:

- *Denkmaltopographie BRD. Landkreis Limburg-Weilburg.*
- *Rolf Georg, Rainer Haus, Karsten Porezag, Eisenerzbergbau Hessen.*
- *Wolfgang Schoppet, Die Kerkerbachbahn. Artikelserie im Weilburger Tagblatt.*
- *Ders., Schupbach erinnert an die Sängerin Hermine Spies. In: Weilburger Tageblatt Sept. 1996.*
- *Andreas Christopher, 100 Jahre Kerkerbachbahn.*
- *Erich Dienst, „Die Brücke". In: Gemeindebrief. Hg. Gruppenpfarramt Runkel 4/ 1981, S. 6 Heimatkundliche Ecke.*
- *Walter Scharf, Auf vergessenen Wegen am Kerkerbach. In: Heimat an Lahn und Dill 15/ 1972, S. 3.*

1 So die Beschreibung in „Kulturdenkmäler in Hessen". Denkmaltopographie BDR. Landkreis Limburg-Weilburg, S. 153f.

Mit dieser Postkarte sendeten einst die Urlauber Grüße aus der Christianshütte.

WESTERWÄLDER BETTEL- UND HANDELSKINDER UNTERWEGS IN EUROPA

VON HUBERT HECKER

Im April 2003 wurde im Fernsehen ein Historienfilm über Kinderarbeit in Deutschland des Kaiserreichs gezeigt. Der halbdokumentarische Streifen mit dem Titel »*Schwabenkinder*« führte in einer spannenden Zeitreise in die zweite Hälfte des 19. Jahrhunderts. In den Bergdörfern Tirols und einigen schweizerischen Regionen herrschte bittere Armut. Wenn in einer Familie – wie in der Filmgeschichte – die Mutter von unmündigen Kindern gestorben war oder gar der Vater als Haupternährer ausfiel, sah man damals keinen anderen Ausweg, als ein oder mehrere Kinder für eine Saison ins Schwabenland zu »*verkaufen*«. Anfang März etwa wurden die zwölf- bis 16-jährigen »*Schwabenkinder*« eines Dorfes einem so genannten Kooperator anvertraut, einem Betreuer und Zwischenhändler, der den ein- oder zweiwöchigen beschwerlichen Fußmarsch durch die Winteralpen bis in die Bodenseeregion organisierte, um dort auf den Gesindemärkten die Jungen als Hütebuben oder Handwerkerhilfen und die Mädchen als Haus- und Hofhilfen zu verdingen. Im Spätherbst hatte er die Kinder wieder in die Heimatdörfer zu bringen und das ausgehandelte Gesindegeld den Eltern auszuhändigen.

Solche Geschichten kann man auch über den Westerwald erzählen. Hier war die Kinderarbeit aber immer schon in die Landgängerei der Westerwälder Hausierer und Händler eingebettet. Johann Plenge schreibt in seinem Buch »*Westerwälder Hausierer und Landgänger*«, Leipzig 1898, über die Anfänge der Landgängerei im Westerwald in der Zeit um 1840: »*Während der Hausierhandel, der vom westlichen Westerwald ausgeht, sich ganz natürlich aus der heimischen Industrie entwickelt hat* (z. B. Töpferwaren des Kannenbäcker Landes, H.H.)*, ist die jüngere Landgängerei des Elbthalgebietes ohne solche Anknüpfungspunkte an heimatliche Zustände erwachsen, obgleich ihr plötzlicher Aufschwung nicht unvorbereitet war. Die Bevölkerung war seit langem beweglich, der Zug der Erntearbeiter bestand seit Jahrhunderten, manche wanderten bereits als Bauhandwerker in die Fremde, und an die kleinen bäuerlichen Industrien hatte sich mehrfach ein Hausiervertrieb angesetzt* (z. B. die Thalheimer Dippemacher und die Dorndorfer Leineweber, H. H.)*. Vom Westen her war sogar vereinzelt die Landgängerei übertragen. In mehreren Orten, wie Irmtraut und Hundsangen einerseits in Frickofen andererseits, hatte sich anscheinend selbständig ein kleiner auswärtiger Wanderhandel gebildet, und erst von Elz, dann auch aus anderen Orten waren Musikbanden fortgezogen, wobei sich schon Einflüsse von der Wetterau her nachweisen lassen: die Anfänge bildet die erste Periode der Landgängerei des östlichen Westerwaldes.*«

In einigen Landgemeinden der Wetterau war die Landgängerei schon seit längerem Gewohnheit. Die alte Handelsstraße vieler wetterauischer und usingischer Händler führte über den Westerwald, und so lag der Gedanke und die Praxis nahe, dass die fremden Landgänger vom Taunus auf dem Weg durch den Westerwald das Gesinde, das sie für ihr Gewerbe brauchten, anwarben.

»*Nach mündlicher Überlieferung*«, so Plenge weiter, »*erschienen auf der Lasterbach zuerst 1842 und 1843 Händler aus Espa, Maibach, Niederweisel und Münster und engagierten Kinder im Alter von etwa 14 bis 16 Jahren zur Reise nach Dänemark und Russland, wo die Knaben die Ziehharmonika spielen und mit Fliegenwedeln und Papierblumen handeln sollten. Damals war Misswachs auf dem Westerwalde: 'Ich musste jeden Morgen hungrig zum Viehhüten, einmal habe ich zwei Tage lang nicht gegessen, es war nichts da.' Verdienst war nötig. Die Kinder sollten 35 bis 45 Gulden und ein Paar Schuhe bekommen.*

Hier gingen zwei, dort vier, sechs, selbst zehn bis zwölf Burschen, meist aus Tagelöhnerfamilien, mit; Oberroth, Westernohe, Waldernbach, Lahr und Niederzeuzheim waren ziemlich von Anfang an beteiligt. Das ging einige Jahre so weiter, dann hatte das neue Gewerbe auf dem Westerwald selbständigen Boden gewonnen.«

Die so genannten Fliegenwedel waren wahrscheinlich eine Erfindung aus der Gegend um Butzbach: Man schnitzt aus Weidenstöcken circa 40 Zentimeter lange Striemen, die sich nach außen zu einem Kranz krümmen; man bemalt sie mit leuchtenden Farben, bindet sie am Ansatz mit einem bunten Faden zusammen und verkauft sie als Fliegenwedel (siehe Abbildung). Weiterhin wurden bunte Papierblumen oder solche aus bunt gefärbten Holzspänen auf ein Holzrund geklebt. Das nannten die Händler – offenbar als Nippes für den Kaminaufsatz – »fireplace«.

Als in den 50er und 60er Jahren sich die Westerwälder Händler selbstständig machten, erweiterten sie die Palette der Nippeswaren: Aus buntem Wachs wurden Blumen und Früchte gestaltet. Man flocht aus Stroh Nähkörbchen, kleine Teller und Decken, Bürsten-, Kamm- und Wischtuchtaschen

usw.; aus Stroh und Blumen wurden kleine Ampeln gemacht. Die mitgenommenen Buben mussten oft bis spät in die Nacht hinein über solchen Arbeiten sitzen. Skandinavien und Russland wurde zunächst das Hauptgebiet des Westerwälder Handels mittels Kinder-Verkauf, der sich damit von dem westwärts gerichteten Zuge der Wetterauer trennte. Freilich riss auch der Verkehr mit Frankreich, Belgien und England nicht ab. Noch in den 60er Jahren verkauften Westerwälder Buben in London ihre Fliegenwedel und sangen dazu: »*A little one for the baby, a great one for the lady.*«

Zurück in die Frühzeit des Kinderhandelwesens der 1840er Jahre, wie sie Plenge beschrieb: »*Die Reise mit den Hessen ging meist zu Fuß nach Hannover, Hamburg und Lübeck, von da weiter nach Dänemark oder später zu Schiff nach Russland. Die selbstgegossenen und gefärbten Wachsvögel, die Fliegenwedel und die Papierblumen waren nur ein Aushängeschild: man musste doch etwas in der Hand haben. Die Hauptsache war der Bettel. Die Jungen mussten Harmonika spielen, die Triangel schlagen und deutsche Volkslieder dazu singen, und wer geschickt war, schlug Rad und Purzelbaum oder suchte durch allerhand kleine Kunststückchen den Passanten einige Kupfer aus der Tasche zu locken. 'Was thut der Deutsche nicht für Geld', wie die dänische Redensart heißt. Die Westerwälder Buben waren das Betteln von Hause gewohnt. In den 30er bis zu den 50er Jahren gab es daheim Scharen von Bettelleuten. Das schändete nicht mehr, auch draußen war es ein ehrlicher Bettelsmannsberuf einer armen Gegend. Die Kinder hatten ein hartes Leben: schlechte Kost, schlechte Wohnung, elende*

*Wirtshäuser, Ungeziefer und häufig Miss-
handlungen; 'german slaves', 'des esclaves
allemands' hat man die kleinen Musikanten
im Westen genannt. Nur wer von Haus aus
wild und ungebärdig war, konnte es sich
erträglich machen, denn die Hessen
fürchteten – außer in Russland – ausländische Behörden.*
*Was die Kinder zu Haus erzählten, erregte
Missstimmung gegen die fremden Unternehmer. Dazu kam, dass einige hessische
Unternehmer bei der Heimkehr der Kinder
deren Lohn zu kürzen suchten. Nach Pro-
zessen in Butzbach sollen sie gelegentlich
Prügel bekommen haben. Seit 1845
erschienen sie auf der Lasterbach nicht
wieder. Im Elbthal, z. B. in Langendernbach, sind sie noch in den 50er Jahren da
gewesen, aber dann wegen der höheren
Löhne der Westerwälder Unternehmer
fortgeblieben. . . . Die Hessen war man also
der Hauptsache nach bald losgeworden,
und schon Ende der 40er Jahre war eine
Anzahl Westerwälder Unternehmer da,
einzelne Sippen, die in Oberroth, Westernohe, Irmtraut und Langendernbach saßen
(Wingenbach, Traudt, Zoth, Luck).*
*Um 1860 wurde dem 'Menschenhandel'
von den Lokalbehörden des Oberwesterwaldes ziemliche Aufmerksamkeit geschenkt, vielfach der Pass verweigert oder
mindestens ein Bericht des Bürgermeisters über die Herrschaft eingefordert.«*
Nach diesen Aufstellungen waren es nur
etwa 25 14- bis 18-jährige Jugendliche aus
Hahn und Höhn, Irmtraut und Öllingen, die
jährlich als Gesinde mitgenommen
wurden. Plenge meint aber, dass das
Zentrum des Rekrutierungsgebietes von
Handelskindern im unteren Westerwald
gelegen habe. Er nennt die Gemeinden
Seck, Winnen, Gemünden, Pottum, Elsoff,
Mittelhofen im Amt Rennerod, Hausen,
Lahr, Waldmannshausen, Dorchheim,
Dorndorf, Steinbach, Ahlbach, Waldern-
bach im Amt Hadamar. Auch von den

Dörfern Dehrn, Dietkirchen und Mengerskirchen wird gehandelt. *»In der Blütezeit
um 1857 mögen jährlich etwa 100 Unternehmer mit 250 bis 300 eigenen und
fremden Kindern in die Welt gezogen sein.
Die oben angegebenen Zahlen entsprechen
der mündlichen Überlieferung, dass vorwiegend Knaben mitgenommen wurden.«*

Als Bettelmusikant in Moskau und Petersburg

Die Not im Westerwald muss groß gewesen sein, wenn Eltern ihre 14-jährigen
Jungen und Mädchen fremden Land-
gängern für den Bettelhandel im Ausland
anvertrauten. Aber es gab eben bares Geld
dafür, 50, 60 oder 70 Gulden für die Eltern,
mit einem Kontrakt besiegelt, der vor dem
Bürgermeister abgeschlossen wurde. Ein
Beispiel für so einen Handelsvertrag
überliefert der Ökonom Johann Plenge in
seinem schon mehrfach zitierten Buch:
*»Geschehen Höhn, den 27. Merz 1861.
Anwesend: der Bürgermeister Adam. Es
erscheint Johannes Zimmermann von hier
und Georg Schmidt II und Philipp Groß II
von Hellenhahn und tragen vor: Ersterer
habe an Letzteren seinen Sohn Johann von
Ostern bis Oktober dieses Jahres als
Dienstknecht gegen den Mietlohn von
Sechzig Gulden baar und ein paar Neue
Schuh vermüthet, die Bezahlung geschieht
Oktober d. Js. Zehn Gulden werden gleich,
sowie die Neue Schuh sind ebenwohl gleig
zustellen und Bezahlt. Sollte der Dienstknecht sich ohne genügende Gründe aus
seinem Dienst Endfernen, so sind die
dienst Herrn befugt solgen Polizeilich in
seinen Dienst einzuweisen. Reisekosten
können nicht am Dienstlohn in Abzug
gebracht werden.«* Es folgen die Unterschriften des Vaters, der Unternehmer und
des Bürgermeisters.
Wenn die Reise nach Russland ging,
wurden auch Kontrakte über mehrere
Jahre abgeschlossen, wie die folgende

Schilderung eines »alten Bergarbeiters über seine Jugenderlebnisse« zeigt, die ebenfalls Plenge überliefert hat:

»Ich bin 1863 als 15-jähriger Junge mit nach Rußland gegangen und bis 1870 dort geblieben. Zu haus war arme Zeit und ich konnte nichts verdienen, so erhielt ich doch im ersten Jahre 36 und im folgenden 100 Gulden, die ich ganz nach Hause schicken konnte. Kleider bekamen wir von den Herrschaften, bei denen wir musicierten, reichlich geschenkt.

Unser Herr reiste mit zwei anderen Unternehmern zusammen, und jeder hatte vier oder fünf Jungen bei sich, die alle etwa in meinem Alter standen. Außerdem waren ein paar Mädchen dabei. Wir reisten im Frühjahr zuerst nach Hamburg, da bekamen wir eine gute Harmonika, nachdem wir im Winter auf einer geringen die Musik gelernt hatten. In Lübeck haben wir drei Tage gespielt, dann reisten wir nach Kronstadt und hielten uns zwei Jahre abwechselnd in Moskau und Petersburg auf. In den Städten mietheten unsere Herren eine eigene Wohnung. Zehn bis zwölf Jungens schliefen auf Strohsäcken in einem Saal, die Mädchen hatten zusammen eine eigene Kammer, ebenso wohnten die Unternehmer besonders.

Die Herren hausierten nicht, sie besorgten die Küche, gingen spazieren und saßen im Wirthshaus. Das Essen war so schlecht, daß die Herren selbst Mittags fortgingen. Abends gab es fast immer Kartoffeln und Gurkensalat, die Gurken waren gut und billig. Fleisch bekamen wir nur zu Weihnachten und Ostern. Wir haben uns deshalb meist draußen in den Küchen der Herrschaften was erbettelt. Zum Frühstück um 10 Uhr verabredeten wir Jungens uns auch wohl in ein Theehaus, tranken ein Glas Thee zu fünf Kopeken und aßen Brot, das wir beim Bäcker gebettelt hatten. Im Winter war es zu kalt, um auf der Straße vor den herrschaftlichen Häusern und Villas zu spielen, wir musicierten in den Wirthshäusern und bettelten uns Essen, oder suchten 10 Kopeken Übergeld zu machen, um Essen kaufen zu können.

Die Mädchen kamen auch mit in die Theehäuser und dann haben wir mit ihnen geulkt. Einzelne waren sehr frei und es ging furchtbar durcheinander. Einige Burschen haben sich in Badeanstalten gemeinschaftlich gewaschen oder sich in einer Wirtschaft ein Zimmer geben lassen. In der Wohnung durften sie nichts thun. Mit Kindern ist es meistens gut gegangen.

Wir bekamen fast alle festen Lohn, einzelne waren auf Halbschied mitgenommen, wobei der Herr aber Reise, Wohnung und Essen bezahlen musste. Wir andern mussten jeden Tag eine bestimmte Summe abliefern, wer Harmonika spielte, einen Rubel, wer mit Bildern handelte, zwei Rubel. Bei anderen Unternehmern mussten die Jungen drei bis vier oder sogar fünf bis sechs Rubel Fixgeld abliefern. Eigentlich sollten wir auch das Übergeld abliefern, aber wir thaten es nicht immer und haben es für uns verwendet, weil wir es nicht nach Hause schicken konnten. Nachts wurden manchmal die Anzüge nachgesehen, ob wir Geld behalten hätten, aber wir hatten es gut versteckt oder legten die Jacke – Hemd und Hose behielten wir an – zusammengerollt unter den Kopf. Einmal hatte ich fünf Rubel für mich; die hatte mir ein dicker Russe hingeworfen, der einen Wald verkauft hatte und sich ein paar Stunden von mir zum Schnaps aufspielen ließ.

Wer sein Geld nicht hatte, bekam Prügel, - nicht gleich das erste mal, aber wenn es öfter vorkam. Wir hatten einen Jungen bei uns, der hatte keine Natur, um auf den Mann loszugehen und brachte oft nur 20 Kopeken heim; dafür wurde er oft vier mal in der Woche geschlagen. Außerdem gab es Schläge, wenn zwei zusammen gegangen waren, weil das das Geschäft verdarb. Die Burschen aus anderen Dörfern sagten immer nach, wir aus unserm Orte haben aber doch zusammengehalten und einander oft ausgeholfen. Beschwerden bei der Polizei nützten nichts, ein Fünfrubelschein gab den Unternehmern recht. Wenn die Mädchen Fehlgeld bekamen, haben sie sich auch auf unrechte Weise von den Russen Einnahmen verschafft.

In Petersburg hatte ich es manchmal gut. Als ich einmal auf der Straße ein deutsches Lied gesungen hatte, wurde ich von zwei Frankfurter Damen ins Haus gerufen, die mit Officieren befreundet waren. Ich musste ihnen viel erzählen, da haben sie geweint und mir gesagt, wenn ich Fehlgeld hätte, sollte ich immer zu ihnen kommen. Andere Deutsche, die so lebten wie diese Fräulein, habe ich nicht kennen gelernt und von Nassauerinnen gar nichts gehört. Wir spielten öfter im Hofe bei der Madam Metz aus Mainz, in deren Bordell sollen Darmstädtische Mädchen gewesen sein. In den gewöhnlichen Häusern waren nur Russinnen.

Mit der Musik war es die reinste Bettelei. Einer aus dem Dorf ist mit der Harmonika unter dem Arm und dem Hute in der Hand von Haus zu Haus gegangen, ohne zu spielen und sagte nur 'um Gottes Willen'. Jetzt ist er in Westfalen Berginvalide und hat eine gute Heirat gemacht; es war ein braver Bursche. Auch die Bilder wurden vielfach nur aus Mitleid gekauft. Wir bezogen sie kistenweise aus Frankfurt und was drei Kopeken gekostet hatte, wurde zu mindestens 10 Kopeken verkauft. Es waren ganz rohe Dinger, nicht so schön, wie sie jetzt sind: Jägers Leichenzug, Wilddiebe, Landschaften, Christus, Abendmahl und Heiligenbilder.

Als wir zum zweiten Male in Moskau waren, bin ich im Oktober vier Wochen vor der Abreise durchgebrannt, um mir nicht die Knochen entzweischlagen zu lassen. Noch als ich fünf Jahre später keine Schläge mehr bekommen hatte, konnte ich noch die Male auf Rücken und Schultern zeigen.

Ich hatte mit Bildern handeln sollen und das verstand ich nicht.

Ich habe darauf erst eine Zeit lang auf einer Gärtnerei gearbeitet und bin dann nach Moskau zurückgekehrt und bei einem Waldernbacher drei Jahre gewesen, bei dem ich es sehr gut hatte. Im Sommer reisten wir mit einem italienischen Wagen die Wolga herunter über Nowgorod, Kasan, Samara, Saratow und hielten uns an den Hauptplätzen vier bis sechs Wochen auf. Im Winter waren wir in Moskau.

Die letzten beiden Jahre war ich selbständig und habe meist in Orel gespielt. Dort musste ich in vier Frauenhäusern Musik machen, in allen waren nur russische Mädchen. Manchmal habe ich an einem Abend drei bis vier Thaler eingenommen. Einmal war ein Officier da, der gab mir 10 Rubel, dem musste ich in seinem Zimmer aufspielen. Er wollte auch eine Dirne für mich bezahlen, aber es war mir doch zu niederträchtig, mich mit so einer einzulassen.

Schließlich bekam ich Heimweh. Mir träumte jede Nacht, ich wäre zu Hause und am Morgen war es nichts. Ich bin dann wieder nach Petersburg gegangen und nach der Kriegserklärung 1870 wurde ich nach Hause befördert.«

MIT 14 JAHREN STRASSENVERKAUF
IM BELGISCHEN CHARLEROI

Anna Gotthardt, geboren am 13. August 1869 in Frickhofen, ging mit 14 Jahren »auf den Handel«, wie man damals sagte. Die Eltern hatten sie einer älteren erfahrenen Handelsfrau des Ortes anvertraut, der Katharina Giesendorf, aus einer alteingesessenen Händlerfamilie mit dem Dorfnamen Lisbette. Vermutlich wurde für dieses Arbeitsverhältnis ebenfalls ein Vertrag gemacht, wie das oben berichtet ist, oder auch nur eine mündliche Abmachung auf Treu und Glauben. Jedenfalls hatte die Geschäftsfrau Giesendorf auf der Handelsfahrt für Verpflegung und Unterkunft zu sorgen, gegebenenfalls ein Kleidungsstück oder ein Paar Schuhe zu stellen und nach Abschluss der Fahrt im Oktober den Eltern einen vereinbarten Betrag auszuhändigen. Das Mädchen hatte dafür wochentäglich zu arbeiten, und zwar Handelsgut auf den Straßen anzubieten. Neben der Anna Gotthardt war ein zweites Mädchen engagiert.

Obwohl die Schulzeit damals erst Ostern endete, wurde eine Ausnahmegenehmigung erwirkt, so dass die kleine Gruppe schon im Februar losmarschieren konnte. Belgien, genauerhin Wallonien mit den damals aufstrebenden Industrieorten, war das Ziel. »*Oma, wie bist du denn über die Grenze gekommen?*«, haben die Enkel später gefragt. »*Mit dem Impfpass*«, hat die Oma erwidert und dann von den langen Verkaufstagen in Charleroi erzählt. Von morgens bis abends musste sie auf den Straßen Solinger Besteck ausbreiten und anbieten und den Verkaufserlös abends mit der Wirtsfrau abrechnen. Eine Verhal-

tensregel hatte die Handelsfrau Giesendorf den Mädchen eingeschärft: »*Wenn geschossen wird auf den Straßen, sollten sie sich in Hauseingänge flüchten.*« Es ist anzunehmen, dass damit militante Auseinandersetzungen zwischen Polizei und demonstrierenden, streikenden Arbeitern gemeint waren, die in jenen Jahren besonders in den Industrieregionen in ganz Europa aufkamen.

Zur Schulentlassung und zur Erstkommunion – damals erst mit 14 Jahren – kam Anna Gotthard mit ihrer Schulkameradin wieder für ein bis zwei Wochen zurück nach Frickhofen. Nur zwei Jahre hat Anna Gotthard diese Handelstätigkeit in Belgien mitgemacht. Mit 16 Jahren sagte sie sich, das kann ich auch auf eigene Regie und Rechnung bewerkstelligen. Sie hat sich also selbstständig gemacht und ist mit andern »*Sachsengängern*« nach Zittau in der Lausitz gegangen. Dort hat sie sich mit Textilhandel einen festen Kundenstamm aufgebaut und bis zum Ersten Weltkrieg durchaus lukrativen Handel getrieben.

SCHÖNE KINDERZEIT

VON RENATE KAßNITZ

Ich möchte noch einmal ein Kind sein!
Über Stoppelfelder laufen,
mich verstecken in großen Getreidehaufen;
mit Schuhen einen Bach durchqueren
und mich nicht um nasse Füße scheren.

Ich möchte noch einmal ein Kind sein!
Morgens in der Schule sitzen
und über dicken Büchern schwitzen.
Verstecken spielen mit anderen Kindern
und Schlitten fahren in kalten Wintern.

Ich möchte noch einmal ein Kind sein!
Das Eis von damals schmecken,
die vielen bunten Lutscher lecken.
Ach, wie gern wär ich wieder ganz jung,
es bleibt nur die schöne Erinnerung!

EIN KIRCHENSTREIT IM DOMBACHTAL

VON FRANZ MOTYKA

Diese Geschichte enthält eine Auseinandersetzung zwischen zwei benachbarten Ortschaften. Streitereien zwischen Dörfern gab es allenthalben in unserer Region, die regelmäßig zwischen jungen Männern an örtlichen Festtagen ausgetragen wurden. Sie endeten in Schlägereien und wurden heftiger, je mehr Alkohol die Akteure vorher getrunken hatten. Im Verlaufe des Kampfes standen schließlich alle anwesenden Burschen des einen Dorfes denen des anderen Dorfes gegenüber. Es ging dann angeblich um die Ehre der eigenen Dorfgemeinschaft. Doch die Auseinandersetzung zwischen den benachbarten Dörfern Dombach und Schwickershausen im Dombachtal Mitte des 19. Jahrhunderts war von anderer Art. Sie fand im kirchlichen Bereich statt und tangierte sogar mehrere Institutionen außerhalb der beiden Dörfer.

Die Katholiken der Gemeinden Schwickershausen und Dombach gehörten immer zur Pfarrei Camberg. Beide hatten ihre eigene Kapelle: Dombach seit 1477 die Wendelinuskapelle und Schwickershausen seit 1337 eine Kapelle, von der man weiß, dass sie bereits 1526 dem hl. Georg geweiht war. Darin wurde aber selten die hl. Messe gefeiert, nur an den Namenstagen der Patrone dieser Kapellen und vielleicht als Requiem bei Beerdigungen. Friedhöfe befanden sich in der Nähe der Kapellen. Jedoch zum Empfang der Sakramente, zu den Sonn- und Feiertagsgottesdiensten und zu den verschiedenen Prozessionen im Verlaufe eines Kirchenjahres mussten die Katholiken bei Kälte, Regen oder Sonnenschein von Schwickershausen und Dombach zu ihrer Pfarrkirche nach Camberg gehen. Dazu brauchten die Schwickershäuser eine halbe Stunde und

die von Dombach gar eine Stunde. Viele von ihnen trugen nur primitives Schuhwerk, und die Wege waren schlecht. Die Straßen und ausgebauten Wege zwischen Dombach, Schwickershausen und Camberg, wie wir sie heute kennen, entstanden erst im 20. Jahrhundert. 1932/33 bauten arbeitslose junge Männer aus Schwickershausen im Rahmen des Arbeitsbeschaffungsprogrammes *»Freiwilliger Arbeitsdienst«* eine Straße von Schwickershausen nach Dombach.

Endlich fanden die Menschen der beiden Orte ihre Wohltäter. In ihrem Testament vom 1. Januar 1793 setzten der Oranien-Nassauische Rentmeister Sebastian Dabutz († 1808) und seine Ehefrau Maria Carolina geborene Sturm († 1801) 6.000 Gulden *zur Stiftung eines ewigen Frühmessers für Dombach und Schwickershausen*[1] aus. Zusätzlich vermachten sie ein Kapital von 400 Gulden für eine ewige Ampel und für einen Taufstein. Von einem Kapital von 200 fl (Gulden) sollten die zwei Lehrer von Dombach und Schwickershausen *zu ewigen Tagen*[2] je zur Hälfte die Zinsen bekommen. *Ferner zu Ankaufung eines Wohnhauses für den Frühmesser, welcher dieses nachgehends und stets in Dach und Gefach auf seine Kosten (wohl bemerkt) zu erhalten hat eine Summe von 400 fl.*

An diesem Punkt des Legats sollte sich ein jahrzehntelanger Streit zwischen Schwickershausen und Dombach entzünden, da von dem Testament mehrere Ausfertigungen angefertigt wurden. Die eine enthält bei der Anschaffung eines Wohnhauses für den Frühmesser noch den Zusatz des Standorts: *Dombach*. Dies ist aber als Kopie nicht beglaubigt. In einem Schreiben an das Bischöfliche

Der Kirchenstreit zwischen Schwickershausen und ...

Domkapitel zu Limburg wiesen der Gemeinde- und der Kirchenvorstand von Schwickershausen den Adressaten darauf hin, *dass er vom Vorstand zu Dombach hintergangen worden ist* [3]. Schon in seinem Antwortschreiben vom 18. Januar 1843 an das Bischöfliche Domkapitel wies der damalige Dekan Abel, Pfarrer von Camberg (1838 bis 1846), auf diesen Mangel in der ersten Kopie hin und verwies auf eine Kopie des Testaments, welche vom Camberger Amtsassessor St. George beglaubigt sei. Aber in dieser fehle die Ortsangabe Dombach.

Das Kapital wurde einige Jahre nach dem Tode der Erblasser den beiden Gemeinden übergeben, die zur Verwaltung einen eigenen Fondrechner anstellten. Der Pfarrer von Camberg, die längste Zeit war es Pfarrer Franz Lothar Roos (1806 bis 1838), führte als »*Director*« mit dem Kirchenvorstand von Dombach und Schwickershausen die Oberaufsicht. Als 1832 der Kapitalstock durch die Verzinsungen auf 8.573 Gulden angewachsen war, bemühten sich die Schultheißen von Dombach und Schwickershausen für ihre Gemeinden um einen Geistlichen, der, zum Vikar ernannt, aus dieser Stiftung bezahlt werden konnte. Nach der Beseitigung einiger Schwierigkeiten erreichten sie, dass zum 6. Dezember 1832 das Bischöfliche

Domkapitel in Limburg in einem Dekret Jakob Hannappel (1832 bis 1838) von Montabaur zum ersten Vikar von Dombach und Schwickershausen ernannte. Seine definitive Anstellung erhielt er erst durch ein Regierungsdekret vom 27. März 1834. Der Vikar musste in beiden Orten an Sonn- und Feiertagen je eine Messe oder ein Hochamt zelebrieren und predigen. Er unterstand dem Pfarrer von Camberg, dem er an hohen Festtagen in der Mutterkirche aushelfen musste. Der Pfarrverband mit Camberg blieb für die Katholiken der beiden Orte am Dombach bestehen, daher leisteten sie auch weiterhin *alle Schuldigkeiten der Parochianen gegen die Pfarrei Camberg* [4]. Sie konnten weiterhin die Sakramente in ihrer Mutterkirche empfangen und zu ihren Todkranken einen Geistlichen von Camberg rufen. Trotzdem wünschten sich beide Kirchenvorstände eine selbstständige Kirchengemeinde Dombach - Schwickershausen. Doch Pfarrer Roos wußte mit seinen Argumenten beim Bischöflichen Domkapitel diese Wünsche zu unterbinden und damit auch den Umfang seiner bisherigen Einkünfte zu erhalten. Erst nach seinem Tode (16. Dezember 1838) erreichten die Bittsteller nach längeren Verhandlungen mit dem Bischöflichen Domkapitel und der Herzoglich Nassauischen Landesregierung die Loslösung von der Mutterkirche und die Errichtung einer eigenständigen Pfarrei, bestätigt durch die *»Erections-urkunde«* vom 8. Mai 1840. Bei der Erstellung dieser Urkunde benutzten die Schreiber offensichtlich eine Kopie des Dabutzschen Testaments nach Dombacher Lesart. Sie schrieben daher in diese Gründungsurkunde, dass der Pfarrer der neuen Pfarrgemeinde gemäß

zunächst keine Wohnung in Dombach und musste schließlich eine sehr kleine im oberen Stock des Schulgebäudes akzeptieren, die ihm der Dombacher Lehrer vermietet hatte. Er beschwerte sich mehrmals über seine schlechten Wohnverhältnisse beim Bischöflichen Domkapitel und bat um Abhilfe. Als von dort kein Versuch zur Verbesserung dieses Missstandes gestartet wurde, griff er zur Selbsthilfe und

... Dombach trieb über Jahrzehnte hinweg skurile Blüten.   *Zeichnungen: Klaus Panzner*

dem Willen der Erblasser in Dombach wohnen solle. Sind die Verfasser der Urkunde auf einen Trick der Dombacher hereingefallen? Haben die Vertreter von Schwickershausen diesen Text nicht genau gelesen, bevor sie ihn unterschrieben?

Als Ablöse- bzw. Abfindungssumme zahlte Schwickershausen 260 fl und Dombach 200 fl an die Mutterkirche Camberg. Curat-Vikar Hannappel wohnte in Dombach. Sein Nachfolger Franz Jakob Resplandin (1838 bis 1840; Pfarrer 1840 bis 1841) zunächst auch, doch dann übersiedelte er ohne vorherige Ankündigung nach Schwickershausen. Gemäß der Erectionsurkunde wohnte Pfarrer Johann Petry während seiner Amtszeit 1841 bis 1843 in Dombach. Doch sein Nachfolger Pfarrer Peter Sehr (1843 bis 1847) fand

übersiedelte nach Schwickershausen. Wegen dieses eigenmächtigen Vorgehens und der Missachtung des Texts der Erectionsurkunde wurde er von der Herzoglichen Landesregierung mit einer Strafe von fünf Reichstalern belegt.

Die zahlreichen Bittschriften der Kirchen- und Gemeindevertreter von Schwickershausen und ihr Versprechen, ein Wohnhaus im Wert von 500 Gulden aus Mitteln der Gemeinde für den Pfarrer zu kaufen, bewirkten 1846 die Zustimmung des Bistums und der Landesregierung zur Verlegung der Residenz des Pfarrers nach Schwickershausen. Doch auch dort wohnten die Pfarrer sehr beengt in Mietwohnungen. Pfarrer Georg Zimmermann (1851 bis 1854) beschwerte sich darüber, und Pfarrer Peter Caspar Gombert, der von 1854 bis 1860 in dieser Pfarrei tätig war, schrieb in die Pfarrchronik, dass es zunächst schwer für ihn gewesen sei, ein Domizil in Schwickershausen zu finden. Schließlich verbrachte er drei Jahre in einer kleinen Wohnung in der Mühle beim Müller Johann Schmitt, der ihm aber sehr behilflich war.

Nach dem Wegzug des Pfarrers protestierten die Dombacher Gemeinde- und Kirchenvorsteher wegen der Missachtung des Inhalts der Erectionsurkunde. Zunächst verlangte der örtliche Bürgermeister von den Eltern der Erstkommunionkinder, ihre Kinder nicht zum Kommunionunterricht nach Schwickershausen zu schicken, was auch befolgt wurde. Als ihre schriftlichen Beschwerden beim Bischöflichen Domkapitel in Limburg und beim Herzoglichen Staatsministerium zu Wiesbaden nichts bewirkten, wandten sie sich 1859 an das damals zuständige Erzbischöfliche Ordinariat in Freiburg. Von dort erhielten die Dombacher über das Ordinariat in Limburg die Mitteilung, dass die Rückverlegung der Residenz des Pfarrers nach Dombach nicht ohne die Zustimmung der Herzoglichen Landesregierung erfolgen könne. Da entschlossen sich 1863 die Dombacher Gemeinde- und Kirchenvertreter zum Bau eines Pfarrhauses. Die Einnahmen des Holzverkaufes aus ihrem Wald »In der Kirchenheck« sollten dazu verwendet werden. Die weltliche und die kirchliche Obrigkeit stimmten dem Plan mit seiner Finanzierung zu. Noch im Mai 1862 hatte die Herzogliche Regierung ein Gesuch der Gemeindevorsteher von Schwickershausen zum Bau eines Pfarrhauses in Schwickershausen *wegen dem Mangel an einen Nachweise der Mittel*[5] abgelehnt.

Am 8. April 1865 erfolgte in Dombach der erste Spatenstich für das Pfarrhaus, und schon am 9. April 1866 konnte Pfarrer Anton Fischer (1864 bis 1868) aus seiner Privatwohnung in Schwickershausen in das neue geräumige Pfarrhaus in Dombach übersiedeln. Das Bauland, der Bau des Hauses mit einer Waschküche und der Anlage einer Pumpe im Hof kostete die Gemeinde Dombach 7.428 Gulden und 13 Kreuzer.

Grund war wohl der verletzte Stolz der Schwickershäuser, nicht mehr wichtiger als die Dombacher zu sein, obwohl sie insgesamt mehr an Kirchensteuer zahlten. Außerdem befürchteten sie, dass sie nun durch ihren Pfarrer und das Bischöfliche Domkapitel zurückgesetzt würden. Lehrer August Schnaedter kommentiert das in der Schulchronik von Schwickershausen: *Dombach hat nämlich ein schönes Pfarrhaus gebaut, nachdem Schwickershausen viele Jahre Zeit dazu gelassen wurde. In Folge dessen hat es denn auch eine neue Gottesdienstordnung gegeben, die allerdings sehr zum Nachtheil von Schwickershausen ausgefallen ist*[6]. Gravierende Verschlechterungen darin waren, dass die Erstkommunionkinder von Schwickershausen nun nach Dombach zum Unterricht gehen sollten, die regelmäßige Beichte nur in Dombach erfolgen konnte, Alte und Kranke durften vor den Gottesdiensten in Schwickershausen beichten, der Geistliche für jedes bestellte Amt und für jede bestellte Messe in der Kirche von Schwickershausen ein Wegegeld von 20 Kreuzern erheben werde.

Als die neue Gottesdienstordnung durch den Pfarrer von der Kanzel in Dombach vorgelesen wurde, freuten sich die Zuhörer, in Schwickershausen rumorte es zuerst in der Kirche und später im Dorf. Gewählte Vertreter in der Kirche und im Ort steuerten mit Härte die verschiedenen Protestaktionen. In einem Schreiben an den Bischof verlangten sie ihre alten Rechte zurück und erklärten darin gemäß Pfarrer Fischer, dass sie ihn (hinzugefügt: den Bischof) *beim Erzbischof verklagen, je nach Ergebniß von diesem an den Pabst appelieren, u. wenn auch dieser gegen sie* entscheiden sollte, sie Menoniten werden würden[7]. Nach Christian Daniel Vogel lebten 1843 in Schwickershausen sechs Menoniten[8]. Daher kam wohl diese Idee. Danach gingen die wenigen Aufwiegler, so Pfarrer Fischer in der Pfarrchronik, zur Organisation des Boykotts und des passiven Widerstandes gegen ihn und den Gottesdienst in der örtlichen Kirche über. Sie warnten bei Strafe von Repressalien die Schwickershäuser Gläubigen, den Messen oder Hochämtern in ihrem Ort beizuwohnen. Eltern gaben dieses Verbot an ihre Kinder weiter und schickten sie auch nicht zum Erstkommunionunterricht nach Dombach. Gemäß Pfarrer Fischer drohte ein Ehemann seiner Frau sogar Prügel an, wenn sie sich diesem Verbot widersetze. In einer prekären Lage befand sich Lehrer Schnaedter. Er war zwar Einwohner und Lehrer in Schwickers-hausen, doch der jeweilige Pfarrer war wegen der geistlichen Schulaufsicht sein Vorgesetzter. Während der Zeit des Boy-kotts von etwa neun Monaten musste er bei Messen den Dienst als Ministrant übernehmen. Wegen seiner Nähe zu Pfarrer Fischer bekam er einen Denkzettel. Pfarrer Fischer schrieb: *Dem Lehrer Schnaedter, der sich mit Energie dem Treiben der Ruhestörer widersetzte, wurde zur Nachtzeit die Blumenbank vom Fenster gerissen und nicht lange danach das Schulhaus der Art mit Abtrittskoth be-schmiert, daß der Unterricht nicht eher begonnen werden konnte, bis die Reini-gung auf Gemeindekosten vorgenommen war*[9]. Die Aktionen der Protestierer gegen die Benachteiligungen der Schwickers-häuser in der neuen Gottesdienstordnung eskalierten am Samstag, dem 9. März 1867. Mit Hilfe der Ortsschelle wurden die Männer zusammengerufen, 30 von ihnen zogen dann zur Kirche und vernagelten das Schlüsselloch der einzigen Kirchentür mit einem nach Pfarrer Fischer *frisch-*

geschmiedeten starken Eisenplättchen[10]. An das Portal hefteten sie auch einen Zettel mit dem Text:
Bekanntmachung
Dem H. Pfr. Fischer wird hiermit eröffnet, daß wir so lange keinen Gottesdienst mehr von ihm gehalten haben wollen, bis wir in Besitz unserer entzogenen Rechte gelangt sind.
Schwickershausen, den 9. März 1867
Die kath. Kirchengemeinde[11].
Pfarrer Fischer stand am folgenden Sonntag vor vernagelter Kirchentür und konnte die Sonntagsmesse nicht halten. Doch in einem Schreiben vom 4. April 1867 an das Ordinariat in Limburg berichtet er: *Am Sonntag, den 17. v*(origen). *M*(onats) *wurde hierauf die Kirchenthüre von einem Kamberger Schlosser im Beisein des Bürgermeisters und zweier Gendarmen geöffnet, welch letztere denn auch zu meiner Bedeckung beordert waren. Ich las hierauf eine Messe, wobei Herr Lehrer Schnaedter mich bediente. Während dessen standen Aufwiegler an dem Ausgang des fernliegenden Ortes und hielten jeden ab, der zur Kirche gehen wollte*[12]. Der Boykott wurde also fortge-setzt. Viele Schwickershäuser Katholiken besuchten während dieser Zeit wieder die Gottesdienste in Camberg und empfingen dort die Sakramente. Allmählich machte sich besonders bei den Frauen im Dorf Un-wille gegenüber den Boykottmaßnahmen breit. Doch da bewies einer der Agitatoren seinen Durchhaltewillen. Wir entnehmen aus Pfarrer Fischers Bericht vom 11. Juni 1867 an das Ordinariat des Bistums Lim-burg: *. . . daß ich heute Morgen – Pfingst-sonntag – die Kirche zu Schwickershausen wiederholt rechtswidrig verschlossen gefunden habe. Ein Eisennagel ist in das Thürschloß eingetrieben, sodaß nur ver-mittelst gewaltsamen Aufbrechens die Thüre geöffnet werden kann. Diese wiederholte Freveltat scheint diesmal im*

Geheimen ausgeführt worden zu sein, und ist wahrscheinlich zur Nachtzeit verübt worden. Dem Bürgermeister Sahl als Polizeichef mache ich diesmal keine Anzeige, weil er beim ersten Male meine an ihn gerichtete Anzeige ignoriert hat [13].

Nachdem auch die Leitung des Erzbistums Freiburg die Klage der Kirchengemeinde Schwickershausen als unbegründet abgewiesen hatte, drohte das Limburger Ordinariat in einem Schreiben an die Kirchengemeinde, dass sie *für alle Zukunft nichts weiter als alle 14 Tage eine stille Messe erhalte, worauf sie im günstigsten Falle nach der Dabutz'schen Stiftung Ansprüche erheben könne* [14]. Pfarrer Fischer schreibt weiter in der Pfarrchronik: ... *da wurden die Sturmsegel eingezogen; es erschienen theilweise die Kinder und vereinzelt die Erwachsenen zur Theilnahme des Gottesdienstes. Am Sonntag, dem 24. November, konnte das erste Mal gehalten werden; mit der Betheiligung des etwa vierten Theils der Einwohner am Gottesdienste war der Durchbruch zur kirchlichen Ordnung gegeben. Nach einem dreivierteljährigem, unsinnigen Treiben der Schwickershäuser stehen sie nun da, was die neue Gottesdienstordnung von ihnen verlangt* [15].

Die Abneigung der Schwickershäuser gegen Dombacher, besonders deren Kirchenbesucher, war noch 30 Jahre später spürbar. 1897 wurde Adam Metternich, Lehrer in Schwickershausen (1896 bis 1902), für einige Zeit der Organistendienst in Dombach vertretungsweise übertragen. Einige Scharfmacher in Schwickershausen wollten ihn wegen dieser Tätigkeit bei der Regierung verklagen. Es blieb allerdings bei der Drohung.

Bischof Dominikus Willi erteilte am 7. September 1899 in der Dombacher Kirche den Firmlingen von Dombach und Schwickershausen die Firmung. Am Nachmittag besuchte er zur Freude der Katholiken von Schwickershausen auch ihre Kirche. Dort hielt er eine zu Herzen gehende Ansprache, in der er auf die Zwistigkeiten zwischen den Gemeinden Dombach und Schwickershausen hinwies und zum Frieden ermahnte [16], schrieb Lehrer Metternich in der Schulchronik von Schwickershausen.

1 Diözesanarchiv Limburg (DAL) D 9 Dombach 10/4 (Errichtung der Pfarrei Dombach - Schwickershausen 1828-1861): beglaubigte Kopie vom 15.1.1794, S. 15.

2 DAL D 9 10/4, S. 18.

3 DAL D 9 Dombach 10/1 (Verlegung des Pfarrsitzes von Dombach nach Schwickershausen und zurück 1794-1853).

4 Stadtarchiv Bad Camberg (StABC) 370.00, Dombach: Urkunden-Buch der Filialkirchen von Dombach und Schwickershausen, S. 18.

5 Pfarrarchiv Dombach B II/ G.

6 Schulchronik der Schule Schwickershausen S. 116.

7 StAB 370.00, Dombach: Urkunden-Buch der Filialkirchen von Dombach und Schwickershausen, o. S.

8 Vogel, Christian Daniel, Beschreibung des Herzogthums Nassau. Niederwalluf 1971, S. 816.

9 StAB 370.00, Dombach: Urkunden-Buch der Filialkirchen von Dombach und Schwickershausen, o. S.

10 DAL D 9 Dombach 10/3 (Gottesdienstordnung für Dombach und Schwickershausen 1841-1875): Bericht vom 10.3.1867 des Pfarrers Fischer an das Ordinariat des Bistums Limburg.

11 DAL D 9 Dombach 10/3: Bericht vom 10.3.1867 des Pfarrers Fischer an das Ordinariat des Bistums Limburg, S. 2.

12 DAL D 9 Dombach 10/3: Bericht vom 2.4.1867 des Pfarrers Fischer an das Ordinariat des Bistums Limburg.

13 DAL D 9 10/3: Bericht vom 9.6.1867 des Pfarrers Fischer an das Ordinariat des Bistums Limburg.

14 StABC 370.00, Dombach: Urkunden-Buch der Filialkirchen von Dombach und Schwickershausen o. S.

15 Ebenda.

16 Schulchronik der Schule Schwickershausen S. 211.

ZWEI BISCHÖFE BESUCHEN CAMBERG IN SCHWIERIGER ZEIT

VON MANFRED KUNZ

Heute ist es für eine Zivilgemeinde kein besonderes Ereignis, wenn der Bischof in seiner Diözese eine Pfarrgemeinde besucht, was meistens mit einer Firmung verbunden ist.

Im 19. Jh. war dies noch anders. Zwei Bischofsbesuche in Camberg sind bekannt, von denen der erste ein Festtag für die Stadt- und Pfarrgemeinde war, der andere am Beginn einer schwierigen Phase in der Geschichte des Bistums Limburg stand.

Bischof Dr. Jakob Brand sprach 1827 in Camberg über die zahlreichen Schwierigkeiten im neuen Bistum Limburg.

DER ERSTE BESUCH IM JAHRE 1827

Camberg gehörte seit Jahrhunderten zum Bistum Trier. Als die Armeen des revolutionären Frankreichs das linksrheinische Gebiet des Kurfürstentums Trier annek-

tierten, entstand in unserem rechtsrheinischen Raum ein Vakuum. 1794 floh der letzte Kurfürst und Erzbischof Clemens Wenzelslaus zunächst nach Aschaffenburg. Der rechtsrheinische Teil von Trier wurde von einem Generalvikar von Limburg aus verwaltet. Es dauerte bis 1827, ehe das heutige Bistum Limburg auf dem Territorium des Herzogtums Nassau entstand.

Es war schwierig, einen geeigneten Bischof zu finden, der loyal zum Papst stehen sollte und von dem die nassauische Regierung Linientreue zum Herzog erwartete. Die Regierung in Wiesbaden sah das Bistum Limburg als »*Landesbistum*« an, womit ein jahrzehntelanger Konflikt begann. Alle Amtshandlungen des Bischofs waren durch die Staatsregierung genehmigungspflichtig, ebenso die Korrespondenz mit Rom.

Kandidat Herzog Wilhelms war Jakob Brand, Pfarrer von Weißkirchen. Er war 1776 in Neudorf im Spessart geboren, wurde 1802 zum Priester geweiht und war bis 1808 Professor am Gymnasium zu Aschaffenburg. Als er 1808 nach Weißkirchen kam, war er für die Nassauer ein »*Ausländer*« und hätte normalerweise keine Chance gehabt, eine Pfarrstelle zu bekommen. Doch er stand in der Gunst des Herzogs, der ihn dann 1827 auch zum ersten Bischof von Limburg haben wollte.

Am 9. Oktober 1827 wurde die herzogliche Urkunde ausgestellt, die Jakob Brand zum »*Landesbischof*« bestellte. In Koblenz wurde er am 21. Oktober 1827 vom Trierer Weihbischof Milz in St. Kastor geweiht. Kirchenrechtlich begann das Bistum Limburg am 23. November 1827 und staatsrechtlich am 8. Dezember des Jahres. Am 11. Dezember fand die Ernennung von Jakob Brand zum Bischof mit der feierlichen Inthronisation im Dom zu Limburg seinen Abschluss.

Schauen wir einen Tag zurück auf den 10. Dezember 1827. Jakob Brand war von Weißkirchen aus auf dem Weg nach Limburg und machte in Camberg Halt. Hier lebte und wirkte Dr. Moritz Lieber als Advokat. Er war in der nassauischen Politik und in der katholischen Bewegung sehr aktiv. Der Herzog ernannte ihn 1831 zum Legationsrat. Die deutschen Katholiken verdankten Lieber viel. So war er 1849 und 1857 Präsident der Katholikentage. Mit seiner ultramontanen und konservativen Einstellung stand er voll zum Papsttum. Klaus Schatz[1] nennt Lieber in seiner Geschichte des Bistums Limburg eine der bedeutendsten Gestalten der Diözese.

Bei diesem Kirchenführer, der auch politisch großen Einfluss hatte, war Jakob Brand eingeladen. Es ging sicherlich nicht um einen Höflichkeitsbesuch, sondern um die zahlreichen Probleme des neuen Bistums, und die aufziehenden Konflikte gaben den beiden Herren reichlich Gesprächsstoff. Lieber zog hier die Fäden und machte seinen Einfluss geltend.

Die Stadt Camberg wollte nicht nachstehen, auch den hohen Gast gebührend zu empfangen. Die im Hessischen Hauptstaatsarchiv Wiesbaden erhaltene Akte enthält eine Aufstellung der Kosten zum Besuch von Bischof Brand. Die Kosten waren hoch. In der Summe beliefen sie sich auf 77 Gulden und 19 Kreuzer[2]. Das waren etwa drei bis vier Monatslöhne eines Handwerkers. Hiermit hatte nun der Camberger Schultheiß Heinrich Fend[3] ein kleines Problem. Er konnte die 77 Gulden nicht in den städtischen Ausgaben unterbringen. Daher entschlossen sich die Verantwortlichen, eine Sammlung bei den Bürgern durchzuführen.

»Da seine Hochwürdiger Herr Bischof der Stadt Camberg die Ehre ertheilt hat, in Person Montag den 10. d. M. bey Herrn Regierungs-Rat Lieber zu mittag speisten, so hat man es dem anstand angemessen zu dieser Feyerlichkeit – von Mainz 12 Oestreich Musikanten kommen zu lassen. Da diese Kosten und noch mehrere von dieser Art – in der Stadtrechnung nicht passieren, so würde man in die Nothwendigkeit gesetzt - hirzu Collectiren - um einen freywilligen Beytrag. - Camberg 9. Dez. 1827 Fend Stadtschultheiß.«[4]

Am Anfang dieses »Staatsbesuches« stand die Einladung an den hohen Herrn. Moritz Lieber und Schultheiß Heinrich Fend hatten am 25. November Brand nach Camberg eingeladen. Sie hatten für die Postpferde, Zehrung und Trinkgelder sieben Gulden, 59 Kreuzer ausgegeben. Außerdem beauftragte der Schultheiß am 6. Dezember Christian Urban, einen Botengang nach Weißkirchen zu machen. Dafür bekam er einen Gulden, 20 Kreuzer.

Der Bäcker und Gastwirt Christian Wenz schrieb eine Rechnung über 15 Gulden, 24 Kreuzer an Pfarrer Roos. Bei diesem Beleg geht es um Essen, Trinken und Schlafgeld. Vermutlich handelt es sich um die Verköstigung der Musikanten, denn mit dabei sind 2 ½ Maß (fünf Liter) Branntwein und 24 Maß (48 Liter) Bier.

Wie in dieser Zeit und auch noch im 20. Jh. üblich, wurden bei hohen Besuchen oder zu Festen Ehrenpforten errichtet. Auch hier wollte die Stadt nicht nachstehen. Zwischen den Häusern des Rentmeisters Johann Peter Lieber[5] und Joseph Schuhmacher wurde ab dem 7. Dezember eine Ehrenpforte, geschmückt mit Tannengrün und -zapfen, errichtet. Diese bauten Adam Becker und Anton Nicklas für sieben Gulden. Der Schlosser Lorenz Gregori fertigte dazu noch fünf Klammern und Holzschrauben, die einen Gulden kosteten.

Auch die Camberger Katzenköpfe kamen zum Einsatz. Anton Adam und Jakob Martin bedienten sie für einen Gulden, 30 Kreuzer. Der Kaufmann August Theodor Gallo besorgte für »*die Kanonen*« 12 ½ Pfund Pulver zu sechs Gulden, sechs Kreuzer. Dazu lieferte der Schmied Heinrich Schmitt für 30 Kreuzer die Kanonenkohlen (Gallo spendete später einen Gulden, Schmitt seine 30 Kreuzer).

Der größte Ausgabenposten waren die Musikanten aus Mainz. Man holte zwölf österreichische K. u. K. Musiker aus der Bundesfestung Mainz. Sie spielten beim Einzug des Bischofs auf und bekamen 36 Gulden dafür. Joseph Ewald wurde beauftragt, die K. u. K. Musikanten abzuholen. Er ging wahrscheinlich nach Mainz, denn neben dem Botengang bekam er Zehrgeld, in allem einen Gulden, 30 Kreuzer.

Aus der Spendenliste kann man ersehen, was den Bürgern dieser Besuch wert war. Anschließend sind die Spenden einiger prominenter wie gewöhnlicher Bürger wiedergegeben:

Freifrau von Schütz	10	Gulden
Domkapitular von Schütz	10	Gulden
Frau Halberstadt Wwe	4	Gulden
A. Schuhmacher, Stadtrat	4	Gulden
Peter Cathrein jr.	3 Gulden 45	Kreuzer
Schultheiß Fend	3	Gulden
Pfarrer Roos	3	Gulden
F. P. Lieber, Rentmeister	3	Gulden
Öconom Lauer	2	Gulden
Achtuhrmesser Dillmann	1	Gulden
	10	Kreuzer
Theodor Gallo	1	Gulden
Joh. Philipp Marx, Schöffe	48	Kreuzer
Stadtvorstand König	30	Kreuzer
Heinrich Schmitt	30	Kreuzer
Philipp Birkenbihl	24	Kreuzer
Florian Lewalter	20	Kreuzer[6]

DER ZWEITE BESUCH IM JAHRE 1876

Dieser Besuch fand, wie der von Bischof Brand, am Vortag eines Ereignisses statt, das in die Geschichte des Bistums Limburg eingehen sollte. Doch diesmal, 49 Jahre später, gab es keine Ehrenpforte, keine Böllerschüsse und keine K. u. K. Musiker. Reichskanzler in Berlin war Otto von Bismarck. Der Kulturkampf war seit 1871 in

Zwei Tage vor dem Beginn seines siebenjährigen Exils besuchte Bischof Dr. Peter Joseph Blum in aller Stille die Familie Lieber in Camberg.

vollem Gange und dauerte noch bis 1886. Es war ein Konflikt zwischen dem Deutschen Reich und dem Katholizismus, bei dem es um die Abgrenzung der Rechte von Kirche und Staat ging. Prominentestes Opfer im Bistum Limburg wurde Bischof Dr. Peter Joseph Blum, auf dessen Wahl (1842) Moritz Lieber großen Einfluss ausgeübt hatte. Im Hause Lieber hatte inzwischen Dr. Ernst Maria Lieber die politische Nachfolge seines Vaters, der 1860 verstorben war, angetreten. Ernst Maria Lieber war seit 1871 Mitglied des Reichstages in Berlin und stieg später zum Führer der Zentrumspartei auf.

Auch er war, wie sein Vater, ein Kämpfer für den Katholizismus in Deutschland.

Der Kulturkampf erreichte in Limburg seinen Höhepunkt, als Bischof Blum am 19. Oktober 1876 von Seiten der Regierung mitgeteilt wurde, dass er innerhalb von zehn Tagen sein Amt niederlegen müsse, andernfalls werde eine Amtsentsetzung folgen. Es war der 24. Oktober 1876, als der Bischof nach Usingen reiste, um dort die neue Pfarrkirche zu weihen. Dr. Matthias Höhler berichtete in seiner Bistumsgeschichte von dieser Reise, dass der Bischof von Limburg aus mit der Bahn nach Camberg fuhr. Dort ging es dann mit dem Wagen weiter nach Usingen. Auf der Rückfahrt machte er bei der Familie Lieber noch einen Abschiedsbesuch, denn zwei Tage später war es so weit. Ob Blum seinen Vertrauten Lieber über die Pläne seiner Flucht informiert hatte, wissen wir nicht. Auf jeden Fall fand der Besuch in aller Stille statt. Es werden nicht viele Bürger erfahren haben, welchen Besucher Dr. Lieber an diesem späten Nachmittag empfing. Ganz anders 49 Jahre zuvor, als sein Vater den ersten Limburger Bischof empfing.

Höhler schreibt dazu: »*Bei der Fahrt zum Bahnhof in Camberg wäre er (der Bischof) beinahe verunglückt. Der der Gegend unkundige Kutscher fuhr nämlich in der Dunkelheit vom Weg ab aufs freie Feld bis haarscharf an die hohe Straßenböschung; einige Schritte weiter und der Wagen wäre die steile Höhe herabgestürzt; das Unglück wurde jedoch glücklicherweise noch im letzten Augenblick verhütet .*«[7]

Einen Tag später lehnte Bischof Blum die Forderung der preußischen Regierung ab. Am 26. Oktober reiste er inkognito über Dernbach, wo er die Schwestern der Armen Dienstmägde Jesu Christi und deren Gründerin Generaloberin Katharina Kaspar besuchte, nach Koblenz und von dort mit dem Zug weiter zum Schloss Haid in Böhmen, wo er beim Fürsten Karl zu Löwenstein Aufnahme fand.

Klaus Schatz schreibt dazu: »*Eine Fahrkarte nach dem zur Diözese gehörenden Frankfurt weckte keinen Verdacht. Hinter Bingerbrück aber verließ der Zug das preußische Staatsgebiet; und von Mainz aus wurde die Weiterfahrt über das bayrische Aschaffenburg unternommen.*«[8] Bischof Blum ging ins Exil, das sieben Jahre dauerte und im Dezember 1883 endete. Begleitet wurde er von seinem Sekretär, dem späteren Bistumshistoriker und Generalvikar Dr. Matthias Höhler. Vermutlich war er auch der Begleiter des Bischofs in Camberg und hat uns den Besuch in seiner Bistumsgeschichte übermittelt. Am 3. Dezember 1883 wurde Bischof Blum durch kaiserliche Order begnadigt und verließ sein Exil. Nach seiner Ankunft in Frankfurt fuhr er am 19. Dezember im Sonderzug nach Limburg. Ein Jahr später, am 30. Dezember 1884, starb der Bischof nach einem 42-jährigen Pontifikat.

1 Schatz, Klaus, Geschichte d. Bistums Limburg. S. 101f.
2 HStAW Abt. 220 Nr. 650 (Kosten des Bischofsbesuches in Camberg, 1827).
3 Heinrich Fend führt die Spendenliste mit 3 fl. an. Er war von 1802-1808 trierischer Schultheiß (im zweiherrischen Camberg) und von 1808 bis zu seinem Tod (22.6.) 1832 nassauischer Oberschultheiß.
4 HStAW Abt. 220 Nr. 650.
5 Johann Peter Lieber (geb. 26.12.1762 - gest. 3.9.1838), 4 auf der Spendenliste, war ein Bruder von Gisbert Lieber, dem Stifter des Camberger Hospitals und ein Onkel von Moritz Lieber. Johann Peter war von 1787 bis 1802 oranisch-nassauischer, von 1802-1808 nassauischer Schultheiß und seit 1808 Landoberschultheiß. Das Amt des Rentmeisters hatte er von 1797 bis 1806 inne.
6 HStAW Abt. 220 Nr. 650.
7 Höhler, Mathias, Geschichte des Bistums Limburg. Limburg 1908, S. 339f.
8 Schatz, Bistum Limburg, S. 181.

Quellen- und Literaturhinweise:
HStAW Abt. 220 Nr. 650 (Kosten des Bischofsbesuches in Camberg, 1827).
Höhler, Matthias Dr.: Geschichte des Bistums Limburg, Limburg, 1908.
Kunz, Manfred: Philipp Schütz von Camberg, Domherr und Kandidat der Limburger Bischofswahl. In: Historisches Camberg Nr. 20, Bad Camberg, 1992.
Schatz, Klaus: Geschichte des Bistums Limburg, (Quellen und Abhandlungen zur mittelrheinischen Kirchengeschichte) Mainz. 1983.
Traut, Michael: Dr. Ernst Maria Lieber, eine Camberger Persönlichkeit des 19. Jh. In: Historisches Camberg Nr. 34, Bad Camberg, 2002.

VOM DROMMERSHÄUSER WEG ZUR KREISSTRABE

VON HERMANN ENGEL

Im Jahrbuch des Kreises Limburg-Weilburg habe ich in der Ausgabe 2002 erwähnt, dass Peter Heinrich Bock von 1902 bis 1919 Bürgermeister der früheren Gemeinde Ahausen war und 1927 eine umfangreiche Schilderung über Ereignisse aus früheren Jahren verfasst hat.

Seine Ausführungen enthalten auch Hinweise auf Begebenheiten, die den Ausbau des Drommershäuser Weges (jetzt Kreisstraße 412) betreffen.

Die genannte Straße beginnt an der Lahnbrücke bei Ahausen in der Gemarkung Rankenberg und führt durch das Grundbachtal über Drommershausen nach Hirschhausen (die hier genannten drei Ortschaften sind heute Stadtteile von Weilburg).

Erbaut wurde der Weg 1874. Vorher bestand die Verbindung zwischen Ahausen und Drommershausen aus einem Feldweg (Trampelpfad), der über die Ahäuser Gemarkung »*Heide und Blas*« verlief. Gemarkungsbezeichnungen wie »*Linker Hand und Rechter Hand*« des Pfades weisen darauf hin, dass der alte Verbindungsweg in Höhe der »*Neumühle*« (Jungs-Mühle) das Grundbachtal kurz vor der Gemarkungsgrenze Drommershausen erreicht hat.

Im Jahre 1874 wurde nun endlich dem lange gehegten Wunsch, insbesondere im Interesse der Gemeinden Drommershausen und Hirschhausen sowie der Betreiber der Grubenbetriebe, Rechnung getragen.

Ein besonderes Interesse am Ausbau des genannten Weges hatten die Grubenbesitzer Krupp und Buderus, um so in den Genuss billigerer Abfuhren für ihr Eisenerz zu gelangen. Neben den Anliegergemein-den leisteten die Grubenbesitzer einen erheblichen Beitrag zum Ausbau der Straße. Ursprünglich weigerte sich der Gemeinderat von Ahausen, sich an den Unterhaltungskosten zu beteiligen. Der damalige Bürgermeister Michel sagte aber eine solche zu.

Durch die Erztransporte wurde die Straße stark in Mitleidenschaft gezogen, so dass 1879 die Fahrbahndecke erneuert werden musste. Die Durchführung dieser Arbeiten wurde durch Urteil der Gemeinde Ahausen auferlegt. So entstanden durch diese Maßnahme Kosten in Höhe von 21.553 Mark. Zur Finanzierung dieser Kosten musste ein Darlehn von 16.000 Mark aufgenommen werden. Den Restbetrag gewährte der Kommunalverband in Form einer Unterstützung.

Durch diese der Gemeinde Ahausen aufgebürdeten Kosten kam sie in eine schwierige, finanzielle Lage und war gezwungen, 270 bis 300 Prozent der Einkommen- und Realsteuer von ihren Bürgern zu erheben.

Nach einigen Jahren übernahm dann der Kommunalverband die Unterhaltungskosten. Die Gemeinde Ahausen hatte jedoch jährlich eine Gebühr zu entrichten, die anfangs 425 Mark und nach einigen Jahren 825 Mark betrug. Für die Erzfuhren der Firmen Buderus und Krupp wurde ein Wegegeld von 10 Pfennig je Einspänner erhoben. Firmen, die keine Wegebaukosten gezahlt hatten, mussten 20 Pfennig zahlen. Das so eingehende Wegegeld wurde auf die drei Gemeinden (Ahausen, Drommershausen, Hirschhausen) je nach Länge ihrer Wegstrecke verteilt.

Diese Aufteilung war für Ahausen gegenüber den beiden anderen Gemeinden ungerecht und wurde von Bürgermeister Bock angefochten, weil die Wegstrecken in Drommershausen und Hirschhausen von Erzfuhren weniger berührt waren als der Ahäuser Teil. Nach langjährigen Verhandlungen wurde vertraglich festgelegt, dass Ahausen 55 Prozent, Drommershausen 32 Prozent und Hirschhausen 13 Prozent vom Wegegeld erhält.

Heute dient die Straße nicht mehr – wie ursprünglich - dem Erztransport. Über die Lahnbrücke bei Ahausen rollt heute der Verkehr durch das schöne Grundbachtal über die gut ausgebaute Kreisstraße nach Drommershausen und Hirschhausen.

Vom Lahntal her sind über diese Straße die Freizeitanlagen »*Reithalle Drommershausen*« und »*Tierpark Hirschhausen*« günstig zu erreichen.

Weiter befinden sich an der genannten Straße das Schützenhaus der Schützengesellschaft Weilburg, die Bäckerei Michel sowie die Freizeitanlage des Turnvereins Weilburg (ehemalige Grube Justine). Aus dem in unmittelbarer Nähe der Straße gelegenen Mundloch des Otto-Stollens (Grube Allerheiligen) entnimmt die Stadt Weilburg Nutzwasser.

Bleibt zum Schluss noch zu erwähnen, dass früher drei Bachmühlen im Grundbachtal vom Wasser des Grundbachs betrieben wurden, und zwar Schlesingers-Mühle (später Grüns-Mühle), die Neumühle (später Jungs-Mühle) und die Drommershäuser Mühle. Außerdem wurde nahe bei Ahausen im Grundbachtal die Flutmühle betrieben. Diese musste Getreide mahlen, wenn wegen Hochwassers die an der Lahn gelegenen Mühlen (z. B. Engelmanns-Mühle) nicht mahlen konnten.

Erwähnenswert bleibt noch, dass früher der Straßenrand in der Gemarkung Ahausen mit Kirschbäumen und im Drommerhäuser Bereich (wie heute noch ersichtlich) mit Apfelbäumen bepflanzt war.

DER AMTSSCHIMMEL UND DAS TROCKENKLO

PAPIERKRIEG UM EIN STILLES ÖRTCHEN

VON FRANZ JOSEF STILLGER

In den Jahren 1897/1898 betrieben die »*Gebr. Baecker*« in Niederselters eine »*Cigarrenfabrik*« in den Räumen der 1792 im klassizistischen Stil erbauten ehemaligen Kurtrierer Brunnenwache, »*Kasern*« genannt, dem heutigen Rathaus der Gemeinde Selters (Taunus). Über das Herzogtum Nassau, 1866 mit dem damals noch weltbekannten Mineralbrunnen in preußisches Staatseigentum gelangt, war eine militärische Nutzung des »*fiskalischen Gebäudes Brunnenstraße No. 30*« längst obsolet. So konnte diese »*Königliche Domäne, unter Disposition des Pächters des Königlichen Mineralbrunnens stehend*«, anderweitig vermietet werden.

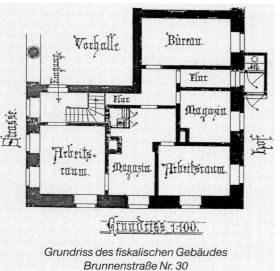

Grundriss des fiskalischen Gebäudes
Brunnenstraße Nr. 30

Der wirtschaftliche Aufschwung, der nach der Gründerkrise und der Depression der 70er Jahre um 1880 wieder einsetzte, ließ auch in Niederselters zahlreiche, teils spekulative oder kuriose, kleinere Unternehmen entstehen, die aber auch oft bald wieder als unrentabel in Vergessenheit gerieten. So wurden durch den Gemeindevorstand allein vier Steinbrüche, drei Kiesgruben, zwei Bergwerke und Tongruben innerhalb der Gemarkung verschiedenen Betreibern genehmigt. Unter den Gewerbebetrieben waren zu dieser Zeit fünf »*Maurergeschäfte*«, drei

»*Backsteinbrenner*« und fünf »*Tünchereien*«. Dass die wohl sicher kurzfristige Existenz einer »*Cigarrenfabrik*« nicht spurlos in der Vergangenheit versunken ist, verdanken wir einem Aktenvorgang, der im Archiv der Gemeinde Selters (Taunus) aufbewahrt wird und in seiner schnellen Abfolge im Schriftverkehr zwischen den unter- und übergeordneten behördlichen Dienststellen eine stets prompte Erledigung in den jeweiligen Zuständigkeiten dokumentiert, wenn auch eine endgültige Entscheidung in der Sache durch immer wieder neue Rückfragen und Zwischenverfügungen hinausgezögert wurde.

WOHIN MIT DEM GEWISSEN ÖRTCHEN?

Nun, um was ging es? In einem Gebäude, in dem mit einer bestimmten Anzahl Arbeitern und Arbeiterinnen eine »*Cigarrenfabrik*« betrieben werden sollte, durfte auch ein den auftretenden menschlichen Bedürfnissen dienendes gewisses Örtchen nicht fehlen. Zwar wird ein solches in oder an dieser ehemaligen Kaserne bestimmt schon vorhanden gewesen sein, doch hielten die »*Fabrikbetreiber*« dieses wohl, und besonders auch im Hinblick auf die beschäftigten Frauen, berechtigt für nicht ausreichend. Also richteten die »*Gebr. Baecker*« (die im Schriftverkehr nur so firmierten und ohne Vornamen in

Erscheinung traten) am 12. November 1897 mit entsprechender Zeichnung des Maurermeisters Heinrich Ehlig zu Niederselters über den Bürgermeister an das »*Königl. Landrathsamt zu Limburg*« einen Antrag auf Genehmigung »*eines Aborts mit Tonnensystem welcher für die Arbeiterinnen der Cigarrenfabrik der Unterzeichneten benötigt werden soll. Die Zahl der weiblichen Personen beträgt acht, von welchen der Abort benötigt werden soll.*« Im Begleitformular beantragen Bürgermeister Becker und die Gemeindevorsteher H. Ehlig, Adam Kundermann und Jacob Urban die Genehmigung der »*Anlage eines Aborts mit Tonne und bemerken gleichzeitig, daß früher an gleicher Stelle ein Abort vorhanden war. Auch wird durch die Errichtung eines Aborts mit Tonne kein Mißstand hervorgerufen, da das Stallgebäude worin derselbe errichtet ist nach dem Felde zu liegt und der Inhalt der Tonne in die Abortgrube des bereits bestehenden anderen Aborts ausgeleert wird.*« Auf einem weiteren Formular erklären sodann noch die »*nächsten Nachbarn des Bauherrn*« J. Studer und Jos. Caspary, dass sie gegen die »*Anlage eines Aborts in dem frei im Hof gelegenen Stallgebäude durch die Miether des dem Fiskus gehörigen, aber jederzeit unter Disposition des Pächters des Königl. Mineralsbrunnens stehenden Gebäudes Brunnenstraße No. 30, genannt die Kasern*«, nichts einzuwenden hätten. Aber mit Randverfügung vom 16. November 1897 hatte das Landratsamt Limburg den Vorgang »*Urschr. mit 6 Anlagen der Bürgermeisterei Niederselters*« schon wieder zurückgesandt und führt aus: »*Aus den Zeichnungen geht nicht hervor, wo der Abort angelegt werden soll, auch ist die Verfügung vom 18/2.85 zu der Verordnung vom gleichen Tage insofern nicht beachtet, als danach die Tonne in einem gewölbten Raume aufgestellt werden soll. Die*

mangelhafte Beschreibung gibt auch keinen Aufschluß über die Konstruktion der Abfallröhre. Ob der Pächter des Brunnens bzw. der Eigenthümer des Stalles mit dem Projekt einverstanden ist, bedürfte noch des Nachweises.«

VOM AUßEN- ZUM INNENKLO

Davon unterrichtet, teilt »*Brunneninspector*« Stoppel mit Schreiben vom 7. Dezember 1897 an »*die Bürgermeisterei, Hier*« Folgendes mit: »*Der vorgerückten Jahreszeit wegen müssen wir von der Anlage einer Abortgrube an der so genannten Kaserne absehen. Wir haben aber dafür ein Torfcloset bestellt, welches jedoch noch nicht eingetroffen ist. Die Anlage eines Torfclosets unterliegt nicht der baupolizeilichen Genehmigung. Hochachtend, Stoppel.*«
Dieses Schreiben leitet Bürgermeister Becker mit Randbericht vom 9. Dezember 1897 wiederum dem »*Königl. Landrathsamt*« zu mit der Bitte, »*mir gefälligst mitzuteilen, was meinerseits in dieser Angelegenheit weiter zu veranlassen ist.*«
Der Landrat schickt nun den am 13. Dezember 1897 bei ihm eingegangenen Vorgang am gleichen Tag weiter an die »*Kgl. Kreisbauinspektion Langenschwalbach*« (heute: Bad Schwalbach) »*mit der Anfrage, ob die Annahme, daß Torfmull-Closet-Einrichtungen einer Genehmigung nicht bedürfen, zutreffend erachtet wird.*«
Der »*Kreis-Bauinspektor*« beantwortet die bei ihm am 18. Dezember 1897 eingegangene Anfrage, sich bis über Weihnachten Zeit lassend, dem Landrat am 31. Dezember 1897 mit dem Hinweis, »*daß für das bewegliche Torfcloset die Bestimmungen des § 6 Abs. 2 und 3 der Polizeiverordnung vom 18.II. 1885 in Geltung treten.*«

DIE PREUßISCHE ABTRITTSVERORDNUNG

Nun bedarf es eines Blicks auf die dort zitierte damalige Gesetzeslage. Am 18. Februar 1885 hatte die »*Königliche*

Regierung, Abtheilung des Innern« zu Wiesbaden eine »*Polizei-Verordnung, betr. Die Anlegung von Abtritten, Abtrittsgruben und die Aufbewahrung von Abfallstoffen*« erlassen. Deren oben zitierter § 6 lautet: »*Die Abtrittsstoffe müssen in dicht gedeckten Gruben gesammelt werden.*

Wo die örtlichen oder Vermögens-Verhältnisse des Hauseigenthümers die Anlegung von Abtrittsgruben nicht gestatten, dürfen mit besonderer Genehmigung des Königlichen Amtes bewegliche oder transportable Behälter zur Aufname der Abtrittsstoffe angebracht werden.

Diese Behälter müssen wasserdicht mit gutem Verschlusse der Einleitungs-Oeffnungen hergestellt und, wenn sie aus Holz construiert sind, im Innern und Aeußern mit einem Anstrich von Theer oder Harz versehen und in besonderen, von Wohnräumen abgeschlossenen, mit wasserdichtem Boden und besonderem Eingang vom Hofe aus versehenen Räumen aufgestellt werden.«

Diese Verordnung und ein hierzu erschienenes »*Regierungs-Circulair*« vom gleichen Tage bildet von nun an Streit- und Angelpunkt der für die »*Cigarrenfabrik*« zusätzlich zu errichtenden Toilettenanlage.

DER VOLLKOMMENDSTE LUXUS

Zu der ihm über Landrat und Bürgermeister zugeleiteten Auskunft aus Langenschwalbach nimmt Brunneninspektor Stoppel mit Schreiben vom 9. Januar 1898 Stellung und vertritt die Auffassung, § 6 Abs. 2 und 3 beträfen »*Abtrittsanlagen ganz primitiver Art. Wer aber in seinen Vermögensverhältnissen beschränkt ist, wird sich niemals zur Aufstellung eines Torfmullclosets entschließen können.*« Und weiter führt er aus: »*Torfmullclosets sind geruchlos mit selbstthätiger Desinfektion nach jedem Gebrauch und das vollkommendste was bis jetzt vorhanden. Einer Konzession zur Aufstellung bedarf es nicht. Wir fügen*

Situation und ebenso Prospekt der Herstellungsfabrik bei. Obwohl die Aufstellung in bewohnten Räumen oder Schlafzimmern ohne Bedenken geschehen kann, ist im vorliegenden Fall die Aufstellung in einem als Magazin dienendem Raum erfolgt und der Apparat noch mit einem Bretterverschlag umgeben. Die Entfernung des unter dem Sitze stehenden Topfes erfolgt durch eine in dem Holzverschlag befindliche Thür. In Idstein wurden sowohl in dem Spital als auch in der Schule die Grubenclosets entfernt und durch Torfmullslosets ersetzt.*« Soweit die Ausführungen Jean Stoppels.

Leider ist der erwähnte Herstellerprospekt in den Archivalien nicht mehr enthalten. Aber die beigefügte »*Situation*« (=Zeichnung) vermittelt das Aussehen des »*Apparats*«.

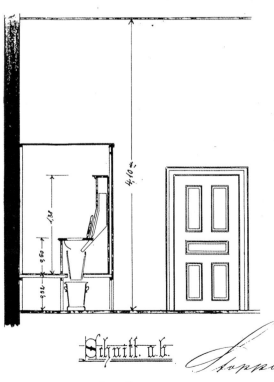

Schnitt a.b.

Niederselters, im Januar 1898.

WIE SOLL DER »APPARAT« AUFGESTELLT WERDEN?

Also geht der ganze Vorgang mit Begleitvermerk des Bürgermeisters am *11. Januar 1898 wieder zum »Königl. Landratsamt zu Limburg«*, das ihn am nächsten Tag sogleich der *»Kgl. Kreisbauinspektion Langenschwalbach«* übersendet, weil *»über die Genehmingungsbedürftigkeit der geplanten Einrichtung Zweifel bestehen.«*

Postwendend bemerkt Kreisbauinspektor Hesse, dass auch für den neuen Fall sein früheres Votum zutreffe, *»im Besonderen wird die Bestimmung zu beachten sein, nach welcher bewegliche Closets nur in Räumen, welche von Wohnräumen (diesen sind die Arbeitsräume sinngemäß wohl gleich zu achten) abgeschlossen sind und wasserdichtem Boden und besonderen Eingang vom Hofe aus versehen sind, aufgestellt werden dürfen.«*

Somit gibt der Landrat mit Schreiben vom 22. Januar 1898 diese baupolizeiliche Stellungnahme dem Niederselterser Bürgermeister zurück mit dem Ersuchen, der Brunnen-Inspektion aufzugeben, das *»Projekt«* entsprechend zu ändern.

Um das Hin und Her abzukürzen und hier gerafft wiederzugeben: Es wurden neue Pläne und ein Torfmullcloset-Katalog eingereicht und erneut dem Landrat vorgelegt, der aber nunmehr das Aktenstück dem *»Königlichen Regierungs-Präsidenten«* in Wiesbaden weitergeleitet hat, *»mit der Bitte um Entscheidung, ob das projectierte Torfmull-Closet unter die Polizei-Verordnung vom 18. Februar 1885 fällt, da ich dies bezweifle«*.

Mit Votum vom 19. Februar 1898 verneint der Regierungspräsident die Genehmigung, denn: *»Das Torfmullcloset soll fest angelegt und mit einem an die Raumwände sich anschließenden Bretterverschlag umgeben werden, der in einen vorhandenen Magazinraum eingebaut wird. Der durch solchen Einbau abgeschlossene Abortraum hätte keine ausreichende Verbindung mit Außenluft und -licht.«* Nicht genehmigungsbedürftig sei dagegen die etwaige offene Aufstellung eines transportablen Torfmullstreuclosets im Magazinraum, selbst *»vorausgesetzt, daß das Fenster eine hinreichende Lüftung des Raumes ermöglicht, so daß ein hygienisch unzulässiger Dauerzustand des Raumes nicht eintreten kann.«*

Dies auf dem Dienstweg wieder zurückgewanderte Gutachten des Regierungspräsidenten wurde dem Bauherrn bekannt gegeben, woraufhin Brunneninspektor Stoppel am 2. März 1898 gegenüber Bürgermeister Becker zu Protokoll erklärte, dass die Aufstellung des *»Zimmerclosets«* in einem als Durchgang dienenden Raum nicht angebracht sei. Deshalb *»ist ein Teil des Magazin-Raums durch einen Bretterverschlag abgetheilt und in diesem das Closet aufgestellt, ohne mit dem Verschlag oder dem Gebäude fest verbunden zu sein. Auch kann der Verschlag oben offen bleiben, somit genügend gelüftet werden.«*

DIE (NASEN-) WEISE ENTSCHEIDUNG

Dem Landrat am 7. März 1898 vorgelegt, schickt dieser den Vorgang nochmals an die *»Kgl. Kreisbauinspection zu Langenschwalbach«* und vermerkt, dass es s. E. nach dieser Erläuterung wohl keiner Erlaubnis zur Aufstellung des Closets bedürfe und fügt an: *». . . doch werde ich polizeilich controlieren lassen, ob kein Mißstand beim Gebrauch hervortritt.«*

Nun scheint dem Kreisbauinspektor die Sache inzwischen auch genug geworden zu sein, denn in seiner Stellungnahme vom 26. März 1898 teilt er dem Landrat u. a. mit: *». . . indessen halte ich es auch für zulässig, sich auf irgendeine Art über eine Verordnung hinwegzusetzen, welche auf vielverbreitete moderne Einrichtungen gar keine Rücksicht nimmt, denn Streuclosets hat es schon lange vor dem Jahre 1885 gegeben.«*

So ermutigt, ersucht das »*Kgl. Landraths-amt*« mit Verfügung vom 18. März 1898 den Herrn Bürgermeister in Niederselters, dem Antragsteller zu eröffnen, »*daß es einer Genehmigung des transportablen Torfmullstreu-Closets nicht bedürfe, jedoch für gehörige Lüftung des Aufstellungsraumes stets gesorgt werden müsse. Daß letzteres geschieht, ist Ihrerseits von Zeit zu Zeit controlieren zu lassen.*«

Daraufhin teilt der Bürgermeister dem Landratsamt mit Schreiben vom 2. April 1898 kurz und bündig mit:

»*Die Anlage wird von Zeit zu Zeit der ortspolizeilichen Besichtigung unterzogen werden.*« Ob das geschah und wer da seine »*ortspolizeiliche*« Nase in dieses gewisse Örtchen steckte, lässt sich nicht mehr feststellen, auch nicht, ob wirklich und wenn ja, wie lange in der »*alten Kaserne*« Zigarren gewickelt wurden.

Zu Beginn des 20. Jahrhunderts jedenfalls erwarb die Gemeinde das Gebäude und nutzt es seit 1910 als Rathaus. Und in den Räumen um das frühere »*Torfmullstreu-closet*« residiert heute immerhin das Selterser Ordnungsamt.

VOLKSSCHULE VOR 100 JAHREN

AUFGEZEIGT AM BEISPIEL OBERWEYER

VON DR. HUBERT WAGENBACH

VORBEMERKUNG

Für einen Blick in zurückliegende, lokale Geschehen und Einrichtungen bieten örtlich bestehende Museen gute Fundgruben, so auch in Oberweyer. Zur Abfassung dieses Berichtes war es mir hilfreich, dass ich Einblicke in die im Dorfmuseum ausliegende Schulchronik nehmen konnte und mir eine Kopie der Vorderseite eines Schulentlassungszeugnisses aus dem Jahre 1898 zur Verfügung gestellt wurde, die meinem Bericht als Anlage beigefügt ist und über die später noch einige Hinweise gegeben werden sollen.

Die Schulchronik ist in deutscher Schreibschrift abgefasst wie übrigens alle alten, wertvollen Dokumente auch. Ich selbst habe diese Schriftform noch während meiner beiden ersten Volksschuljahre gelernt, und danach wurde auf die lateinische Schriftform umgeschwenkt,

die dann ab dem Jahre 1940 alleinige Schriftform blieb.

Es wäre bedauerlich, wenn diese geschichtsträchtigen Unterlagen auf Grund der Tatsache, dass unsere nachfolgende Generation und Jugend die deutsche Schreibschrift nicht mehr lesen kann, ungenutzt in den Vitrinen liegen blieben.

Bei dem Ortsvorsteher und Vorsitzenden des örtlichen Verschönerungsvereins Hubert Bill als dem Initiator und verantwortlichen Betreuer des Museums bedanke ich mich recht herzlich.

GEISTLICHE UND WELTLICHE FÜHRUNG

Die Volksschule an der Wende zum 20. Jahrhundert stand noch unter den Nachwehen des von Bismarck im Jahre 1872 erlassenen Schulaufsichtsgesetzes. Mit diesem Gesetz sollte im damaligen Preußen den Geistlichen der Einfluss in und auf die Schulen, den sie alleine ausübten, genommen werden. Der Regierung wurde das Recht eingeräumt, in eigener Verantwortung die Schulinspektoren auszuwählen. Da nicht genügend qualifizierte Männer zur Verfügung standen, um die Geistlichen zu ersetzen, hatte das Schulaufsichtsgesetz allerorts, so auch für den Kreis Limburg, wenig praktische Folgen. Der tatsächliche Schulablauf blieb durchweg unverändert. Auch da, wo die geistliche Aufsicht durch eine weltliche ersetzt wurde, gab es wenig Veränderungen. Dennoch standen Kirche und Staat jetzt gleichberechtigt nebeneinander. Nach den gesetzlichen Vorgaben wurde die mehrklassige Volksschule als Normalfall angesehen. Es war vorgeschrieben, dass die Klassenräume eine Mindestgröße von 48 Quadratmetern aufweisen mussten. Die Zahl der Kinder in einklassigen Schulen, die nur von einer Lehrkraft betreut wurden, sollte nicht über 80 steigen.

SCHÜLERZAHL - LEHRERZAHL

Der Schulchronik ist zu entnehmen, dass im Jahre 1903 insgesamt 145 Schüler aus acht Jahrgängen die Volksschule in Oberweyer besuchten. In den vor- und nachgelagerten Jahren war die Schülerzahl nahezu konstant. Alle Schüler waren katholisch und gehörten der deutschen Nationalität an. Im gleichen Jahr hatten die Gemeinden Ober- und Niederweyer, die seit jeher einen Schulbezirk bilden, 692 Einwohner.

Der Anteil der schulpflichtigen Kinder an der Gesamtbevölkerung betrug somit 20,9 Prozent. Interessant ist ein Vergleich der schulpflichtigen Kinder beider Dörfer im Jahre 2003. Da keine Grund- oder Volksschule auf der Ortsebene mehr vorhanden ist und die schulpflichtigen Kinder beider Gemeinden die Grundschule in Hadamar besuchen, ist ein zahlenmäßig sicherer Vergleich durch Addition der Ober- und Niederweyerer Schüler der Jahrgänge 2003/2004 bis 1996/97 möglich. Danach gab es in 2003 in den beiden Dörfern 94

Schulkinder bei 1.038 Einwohnern. Der Anteil der schulpflichtigen Kinder sank somit auf 9,1 Prozent der Bevölkerung.

Dieser drastische Rückgang ist durch die Tatsache zu begründen, dass die Lebenserwartung der Bevölkerung während der vergangenen 100 Jahre erheblich gestiegen ist und deshalb der Anteil der schulpflichtigen Kinder im Vergleich zu einem größeren Altersbereich der Gesamtbevölkerung steht, vorrangig aber die rückläufige Geburtenzahl.

Bis zum 1. April 1903 unterrichtete der in Hintermeilingen geborene Wilhelm Triesch als so genannter erster Lehrer. Er wurde als Hauptlehrer nach Hadamar versetzt und durch den in Weidenhahn geborenen Jakob Weisenfeld abgelöst. Als zweiter Lehrer fungierte der gebürtige Hadamarer Johannes Rehsmann. Unter dem ersten Lehrer ist im heutigen Sinne der Schulleiter und als zweiten Lehrer dessen Stellvertreter zu verstehen.

BESOLDUNG DER LEHRER

»Mit dem 1. April 1898 gelangte dort das am 3. März 1897 durch Unterschrift des Kaisers genehmigte, von der Lehrerwelt lang und heiß ersehnte, neue Besoldungsgesetz im Königreich Preußen zur Ausführung«, so schreibt die Schulchronik des Jahres 1898. Für die Lehrpersonen des Kreises Limburg galten die nachstehenden Besoldungssätze:

1. Das Grundgehalt
   für einen definitiven Lehrer
   1050 Mark/Jahr
   für eine definitive Lehrerin
   900 Mark/Jahr
2. Das Grundgehalt
   für einstweilig angestellte noch nicht vier Jahre im öffentlichen Schuldienst befindliche Lehrer   840 Mark/Jahr
   Lehrerinnen   720 Mark/Jahr

Alterszulagen wurden erst nach siebenjähriger Dienstzeit in dann dreijährigen

Zeitabständen mit gleichen Beträgen für Lehrer mit 150 Mark jährlich und für Lehrerinnen mit 100 Mark gezahlt. Als definitiver Lehrer war eine Lehrkraft zu verstehen, die eine mindestens vierjährige Berufserfahrung nachweisen konnte.

UNTERRICHTSABLAUF

Die Volksschule in Oberweyer wurde um die Wende zum 20. Jahrhundert drei-klassig geführt. Die Abschlussprüfungen erfolgten jeweils im April unter Teilnahme des Ortsschulinspektors und ggf. auch des Kreisschulinspektors.

Wie aus der Kopie eines Schulentlassungszeugnisses aus dem Jahre 1898 ersichtlich, wurden die Zeugnisse vom Ortsschulinspektor Pfarrer Bick unterzeichnet. Die Umrandung des Zeugnisformulars zeigt symbolisch die schulischen Erziehungsziele auf: Gerechtigkeit, Frömmigkeit, Nutzbarkeit, Treue, Beständigkeit, Nachdenken, Unschuld, Liebe und Freundschaft, Wissbegierde, Aufrichtigkeit, Klugheit und Fleiß. Es wurde eine Benotung für Betragen, Schulbesuch, Fleiß und Kenntnisse sowie Fertigkeiten vorgenommen.

Hinsichtlich der Schulferien macht die Chronik des Jahres 1894 einige Aussagen. In diesem Jahr gab es vom 25. bis 30. Juni = 6 Tage Heuferien, vom 30. Juli bis 11. August = 13 Tage Ernteferien und vom 13. September bis zum 3. Oktober = 21 Tage Herbstferien. Die Ferienordnung war also auf die damals noch vorwiegend landwirtschaftlich ausgerichtete Bevölkerung abgestimmt.

Da für die Unterrichtung von drei Klassen nur zwei Lehrkräfte zur Verfügung standen, musste jeder Lehrer wöchentlich 32 Stunden Unterricht erteilen. Für ihre Mehrarbeit gab es keine Vergütung.

Im Juni 1897 wurde die zweite Lehrerwohnung um eine Mansardenstube zu Kosten von 79 Mark erweitert. Die Gemeinde sträubte sich wegen dieser Auslagen.

Kirche u. Rathaus erbaut 1581.

Gemeinde Elz

Zur Geschichte: Die erste Erwähnung des Ortsnamens findet sich in der heute nicht mehr vorhandenen Wiltrud-Urkunde des Jahres 933. Danach schenkte Wiltrud, die Mutter des Grafen Konrad Kurzbold vom Niederlahngau, dem Kloster Seligenstadt am Main den Salzzehnten in der *„eliser mark"*. Die erste heute noch erhaltene Urkunde mit dem Ortsnamen wurde 1145 ausgestellt, in der ein *Cunrado de Elise*, ein Konrad von

Elz, erwähnt wird. Danach taucht immer wieder in den verschiedensten Urkunden des Mittelalters und auch auf der Karte der „Hessischen Chronica" des Wilhelm Dilich von 1605 der Name *Else* auf, Anfang des 19. Jahrhunderts dann die Bezeichnung Els und in der zweiten Hälfte des 19. Jahrhunderts der heutige Name *Elz*.

Elz heute: Die Gemeinde Elz, gelegen am Rande des Westerwaldes, zählt mit ihrem Ortsteil Malmeneich derzeit 8.364 Einwohner.

In Elz bietet sich den Bürgern, aber auch den Besuchern, eine hervorragende Infrastruktur und bester Wohnwert. So verfügt Elz über zwei gemeindliche und einen kirchlichen Kindergarten, über eine Grund- sowie eine Grund- und Hauptschule mit Realschulzweig, mehrere Apotheken sowie Allgemeinmedizinische sowie Zahnmedizinische Arztpraxen. Elz verfügt über beste Verkehrsanbindungen an Straße und Schiene.

Im Elzer „Gewerbeleben" wird nahezu jeder Bereich vom Einzelhandel über das Handwerk bis zum Großhandel abgedeckt. Auch das Vereinsleben ist in Elz sehr gut vertreten. Über sechzig sport- und kulturtreibende sowie sonstige Vereine gibt es in Elz, darunter auch eine Flugsportgruppe mit Segelflugplatz, einen Reitverein mit eigener Reithalle, einen Tennisclub mit Tennishalle sowie einen Skiclub mit angegliederter Tennisabteilung.

Als größtes Volksfest im Nassauer Land ist die Elzer Kirmes weit über die Grenzen von Elz hinaus bekannt.

BABBDECKELSHAUSE

VON BERNHARD P. HEUN

In keinem Ortsregister und auf keinem Limburger Stadtplan ist »*Babbdeckelshause*« ausfindig zu machen; für viele Alt-Limburger verbirgt sich dahinter aber ein geläufiger Begriff.

Der Nassauer Bote vom 2. März 1936 berichtet von Wohnungsbauplanungen für Limburg und erwähnt in diesem Zusammenhang, dass an der Wiesbadener Straße eine Kleinsiedlung mit etwa 30

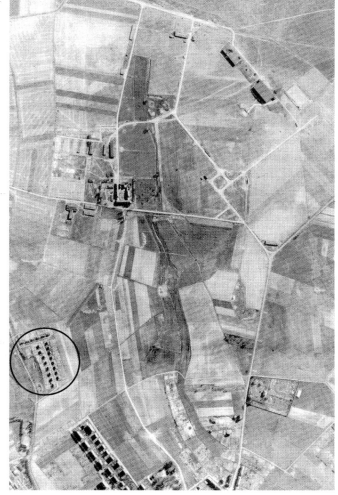

Häusern entstehen soll. Am 3. August 1936 wird den Limburger Eheleuten Florian R. von der »*Nassauischen Heimstätte*« mitgeteilt, dass sie »*als Anwärter für die oben genannte Siedlung zugelassen*« seien. Am 13. November 1936 schreibt das »*Heimstättenamt der NSDAP und der Deutschen Arbeitsfront, Gau Hessen-Nassau*« an Herrn R., »*dass die Vorarbeiten für das geplante Siedlungsprojekt Limburg im Gange sind und bereits kurz vor Abschluss stehen.*«

Detaillierter berichtet der »*Nassauer Bote*« am 6. April 1937: »*Von der zukünftigen Stadtrandsiedlung. – Bekanntlich soll an der Straße nach Linter, gegenüber dem früheren 'Backmeister Wäldchen', eine neue Siedlung entstehen. Eine Anzahl Volksgenossen sind zurzeit damit beschäftigt, das Gelände so umzugestalten, dass es für Bau- und Siedlungszwecke geeignet ist. Die abzutragenden Erdmassen dienen an anderer Stelle, besonders nach der Landstraße zu, zum Auffüllen des Geländes. Mit den erforderlichen Rohrlegungen ist ebenfalls begonnen worden. So wurde bereits in den letzten Wochen der Wasserleitungsanschluß von der Galmerstraße nach dem neuen Siedlungsgelände durchgeführt.*«

Am 10. Mai 1937 schließt die »*Nassauische Heimstätte*« mit den Eheleuten R. den »*Siedlungs-Vertrag*«. Im § 1 heißt es u. a.: »*Das Grundstück jeder Siedlerstelle umfasst einschließlich der bebauten Fläche etwa 800 qm (ohne Pachtland). Das Siedlungsgebäude enthält: 1 Keller; 1 Waschküche; 1 Wohnküche; 1 Zimmer; 2 Kammern; 1 Bodenraum; 1 Stall.*« § 2 besagt: »*Die Gesamtkosten werden unter Berücksichtigung der Größen und Ausbaustufen der Typen anteilmäßig auf die einzelnen Siedlerstellen verteilt. Hiernach sind die anteiligen Gesamtkosten für jede Siedlerstelle des Typ Z. A. überschlägig unter Zugrundelegung der heutigen Löhne und Baustoffpreise auf etwa RM 6450,- ermittelt worden.*« Im Vertrag wird weiterhin festgelegt, dass während der Errichtung der Siedlerstelle »*Selbst- und Nachbarhilfe*« geleistet werden muss »*ohne Anspruch auf irgendwelche Vergütung*«. Für die Zeit zwischen der »*Fertigstellung der Siedlerstelle bis zur Übertragung des*

Eigentums auf den Siedler« muss der Siedler einen monatlichen Pachtzins von etwa 22,50 Reichsmark plus vier Reichsmark für Betriebskosten entrichten. »*Hat der Siedler seine Stelle 3 Jahre ordnungsgemäß bewirtschaftet, so ist der Träger verpflichtet, ihm auf Antrag das Eigentum (. . .) zu übertragen*«, heißt es im § 16, wobei »*der Kaufpreis (. . .) gleich den zu errechnenden Gesamtkosten*« ist.

Unter der Überschrift »*Rege Bautätigkeit in Limburg – Ueberall klingt uns das Lied der Arbeit entgegen*« heißt es im »*Nassauer Bote*« vom 31. Mai 1938 u. a.: »*Wir können unseren Rundgang nicht abschließen, ohne einen Blick zu werfen auf die gegenüber dem prächtigen Eduard-Horn-Park an der Linterer Landstraße liegende Siedlung mit 22 ziegelgedeckten schönen Wohnhäusern. Vor kurzem sind die letzten Familien eingezogen, so dass jetzt alle Häuser bewohnt sind. Wer einmal Ge-*

Die schlichte Bauweise der Siedlungshäuser, die zu dem Namen »Babbdeckelshause« führte, lässt sich anhand dieses noch weitgehend im Urzustand befindlichen Hauses nachvollziehen.

Foto: Bernhard P. Heun

legenheit hat, eins dieser schmucken Siedlerhäuser mit Inneneinrichtung zu besichtigen, wird erstaunt sein, wie glücklich diese Menschen dort oben am Ausgang der Stadt wohnen.«

Die »Brutto-Abrechnung für Haus R., Florian, Typ Z A mit 2 Kammern« vom 22. November 1941 beziffert die reinen Baukosten mit 4.907,05 Reichsmark, die Einrichtungskosten (hierzu zählen Pfähle, Bäume und Sträucher, Hühnerauslauf, Kleintiere, Düngemittel, Gartengeräte, Sämereien, Gartenbauleitung und Bodenbauführungskosten) mit 250 Reichsmark, Grundstückskosten 1.116,84 Reichsmark, Erwerbs- und Aufschließungskosten 55,64 Reichsmark sowie Nebenkosten von 384,52 Reichsmark. Die Gesamtherstellungskosten betragen demnach 6.714,05 Reichsmark.

Am 21. Juli 1943 geht mit dem »Heimstättenvertrag« die Siedlerstelle in das Eigentum der Eheleute R. über. In einem Schreiben der Nassauische Heimstätte GmbH vom 13. September 1943 heißt es, auf die Eigentumsübertragung bezugnehmend, u. a.: »Damit hat das Rhein-Mainische Siedlungswerk, dem auch unsere Gesellschaft angehört, auch Ihnen, gleich Tausenden von anderen Arbeiterfamilien des Gaues Hessen-Nassau, eine eigene Heimstätte und einen Anteil am deutschen Boden gegeben, wie es das Sozialprogramm des Führers vorsieht. Sie übernehmen hiermit die Verpflichtung, Ihren Besitz für Sie selbst und für die Zukunft Ihrer Familie sorgfältig und nach den Grundsätzen eines ordentlichen Siedlers zu verwalten und zu bewirtschaften und hierbei stets die höheren Interessen der Volksgemeinschaft zu beachten.«

Dem Siedler R. war allerdings bereits am 18. Dezember 1942 vom Deutschen Siedler-

bund ein großes Lob zuteil geworden: »Bei der Prüfung der Siedlergemeinschaften anlässlich des Leistungswettbewerbs für Gemüsebau 1942 ist Ihre Siedlerstelle der Prüfungskommission als vorbildlich bewirtschaftet aufgefallen. Wir beglückwünschen Sie zu diesem Erfolg ...« Weiter heißt es: »Die Schulungsleitung der Gaugruppe beabsichtigt, Ihre Siedlerstelle als Beispielwirtschaft auszubilden. Zu diesem Zweck erhalten Sie in der nächsten Zeit laufend weiteres Lehrmaterial, wobei besonders Vorschläge für einen neuzeitlichen Wirtschaftsplan gegeben werden.«

Auf einem Luftbild (Seite 153) der Alliierten vom 22. März 1945 lässt sich die neue Siedlung, separat gelegen und durch ein Flurstück von der Galmerstraße getrennt, deutlich ausmachen: am linken Bildrand (Seite 154) der unteren Bildhälfte erkennt man die 16 Häuser der Schillerstraße und sechs Häuser der Lessingstraße; darunter sind die Häuser der Galmerstraße zu sehen; rechts, entlang der heutigen Holzheimer Straße hebt sich das Anwesen »Villa Fachinger« ab; in der Bildmitte nach links erkennt man die Umrisse des »Blumenröder Hofs«; oben rechts sind die Flugzeughallen des ehemaligen Feldflugplatzes deutlich auszumachen, hier befindet sich heute das Grillgelände von Blumenrod.

Wegen der schlichten Bauweise der Siedlungshäuser wurde die neue Siedlung von alteingesessenen Limburgern spöttisch »Babbdeckelshause« genannt. In den Jahren und Jahrzehnten nach dem Krieg haben die Bewohner ihre Anwesen erheblich umgestaltet. Durch die Bebauung der Goethe- und Uhlandstraße und weiterer Straßen in südwestlicher Richtung wurde die Siedlung ein integrierter Bestandteil der Südstadt und ein geschätztes Wohngebiet.

Einige Tage nach dem Einmarsch der Amerikaner in Limburg reihten sich amerikanische Panzer in der Grabenstraße auf.   *Foto: Archiv Friedel Kloos*

1944/45 ERINNERUNGEN

VON JOSEF SCHMIDT

Es sind 60 Jahre her, dass die Welt und besonders Deutschland erschüttert wurden. Zunächst eine mehr persönliche Sache. Die Schüler der »*Städtischen Oberschule für Jungen*«, wie sie damals hieß, mussten wegen Bombenalarms viel Zeit im Keller verbringen. Deshalb wurde im Herbst 1944 beschlossen, den Unterricht auf die Dörfer zu verlagern.

Für den östlichen Teil wurde eine Zweigstelle in Obertiefenbach errichtet. Drei Lehrpersonen unterrichteten dort provisorisch, bis die Amerikaner kamen. So musste ich sieben Monate von Ahlbach nach Obertiefenbach und zurück über die Meil gehen. Kurz vor Weihnachten sah ich Leuchtzeichen über Limburg stehen. Ich ging in den Garten, um sie besser beobachten zu können. Nach längerem Warten tat sich nichts.

Wegen des kühlen Wetters ging ich zum Wohnhaus. Es war Ostwind; als ich an der Haustür war, gab es heftige Explosionen. Durch den Ostwind waren die Zeichen nach Westen getrieben worden. Die Bomben fielen nicht auf die Innenstadt und den Bahnhof, sondern auf die obere Diezer Straße und das Gefangenenlager (Stalag), wo es viele Tote gegeben hat.

Auf Schloss Dehrn war ein »*Oberkommando*« über die Jahreswende stationiert. Ob es etwas mit den V-Waffen (Raketen) zu tun hatte, die über dem unteren Westerwald hoch gingen, weiß ich nicht. Im Steinbruch bei Ahlbach war die Sendstation. An einem ruhigen Vormittag war wieder Ostwind. Ein Bombengeschwader warf einen Bombenteppich ins Feld zwischen Hof Urselthal und Faulbach westlich vom Steinbruch. Hätte er sein Ziel erreicht, wäre auch Ahlbach zerstört worden. Alsbald wurde die Sendestation nach Oberweyer verlegt. Wenige Tage später wurden dort schwere Bomben abgeworfen. Sie fielen unmittelbar bei der Sendestation und vor dem Dorf. Wären sie etwas nördlicher niedergegangen, wäre Oberweyer völlig zerstört worden.

Es war ein milder Winter. So meinten die Landwirte, die Frühjahrssaat unterzubringen. Weil in der Gemarkung Niedertiefenbach ein Kuhgespann von einem Tiefflieger beschossen worden war, wurde versucht, in der Dämmerung etwas zu säen. Am Palmsonntag waren plötzlich Geräusche zu hören. Mein Vater, der im Ersten Weltkrieg war, deutete sie als Artilleriefeuer. Er war wegen seiner schwachen Gesundheit beim Volkssturm 4 eingeteilt. Er musste am Montag in Elz Wache halten und sollte dann zur Verteidigung alarmieren. Als auf der Autobahn der erste amerikanische Panzer erschien, ging er nach Ahlbach, aber schlug keinen Alarm.

In der Nacht war ich gegen fünf Uhr durch eine Detonation aufgewacht. Ein Pfeiler der Limburger Autobahnbrücke, die Hitler selbst eingeweiht hatte, war gesprengt worden. Die Trümmer fielen in die Lahn und stauten das Wasser bis Steeden. Da die Lahnbrücke in Dehrn ebenfalls zerstört war, fanden es die Kinder später interessant, von einer Fähre über die verbreiterte Lahn gesetzt zu werden.

An dem Montag nach Palmsonntag kamen noch keine Amerikaner ins Dorf. Nachdem eine Gruppe SS-Soldaten das Dorf verlassen hatte, wurden weiße Tücher herausgehängt. Gegen Abend begannen amerikanische Fahrzeuge aller Art, auf der Meil nach Osten zu fahren. Sie fuhren ununterbrochen die ganze Nacht. Mein Vater sagte: *»Daß die Amerikaner uns überlegen seien, dies war mir klar, aber soviel Material, das ist unglaublich.«*

Am Dienstag kamen dann die Amerikaner ins Dorf. Jedes Gebäude wurde mit schweren Waffen inspiziert. An den Ecken des Dorfes wurden je zwei bis drei Häuser beschlagnahmt. Die Bewohner wurden von Verwandten und Nachbarn aufgenommen. Nach wenigen Tagen zogen die Besatzer ab. Wir waren froh, dass der Krieg für uns zu Ende gegangen war.

WÄI DE KRIISCH AUSGENG 1945

VON GERTRUD PREUßER

Fiä dem Nochbähaus di Panzäspä,
Kriischsgefangene hon se gebaut.
Weibsleut biggele Spliddägrewe,
ein Mann Leschä ausgehowe.

Wäi häis de Stüzpunktleitungsbefeel,
den di Füring hot meschdisch getönt?
*»Dawän wäd feteidischt bes de letzt
met zee tapfä behäzde Mennä!«*

Un des Radio meld em halwe Mäzz:
*»Vorstoß des Feindes über den Rhein!
Verbrannte Erde! Verdammt soll sein,
wer sich kampflos ergibt dem Feind.«*

E Froijuäschwerrä, wäi' s kaans mi gob,
un di Sunn hot geschiine su worm.
Fu moinds bes owends di Tiiffliischä,
Heeläsch Schorsch em Laafschritt begrowe.

Alde Folkssturmmennä treere uu.
Des lezt Offgebot kempft bes uun Rei,
Gefangenschaft en Amerigа –
de ald Heckelmann koom nit mi hamm.

Deute Soldode met Krikstägge
flischde serik – se hon ka Gewiä.
Es goob aach kaa Fefleeschung mi,
eisch hon Kessel foll Sobb gekocht.

De iäscht rikt ab di Flämisch Armee.
Fuäleut, Geul, Woo em Dorf rekwiriät.
Deutsche Soldode: Serik, masch, masch!
Gefangene Franzuse – adieu!

De Stützpunkt hot di Akt febrannt
em gruse Kessel en de Molkerei.
Mondogs, gen Owend di Neuischkeit:
»En Lembäsch sen di Ameriganä!«

Uu demselwe Owend, wäi alles fort,
do türmt eilisch di Stützpunktleitung –
uhamlisch still wäd's em ganze Dorf
gewaldisch di Detonazione.

Fu Lembäsch hä kom dä horte Knall –
»Di Audobaanbrik ess gesprengt wuän!«
Su wuäsch fezeelt gleisch uum Dinstdogmoind
fu Bresche hä schäisse Kanune.

Di Leut ranne trozdem no Bresche.
*»Komm! Do, des Lochä ess nit mi bewacht!
Es gibt Reis un Schukneel un Schnobdischä
off de Baangleise zwänn un Mannsleuts schou!«*

Su komm eisch gee elf met'm Seggelsche Reis
un e Poo Mannsleuts schou deham uu.
Off'm Speischä rasch e weis Bettduch gehist
zwi SS-Mennä zille deno.

Gedukt – di Weis Foon erengehollt –
wäi di Panzäspärr nit mi besezt –
di Weis Foon eraus – bumm knallt's em Dorf
fum Hiringä Reemäsch kimt's hä.

Bei Frenzefillips hot's engeschloo –
Neeb's Boibsche duut unnä de Trimmä.
En Wiäsch gleisch droff en Scheuä brennt,
des Standgerischt en de Neesbeschä Sandkaut.

Di Tasch gepakt met Bruut un Kaffee,
met Ässe wos wäd's heut noch gäwwe?
*»Do gukt emol off di Audobahn!
Ameriganä foon Rischdung Frankford!«*

Wumm! Knall! Sezze di Kanune enn .
Kuchele peife discht iwwäs Haus –
schlon en grod newä de Molgerei.
»Kommt, eilt eusch! Rasch en de Kellä!«

Frau Höhl met de Helga, mei Schwestä un eisch
sizze off de Beddä beinannä –
en Panik hon eisch di Koi gemolge
fiä des kreischend Fäi Haa un Schroots.

Tak, tak-tak, tak, tak! Wos schäist daa nau?
Ganz fäschdälisch rabbelt's un raddäd's.
Aa Glik, di Panzäspärr ess nit zou!
Miä halle de Orm uu – tak, tak, tak!

158

Do rifft de Russe: »*Alex, Kriisch aus!*«
Lacht un lacht zom Kelläfenstä nenn –
»*Komm raus! Kriisch aus! Komm, komm raus!*«
Engstlisch krowwele miä di Trebb' enoff.

Jetzt rassele gruse Panzä febei,
Ameriganä – Schwozze un Weise.
Des Dausendjeerisch Reisch geng se Enn –
es woo us wäi en Befreiung.

Trauä un Treene en jedem Haus,
Gefallene, Fewunde, Femissde,
Ewakuiäde obdachlos,
off de Flucht un bombegescheedischt.

Des ganz Ewädorf, en Trimmähaaf
dosch di Luftmiin uum zwaade Febbä.
Noi Dure un schwiä Felezde goob's do
Mensch un Fäi one Haus – one Stall.

Su woosch uum 27. Mäzz,
di Fedunkelung, däi woo febei,
alle Stroselambe brenne offamol häll,
un des Lewe geng als weirä.

AN UNSERE HEIMATSTADT

VON RUDI LEINWEBER

Als Goethe reiste an die Lahn,
er ja auch Kurs auf Weilburg nahm.
Dies' Kleinod mit dem Schloss da oben,
das wollte er doch kräftig loben.
So schrieb er in sein Tagebuch ein:
die Perle des Lahntals kann nur Weilburg sein.
Die Bürger freuten sich, ist doch klar,
Goethe ja nicht jedermann war.
So sind wir auch heut' noch von Stolz erfüllt,
unsere Stadt bietet ein prächtiges Bild.
Ob Schloss, der Marktplatz, der Tunnel für Schiffe,
das alles sind doch feste Begriffe.
Schlossgarten, Schlosshof und Gebück,
man muss genießen Stück für Stück.
Der Windhof, die schmalen Gässchen im Zentrum,
die Schlosskonzerte und das Museum,
das alles wird uns und den Gästen geboten,
man muss unser Städtchen wirklich loben.
Die Industrie hat in der Kernstadt wenig Platz,
doch findet man in den Stadtteilen genügend Ersatz.
Dort hat sich vieles schon getan –
und weitere Objekte sind im Plan.
Die große Brücke, sie wird bald steh'n,
und als Jahrhundertwerk in die Stadtgeschichte eingeh'n.
An Schulen mangelt es in Weilburg nicht,
auch das für unser Städtchen spricht.
Kurzum, die Stadt ist ein Juwel,
ich find' sie immer wieder schön.

Foto: Thomas Franz

ZUR WELTMEISTERSCHAFT 1954 SCHAFFTE DAS GASTHAUS WAGNER EINEN FERNSEHER AN

VON ERNA ELISABETH SCHERMULY

Das Gasthaus Wagner, Ortsmitte 3, vormals »*Pfeiffersch*«, in der ehemaligen Schlossstraße 34, blickt auf eine fast 200-jährige Tradition zurück. Aus den Kirchenbüchern der Gemeinde Mengerskirchen ist zu entnehmen: »*Am 15. Juli 1811 heiratete der Junggeselle Johannes Pfeiffer aus Dillhausen die Jungfer Katharina Schuld zu Probbach.*« Es wird vermutet, dass bereits seit dieser Zeit eine Wirtschaft und Bäckerei von beiden geführt wurde. Mit Sicherheit haben dann der Sohn Josef Pfeiffer und dessen Ehefrau Magdalena geb. Hartmann aus Oberrod die Gastwirtschaft und Bäckerei »*Pfeiffer*« betrieben. Sie belieferten auch die umliegenden Dörfer mit Brot und Backwaren.

Am 12. Februar 1879 beantragten sie einen Anbau ihres Hauses und führten ihn aus. Sie teilten dann das Anwesen auf. Der Sohn Christian erhielt die Bäckerei und eröffnete außerdem einen Krämerladen. Daher der Dorfname »*Zucker-Pfeiffersch*«. Tochter Elisabeth heiratete Johannes Wagner, beide übernahmen dann die Gastwirtschaft. Die Übernahme ist amtlich bestätigt: »*königliches Amt J.-No 254, Weilburg den 26. Februar 1881. Der Amtsbezirksrat hat in seiner Sitzung vom 16. Februar 1881 beschlossen, das Gesuch des Johannes Wagner aus Probbach um Erlaubnis die von Josef Pfeiffer daselbst bisher betriebene Gastwirtschaft auf eigenen Namen fortführen zu dürfen. Zu genehmigen königliches Amt (Unterschrift).*«

Elisabeth Wagner arbeitete in der Gastwirtschaft mit ihren Kindern meist alleine, da Johannes Wagner in der Landwirtschaft und als selbstständiger Schreiner im Saal über der Wirtschaft seiner Tätigkeit nachging. Für Feierlichkeiten wurde dieser Saal dann geräumt. So war hier das Vereinslokal des Dilettantenvereins. Dieser Verein genoss großes Ansehen und verstand sich im weitesten Sinne als Kulturverein, der meist zu Weihnachten und Ostern mit Theateraufführungen die Bevölkerung verwöhnte. Ansonsten gab es in diesem Saal Tanzveranstaltungen, Kirmes und Nachkirmes. In dem Saal stand auch eine Spielorgel, die zu den Tanzveranstaltungen den Takt angab.

Übernachtungen gab es zu dieser Zeit auch schon: Wenn Jagd bzw. Treibjagd war, schliefen die Jäger im ersten Stock oder im Parterre - im Wohnzimmer stand immer ein Bett. Zwischen 1900 und 1902, als die Kirche ausgemalt wurde, haben hier die Kirchenmaler übernachtet und wurden mit den ortsüblichen Gerichten verköstigt. Als Gäste verkehrten bei »*Pfeiffersch*« Dorfbewohner, Gäste aus den Nachbardörfern, aber auch Besucher von auswärts wie z. B. Politiker und Beamte aus der näheren Umgebung.

Am 10. Juni 1929 übernahmen Josef und Anna Wagner geb. Müller Gast-, Landwirtschaft und die Schreinerei. Gesprächsstoff gab es mannigfaltig: über das Dorfgeschehen und über das damals sehr aktive Vereinsleben. Anfang der 30er Jahre kostete das Bier 15 Pfennige – Vergleich: ein Pfund Salz 13 und ein Pfund Zucker 20 Pfennige. Die Gastwirtschaft wurde wie bisher weitergeführt. Die Gastwirtin Anna Wagner war über die Region hinaus bekannt und geschätzt wegen ihrer Gastfreundlichkeit und der guten Küche.

Ende der 30er Jahre gab es auch ein Rundfunkgerät mit Grammophon, später einen elektrischen Schallplattenapparat. Es wurden Spiele gespielt wie Skat, Dame und Mühle.

Während des Krieges kamen Soldaten, die Urlaub hatten, und berichteten von ihren Kriegserlebnissen. Nach dem Krieg wurden für kurze Zeit Heimatvertriebene aufgenommen. Josef Wagner verstarb bereits 1946, seine Frau Anna führte dann das Gasthaus unter Mithilfe ihrer Kinder weiter. Im Verlaufe der Jahre wurde das Haus ausgebaut. Ursprünglich hatte die Gastwirtschaft 25 Quadratmeter, später 53 Quadratmeter. 1953 wurde im Parterre

Mitte der 50er Jahre konnte man sich bei »Pfeiffersch« in Probbach auf der neuen Terrasse bewirten lassen.

ein großer Saal mit 112 Quadratmetern angebaut, dann noch die Terrasse, so dass für die Bewirtschaftung viel Raum zur Verfügung stand. Fremdenzimmer

wurden integriert, so konnten zur gleichen Zeit bis zu zwölf Personen beherbergt werden. Eine Übernachtung mit Vollpension kostete 12,50 Mark.

Vom ersten Fernseher in Probbach konnte man bei »*Wirtspfeiffersch*« 1954 die Fußballweltmeisterschaft sehen, der Saal war gerammelt voll. Etliche Jahre war es für Probbacher Kinder und Jugendliche eine besondere Attraktion, auf eine Stunde zu Wagners zum Fernsehen zu gehen. Der große Saal blieb auch Mittelpunkt der Veranstaltungen der Ortsvereine. Der Gesangverein hielt über 50 Jahre – von 1928 bis 1981 – die wöchentlichen Übungsstunden mit seinem langjährigen Dirigenten Lehrer Grein im alten und neuen Saal ab. Viele Probbacher denken noch heute gerne an diese Zeit zurück mit ihren stimmungsvollen Feiern, z. B. Kirmes, Theateraufführungen, Weihnachtsfeiern, Altentage und Fastnachtsveranstaltungen. In den 70er Jahren konnte eine Musikbox so einiges von sich hören lassen, dann gab es noch einen Flipper, einen Geldspielautomaten, der nicht von langer Dauer war. Anna Wagner arbeitete hier bis zu ihrem 80. Lebensjahr, sie verstarb 1979. Nach ihrem Tode führte ihre Tochter Erna Schermuly das Gasthaus weiter bis 1981. Vorher wurde geöffnet, wenn der erste Gast kam, nun erst ab 18 Uhr, sonntags zum Frühschoppen bis 14 Uhr und ab 18 Uhr. Das Gasthaus wurde dann im Oktober 1981 an die Brauerei Göbel verpachtet, von der wir seit Generationen das Bier bezogen hatten. Diese konnte noch zwei Pächter gewinnen bis zum Jahre 1988. Hier endet die Geschichte des Gasthauses Wagner.

Für einige Jahre nahm das Haus Aussiedler aus osteuropäischen Ländern auf, die rasch in Probbach und Umgebung heimisch wurden. Vielleicht führt eines Tages ein Nachkomme von Josef und Anna Wagner die Tradition des Gasthauses weiter.

REZEPTE FÜR »JEDERMANN«

VON SIMONE FROHNE UND ANNETTE HOLM

»FÜNF SIND GELADEN, ZEHN SIND GEKOMMEN.
GIEß' WASSER ZUR SUPPE, HEIß' ALLE WILLKOMMEN.«

Sprichwort: Verfasser unbekannt

Da man beim Lesen oft die Zeit vergisst und plötzlich so ein mulmiges Gefühl in der Magengegend, man nennt es auch Hunger, verspürt, haben wir auch in dieser Ausgabe einige Rezepte aufgenommen.

Das Jahrbuch braucht man gar nicht zur Seite zu legen, sondern nimmt es gleich mit in die Küche. Nach Belieben oder auch nach Zeit und Inhalt des Kühlschranks können Sie dann eine Kartoffelsuppe, überbackenen Lauch oder eine Zwiebelsoße nachkochen. Lassen Sie sich inspirieren von dem Sprichwort: *Die Königin der Kochrezepte ist die Phantasie.* Wir wünschen Ihnen gutes Gelingen sowie einen guten Appetit.

Die Rezepte sind auf folgenden Seiten zu finden: 162, 169, 173, 175, 193, 202, 229.

PFLAUMENKNÖDEL NACH OMAS ART

20	kleine Kartoffeln
1	Ei
	Salz
1	Hand voll Grieß
3 – 4	Hände voll Mehl (Instantmehl)
	Pflaumen

Kartoffeln einen Tag vorher kochen und kalt werden lassen. Am nächsten Tag die Kartoffeln reiben und mit dem Ei, Salz, Grieß und Mehl verkneten, dass ein fester, glatter Teig entsteht.

Mit dem Nudelholz den Teig zu einer dünnen Platte ausrollen.

Mit dem Messer so große Vierecke ausschneiden, dass die Pflaume darin eingewickelt werden kann. Die fertig geformten Knödel vorsichtig in einen Topf mit kochendem Salzwasser geben. Circa 10 Minuten langsam kochen bis die Pflaumen bläulich durch den Teig schimmern und weich sind.

Am besten schmecken die Pflaumenknödel mit Zimt und Zucker sowie zerlassener, heißer Butter.

FÜR DIE EINSENDUNG DES REZEPTES BEDANKEN WIR UNS BEI MARIA POHL AUS LIMBURG.

BEIM ANNA'CHE

VON WILFRIED HOFMANN

Als ich noch jung an Jahren,
vor langer Zeit ist es gewesen,
da ging ich mit ein paar Kollegen
des Mittags etwas essen.
'Ne kleine Speisewirtschaft gab es ,
und die war immer unser Ziel,
dort hat' man gute Hausmannskost,
es kostete nicht viel.
Zu »Simons Anna« zog es uns,
auch »Anna'che« genannt,
die Frau ist alten Limburgern
noch heute gut bekannt.
Schon früh am Morgen kauft' sie ein,
Salat, Gemüse, immer frisch,
und später dann, zur Mittagsstunde,
da stand was gutes auf dem Tisch.
Mal Fleisch, mal Eier, Bratwurst gab es,
und alles schmeckte wunderbar,
weil Anna, die am Herde stand,
'ne wirklich gute Köchin war.

Sie war zu allen Menschen gut,
und wenn der Teller leer gegessen,
dann sagt' sie: »Bub'che iss noch was«,
so ist es jedes Mal gewesen.
Der »Nachschlag«, der war stets umsonst
denn »Anna'che« hat gern gegeben,
dass andere zufrieden waren,
war stets ein Ziel in ihrem Leben.
Am Rossmarkt war die kleine Wirtschaft,
das weiß ich noch genau,
und komm' ich ab und zu vorbei,
dann denk' ich gerne an die Frau.
Die Frau, die stets bescheiden,
und gut zu uns gewesen,
ich werde Simons Anna
im Leben nie vergessen!

DAS BUSCHWINDRÖSCHEN

VON GÜNTER GRAN

Seit vielen, vielen Jahren schon stehe ich hier am Waldessaum und wiege mein Köpfchen im Winde. Ich mag das, wenn der Frühlingswind sein leise summendes Lied durch die Wipfel der kahlen Bäume singt. Ich mag das, wenn die dürren Blätter der kleinen Hainbuchen neben mir zu rascheln beginnen, so als wollten sie sagen: »*Blase nur du Wind, ich gebe dir keines meiner Blätter, und wenn du dich noch so anstrengst.*«

Gestern noch hatte die schon wärmende Sonne meinen Nachbarn, den Holunderstrauch, so neugierig gemacht, dass er die ersten zarten, grünen Triebe dem milden Licht entgegenstreckte. Heute jedoch scheint der Winter noch einmal vorbeizukommen. Ein eiskalter stürmischer Wind streicht über die Wiese vor dem Wald und wirbelt die abgerissenen Blüten der alten Weide so richtig durcheinander, bevor er sie auf den Boden fallen lässt.

Ja, gestern das war Frühling – nur eine ganz, ganz sanfte Brise strich durch den Wald. Da war ein Summen in der Weide, als wäre ein ganzes Orchester dabei, die erfrischendsten Melodien zu spielen. Da hat sich die alte Jo, so heißt der Kätzchenbaum bei uns, so richtig gefreut. Und – auch ich hatte mein Blütenköpfchen ganz weit aufgemacht, um die Frühlingsmelodie zu hören und die wärmenden Sonnenstrahlen in vollen Zügen zu genießen.

Ich weiß, ich weiß, der Winter hat den Kampf noch nicht aufgegeben. Noch immer schickt er seine eiskalte Fracht. Doch wir alle, alle Boten des Frühlings, stemmen uns entgegen und wissen, letztendlich werden wir gewinnen und der Winter verlieren.

Jetzt habe ich nur ganz vorsichtig eines meiner Blütenblätter leicht geöffnet, um die Lage zu prüfen. Die große Eiche und auch die Buche, die ihr Astwerk schützend über mich gebreitet haben, wirkten so in sich selbst versunken, als ging sie das alles gar nichts an.

Ich habe mich dann etwas zusammengekuschelt und neben den Eichenstamm gelegt. Etwas schützend waren noch zwei Blätter von der Buche, die mich schon einige Tage vor der Kälte geschützt hatten, vor allem im Winter, wenn sich der Raureif über Bäume, den laubbedeckten Boden verbreitete und alles schon erfroren schien. Das ist die Zeit, in der wir unsere Blüte im Frühling vorbereiten. Die Nächte ohne den wärmenden Schnee waren sehr, sehr kalt, aber wir sind diese Kälte gewohnt. Natürlich können uns die Strahlen der Frühlingssonne mehr Freude bereiten, doch wenn ich so richtig überlege, hat die Kälte auch etwas Gutes. Sie hält uns beispielsweise die gefräßige Spitzmaus vom Halse. Der ist unser Revier viel zu kalt. Ebenso ergeht es einigen von den bösen Käfern, die unsere Wurzeln und Knollen so gerne abnagen würden.

Ich habe ja schon von meinem Standort erzählt, dort am Waldessaum mit freiem Blick auf die morgens im Osten aufgehende Sonne. Etwa fünf bis zehn Meter von einem Graben entfernt hat sich unsere ganze Sippe angesiedelt. Wir fühlen uns hier sehr wohl, vor allem was die Ernährung betrifft. Und, was ganz wichtig ist, wir haben hier die von uns allen so geschätzte Ruhe.

Vor Jahren hatte sich unser Onkel Adalbert mit seiner Familie auf die Reise mit dem Wind gemacht. Sie alle waren über den Graben, über die sich anschließende schmale Straße hinausgeflogen und auf der Wiese gelandet. Die Ernährung in dem humosen Boden und auch das hellere Licht waren schon Vorteile gegenüber uns, die wir am Waldesrand weiterhin geblieben sind. Doch die Ruhe fehlt. Über unseren Graben verläuft sich nur sehr, sehr selten ein Hund. Die bleiben zum Wassersaufen lieber im Graben – und die Menschen mögen zwar unsere Blüten, aber um einen Strauß zu pflücken, sind wir ihnen viel zu klein. Das ist auch gut so. Keiner will doch sein ohnehin kurzes Leben nicht auch noch mehr gekürzt haben.

Ja und dann der Winter. Hin und wieder sind ein paar Blätter von den großen Bäumen im Herbst bis auf die Wiese hinüber geweht worden. Doch ihre Zahl ist gering. – Wir haben den besseren Schutz und sind deshalb nie neidisch gewesen.

Wenn wir auch unsere Ruhe ganz besonders lieben, heißt das noch lange nicht, bei uns sei nichts los. Ich denke da an das letzte Jahr voller Schrecken zurück.

Die Sonne sandte ihre rötlich goldenen Strahlen durch die nach einer Holzfällung lichter stehenden Eichen und Buchen, so, dass auch ich mich in diesem Lichte durch eine Drehung meines Blütenköpfchens noch vor dem Schlafengehen so richtig laben konnte.

Hoch oben in der Buche hatte sich ein Buchfinkenmann niedergelassen und ließ seinen Ruf lockend – oder war es ein Abschiedsständchen – ertönen. Ein Stück entfernt scharrte eine einsame Amseldame in dem alten Laub, wohl um noch etwas Aufpickbares zu finden. Offenbar hatte sie ihren Hunger noch nicht gestillt.

Draußen auf der Straße war wie an jedem Abend ein großer Mann gegangen, der seinen Hund, einen kleinen schwarzen mit einem ganz lustigen weißen Fleck auf seinem Schwanzende, frei umherlaufen ließ. Das störte mich überhaupt nicht, weil ich wusste, dass der Hund in den Wassergraben gehen würde, um seinen Durst zu

stillen. Auch die diesbezüglichen Laute waren mir sehr vertraut.

Doch was war auf einmal hier los? Ein schreckliches Bellen setzte ein. Einmal wie angriffslustig tief in der Stimmlage und ein andermal furchtsam mit hohen Tönen. Das mussten wohl zwei Hunde sein, die aneinandergeraten waren.

Augenblicklich schloss ich meine Blütenblättchen bis auf einen ganz kleinen Spalt, dass ich gerade noch sehen konnte, was da vor sich ging. Natürlich hatte ich auch mein Köpfchen zum Geschehen gedreht, als ich einen ungeheuren Schlag auf meine Schultern bekam, der sehr stark schmerzte und mich für einige Zeit wegtreten ließ.

Als ich wieder zu mir kam, war es rundum dunkel, und alle Glieder taten mir weh. Danach muss ich wieder eingeschlafen sein.

Irgendwann hörte ich ein feines Rufen und spürte die Strahlen der Sonne. Meine Schwester von links nebenan hatte mich gerufen und wollte sehen, wie es mir heute geht. Und das sah gar nicht gut aus. An meiner rechten Schulter waren drei Ästchen abgerissen, was ganz fürchterlich weh tat. Meine Schwester hatte schon einen Verband auf die offenen Wunden gelegt. Dabei erzählte sie mir, wie das Ganze geschehen sei.

Ein großer schwarzer Hund sei nach dem kleinen schwarzen Hund gesprungen und wollte diesen ganz offensichtlich in ein Ohr beißen. Der große Mann konnte vor Schreck den kleinen Hund nicht festhalten, als dieser vor lauter Angst laut bellend über den Graben sprang und ein Stück in den Wald hineinlief. Dabei sei der kleine Hund über unseren Standort gehastet und habe nicht nur mich, sondern noch vier meiner Buschwindröschenfamilie schwer verletzt. Wir konnten noch zufrieden sein, dass allen anderen nichts Ernsthaftes geschehen war. Unsere Wunden würden wieder heilen und der Schmerz langsam nachlassen.

Als es mir etwas besser erging und meine Lebensfreude wieder erwachte, habe ich meine Schwester nach den Hunden gefragt. Der kleine Hund hätte sich bellend noch eine ganze Weile im Wald aufgehalten, so lange, bis der große schwarze von einem anderen Mann gerufen wurde. Der Mann sei so böse zu dem großen Hund gewesen, dass er ihm zweimal die kräftige Hundeleine über den Rücken geschlagen hätte. Das hat dem großen Hund sicher auch sehr weh getan, zumal dieser zu jaulen anfing, was sich so schauerlich anhörte, dass man Mitleid mit ihm haben konnte.

Tröstlich war, dass es Onkel Adalbert draußen auf der Wiese oftmals so erging und er sich hin und wieder zu seinem bisherigen Platz am Waldessaum zurücksehnte.

Doch Gott sei Dank war das schauerliche Erlebnis mit den Hunden für lange Zeit die brutalste Ruhestörung. Wenn Fridolin, die Spinne, und Klaus-Peter, die Ameise, an warmen Frühlingstagen mir einen Besuch abstatteten, empfand ich das immer so kitzlig an meinem Stängel. Mein lautes Lachen hat dann alle anderen angesteckt, bis die ganze Sippe am Wandrand zu lachen begann.

Ameise und Spinne kamen nie zur gleichen Zeit zu Besuch. Sie mochten sich nicht so gerne und gingen sich möglichst aus dem Wege. Mich aber mochten beide, obwohl wir anfänglich so unsere Schwierigkeiten miteinander hatten.

Die Ameise wollte mir einige von ihren Kühen an meinen Stängel setzen. Sie würde die Kühe jeden Tag melken und mich dabei zum Lachen bringen, was ich doch so gerne hätte. Dies habe ich natürlich abgelehnt. Ich will ja meine Ruhe haben.

Bei der Spinne war es ähnlich. Sie wollte von meiner Blüte aus ein Netz spannen und damit Insekten fangen, die sie dann zu verzehren gedachte. Nein, nein, die Insekten sind mir sehr lieb, kommen sie doch immer wieder vorbei und haben ein lustiges »Summ, Summ« auf den Lippen.

Wenn jedoch die Insekten und vor allem diese saugenden Fliegen durch die voranschreitende Wärme immer mehr und mir lästig werden, dann darf ich mich bis zum nächsten Jahr verabschieden. Tschüss, einen schönen, warmen Sommer, einen bunten Herbst und einen erträglichen Winter wünsche ich euch. Gleich danach sehen wir uns wieder.

Euer Buschwindröschen

HERBST IM WALD

VON MONIKA KASTELEINER

Die Sonne streift am frühen Morgen
den herbstlich bunten Blätterwald
und will jetzt wärmend dafür sorgen,
dass er in neuem Glanz erstrahlt.
Behutsam wäscht sich eine Eule
und blinzelt müd' ins Sonnenlicht;
am Kopf, da hat sie eine Beule,
nur – wo die herstammt, weiß sie nicht!
Als sie so grübelt in der Tanne
und fragend ruft »Was mach' ich bloß?«,
sind Waldameisen voll im Gange,
bei ihnen ist der Teufel los!
Arbeiterinnen schleppen Erde,
verzaubern so ihr trautes Nest,
damit es schön gemütlich werde –
die Königin gibt bald ein Fest!
Dann wird die ganze Sippe kommen
zum fröhlichen Beisammensein.
Die Kinder werden mitgenommen
und es gibt Brot, Kuchen, edlen Wein!
Man wird erzählen und wird lachen,
nach Hause geht es lange nicht,
die Eule aber, sie wird wachen,
bis dass der neue Tag anbricht.

HEIMAT IM TAL

VON RENATE KAßNITZ

Zeichnung: Klaus Panzner

Thalheim, kleines Dorf im Tal,
möchte nicht woanders sein.
Ich fühle mich so richtig wohl,
denn hier bin ich daheim!

Umgrenzt von grünen Wäldern,
durch die Mitte plätschert der Bach.
Mit seinen schmucken Häusern
ist es eine wahre Pracht.

Die Glocken klingen zum Gotteslob,
die Uhr verkündet die Zeit.
Der Kirchturm zeigt wie ein Finger nach oben,
mahnt uns an die Ewigkeit.

Und ist das Herz mir einmal schwer,
zur Waldkapelle zieht es mich hin.
Ich zünde eine Kerze an,
wieder froh wird dann der Sinn.

Blick ich von dort hinab ins Tal,
sind alle Sorgen wieder ganz klein.
In Thalheim fühl ich mich geborgen,
denn hier bin ich daheim!

SCHLEMMEN NACH LUST UND LAUNE

KARTOFFELKUCHEN

2 kg Kartoffeln schälen und reiben,
mit je 1/2 Teelöffel Salz, Pfeffer und Muskat würzen.
Den kleingeschnittenen Speck (100 g Speck)
und eine große gewürfelte Zwiebel in einer Pfanne mit Öl anbraten.
Die geriebene Kartoffelmasse hinzugeben
und alles unter Umrühren 15 Minuten gar kochen.

Die Pfanne von der Herdplatte nehmen.
Einen Gussbräter mit Dörrfleischscheiben auslegen
und die gegarte Kartoffelmasse darauf schichten.

In den Backofen geben und 30 Minuten bei 200 Grad knusprig
bräunen (ohne Deckel). Dann den Kartoffelkuchen auf einen
großen Teller stürzen, den Bräter wieder mit Dörrfleischscheiben
auslegen, den gewendeten Kartoffelkuchen darauf
legen und nochmals 30 Minuten knusprig backen.
Der fertige Kartoffelkuchen ist von beiden Seiten mit Dörrfleisch belegt.

FÜR DIE EINSENDUNG DES REZEPTES BEDANKEN WIR
UNS BEI FRIEDHELM DIEFENBACH AUS ARFURT.

IM BACKES

VON JOSEF SCHMIDT

Das Backhaus war neben der Kirche ein wesentlicher Treffpunkt im Dorf. Es wurde nicht nur Brot gebacken. Ein kleines Dorf konnte sich kein Rathaus leisten. Deshalb war ein Zimmer im Obergeschoss für den Bürgermeister und den Gemeindevorstand vorbehalten.

Erst 1820 wurde in Ahlbach ein Schulgebäude errichtet. Bis dahin mussten die Kinder in das Obergeschoss des Backhauses zur Schule gehen. Der Raum war sehr eng. Im Winter war die Wärme, die vom Backofen kam, recht angenehm, im Sommer führte sie öfter zu hitzefrei, was die Kinder freute.

Im Backhaus konnte man kein Brot oder sonstige Backwaren kaufen. Es war kein Geschäft, sondern eine Werkstätte zur Herstellung von Brot oder Kuchen. Die Leitung hatte der Gemeindebäcker. Er machte die Arbeit nicht allein. Die einzelnen Familien, die gerade ihren Backtag hatten, mussten mit Hand anlegen.

In Ahlbach waren um 1800 53 Häuser registriert. So viele Familien werden dort auch gelebt haben. Neben den vier bis fünf Sonntagen standen circa 26 Arbeitstage zur Verfügung. So hatte morgens und nachmittags je eine Familie an einem Arbeitstag ihren Backtag. Eine Familie kam nach der anderen dran. An einer Ecke des Dorfes fing die Familie Nr. 1 an. Das Dorf war sozusagen durchnummeriert. So hatte jede Familie alle vier bis fünf Wochen ihren Backtag.

Damit das Brot nach vier Wochen nicht alt und verschimmelt war, taten sich zwei Familien, deren Backtage circa zwei Wochen auseinander lagen, zusammen. Die erste Familie gab etwa die Hälfte der frischen Brote an die zweite Familie. Nach zwei Wochen, wenn die zweite Familie ihren Backtag hatte, gab sie die gleiche Anzahl der frischen Brote an die erste Familie zurück. So musste nicht vier Wochen altes Brot gegessen werden.

Es wurde grundsätzlich Roggenbrot gebacken und gegessen. Weizenbrot (Weißbrot) wurde nur den Schwerkranken gegeben.

Der Verbrauch an Brot war erheblich. Bis etwa 1750 waren Kartoffeln in unserem Gebiet nicht bekannt. Um die schwere körperliche Arbeit leisten zu können, musste man einige Kalorien zu sich nehmen. Die Brote waren drei bis vier Pfund schwer. So kann man bei einer durchschnittlichen Familie davon ausgehen, dass für den Zeitraum von vier Wochen wenigstens 40 Brote benötigt wurden. So mussten sie zum Backtag mindestens einen Zentner (50 kg) Mehl zum Backhaus schaffen. Sie hatten noch mehr mitzubringen, nämlich eine ausreichende Zahl von Backwellen, um den Ofen anzuheizen. Backwellen waren trockene Reisigbündel.

Die Leitung hatte der Gemeindebäcker. Er hatte vor allem für den ausreichenden Vorrat von Sauerteig zu sorgen. Er hatte darauf zu achten, dass der Teig ging und die Brote nicht zu stark und nicht zu wenig gebacken wurden. Er erhielt für jedes gebackene Brot eine Bezahlung in Kreuzer.

Das notwendige Wasser holte man direkt aus der nahen Quelle. Das Backhaus war unmittelbar neben der Quelle errichtet worden. Zu der Quelle führte eine Treppe hinab, die aus Basaltsäulen als Tritte bestand. 1935 wurde als Arbeitsbeschaffungsmaßnahme das Backhaus abgerissen, da inzwischen selbstständige Bäckereien entstanden waren. Die Quelle wurde überwölbt und als Zisterne für die Feuerwehr hergerichtet. Der Bereich wird mit den Namen »*Puhl*« bezeichnet. Puhl bedeutet soviel wie Wasserloch. Hier wird alljährlich ein »*Puhlfest*« gefeiert. Diese Quelle dürfte ein wesentlicher Grund für die frühe Besiedlung gewesen sein. Auf dem fruchtbaren Boden konnte man Getreide anbauen. Getreide war die Grundlage für Brot. Mit Wasser und Brot bestand eine wesentliche Lebensgrundlage.

Wenn täglich fast 100 Brote gemahlen und gebacken wurden, war immer etwas los im Backhaus. Vor den hohen Feiertagen wurde es ganz turbulent. Der Betrieb lief Tag und Nacht. Kuchen gab es im Jahresverlauf nicht. Dafür wurde zu den hohen Feiertagen (Weihnachten, Ostern, Pfingsten und besonders zur Kirmes) quadratmeterweise Hefekuchen gebacken. Vor allem an Kirmes kam die Verwandtschaft aus den Nachbardörfern. Ein Fußweg von ein bis zwei Stunden hin und zurück war kein Hindernis. Jeder Besucher bekam noch etwas mit. Aus meiner Kindheit weiß ich, dass zu Kirmes immer ein Behinderter aus Steeden kam, der auf den Namen »*August*« hörte. Er erhielt in jedem Haus ein Stück Kuchen. In unserem Elternhaus war die Sammelstelle.

Manche Besucher sollen mangels Tasche einen Kopfkissenbezug mitgebracht haben, um alles heimtragen zu können. Um für alles gerüstet zu sein, mussten genügend Streuselkuchen, Zimtkuchen und

Rosinenkranz sowie zur Kirmes Zwetschenkuchen gebacken werden. Das war nur möglich, wenn die Nacht durchgearbeitet wurde. Die Hausfrau achtete darauf, dass ihre Zutaten nicht in den Kuchen anderer kamen. So wurde es eine unruhige Nacht. Wenn die erste Gruppe fertig war, mussten beim Heimgehen die nächsten gerufen werden. So klang mal näher mal weiter der Ruf durch die Nacht: »*Anna (oder Maria) ins Backes komme*«. Der Ruf durfte nicht leise sein, sonst wäre die Gerufene nicht wach geworden. So war die ganze Nacht Unruhe im Dorf. Da kein elektrisches Licht vorhanden war, arbeiteten die Frauen bei der schummerischen Beleuchtung wie Gespenster. Wenn morgens die Kuchen, die auf großen Blechen gebacken waren, heimgetragen wurden, strömte ein Duft durch die Straßen, der die Vorfreude auf das Fest steigerte. So mancher konnte seinen Hunger auf den frischen Zwetschenkuchen nicht bezähmen und hatte dann an Kirmes mit Verdauungsbeschwerden zu kämpfen.

Damals wurde das tägliche Brot noch sehr geschätzt. Bevor man das große Brot anschnitt, wurde es mit dem Kreuzzeichen versehen. Noch leben Nachkommen des letzten Gemeindebäckers im Dorf.

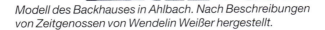

Modell des Backhauses in Ahlbach. Nach Beschreibungen von Zeitgenossen von Wendelin Weißer hergestellt.

È AAL VERGRÄFFE BRÄIFJE

VON WILLI SCHOTH

Aich hunn è vèrgräffè aal Bräifjè gèfunnè-.
Äm Wandschrank, äm Stammbuch loag's, off dèr letzt Sait.
Doo hunn è poar komischè Setz dränn gestunnè
änn aaldeutschèr Schrift, aus vèrgangènèr Zait.

Aich woar droff un druu, wollt dee Zeel schuu zèrkneulè,
doach woar mär als häil wär dii Hand mär zèreck.
Aich fing uu zè leesè, baal woar mär zoum Heulè,
doach daa woar off amool mein Häzz vollèr Gleck.

Doat Bräifjè, doat hott Unkèl Hannès geschriwwè.
Sai Häzz dèrr Sankt- Geoschpfanfindèr gèhäät.
Däi harrè däi braunè Gèsellè vèrtriwwè.
Doach geh' däi Gewalt horrè lang sich gèwäät.

Doo stann: *'Läiwe Ellèrn, said bluß net vèrdroassè,
aich leewè; jär braucht dremm kaa Angst emm maich huu.
Häi sai aich gout unnèr, häi wääd net gèschoasè,
häi träff aich goar freundlischè Landsleu aach uu.'*

Sai Gleck; Unkèl Hannès hat Lundè gèroachè,
sè wolltè èn hollè, è sollt väär Gèrescht.
È hat sich äm Feld änn èn Haustè vèrkroachè.
Sè hunn èn gèsucht-, Gott sai Dank, net èrwescht.

Dè Kriisch ging èremm, doach dè Hunger doat blaiwè,
schwär krank woar dii Oma, sè haamst no järm Bou.
*'Wuu wärrè noar sai? Wuu? Oach deerè noar schraiwè,
daa fäilè zèfrirrè dii Aache mär zou.'*

Doach doo ging dii Tiär off, èt woar wii è Wunnèr,
dee Hannès dreckt glecklisch sai Mammè uu' t Häzz.
Dèt Gleck woar so gruß un dii Mammè so munnèr,
foat woar all jäär Krankhait, foat woar all jäär Schmäzz.

Dii Ellèrn woarn fruh, Unkèl Hannès bliib leerisch-.
Dèhamm sai, doat woar fäär èn wii è Gèdischt.
Sè woarn all zèfrirrè un sost woar naut neerisch,
unn Owens doo brannt immèr lang noach dèt Lischt.

Aich straichèlt doat Bräifjè unn leeh èt daa werrèr
zèreck änn dèt Stammbuch, hii, off dii letzt Sait;
un setz off èn Stouhl maisch, èn Aachèbläck nerrèr,
un denk: -net noar dunkèl, aach hell èss dii Zait-.

Dii jungè Leu schwetzè kaa Platt net mii

Von Willi Schoth

Dii jungè Leu schwetzè kaa Platt net mii;
däi Sprooch, däi sè huu, kann mèrr kaum vèrstiih-.
Däi wässè net, woat sè sich ängèbroackt huu,
net woat sè vèrloarn,
net wuu sè noach druu.
Däi wollè net sai, wii dii Ellern aanst woarn-.
Doach woat mèrr net ährt, geht verloarn.

Wii ess doach uss Muttèrsprooch so vèrtraut-.
So häzlich, so deftisch wii däi, git's naut!
Däi dout uss gèlaare, doasch Freud un doasch Laad;
ess woarm wii èn Roack,
ess schiff, wii è Klaad.
Dränn sai määr gèboijè, dränn ess uss so wohl-,
häi sai määr dèhamm allèmool.

Mèrr ennèrt net, woat net zè ennèrn ess.
Dremm schwetzt, wii dè Schoawwèl gèwoachsè ess
un loßt uss vuu Läib un vuu Treu sängè hau-,
däi Liidèr so aal,
wii sain sè so nau!
So lang wii däi Liidèr noach klängè so schii,
wääd aach net uss Platt unnègii!

Schlemmen nach Lust und Laune

Grippestopper

200 ml Apfelsaft
250 ml Johannisbeersaft
250 ml Brombeernektar
        evtl. etwas Wasser

Die Flüssigkeiten in einen Topf geben und erhitzen. Den Topf vom Herd nehmen und
unter kräftigem Rühren den

Saft einer Zitrone
1 Eßl. Honig
4 cl Rum

hinzufügen. In Grog-Gläsern heiß servieren. Mit je einer Zitronenscheibe garnieren.

Für die Einsendung des Rezeptes bedanken wir uns
bei Isabella Frensch aus Probbach.

Foto: Erich Becker

HEIMKEHR

VON ERICH BECKER

Die Welt ist groß und interessant.
Drum möchte ein rastlos Geist erkunden
so manche Stätte weltbekannt,
das Fernweh zieht ihn unumwunden
zu neuen Ufern ins fremde Land.

Möchte gern der Heimat Fesseln sprengen,
voll Neugier und auch Wissensdrang.
Glaubt, Nahes würd' den Geist verengen,
drum sucht er Fernes, kein Weg zu lang.
Die Welt hält ihn in ihren Fängen.

Doch kommt der Tag, da wird man matt,
wird überdrüssig all des Treibens,
obwohl noch lockt so manche Stadt,
ist man nun satt des sich Zerreibens.
Schätzt fortan mehr, dass man Ruhe hat.

Nach Irrfahrten im Lauf des Lebens
zieht es mich heim mit aller Macht.
Was ich bisher suchte vergebens,
erschließt sich nun mir in and`rer Pracht,
als die des in die Ferne Strebens.

Es dringt mehr ein ins Tief der Seele,
wo Kleines auch mag zu erfreuen.
Gesteh, dass ich dies nicht verhehle,
es nimmt doch nichts vom Reiz des Neuen,
drum ich mich sehnlich heimwärts stehle.

Schau ich talwärts zum Ort hinunter,
von Hügeln, Wälder rings umsäumt.
Die Herbstsonn' färbt die Dächer bunter,
hab oft von diesem Bild geträumt.
Vergess' die Welt, bin einfach munter.

Statt Häusermeer, Berufsverkehr
und Hetz nach Sehenswürdigkeiten,
liegt da ein Kleinod hoch und hehr.
Ganz nah, als wollt es Trost bereiten,
dem Herz zu sagen, was willst du mehr.

Zum Dank geh ich zu der Kapelle,
im Wald versteckt, zum Beten erbaut.
Bei Vogelsang zu sel'ger Stelle,
als ein Fremder mich erstaunt anschaut.
Er war mit mir auf gleicher Welle.

Er lief mir grad hier in die Quer.
Auch er wohnt schon lang in fremder Stadt,
ihn zu erkennen, fiel nicht schwer.
Fühlt auch, dass er eine Heimat hat,
und was sie an echter Freud gibt her.

SCHLEMMEN NACH LUST UND LAUNE

BROCKELBOHNEN (BOHNENEINTOPF)

200 g Dörrfleisch und 1 große gehackte Zwiebel in 60 g Fett andünsten. 1 kg grüne, gebrockelte (gewürfelte) Bohnen und 1 kg rohe Kartoffelstückchen hinzugeben, mit einem Liter Brühe ablöschen und 30 Minuten leicht gar köcheln. Mit Salz und Pfeffer würzen, zum Schluss mit 2 EL Mehl binden, nun wird mit 1 EL Essig sowie 1 EL Zucker der Bohneneintopf noch verfeinert. (Wichtig: der Essig darf erst nach dem Garen hinzugegeben werden).

FÜR DIE EINSENDUNG DES REZEPTES BEDANKEN WIR UNS
BEI SYLVIA BRÜHL AUS RUNKEL-ARFURT.

EINSATZ AUSLÄNDISCHER ARBEITER AUF EINEM BAUERNHOF IN OBERBRECHEN

VON EUGEN CASPARY

EIN POLNISCHER FREMDARBEITER

Das genaue Datum ist mir nicht bekannt; ebenso wenig kenne ich den Familiennamen und die sonstigen einschlägigen Personalien des jungen Mannes. Im Alter von 20 Jahren kam Josef Ende 1939 oder zu Beginn des zweiten Kriegsjahres als so genannter Fremdarbeiter zu unserer Familie. Er war Pole, aus seiner Heimat zwangsweise in das Land der Sieger, ins nationalsozialistische Deutschland, gebracht. Mein Vater war, als Josef uns zugewiesen wurde, noch Soldat. Als Teilnehmer des Ersten Weltkrieges war er in der Nähe von Haßloch in der Pfalz stationiert. Nach sieben Monaten Wehrdienst seit Beginn des Zweiten Weltkrieges wurde er im Mai 1940 nach Hause entlassen. Als der Pole Josef zu uns kam, so erinnere ich mich, sorgte mein ältester Bruder (Jahrgang 1921) dafür, dass der in wenig ansprechendem äußeren Habitus erscheinende junge Mann in einen besseren Zustand versetzt wurde. Josef wohnte in unserem Haus, untergebracht war er in einem eigenen Zimmer. Hier konnte er für sich sein, in der Freizeit ungestört und unkontrolliert. Was die Verpflegung angeht, so unterschied diese sich in Qualität und Quantität in nichts von der unseren. Freilich nahm er die Mahlzeiten nicht mit an unserem Tisch ein, sondern – entsprechend der Vorschriften, die den Umgang mit Fremdarbeitern und Kriegsgefangenen regelten – gesondert an einem kleinen Tisch im Vorraum unserer Küche. Wer gegen diese Bestimmungen verstieß, die allen ausgehändigt wurden, die Fremdarbeiter beschäftigten, und die auch öffentlich im Rathaus aushingen, wurde mit harten Strafen bedroht.

Josef lebte sich in kurzer Zeit in Haus- und Hofgemeinschaft ein. Er lernte relativ schnell und leicht die deutsche Sprache, und bald zeigte sich seine Intelligenz und Anpassungsfähigkeit. Mit seinen in Oberbrechen beschäftigten männlichen und weiblichen Landsleuten (es mögen circa zehn Personen gewesen sein) hielt er regen Kontakt. Nach Feierabend und an arbeitsfreien Sonntagen trafen sie sich regelmäßig am Rande des Dorfplatzes in der Nähe des damals noch existierenden Kriegerdenkmals zum Gedächtnis der Teilnehmer am Deutsch-Französischen Krieg 1870/71 zum Gedanken- und Erfahrungsaustausch. Anscheinend – so der Gesamteindruck, wenn man ihrem Reden und Treiben zusah – oft recht gut gelaunt. Offenbar gab es für sie wenig Grund, über die Behandlung bei ihren *»Herrschaften«* traurig oder empört zu sein. Dass es gelegentlich zu mehr oder weniger großen Unstimmigkeiten im Arbeitsalltag gekommen sein mag, muss nicht betont werden. Eines ist jedoch sicher: schwerwiegende Probleme, die das Verhältnis so vergiftet hätten, dass bei Kriegsende sich Hass auf die ehemaligen Sieger und nunmehr Besiegten hätte entfachen und zu ernsthaften Repressalien eskalieren können, sind nicht zu verzeichnen.

Was Josef, unseren polnischen Fremdarbeiter, betrifft ist zu betonen, dass er zuverlässig und ohne Schwierigkeiten seine ihm aufgetragenen Arbeiten verrichtet hat. Hauptsächlich hatte er es dabei mit meinem Vater zu tun, der ja im Frühjahr

1940 wieder die Leitung unseres Hofes fest in die Hand genommen hatte. Natürlich ließ mein Vater keinen Zweifel darüber aufkommen, wer hier der Herr war und wer der Knecht. Aber für ihn war und blieb selbstverständliches Prinzip, das der Menschlichkeit im Umgang mit Menschen. Unabhängig von Hautfarbe, Religion oder Nationalität, solange sie selbst nach diesem Prinzip lebten oder, wie in unserem Fall, sie ihre Arbeit ordentlich verrichteten, ging mein Vater menschlich mit ihnen um. Da Josef ein guter Arbeiter war, gab es keine Schwierigkeiten im Umgang miteinander. Das Zusammenleben und Zusammenarbeiten zwischen Herr und Knecht unterschied sich nicht von der Art und Weise, wie sie in den Vorkriegsjahren zwischen meinem Vater und den meist aus dem hohen Westerwald stammenden Knechten jeweils praktiziert worden war. Diese Knechte – ich erinnere mich an zwei von ihnen, die nacheinander etwa in den Jahren von 1936 bis 1939 bei uns tätig waren – waren im gleichen Raum untergebracht, in dem jetzt der Pole Josef sein Quartier hatte. Dieser arbeitete etwa zwei oder drei Jahre bei uns, genau weiß ich das nicht mehr. In diesen Jahren sprach er bald fast perfekt Deutsch. Wahrscheinlich wechselte er im Laufe des Jahres 1943 den ihm so vertraut gewordenen Arbeitsplatz. Wie er dies erreichte, wer unter Umständen den Vermittler spielte, auf jeden Fall musste der Wechsel durch die zuständige Behörde – wohl das Arbeitsamt – genehmigt werden, entzieht sich meiner Kenntnis. Sein neuer Arbeitgeber war ein Limburger Bauunternehmen, welches, ist mir ebenfalls nicht bekannt. Doch weiß ich, dass er sich genauso schnell wie seinerzeit bei uns bei dieser Firma eingelebt haben muss. Hier schätzte man ihn offenbar bald als intelligenten, arbeitswilligen und vielfach einsetzbaren Mitarbeiter. Da er auch in kurzer Zeit mit den Baumaschinen,

insbesondere mit dem Lastwagen, umgehen konnte, sorgte sein Chef dafür, dass er den entsprechenden Führerschein erwerben konnte. Auf Fahrten mit diesem LKW, mit dem er für die Firma zuweilen auch im Goldenen Grund unterwegs war, besuchte er uns wiederholt und präsentierte sich mit berechtigtem Stolz in seiner neuen Tätigkeit als versierter Kraftfahrer und Mitarbeiter einer angesehenen Limburger Firma. Wir freuten uns mit ihm über diesen sein Selbstbewusstsein sicher ungemein steigernden Aufstieg!

Leider war es ihm versagt, diese in Deutschland als Fremdarbeiter erworbenen Fähigkeiten nach Rückkehr in die polnische Heimat für seine berufliche Laufbahn zu nutzen. Denn Josef wurde bei einem Luftangriff auf Limburg ein tödlich getroffenes Opfer. Erst viele Wochen nach diesem traurigen Ereignis erfuhren wir von diesem Unglück. Man fand seine Leiche nach einem der Angriffe neben dem Lastwagen. Ob es sich um einen diesem Fahrzeug geltenden Tieffliegerangriff gehandelt hatte oder ob im Zusammenhang mit einem der Bombenangriffe auf die Stadt, weiß ich nicht mehr zu sagen.

EIN FRANZÖSISCHER KRIEGSGEFANGENER UND DAS GEMEINSCHAFTSQUARTIER DER GEFANGENEN

Nach dem Weggang des Polen Josef wurde uns ein französischer Kriegsgefangener zugeteilt, der jedoch nur kurze Zeit hier beschäftigt werden konnte, weil er wegen gesundheitlicher Probleme sich in stationäre Behandlung begeben musste. Über die näheren Umstände, die hierbei zu berücksichtigen waren, habe ich keinerlei Erinnerung. Ich weiß nur, dass es sich bei diesem Mann um eine stille, zurückhaltende und ganz unauffällig auftretende Person gehandelt hat. Jedoch trügt mich mein Gedächtnis nicht, wenn ich versuche, Näheres über das Leben der französischen

Gute **Straßen** sind für uns
die **natürlichste**
Sache der Welt...

...damit dies auch für die Verkehrsteilnehmer so ist, haben wir es uns zur
Aufgabe gemacht, die Kreisstraßen
übers Jahr instand zu halten und im
Winter von Schnee und Eis zu befreien.

W. Schütz GmbH & Co. KG
Zur Quelle 6
35781 Weilburg-Gaudernbach
Tel.: 06471 - 9532-0, Fax: 06471 - 51180

Kriegsgefangenen in Oberbrechen allgemein auszuführen.

In Oberbrechen waren nach dem Frankreichfeldzug 1940 bis zum Einmarsch der Amerikaner im März 1945 etwa 20 französische Kriegsgefangene in der Regel in hier ansässigen landwirtschaftlichen Betrieben beschäftigt. Untergebracht waren sie in einem Saal, der zu einer Gastwirtschaft gehörte. Vor dem Krieg fanden darin Veranstaltungen im Rahmen der Dorffeste und Vereinsfeiern statt. Bewacht wurden die Gefangenen von Wehrmachtsangehörigen. Ich erinnere mich an zwei von ihnen, die nacheinander in den zwei oder drei Jahren vor Kriegsende diese Aufgabe wahrnahmen. Im ersten Fall handelte es sich um einen kriegsversehrten Soldaten im Rang eines Feldwebels. Er stammte aus der Eifel, ließ oftmals während unterschiedlicher Maßnahmen – z. B. bei Appellen – seinem Kasernenhofton freien Lauf, tat im Grunde aber den Gefangenen nichts zu Leide. Er siedelte sich mit seiner Familie in Oberbrechen an und wohnte hier bis zu seinem Tod vor einigen Jahren. Der letzte Wachmann war ein damals 45 Jahre alter, zum Wehrdienst eingezogener Oberbrechener Baumaterialienhändler. Dieser handhabe seine Aufgabe ganz unauffällig, zu lauter Befehlsausgabe war er weder fähig noch willens. Sein Umgangston war fast kumpelhaft, kameradschaftlich und offensichtlich auch darauf bedacht, in der letzten Phase des Krieges, in den Wochen vor dem totalen Zusammenbruch, keinen Anlass dafür zu liefern, Unmut und Hass bei den dereinst befreiten Kriegsgefangenen entstehen zu lassen. Sein Vorgänger war, je nach Laune oder angesichts von Verstößen gegen die Hausordnung im Gemeinschaftsquartier oder auch im Anschluss an gelegentlich vorkommender Fluchtversuche, in der Lage, wenigstens in Tonfall und Tonstärke mit seiner Kommandostimme seine militärische Autorität zu unterstreichen. Zu solchen Bekundungen militärischer Gewalt war er völlig außerstande.

Die Vollzähligkeit der registrierten Gefangenen wurde zweimal am Tag überprüft. Bei Fluchtversuchen wurde natürlich eine härtere Gangart eingelegt, mehr Appelle als sonst üblich angesetzt oder was es sonst noch an Mitteln der Druckausübung gegeben haben mag. Im normalen Alltag spielte sich das Gefangenenleben nach folgendem Muster ab: Zu sicher recht früher Stunde morgens aufstehen. Nach der Morgentoilette wurden die Gefangenen unter mehr oder weniger strenger Bewachung zu ihren Arbeitsstellen geführt oder auch von den Arbeitgebern selbst abgeholt. Oft, so glaube ich mich zu erinnern, legten die Gefangenen auch ohne jede Begleitung den Weg morgens zur Arbeitsstelle und abends zum Quartier allein zurück, wo sie sich wieder zu einer bestimmten Zeit einzufinden hatten. Tagsüber waren sie also als Landarbeiter oder Knechte tätig – mit mehr oder weniger Eifer und Geschick. Ihr Arbeitswille wurde davon beeinflusst, wie freundlich oder unfreundlich die Behandlungsmethode war. Verschiedene Familien aus Oberbrechen, bei denen französische Kriegsgefangene beschäftigt waren, pflegten Kontakt zu deren Familien. Diese deutsch-französische Dauerfreundschaft war nur möglich, weil die Kriegsgefangenschaft in Oberbrechen für die Gefangenen keine unmenschliche Qual gewesen ist und auch nicht als solche erfahren wurde, wie es die Propaganda der Nationalsozialisten gern gehabt hätte. Der Umgang mit den Kriegsgefangenen in Oberbrechen wurde eben nicht von Hass und Unterdrückung bestimmt, wie es z. B. der Niederselterser Ortsgruppenleiter der NSDAP forderte. Bei einer von ihm geleiteten Schulung der Hitler-Jugend dieser Nachbargemeinde

stellte er die Frage, wie man mit den Feinden Deutschlands umgehen müsse. Darauf habe einer der Jungen geantwortet: »*In der Bibel steht geschrieben: 'Ihr sollt auch eure Feinde lieben!'*« Die Reaktion des Fragenden habe gelautet: »*Nein! Nein! Wir müssen sie hassen, hassen, hassen!*« Das erzählte mir kürzlich ein damals zwölfjähriges Mitglied des »*Deutschen Jungvolks*«.

Den französischen Kriegsgefangenen müssen zeitweise auch großzügig Freiräume gewährt worden sein. So sammelten sie z. B. sonntags, in Begleitung ihres Bewachers oder im Freigang, Weinbergschnecken und bereiteten sie im Hof ihres Quartiers auf improvisierter Feuerstelle zu. Für uns, an die ländlich bäuerliche Kost gewöhnt und abseits jeden Gourmet-Geschmacks, war allein der Gedanke an einen solchen Genuss widerwärtig.

In ihrem Schlafsaal hatte einer der Gefangenen auf großformatiger Unterlage in Über-Lebensgröße die unbekleidete Symbolfigur der französischen Revolution – die Göttin der Vernunft – in leuchtenden Farben gemalt. Sie war an der Stirnseite des Saals so angebracht, dass sie jeder der Insassen im Blickfeld haben musste. Dieses Bild wachte über die Wohngemeinschaft der Gefangenen, vermittelte Heimatgefühl. Es verlieh dem nüchternen Schlafsaal und nicht unbedingt einladenden Aufenthaltsraum so etwas wie künstlerischen, über den gegenwärtigen Zustand der Unfreiheit hinwegtröstenden Glanz und die Vision eines Tages wiedergewonnener Freiheit! Der Maler dieses Kunstwerkes war bei einem Schmiedemeister beschäftigt, der neben seiner Werkstatt auch eine kleine Landwirtschaft betrieb. Auch hier war der malende Gefangene in der Regel tätig, in Zusammenarbeit mit dem ihm besonders vertrauten und liebevoll behandelten Pferd des »*Patrons*«.

Im März 1945 stießen die Amerikaner über den Rhein vor und rückten dem Goldenen Grund immer näher. Am 27. März 1945 schließlich drang ein Vortrupp der Amerikaner in Oberbrechen ein. Die deutsche Wehrmacht begann sich immer chaotischer aufzulösen. Nun wurde auch den Kriegsgefangenen in Oberbrechen bewusst, dass die Freiheit nahe war.

In diesen turbulenten Tagen hatte der Wachmann den Befehl erhalten, die Gefangenen zu evakuieren und mit ihnen in Richtung Weyer abzurücken. Der Wachmann bemühte sich offenbar nur widerwillig und schließlich auch ohne Erfolg, die ihm Unterstellten zum Abmarsch zu bewegen. Wenn mich nicht alles täuscht, vollzog sich dieser Vorgang nur wenige Stunden vor dem Eindringen der Amerikaner ins weiß beflaggte Dorf.

Ich sehe das Bild noch vor mir: Der mit Karabiner bewaffnete Wachmann vor gestikulierenden und wild durcheinander redenden Gefangenen, die sich weigern, sich in Marschformation aufzustellen. Schließlich setzt sich der ungeordnete Haufen doch in Richtung Weyer in Bewegung.

Es rumort jedoch weiter in den Reihen der Gefangenen. Offenbar auf ein besonderes Stichwort hin scheren sich die Gefangenen, angeführt von einem ihrer Wortführer namens Heinrich, um ihren Bewacher. Dieser lässt sich ohne Gegenwehr entwaffnen – sicherlich froh darüber, nun nicht mehr von der Schusswaffe Gebrauch machen zu können. Er dürfte den nun sich vollziehenden Rollentausch sogar begrüßt haben. In diesem Zustand und dieser Verfassung erwarteten die Beteiligten den amerikanischen Vortrupp. Er bestand aus einem Jeep mit vier Insassen, gefolgt von einem Panzerspähwagen und begleitet und dirigiert von einem Aufklärungsflugzeug in der Luft.

EIN 15-JÄHRIGER RUSSISCHER JUNGE ALS FREMDARBEITER

Im Herbst 1943 – nachdem der bei uns tätig gewesene französische Kriegsgefangene uns aus gesundheitlichen Gründen hatte verlassen müssen, bekamen wir auf Antrag einen damals erst 15 Jahre alten Fremdarbeiter aus Russland zugeteilt. Er war ein äußerst schüchterner, sehr verängstigter Junge. Sicher hatte er auf der Fahrt von seiner Heimat nach Deutschland und wahrscheinlich schon bei der »Anwerbung« oder soll man eher sagen Verschleppung unangenehme, schlimme Erfahrungen machen und ertragen müssen. Ich sehe den Jungen noch vor mir, wie er unser Haus betritt: im einfachen, ziemlich abgetragenen Anzug von ungewohntem Zuschnitt, in der Hand einen Jutesack, darin hatten seine Eltern ihm für die lange Reise ins ferne Deutschland Proviant eingepackt sowie einige Wäsche und Kleidungsstücke. Bei dem Proviant handelte es sich um einen steinhart gewordenen Brotlaib und um eine größere Anzahl von Zwiebeln. In wenigen Wochen hatte der Neuankömmling seine Schüchternheit, seine Sprachlosigkeit und seine anfängliche Begriffsstutzigkeit merklich abgelegt. Er fügte sich in unseren Familienalltag ein, offensichtlich erleichtert aufatmend, dass er hier keine Angst vor unmenschlicher Behandlung zu haben brauchte. Der Alltag in unserer Familie war bestimmt, soweit es den jungen Russen betraf, durch Tätigkeit im Hof, Stall und Feld. Das bedeutete für ihn aber auch Teilnahme am Familienleben im Haus. So hat sich mir z. B. das Bild tief eingeprägt, das der junge Mann am Heiligabend des Jahres 1943 im Wohnzimmer meines Elternhauses darbot. Als wir uns, wie in unserer Familie seit jeher Tradition, im Wohnzimmer versammelt hatten und der russische Junge plötzlich vor dem erleuchteten Christbaum stand, spiegelte sich in seinen staunenden Augen der Glanz der Kerzen. Er stand wie ein verzaubertes Kind, sprachlos vor Verwunderung über etwas vorher nie Erlebtes, wie gebannt und starr mitten im weihnachtlich geschmückten Zimmer. Die staunende Bewunderung steigerte sich und löste sich bald danach in dankbare Freude auf, als er die ihm zugedachten Geschenke in Empfang nahm. Er wusste sich in die Familie aufgenommen, genoss gerührt dieses Ereignis und freute sich über die Weihnachtslieder, die wir, von Vater am Klavier begleitet, sangen. Er blühte sichtbar auf. Die von ihm verlangte Arbeit leistete er, so lange er bei uns bleiben konnte, mit wachsender Sorgfalt und Zuverlässigkeit. Und wie zuvor der Fremdarbeiter aus Polen fühlte er sich in seinem Zimmer, in dem er sein eigenes Leben ungestört leben konnte, ohne Frage wohl. Anders jedoch als der Pole, der an einem besonderen Tisch getrennt von der Familie essen musste – damals richteten wir uns aus Furcht über die angedrohten Strafen an die einschlägigen Vorschriften –, aß der junge Russe mit uns gemeinsam am Tisch. Dieser Umstand sollte sich jedoch im Sommer 1944 als Verhängnis herausstellen. Denn ausgerechnet diese Tatsache war die Ursache für das Ende dieses glücklichen Verhältnisses, das sich in den vergangenen Monaten zwischen uns und dem jungen russischen Fremdarbeiter entwickelt hatte.

»*Schuld*« an dieser Trennung, an diesem zwangsweisen Ende jenes ungezwungenen von den Bedingungen der zu leistenden Arbeit auf einem Bauernhof geprägten normalen menschlichen Zusammenlebens, war die von meinen Eltern und von uns Kindern praktizierte Menschlichkeit im Umgang mit einem jungen Mann. Er stammte aus einem Land mit dem Deutschland sich im Kriegszustand befand. Zudem war er Angehöriger eines Volks, das nach nationalsozialistischer Rassenideologie als minderwertig galt und mit dem eine Partnerschaft –

noch dazu im Krieg – überhaupt nicht in Frage kommen durfte. Sichtbares Zeichen dieser Degradierung war die erwähnte Trennung von Tisch und natürlich mehr noch vom Bett. Angesichts dieser Ideologie war es fast zu viel des Guten, einem solchen Menschen ein eigenes Zimmer zur Verfügung zu stellen und ihn nicht im Stall oder der Scheune ein Quartier zugewiesen zu haben.

Was also war die Ursache dieser plötzlichen und von uns völlig unerwünschten Aufkündigung unserer Gemeinsamkeit? Was war geschehen? An einem Sonntag im Sommer des Jahres 1944 war unsere Familie am Tisch zum Mittagessen versammelt. Wie immer, seit er bei uns wohnte und arbeitete, saß auch unser russischer Arbeiter mit an der gemeinsamen, sonntäglich gedeckten Tafel. Unvorsichtigerweise hatten wir die Haustür nicht verriegelt. An ungebetene Besucher, die kontrollieren würden, ob die Bestimmungen eingehalten wurden, dachte niemand. Dies um so weniger, da in der Vergangenheit niemals solche Kontrollgänge unternommen worden waren. Ein unglückseliger Leichtsinn, wie sich herausstellte! Denn während des Essens öffnete sich plötzlich die Haustür, Schritte im Flur und Sekunden später standen zwei Männer in unserem Eßzimmer: in SA-Uniform der eine und in der Polizei-Uniform der andere. Sie grüßten mit »*Heil Hitler!*«, wünschten »*Guten Appetit*« und verließen postwendend wieder unser Haus. Es handelte sich um den Ortspolizisten Schwartz mit Namen, der zugleich Ortsgruppenleiter der NSDAP in Oberbrechen war, und um den Ortsbauernführer von Haintchen in SA-Uniform. Deren Visitationsgang zu Familien im Dorf, die Fremdarbeiter oder Kriegsgefangene beschäftigt hatten, ließen in zwei Fällen in Oberbrechen Regelverstöße deutlich werden. Dies hatte schnellstmögliche Maßnahmen zur Folge. Bereits am Vormittag des folgenden Tages, einem

Montag, wurden die bei verbotenem Tun ertappten beiden Fremdarbeiter vom erwähnten Polizeibeamten abgeholt. Betroffen von dieser Maßnahme war neben uns der damalige Ortsbauernführer und Bürgermeister. Das Parteimitglied war kurze Zeit zuvor wegen vorbildlicher Leistung im Dienste der Volksernährung in Berlin besonders ausgezeichnet worden. Die beiden Fremdarbeiter wurden, wie später bekannt wurde, in ein Sonderlager gebracht, deren Insassen zu gefährlichen Sondertätigkeiten, wie es in der Sprache der Nationalsozialisten hieß, eingesetzt wurden. Was man im Dritten Reich unter dem Begriff Sonderbehandlung verstehen konnte, war zumeist etwas radikal Menschenverachtendes, war Unmenschlichkeit in allen denkbaren Variationen. Darüber gibt das nach dem Krieg von W. E. Süßkind, Carlo Schmid und Dolf Sternberger herausgegebene »*Wörterbuch des Unmenschen*« Auskunft.

Über das Schicksal des russischen Jungen, der als 15-jähriger zu uns kam und uns im Alter von 16 Jahren genommen wurde, kann ich leider nichts sagen. Auch sind mir dessen Personalien nicht bekannt. Mir ist sogar sein Vorname, mit dem er bei uns angeredet wurde, entfallen. Seine Spuren verlieren sich für mich am Tag der zwangsweisen Trennung, einem Montagmorgen im Sommer des Jahres 1944.

DIMITRI UND ALEX,
ZWEI UKRAINISCHE FREMDARBEITER

Eine unmittelbare Bestrafung meines Vaters für das geschilderte »*Vergehen*« der unerlaubten Tischgemeinschaft mit den Angehörigen eines feindlichen Volkes erfolgte nicht. Anscheinend war für die zuständige Stelle der Verlust seines Mitarbeiters und Knechtes fürs Erste Strafe genug. In der zweiten Hälfte des Jahres 1944 musste mein Vater also die Feldarbeit alleine verrichten, allenfalls unterstützt von öfters bei uns beschäftigten Invaliden, die aber keine schweren Arbeiten verrichten konnten. Seine beiden ältesten Söhne leisteten Kriegsdienst, und an mir, dem damals 15-jährigen Schüler, hatte er keine große Hilfe. Zu Beginn der im Frühjahr des folgenden Jahres zu leistenden Arbeiten sollte sich diese Situation zugunsten meines Vaters ändern. Wie es

dazu kam, will ich kurz schildern. Die in Oberbrechen existierenden beiden Mühlen hatten ihren Betrieb einstellen müssen, da deren Besitzer zum Wehrdienst eingezogen worden waren. Dies geschah meines Wissens im Laufe des Herbstes 1944, auf dem Höhepunkt des von Göbbels 1943 ausgerufenen *»totalen Krieges«*. Nun mussten die Landwirte von Oberbrechen ihr

Futtergetreide und Mehl für den eigenen Bedarf in der noch in Betrieb befindlichen Hammermühle in Oberselters mahlen lassen. Auf einer Fahrt im Frühling des Jahres 1945 von dieser Mühle nach Hause, zu einem Zeitpunkt, in dem sich der Ring um Deutschland immer enger zusammenzog und zu dem sich das Chaos zurückströmender versprengter deutscher Truppen nun deutlicher abzeichnete, wurde mein Vater von zwei jungen Fremdarbeitern angesprochen, ob er sie als Arbeitskräfte gebrauchen könne. Es handelte sich um zwei aus der Ukraine stammende Brüder im Alter von ein wenig über 20 Jahren. Sie waren wie viele ihrer Landsleute und Leidensgenossen in einem Rüstungsbetrieb eingesetzt und nun auf der Straße unterwegs, nachdem alliierte Truppen immer näher vorgerückt waren. Die deutschen Behörden evakuierten deshalb die beschäftigten Fremdarbeiter aus den Betrieben. Mein Vater lud die beiden ein aufzusteigen, und da er sie sympathisch fand und für die Erledigung der landwirtschaftlichen Arbeit geeignet, war er bereit, sie einzustellen. Arbeit habe er für beide genug, und auch an Verpflegung und Unterkunft werde es nicht fehlen, gab er ihnen zu verstehen.

Ich erinnere mich genau an die erste Mahlzeit – ein Abendessen, bei dem es unter anderem Dickmilch und Salzkartoffeln gab. Wie ihr Vorgänger, der russische Junge, saßen sie mit an unserem Tisch, diesmal aber vorsorglich bei verschlossener Haustür. Der ältere und kräftigere der beiden Brüder konnte nicht genug Kartoffeln auf seinem Teller häufen. Dieses Abendessen mag für beide, die zuletzt hatten Hunger leiden müssen, fraglos wie ein Fest gewesen sein.

Beide Brüder dankten meinem Vater und unserer Familie mit gleichbleibend intensiver Arbeitsleistung und mit treuherziger Anhänglichkeit, die von unschätzbarem Nutzen für uns wurde, als nach dem Einzug der Amerikaner am 27. März 1945 manche der nun befreiten Fremdarbeiter die Rollen tauschten und auf unterschiedliche Weise Druck auf Teile der deutschen Bevölkerung ausübten. »Unsere« Ukrainer setzten auch nach dem 27. März die Arbeit für uns fort und erklärten sich ausdrücklich zu unseren Beschützern, sollte jemand versuchen, uns zu bestehlen oder uns sonstwie lästig zu werden. Beide wohnten und arbeiteten bei und für uns, bis der Tag des Abschieds gekommen war, der sie in ihre ukrainische Heimat bringen sollte. Irgendwann nach dem Waffenstillstand und dem Ende des Krieges am 8. Mai 1945 wurden Sammeltransporte für die heimkehrwilligen ehemaligen Fremd- und Zwangsarbeiter zusammengestellt. Ich glaube, von Limburg aus fuhren die beiden Brüder zurück in ihre Heimat. Dimitri und Alex – so ihre Vornamen – wollten unbedingt heim. Dennoch verabschiedeten sie sich von uns nicht nur freudig bewegt. Sie waren auch in Angst und Sorge über mögliche Drangsalierungen, die sie unter Umständen in ihrer Heimat in der Sowjetunion erwarten könnten. Jede Diktatur, so betonten sie, sei von Übel, und alle Diktatoren seien unberechenbar. Zwischen Hitler und Stalin könnten sie, was die von beiden verschuldeten, schrecklichen Verbrechen beträfen, keine Unterschiede erkennen. Ob sie im Lande Stalins mit offenen Armen empfangen, ob sie in ihrer alten Heimat das ersehnte Glück finden würden, ob sie hier in Freiheit und Harmonie mit ihrer Familie leben könnten – das erhofften sie sich sehnlichst. Sie fuhren mit einem lachenden und einem weinenden Auge in ihre Heimat zurück.

TRAUTES LIMBURG

VON PAULA DIEFENBACH

Trautes Limburg, wie bist du so wunderschön,
wer dich kennt, kann meine Sehnsucht gut versteh'n.
Bin ich in der Ferne, sehn ich mich nach dir.
Trautes Limburg, bleibe ewig Heimat mir.

Deine Altstadt ist den Fremden schon vertraut,
doch das Schönste ist auf hohen Fels gebaut.
Unser Stolz, das ist der schöne Georgs-Dom,
und er grüßt von weitem, wenn ich heimwärts komm.

Wunderschön ist auch der alte Brückenturm,
trutzig überstand er Kriege und auch Sturm.
Und zu seinen Füßen fließt die schöne Lahn,
willst du dich erfreuen, komm und schau's dir an.

Kirchenglocken läuten froh den Sonntag ein,
und du denkst, es könnte nirgends schöner sein.
Und die Herzen schlagen nur für diese Stadt,
die trotz mancher Sorgen ihren Zauber hat.

Niemals könnte ich ganz ohne Limburg sein.
Hier fühlt man sich wohl und ist auch nicht allein.
Jeder grüßt dich freundlich und man spricht mit dir.
Trautes Limburg, bleibe ewig Heimat mir.

Foto: Simone Frohne

DÄ MENSCH UN DIE VIELSCHE

VON LENI BLECHSCHMIDT

Mach aisch muinds des Finsder off,
guck e' bißje naus,
sitzd e' Vielsche owwedroff,
owwe offem Haus.

Sengd un peifd un juwwelierd,
es fruh de' ganze Doach.
Hosde je en Mensch gehierd,
dä su woas vemoach?

Dä Mensch meschd sich doas Leewe schwier,
doas Fruhsei giehd nid leichd.
E' denkd, doaß e nur äbbes wär,
wann e' vill erreichd.

E' quäld un schaffd un muid sich oab,
denkd nid driwwer no.
Doach freed en aaner groad erab,
waasß e' nur se soo:

*»Dä Nochber hod, dä Nochber will, -
woas dä kann, kann aisch aach.
Aisch verlange nid sevill,
e' Haus unnerm aije Dach.*

*E' neues Audo, die Kenn studiern, -
es soll en besser gieh.
Neue Möwel hie gehiern,
däi stell aisch mir noach hie.*

*Hunn aisch's geschaffd, daa rouh aisch aus,
setz mich off die Bank
en's Gäddsche, drauße vir mei'm Haus,
aisch kann's jo, Godd sei Dank.«*

Dä Mensch, dä hod sein Weg gemoachd,
hod nid dobei gelachd.
E' hod gequäld sich Juhr un Doach
un aach noach bei dä Noachd.

Woas däi Viel gesunge hunn,
horre nid gehierd.
E' hod verlurn sei Krafd und Schwung
un sitzd do ganz vestierd.

Däi Vielscher peife immer noach,
hursch doach rischdisch hie –
oab goud, oab schlechd, däi senge doach –
kä Mensch kann's nid vesdieh.

Wai kann mer senge immerzou,
es gibd aach schleschde Doach?
Däi Vielscher gunne sich kaa Rouh,
do komme, woas do moach.

Su kann em Leewe exisdiern
e' jede Kreadur.
Mer dirf nur nid den Moud veliern,
mer schaffd's nur med Humor.

Doas Vielsche sengd zou seiner Losd,
un seed dem Herrgodd Dank.
Dau Mensch, mach dir doas doach bewußd
drauße off de Bank.

S'es nid se speed, fang endlich u,
freu dich un seng un lach.
Daa wäschd dau endlich wirrer fruh,
powiersch, dau kannsd doas doach.

Dank deinem Schöpfer med Gesang,
sei de' Mensche goud.
Daa hosd dau Frirre, dei Lewe lang
em Häzze immerzou!

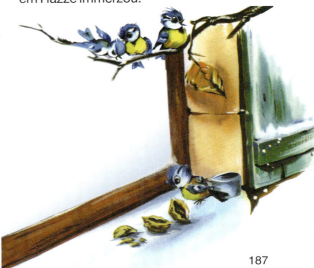

DAWENÄ MAAT!

VON GERTRUD PREUẞER

Em Häbst, wann de Wend iwwä di Stobbele giit,
de iäschde Drache uum Himmel stiit,
di Grooshibbädä hibbe dosch Grommet un Groos,
häll lila bloit di Koimuuz, di Häbstzeitloos,
daa stiit de Kwetscheblazz off'm Disch
zom Dawenä Maat, fei safdisch un frisch.
»Des Zelt ess schunn do!«
»Es wäd offgeschloo!«
»En de Dreispizz' stiin schunn drei gruse Woo!«
Su ruffe di Kenn un flizze met de Reerä
enunnä off de Maatblazz, un allewei waas jedä
en Dawän rundemerim, weit un braat:
De Dunnäschdoog ess Dawenä Maat!
Fum Uälaab serik aus de weire Welt
sizze di Leut unnäm gruse Zelt.
Se lache un trenke un fezeele sisch.
Di Mussik spillt, un se freue sisch.
Di Kenn laafe enaus un komme wirrä renn:
»Mamma, eisch honn naut mi em Bordmannee drenn!«
»Babba, guk, mein rosa Teddi, den honn isch gewunne!«
»Un eisch honn fiäm Zelt zwi Euro gefunne!«
»Mein Luftballong!«, heult's Klaa, *»au weia, au wei...«*
»Un meinä fläit iwwä di Molgerei ... «
Audoskudä, Reitschul, Schäisbud un Stenn,
feliibde Peerschä halle sisch fest uu de Henn,
kaafe e Häzz, do stiit drowwe:
Ich bin Dir treu!
Un di Maatwoscht brozzelt alle Juä off's neu.

DAS BESEL

VON JOHANNES J. MUSOLF

Damals, als die Tiere noch reden konnten, lebte zwischen Weilburg und Hadamar ein Ungeheuer, das alle in Angst und Schrecken versetzte: das Besel.

Es war riesengroß, hatte ein fürchterliches Gesicht, große und grässliche Grapsch-hände, gefährliche Krallenfüße und schrie besonders in den langen Nächten so gräulich, dass die Menschen, die in der Gegend wohnten, sich die Bettdecken über die Ohren zogen und zu beten anfingen.

Alle hatten große Angst vor dem Besel, denn es erschreckte Kinder und alte Leute, stahl Hühner, Gänse, Lämmer und vor allen Dingen alles, was süß war, wie Bon-bons, Schokolade und Kuchen. Wie oft war es schon vorgekommen, dass eine Frau gerade den Sonntagskuchen aus dem Backofen geholt hatte und sich mal umdrehte, und blitzschnell hatte das Besel durch die Tür oder das offene Fenster gelangt und den Kuchen gestohlen.

So konnte es nicht weitergehen.

Abends trafen sich die Männer des Ortes bei Pierre, dem Schlögelwirt, und beratschlag-ten, was gegen das Ungeheuer zu tun sei:

Da waren der Sebastian von Neuhof, der Apotheker Moritzsteffen, der Rouven, der der Stopffinger genannt wurde, weil er sich beim Geschrei des Besels immer die Finger in die Ohren stopfte. Der Bastians Andi hatte sich eingefunden, und auch der Markus saß am Tisch. Steven, der Wirt, saß vorne am Tresen und unterhielt sich mit dem langen Krämer Michael. Der Fell-händler Sascha war da, und in der Mitte saß verzweifelt ein kleiner, aber kräftiger Mann, der Dorfschulze Christian, der Hief.

»So kann es nicht weitergehen!«, hörte man ihn immer wieder sagen, aber die vielen Vorschläge, die die Männer des Ortes machten, waren doch nicht so über-zeugend, dass man meinen konnte, damit das Besel endgültig zu vernichten.

Einer wollte es erschießen, ein anderer wollte es ertränken, ein dritter wollte an den König schreiben, er solle Ritter und Soldaten schicken.

Als alle sich schon lange die Köpfe heiß geredet hatten und auch nicht vergessen hatten, kräftig dabei zu trinken, öffnete sich die Tür und zwei ganz späte Gäste kamen in die Schenke: zwei Wanderbur-schen, die neue Arbeit suchten. Der eine war ein ruhiger und besonnener aus Aiching und hieß Flori, der andere war ein frech dreinschauender, aber sehr pfiffiger Malke mit Namen Martin.

Sie boten einen guten Abend, fragten nach einem Nachtlager und wollten beide noch ein Gläschen trinken. So erfuhren sie vom Kummer der Dorfbewohner und ließen sich alles genau berichten über das Besel. Dann tuschelten sie lange miteinander und machten dem Dorfschulzen und den anderen Männern den Vorschlag, ihnen gegen das Besel zu helfen, wenn sie im Dorf eine Wohnung bekämen und auch Aussicht bestünde, eine der Dorfjungfern zu heiraten.

Alle waren sofort einverstanden, und mit der Ausführung des Planes der beiden wurde schon am nächsten Wochenende begonnen. Zwischen dem Heckholz und dem Schupbach wurde ein riesiges Loch ausgehoben von mehr als 40 mal 20 Schritt Länge und Breite und fast 18 Ellen Tiefe. Außerdem wurden die höchsten Bäume der Gegend gefällt und die Stämme alle neben dem großen Loch gelagert.

Über diese Arbeiten gingen einige Wochen ins Land. Als dann alles so weit fertig war, wurden im ganzen Dorf Kuchen gebacken, dass es nur so eine Art war. Die Ehlenfrau backte den besten Katharinenkuchen, die Frau vom Huhn eine Yasmin-Torte, ihre Spezialität, die Knothin backte Isabellen-schnitten und die Kollangerin eine Un-menge kleiner Simonentörtchen. Auf dem Neuhof wurde ein riesiger Melissen-streusel gebacken, und die Frau Simone ließ es sich nicht nehmen, mehr als 51 gefüllte Sarkowski-Taschen zu backen. Aus dem Hof der Schmidts, unten im Tal, kamen sieben Cornelienstriezel, bei Stiehlers wurden fünf große Bleche mit Theaplätzchen gebacken, und die Anna vom Unkelbach backte mehrere der saftigsten Käsekuchen. Im Haus mit der Wage wurden Sabrinenrollen mit Creme gefüllt, und Tatjana backte Jordankreppel, einen ganzen Korb voll. Man sollte gerade meinen, es würde eine große Kirmes im Dorfe geben.

Aber des Nachts von Freitag auf Samstag nach dem ersten Juni-Vollmond wurden all die schönen Backwaren an das tiefe Loch gefahren, und Flori und Martin verteilten die Kuchen, Torten und Plätzchen alle am Boden der Grube.

Und es dauerte keine 2 1/2 Stunden, da sah man, wie der Rouven sich die Finger in die Ohren stopfte, denn er hatte das Gebrüll des Besels als erster gehört. Und das Ungeheuer kam herangeschlichen, stürzte sich kopfüber in die Grube und fraß und fraß Kuchen, Kreppel, Torten, Plätzchen, bis alles auf den letzten süßen Krümel verputzt war.

Da erst merkte es, dass es in eine Falle geraten war, denn die Männer hatten die Baumstämme über die Grube gerollt und ließen nur soviel Platz dazwischen, dass das Besel nicht ersticken musste.

Als die Leute aus Limburg, Weilburg und der ganzen Gegend von dem gefangenen Besel hörten, kamen sie sonntags dorthin, um das Ungeheuer zu betrachten und mit Plätzchen zu füttern. So bekam der Ort allmählich den Namen Beselich.

Und als das Besel eines Tages an Altersschwäche gestorben war, warfen die Leute all ihren Abfall in die große Grube, und als die Grube voll war, türmten sie ihn darüber auf.

So kann jeder noch heute sehen, wenn er an dem großen Müllberg von Beselich vorbeikommt, dass hier der Ort ist, wo das Besel gefangen war.

Und die braven Retter des Dorfes Flori und Martin bekamen jeder eine Jungfer aus dem Dorf zur Frau und lebten glücklich mit den anderen zusammen, und wenn sie nicht gestorben sind, dann leben sie noch heute.

Der Autor des Textes war zwischen 1990 und 1995 an verschiedenen Schulen des Kreises tätig. Seine Frau, Ulla Musolf-van den Berg, war mit ihrer 4. Klasse aus der Grundschule Beselich für einige Tage in der Jugendherberge Weilburg-Odersbach. Das Märchen vom Besel hat Musolf den Kindern am 11. Juli 1994 in der Abenddämmerung am Waldrand oberhalb der Jugendherberge erzählt und alle Kindernamen einbezogen.

Foto: Simone Frohne

DER AULENHÄUSER WIDDER

VON OTTO ERBE

Vor dem Jahre 1905 wurde der Ort Aulenhausen mit Trinkwasser aus den eigenen Brunnen oder dem öffentlichen Brunnen versorgt. Am 30. November 1905 wurde die Wasserleitung mit hydraulischer Widderanlage fertig gestellt. Bei einem Quellenzufluss von circa 100 Liter Wasser pro Minute verarbeitet der Widder nur 65 Liter, um 15 Liter in den 56 Meter höher gelegenen Hochbehälter zu fördern. Das

Die Widderanlage mit Wasserleitung und Hochbehälter kostete zum damaligen Zeitpunkt 15.140 Mark. Bei dem Anlegen der Wasserleitung fand man einen kleinen Schatz. In einem alten Strumpf waren 20 Silbermünzen aus den Jahren 1790 bis 1804 vergraben. Wo dieser Schatz geblieben ist, wurde nicht bekannt.
Im Jahre 1923, mit der Einführung der Elektrizität in unserem Dorf, wurde der

Das Foto zeigt die Widderanlage im Gemarkungsteil »Wingertsberg«.

sind in 24 Stunden 21 Kubikmeter Wasser. Zu dieser Zeit war unser Ort ausreichend mit Wasser versorgt.
Der Erfinder des hydraulischen Widders ist Montgolfier. Der Name »*Widder*« entstand laut Patentbeschreibung von 1796 dadurch, dass beim plötzlichen Schließen eines Ventils eine Kraft wie beim Stoß eines Widders entsteht.

Widder durch eine Kolbenpumpe ersetzt. Im Jahre 2003 wurde die inzwischen durch einen neuen Brunnen und einen neuen Hochbehälter (1972) nicht mehr benötigte Widderanlage mit Unterstützung der Gemeinde Weilmünster von der Abteilung Geschichts- und Heimatkunde renoviert und der heimischen Bevölkerung vorgestellt.

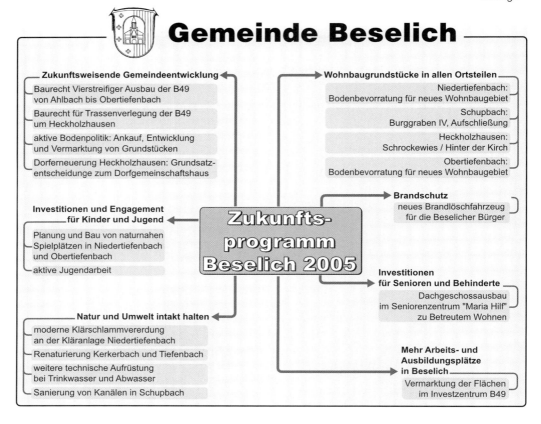

Gemeinde Beselich

Zukunftsweisende Gemeindeentwicklung

Baurecht Vierstreifiger Ausbau der B49 von Ahlbach bis Obertiefenbach

Baurecht für Trassenverlegung der B49 um Heckholzhausen

aktive Bodenpolitik: Ankauf, Entwicklung und Vermarktung von Grundstücken

Dorferneuerung Heckholzhausen: Grundsatzentscheidunge zum Dorfgemeinschaftshaus

Wohnbaugrundstücke in allen Ortsteilen

Niedertiefenbach: Bodenbevorratung für neues Wohnbaugebiet

Schupbach: Burggraben IV, Aufschließung

Heckholzhausen: Schrockewies / Hinter der Kirch

Obertiefenbach: Bodenbevorratung für neues Wohnbaugebiet

Investitionen und Engagement für Kinder und Jugend

Planung und Bau von naturnahen Spielplätzen in Niedertiefenbach und Obertiefenbach

aktive Jugendarbeit

Zukunfts-programm Beselich 2005

Brandschutz

neues Brandlöschfahrzeug für die Beselicher Bürger

Investitionen für Senioren und Behinderte

Dachgeschossausbau im Seniorenzentrum "Maria Hilf" zu Betreutem Wohnen

Natur und Umwelt intakt halten

moderne Klärschlammvererdung an der Kläranlage Niedertiefenbach

Renaturierung Kerkerbach und Tiefenbach

weitere technische Aufrüstung bei Trinkwasser und Abwasser

Sanierung von Kanälen in Schupbach

Mehr Arbeits- und Ausbildungsplätze in Beselich

Vermarktung der Flächen im Investzentrum B49

SCHLEMMEN NACH LUST UND LAUNE

ÜBERBACKENER LAUCH
MIT SONNENBLUMENKERNEN

Zutaten für 4 Personen:

600 g	Lauch
50 g	Sonnenblumenkerne
2	Koblauchzehen
250 ml	Sahne
2	Eier
1 EL	Butter
250 g	geriebener Käse
	Salz
	Pfeffer
	Muskat

Zubereitung:

Den Lauch längs halbieren und in feine Streifen schneiden. Die Sonnenblumenkerne in einer Pfanne ohne Öl rösten, zu dem Lauch geben. Knoblauch schälen, fein würfeln. Sahne, Knoblauchwürfel und Eier verrühren und mit Salz, Pfeffer und Muskat würzen. Die Lauchstreifen in eine gebutterte Auflaufform geben und mit der Eiermasse übergießen.

Im vorgeheizten Ofen bei 180° C circa 20 Minuten backen. Dann den Käse darüber streuen und weitere 15 Minuten im Ofen überbacken.

FÜR DIE EINSENDUNG DES REZEPTES BEDANKEN WIR UNS BEI THOMAS KLEIN AUS LIMBURG-OFFHEIM.

193

AbfallWirtschaftsBetrieb Limburg-Weilburg

Entsorgung für die Zukunft

Ab Juni 2005 werden auch die Restabfälle aus der grauen Tonne und der Sperrmüll fast vollständig verwertet.

Ein weiterer wichtiger Baustein für eine moderne und umweltgerechte Abfallentsorgung im Landkreis Limburg-Weilburg wurde am 05.07.2004 endgültig vertraglich besiegelt. Der für die Abfallwirtschaft zuständige Erste Kreisbeigeordnete Manfred Michel und der Betriebsleiter des Abfallwirtschaftsbetriebes Limburg-Weilburg Bernd Caliari überreichten den Vertrag an den Geschäftsführer der Herhof Umwelttechnik GmbH Michael Koch.

Fa. Herhof Umwelttechnik GmbH ist aus einer europaweiten Ausschreibung als günstigster Anbieter zur Behandlung des Restabfalls aus dem Landkreis Limburg-Weilburg hervorgegangen.

Ab dem 01.06.2005 wird für einen Zeitraum von 15 Jahren der Restabfall aus der grauen Tonne aus dem Landkreis Limburg-Weilburg in der Mechanisch-Biologischen Abfallbehandlungsanlage in Rennerod behandelt und zu hochwertigem Brennstoff aufbereitet. Bei diesem Prozess werden auch weitere Wertstoffe wie Eisenschrott und Nichteisenmetalle sowie schadstoffhaltige Batterien separiert und verwertet. Lediglich etwa 10 Prozent des Restabfalls muss dann noch deponiert werden.

Ab Juni 2005 wird die Deponie nur für kleine Mengen inerte Stoffe benötigt.

Möchten Sie weitere Informationen, rufen Sie uns an: Abfallberatung des AWB Tel. 0 64 84 / 91 72 007, Internet: www.AWB-Limburg-Weilburg.de e-mail: awb@awb-LM.de

AWB
AbfallWirtschaftsBetrieb
Limburg-Weilburg

194

Der Erste Kreisbeigeordnete Manfred Michel übergibt den Entsorgungsvertrag über die Durchführung der Entsorgung von Restabfällen des Landkreises Limburg-Weilburg an den Geschäftsführer der Fa. Herhof Umwelttechnik GmbH, Michael Koch.

Foto Weilburger Tageblatt aufgenommen von Robin Klöppel, vor der Stabilatanlage in Rennerod

In der Trockenstabilatanlage in Rennerod wird ab 1.6.2005 auch der Hausmüll aus dem Landkreis Limburg-Weilburg verarbeitet.

MBS Westerwald-Kreis

Damit gewährleistet dieses Verfahren eine nahezu vollständige stoffliche und energetische Verwertung des Restabfalls. Das Verfahren kombiniert die biologische Trocknung des Abfalls durch Verrottungswärme in geschlossenen Betonboxen mit der nachfolgenden mechanischen Auftrennung in die Wertstoffe Metalle und Mineralien sowie den schadstoffarmen Ersatzbrennstoff Trockenstabilat, der in industriellen Feuerungsanlagen eingesetzt wird.

Sperrige und gewerbliche Abfälle sowie Baustellenabfälle werden im Auftrag der Herhof Umwelttechnik GmbH von der AKM Limburg-Weilburg GmbH in einer modernen Gewerbeabfallsortieranlage auf dem Gelände der Kreisabfalldeponie Beselich behandelt und einer weitgehenden Verwertung zugeführt.

Der Landkreis Limburg-Weilburg erfüllt somit fristgerecht die neuen gesetzlichen Regelungen, die ab Juni 2005 eine Deponierung von unbehandeltem Abfall untersagen.

Bereits heute werden die Bioabfälle, Altpapier, Elektro- und Elektronikschrott, (Haushaltsgroßgeräte, Bildschirme, Elektrokleingeräte, etc.), Batterien, Kork sowie Altglas und Verkaufsverpackungen verwertet.

MARKTFLECKEN WEILMÜNSTER

Der Marktflecken Weilmünster wurde mit Beginn des Jahres 1971 Großgemeinde und hat heute bei etwa 9700 Einwohnern insgesamt zwölf Ortsteile (Audenschmiede war bereits 1950 eingemeindet worden).

Mit den in der Kerngemeinde Weilmünster zentral gelegenen Schulen (Grundschule, Gesamtschule) sowie der neuen Grundschule im Ortsteil Laubuseschbach verfügt die Großgemeinde über ein ausgezeichnetes Schulwesen. Den Schulen sind neuzeitliche Sportanlagen angeschlossen. Zwei moderne und beheizbare Freischwimmbäder bieten sich den Bürgern in den warmen Sommermonaten. Aber auch an die kleinsten Mitbürger ist gedacht worden, ihnen stehen 6 modern eingerichtete Kindergärten zur Verfügung. Der Freizeitgestaltung, dem Fremdenverkehr und besonders der Erholung dienend ist in den letzten Jahren die "Erholungsanlage Wald und Wasser Möttau" beim gleichnamigen Ortsteil entstanden. Ausgebaute Wanderwege, geschützt angelegte Grillplätze, herrlich gelegene Wiesen und ein reichlich besetzter Fischteich bieten Sport, Spiel und Entspannung. Hier zeigt sich eine Entwicklung, die besonders auf den Naherholungsverkehr aus dem Raum Rhein-Main-Gebiet ausgerichtet ist.

Insgesamt bieten sich den Erholungssuchenden in der Großgemeinde Weilmünster rund 3164 ha Gemeindewald, 437 ha Staatswald und 94 ha Privatwald mit einer überdurchschnittlichen Rotwilddichte. Hervorragend ausgebaute Feld- und Waldwege stehen als Wanderwege und Radwege zur Verfügung.

Die Erwerbsstruktur im Marktflecken durch Handwerks-, kleine und mittlere Industriebetriebe gekennzeichnet. Doch muss auch ein Teil der Einwohnerschaft seinem Broterwerb in dem etwa 40 km entfernt gelegenen Ballungsgebiet "Frankfurter Raum" nachgehen. Hierfür wie auch für den Naherholungsverkehr, wozu sich die in der lieblichen Taunuslandschaft eingebettete Großgemeinde Weilmünster vorzüglich eignet, erscheint eine Verbesserung des

Öffentlichen Personennahverkehrs (ÖPNV) von Süden nach Norden wesentlich. Wirtschaftlich gesehen sei noch zu ergänzen, dass auch der erwähnte Waldbestand auf lange Sicht eine wichtige Ertragsquelle für den Gemeindehaushalt darstellt. Bedeutung hat ebenfalls die heimische Landwirtschaft. Mit relativ wenigen Vollbetrieben wird die Feldgemarkung im guten Bewirtschaftungs- und Pflegezustand gehalten.

Der Wohnwert, der sich der hier niedergelassenen Bevölkerung anbietet, kann als relativ hoch bezeichnet werden. Dies beweist der schon seit vielen Jahren zu beobachtende starke Zustrom von Bürgern aus dem Rhein-Main-Ballungsgebiet, die nicht zuletzt aufgrund günstiger Baulandpreise in der umweltfreundlichen Landschaft der Großgemeinde Weilmünster sesshaft geworden sind. Sicherlich trägt auch das vielfältige Vereinsleben, das sich besonders in den traditionellen Heimatfesten zeigt, mit dazu bei, die neu zugezogenen Bürger heimisch werden zu lassen.

Das Ziel der Großgemeinde Weilmünster, sich zu einem regionalen, wichtigen Unterzentrum zu entwickeln, ist langfristig angelegt und wird mit Energie und Ausdauer von den Gemeindekörperschaften verfolgt.

So ist die Erschließung weiterer Gewerbegebiete in den Ortsteilen Weilmünster und Laubuseschbach inzwischen abgeschlossen und die Grundstücke stehen den Interessenten zur Verfügung. Weiterhin ist beabsichtigt, durch die Ausweisung neuer Baugebiete der steigenden Nachfrage nach Bauland für Eigenheime gerecht zu werden.

Durch die Inbetriebnahme der Kläranlage Weilmünster im Jahre 1992 konnte ein wichtiger Beitrag zur Reinhaltung unserer Gewässer geleistet werden.

Das Bürgerhaus Weilmünster mit seinem Saal für ca. 500 Personen sowie einer Gaststätte mit Doppelkegelbahn ist zu einem kulturellen Anziehungspunkt für alle Bevölkerungsteile im Marktflecken Weilmünster herangewachsen.

Der Aussichtsturm auf dem Kirberg bei Weilmünster

Die Großgemeinde Weilmünster besteht aus folgenden, bis zum 31.12.1970 selbstständigen Ortsteilen: Weilmünster einschl. Audenschmiede, Laubuseschbach, Wol-fenhausen, Aulenhausen, Dietenhausen, Ernsthausen, Laimbach, Langenbach, Lüt-zendorf, Möttau und Rohnstadt. Am 31.12.1971 kam noch der Ortsteil Essershausen hinzu.

Marktplatz in der Kerngemeinde Weilmünster

DOOMOOLS, ALS NOACH WÄNDER WOAR

VON BERNHARD P. HEUN

Doomools, als noach Wänder woar,
suu ungefähr veer fuffzisch Joahr.
Doo goabs noach Schnie unn Eis, ehr Leut,
doat hot uss Känn doach schwer gefreut.

Foto: Archiv Friedel Kloos

Moins musst mer eerscht än die Schul noach gieh,
doat woar nadeerlich noach nit suu schie.
Aus dem woarme Bett äns kalte Haus,
noach nit gucke aus de Fiester kunnste raus.
Met Eisbloume voll woarn noach die Scheiwe,
wigg ginge se met Hauche oadder Reiwe.
Änn de Kisch hoat die Mame schun woarm gemoacht
unn aach uu det Frujstick schun gedoacht;
de Pullover daa uu, hej unn doo geflickt,
unn die Hindsche, noach vuu de Oma gestrickt,
de Ranze off, die Kapp iwwer die Ohrn,
suu ängepackt woar jetzt nimmi gefrorn.
Aus alle Häuser kuume jetzt die Känn gelaafe,
meer doare uss gejeseitisch met Schnie änsaafe.
Ganz huuch log de Schnie unn noach immer hots geschneit.
Woat woar doat schie, woat hunnmer uss gefreut!

Fortsetzung Seite 199

DIE HADAMARER LIEBFRAUENKIRCHE IN WINTERLICHER ABENDSTIMMUNG

Foto: Erich Becker

FORTSETZUNG
von Seite 197

Aus de Schul gings groad zoum Schlirrefoahrn,
doo hunn mer jo goar nimmi gefrorn.
Baal woarn alle Känn off de Bahnhofstrooß,
daa woar doo rischtisch de Deuwel los.
Rasch woarn poar Schlirre uuenanner gebunne,
suu gings vill schneller die Strooß enunner.
Unn off em Bauch, doo woar noach schneller geflitzt –
baal woars suu gloatt, däß det Eis noar suu blitzt.
Doo kuum doat Greet, doat die Äsch droff schirre,
däß meer nit mieh foarn sollte met dem Schlirre;
schnell hunn meer än Schniewalz härre gebroacht
unn uss Schlirrebuh wirre flott gemoacht.

Dej gruuße Bouwe hoarre druu gedoocht
unn än de Noacht de Millgroawe offgemoacht.
Daa lejf det Wasser än die Wisse enänn,
suu goabs doo en Eisbuuh feer alle Känn;
Doach geflucht hoat de Willi, dee Mann vuu de Mill,
weil kaa Wasser mieh kuum - unn sei Mill stunn still.
Jetzt woar die Knibbelmitsch iwwer de Kopp gestribbt,
dee dicke Jobbe huuch zougeknibbt,
lange Unnerbuckse, Strimp unn huuhe Schouh,
en Schoal unn gestrickte Hindsche noach dezou.
Daa lejfe meer schnell, et woar eisekalt,
zoum Eis än de Wisse veer'm Huffelds Wald.
Dej Schlittschouh woarn rasch uu die Schouh gemoacht,
doofeer horre meer e Duddeldje metgebroocht.
Noach änn Hockejstäcke - unn los ging doat Spill,
unn weil suu mancher geroost iss wie will,
sänn mer hiegefluwwe, ganz bies off die Knej,
unn daa hunn meer uss aach moal geklobbt, unn wej!

Baal woars sackerdunkel, daa gings schnell hamm,
die Fujs unn die Hinn woarn joo aach schun ganz klamm.
Doat nasse Zeusch woar rasch ausgeduh,
zoum Droje kuums uu die Herdstang druu.
Met glujnisch-ruure Backe goabs daa noach woat ze ässe,
unn daa gings äns Bett, jetzt woar alles vergässe.

Suu schieh woar doatt baal jedes Joahr,
doomools, als noach Wänder woar!

LIEBE ELSE

VON DIETER STAHL

Im April 1920 schrieb Frau Meta Zimmer, wohnhaft in Eschenau, als 14-jährige Schülerin die beiden Briefe an Ihre Bekannte.

Vielen Eschenauern ist noch heute der Ort des Storchengrabes bekannt, aber kaum jemand kennt den wahren Hintergrund.

Liebe Else!   *Eschenau, den 20. April 1920*

Seit einiger Zeit haben wir in unserem Dorf einen Storch. Ein Ackermann hat ihn vom Felde mitgebracht. Der rechte stärkste Flügelknochen ist ganz zersplittert. Man weiß nicht, ob es von einem Schuss herrührt oder ob er gestürzt ist. Zwei gesunde Störche waren noch bei ihm. Diese umkreisten lange ihren verwundeten Kameraden in der Luft, bis sie endlich fortflogen.

Unser Herr Lehrer hat ihn in der Klasse verbunden, und ein Junge hat ihn in die Wiese gebracht. In den ersten Tagen haben wir ihn gefüttert. Wir brachten ihm kleine Fische, Frösche und Schnecken.

Jetzt sucht er sich seine Nahrung schon selbst. Es ist drollig anzusehen, wie er wie ein stolzer Herr in den Wiesen herumspaziert. Mit seinen scharfen Augen untersucht er das Gras, und wo er ein Würmchen sieht, wird es aufgespießt. Abends wird er in einen Stall gebracht. Als ihn die Buben abends einbringen wollten, fanden sie ihn nicht. Wir dachten schon, er wäre gestohlen worden. Zu unserer Freude sahen wir ihn am Morgen wieder in der Wiese. Er hatte im Wald übernachtet. Wir hatten schon viele Besucher aus der Nachbarschaft, Kinder und Erwachsene, die alle den Storch sehen wollten.

Es würde Dir große Freude machen, einen Storch in der Natur zu sehen. Ich lade Dich hiermit herzlich ein zu einem Besuch.

Es grüßt Dich Deine Meta Zimmer

Liebe Else! Eschenau, den 11. Mai 1920

Vor einigen Wochen habe ich Dir die freudige Nachricht mitgeteilt, dass wir in unserem Dorf einen Storch hätten. Jetzt muss ich Dir das traurige Ereignis berichten, dass unser lieber Storch schon verendet ist. Ob seine Wunde sein Tod gewesen ist oder ob er bei uns nicht genug Nahrung gefunden hat, das weiß man nicht. Am 8. Mai sind die Schulkinder mit unsrem Herrn Lehrer in den Wald gegangen und haben ihm ein ehrenvolles Begräbnis veranstaltet.
Nahe bei unserem Dorf in den Rauschen hat er seine
Grabstätte. Unserem treuen Kameraden haben wir auch ein
Kreuz herrichten lassen, auf welchem geschrieben steht:
Hier ruht der Storch von Eschenau, begraben am 8. Mai 1920.
Wir Mädchen haben das Grab mit Waldblumen geschmückt.
Zugleich haben wir es dann übergossen und mit
einem Mooskranz umgeben. Der Storch war uns
zu einem lieben Freund geworden, und es tut
uns allen leid, dass wir ihn begraben mussten.

Es grüßt Dich Deine Meta Zimmer

SCHLEMMEN NACH LUST UND LAUNE

SAFTIGE SCHNITZELPIZZA (6 PERSONEN)

Zutaten:	
2-3	Gemüsezwiebeln
1	Stange Lauch
4	Fleischtomaten
1	Dose Champignons
1/2	Bund Petersilie
1	Bund Schnittlauch
6	Schweineschnitzel
500 g	Schweinemett
12 Scheiben	Käse / Gouda oder Toast-Schmelzkäse
400 g	Schlagsahne
1 Pck.	Pfeffersoße
1 Pck.	Rahmsoße
	Pfeffer und Salz

Zubereitung: Zwiebeln schälen, in Ringe schneiden und eine eingefettet Form damit auslegen. Den Lauch, Tomaten und Kräuter waschen, putzen und schneiden. Die Schnitzel würzen und auf die Zwiebeln legen, gewürztes Mett darauf verteilen, mit Lauch, Tomaten, Pilzen und der Hälfte der Kräuter belegen sowie mit Käse überdecken. Im vorgeheizten Ofen bei 225 °C (Umluft) auf unterster Schiene 60 Minuten backen. Sahne mit Soßenpulver verrühren. 10 Minuten vor Ende der Garzeit über die Schnitzel gießen und mit dem Rest der Kräuter bestreuen.

FÜR DIE EINSENDUNG DES REZEPTES BEDANKEN WIR UNS BEI SIGTRUD SCHNEIDER AUS LIMBURG-LINDENHOLZHAUSEN.

DER ROSENGARTEN VON HADAMAR

VON ERICH BECKER

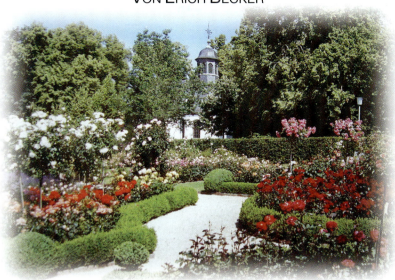

Warum bloß in die Ferne schweifen,
wo doch das Schöne liegt so nah.
An diesem Ort wird man begreifen,
wenn man nachfühlt, was mir geschah.
Dort wurd' in mir etwas geweckt,
was ich sonst nirgendwo vorfand.
Hab dort ein Kleinod neu entdeckt,
seitdem es felsenfest feststand.
Zu verweilen hier einmal im Jahr,
im Rosengarten von Hadamar.

Wer plant nicht schon zur Winterszeit,
wohin dies Jahr die Reise geht.
Kein Ziel scheint heutzutag zu weit,
worin ja grad der Reiz besteht.
Der Standesdünkel reist meist mit,
zu Haus kann man dann lauthals prahlen.
Verschweigt, dass man an manchem litt,
für Hochmut muss man halt auch zahlen.
Fiel nicht drauf rein in diesem Jahr,
im Rosengarten von Hadamar.

Statt des Staus in Blechlawinen,
ging ich gemächlich den Berg hinan.
Vergaß die Fahrt auf Bundesschienen,
war in der Natur, in ihrem Bann.
Es blieb mir so erspart das Rasen,

gehetzt von einem Ziel zum andern.
Nichts von dem Lärm auf Großstadtstraßen,
kein Mief, nur frische Luft beim Wandern.
In aller Ruh, bis ich dort war,
im Rosengarten von Hadamar.

Gleich nebenan steht die Kapelle
mit Maria und dem Jesuskind.
Wen wundert's, dass an dieser Stelle
bunte Rosen auch zugegen sind.
Prompt seh ich in meiner Fantasie
Maria mitten in den Rosen.
Man fühlt, wie die Rosen irgendwie
sie und ihr göttlich Kind liebkosen.
So zieht es auch mich mitten im Jahr,
zum Rosengarten von Hadamar.

Auf dem Herzenberg im Blütenmeer
schau ich hinab auf Hadamar.
Die ersehnte Ruhe rings umher
im Garten Eden wunderbar.
Der Rosen Duft umweht auch mich sacht,
da sie in bunten Farben glühen,
spür ich die wundersame Kraft,
die in mir wirkt, wenn Rosen blühen.
So schöpf ich Freud mitten im Jahr,
im Rosengarten von Hadamar.

BIWAK RUNNING

DIE BERATUNG MACHT
DEN UNTERSCHIED!

Seit Frühjahr 2004 hat man sich ganz dem Laufsport verschrieben. Nachdem die Verkaufsmannschaft der Radabteilung – allesamt engagierte Amateur-rennfahrer – das Laufen schon seit vielen Jahren zum aktiven Wintertraining nutzt, lag der Schritt nahe, eine eigene Laufabteilung im BIWAK zu integrieren.

Besonderen Wert legt man hier auf eine kompetente, individuelle und ausführliche Beratung „von Läufer für Läufer". Die Beratung erfolgt über eine video-gestützte Laufbandanalyse.

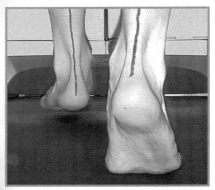

„So können wir das Abrollverhalten der Füße analysieren und gemeinsam mit unseren Kunden den richtigen Laufschuh aus unserem Laufschuhsortiment aus-wählen" gibt Nordic Walking-Instructor und Lauf-Enthusiast Alexander Müller zu Protokoll.

Mit den Laufschuhherstellern Asics, Brooks und new balance konnte man die absoluten Innovationstreiber der Laufschuhbranche gewinnen. Aber nicht nur Laufschuhe hat man zu bieten, sondern auch eine große Auswahl an Running Bekleidung, Pulsmessern und natürlich auch nützlichen Laufaccessoires. Wir freuen uns auf Ihren Besuch.

BIWAK BIKE+OUTDOOR-ZENTRUM

Schaumburger Str. 1 · 65549 Limburg · fon 0 64 31/9 82 80 · www.biwak.com · info@biwak.com

Nordic Walking

Der ideale Ausdauersport für schonendes Ganzkörper- und Ganzjahrestraining

Auf zwei Ebenen und 1200 qm Verkaufsfläche präsentiert das Team vom BIWAK-Limburg alles an Ausrüstung für Aktivitäten Draußen und Unterwegs in freundlichem Ambiente am Rande der Innenstadt – selbstverständlich mit eigenen Kundenparkplätzen.

Das Angebot des modernen Reise- und Sport-Hauses umfasst die Bereiche Wandern, Trekking, Wassersport und Reisebedarf sowie Nordic Walking, Biken und Running.

Nordic Walking ist der Sport, der in den letzten zwei Jahren den größten Zuspruch und das schnellste Wachstum erzielte. Die Gründe für diese Entwicklung liegen auf der Hand: NORDIC WALKING ist eine naturnahe Bewegungsform die leicht zu erlernen und zu jeder Zeit, überall, alleine oder in der Gruppe ausgeübt werden kann.

NORDIC WALKING ist der Gesundheitssport, den JEDER ausüben kann.

NORDIC WALKING ist ein sanfte, aber effektive Sportart, die sowohl der Leistungssportler als auch der Sportanfänger ausführen kann. Der Kalorienverbrauch ist aufgrund des Muskeleinsatzes (90 Prozent der Körpermuskulatur) um ein vielfaches höher als beispielsweise beim Walken. Zudem stellt Nordic Walking nur geringe Anforderungen an die Ausrüstung. Dennoch ist die Ausrüstung das A und O dieser „neuen" Bewegungsform.

Gerne geben wir Ihnen Tipps und Anregungen zu Ausrüstung und Training. Unsere Nordic Walking Instruktoren (Alexander Müller und Torsten Schaper-Bork) sind offiziell ausgebildet nach den Richtlinien der INWA (International Nordic-Walking Association).

Informationen zu Kursen und Schnupperkursen erhalten Sie bei uns im Geschäft.

BIWAK BIKE+OUTDOOR-ZENTRUM

Schaumburger Str. 1 · 65549 Limburg · fon 0 64 31/9 82 80 · www.biwak.com · info@biwak.com

EN URREM DURF DEHAM

VON KURT ENGELMANN

Boaig-Schemhause em Vehlerbachdoal
es e schie Dirfche, lang un schmoal;
fier Joahrhonerde woarn däij zwaa ausenanner,
seid lange Zeire saij se wirrer beinanner.

Wann fremde Leud de Nome hirn,
greife se sich irschd e moal o de Schdirn;
un manch oaner lachd un grinsd:
"Ob mer de Nome ach off de Landkord fend?"

Vo Lemerg her, hennerm Riebel laijd groadaus
fier oam en de Hangnischeloag Schemhause ;
ronderim säijd mer vill Schdegger un Wisse,
vo de Nadur doaun mer goarnaud vermisse.

Oa Schdroaß harre mer noch en de 30er Joahrn,
de Schulschdroaß hoad us gereichd ganz un goar;
se had zwoar ville Lächer un woar holbrich,
un beim Rene woarsche ach schieh baddschich;

de Schwoalwe oawwer un de Schbadze woarn erg fruh,
fiers Nesdbaue fonne se allewaij Badsch un ach Schdruh.
Oa Schdeg Schulschdroaß woar ach als Millweg bekannd,
vill Mille loache froier näwich ihr ohm Vehlerbach endlang.

Däij Schdroaß mächt baal mieh wäij en Kilomeder voll,
un iwwerall läijfe de Oardachs en de Boll;
s' hoad geschdunge ach aus ville Heeb,
de Mesd woarsch, vo de Bauern erg gefleeschd.

De Wald giehd bis ganz dischd ohs Durf,
de Rieh komme raus,un de Fuks off Beude luurd ;
welle Soij gibds ach en grußer Zoahl,
se soaij goud em Fourer, groad wäij gemoahld.

Beim Bauer Kall soai se ned erg beläijbd,
verwoile de Schdegger, mache kabud s' Fourer fiers Väij.
Joachdpächdersch Willi muß doa oawwer schnell herbei,
der bringd villeichd de welle Soij des Laafe bei.

De Hirbsd woar bei us en ganz besonner Zeid:
de Niwwel loach iwwerm Durf, de Kwedsche woarn reif.
Med Kirb un ner Laader offem Woa hennerm Koigeschbann,
gengs enaus off de Gräweberg bei de Kwedschebahm:

Kwedsche gerisseld un gebleggd un offgeläse en de Kirb -
däij woarn schnell voll - de Laader off de Woa un ens Durf zereg -
de Kwedsche wure gekernd un schdonnelang gekochd,
med Kwedschehoing woarn mer em Wender goud versorgd.

Doch annern Doags wurd em Durf bawarisch gelachd,
med Kwedschekern woar e Pädche geschdraad;
em ganze Durf woar schnell bekannd,
wer oawens es zou seim Schadz gerannd.

Su doud mer sich en Boaig-Schemhause erinnern;
ohm Vehlerbach laid us Dirfche awwer noch immer -
es woar fier alle Loid zou alle Zeire
ihr Durf, doas ach fier ville ihr deham wird bleiwe.

GRILLBRATKARTOFFELN

Die Menge der Zutaten richtet sich nach der Anzahl der Personen.

Man nehme:
- 1/3 Gewichtsanteile Kartoffeln
- 1/3 Gewichtsanteile Zwiebeln
- 1/3 Gewichtsanteile Fleisch

das Fleisch setzt sich wie folgt zusammen:
- 1/2 Gewichtsanteile Schweinekamm
- 1/4 Gewichtsanteile Dörrfleisch
- 1/4 Gewichtsanteile Schweinebauch

Kartoffeln schälen und vierteln, Zwiebeln schälen und in größere Würfel schneiden, Kamm, Dörrfleisch und Bauch in Würfel schneiden (wie Gulasch). Kartoffeln mit Paprika, Pfeffer und Salz würzen ebenso die Zwiebeln und die verschiedenen Fleischsorten. Kartoffeln, Zwiebeln und Fleisch separat einen halben Tag stehen lassen.
Das Fleisch in einer großen hohen Pfanne auf offenem Feuer anbraten, die sich bildende Flüssigkeit abschöpfen. Wenn das Fleisch anfängt braun zu werden, Zwiebeln und Kartoffeln hinzugeben, alles knusprig braten, evtl. von dem abgeschöpften Fleischsaft wieder etwas hinzugeben. Mit einem kühlen Bier servieren.

FÜR DIE EINSENDUNG DES REZEPTES BEDANKEN WIR UNS
BEI HELMUT RAUCH AUS LIMBURG-LINTER.

STATISTIK GIBT EINBLICKE IN DAS LEBEN DER MENSCHEN VOR 170 JAHREN

VON ULRICH FINGER

Eine Fundgrube für Heimatforscher ist das »Staats- und Adreß-Handbuch des Herzogthums Nassau für das Jahr 1832/33«, das im Juli 1832 beim Hofbuchhändler und Hofbuchdrucker E. Schellenberg in Wiesbaden gedruckt wurde.

Mit akribischer Genauigkeit wird auf vielen Seiten eine Bestandsaufnahme des Herzogtums an Bestand gegeben. Aufgeführt werden die offiziellen staatlichen Stellen, Einrichtungen und Behörden.

Insgesamt, so die einführende statistische Übersicht, lebten im Herzogtum Nassau nach der damals neuesten Statistik 360.033 Personen in 85.560 Familien und 57.045 Wohnhäusern. Unter diesen Personen sind 72.765 Männer, 74.879 Frauen und 186.838 Kinder, sowie 25.551 Gesinde, d. h. 4.420 Gesellen und Lehrjungen, 6.662 Knechte und 14.469 Mägde. Geboren waren im Vorjahr 12.509 Kinder, es starben 9.106 Personen. Schließlich fanden 2.871 Kopulationen, das heißt Eheschließungen, statt.

Die konfessionelle Verteilung sieht folgendermaßen aus: 19.909 Personen gehörten der evangelisch-christlichen Kirche an, 163.051 Personen waren katholisch, des Weiteren werden 192 Mennoniten und 5.881 Juden genannt.

»Die vorzüglichsten Erwerbsquellen finden die Landeseinwohner in der Cultur ihres Bodens und in dem Betrieb der Gewerbe für den gewöhnlichen Lebensbedarf. Daher erscheint der Wohlstand des Landes mehr oder weniger von äußeren Verhältnissen unabhängig.« So die einleitenden Worte im Abschnitt *»Landwirthschaft und Gewerbe«.* Und weiter *»das in landwirthschaftlicher Cultur stehende Grundeigenthum wird, bei weitem zum größten Theil, in kleinen Parcellen unter die Gutsbesitzer vertheilt, als freies Eigenthum besessen«.* Natürlich spielt in der nassauischen Landwirtschaft auch der Weinbau eine große Rolle, vornehmlich im Rheingau, aber vereinzelt auch in anderen klimatisch begünstigten Regionen Nassaus.

Ebenso wie die Landwirtschaft wird die *»Holzcultur«* zu den wichtigsten Industriezweigen des Landes gezählt, schließlich sind mehr als ein Drittel der Landesfläche zur Holzproduktion bestimmt; diese wiederum ist notwendig für Haus und Gewerbe und *»für den bedeutenden Bergbau und Hüttenbetrieb«.*

Interessant die Bemerkungen zum Berg- und Hüttenbetrieb:

»Der Berg- und Hüttenbetrieb beschäftigt jährlich direct mehr als 8.000 ständige Arbeiter. Dagegen sind außer den Hämmer und Hüttenwerken nur wenig größere Gewerbeanlagen vorhanden, da es zu deren Einrichtung eben so sehr an den erforderlichen Capitalien, welche in dem Ackerbau eine einträglichere und sicherere Anlage finden, als an müßigen Händen gebricht. Die Gewerbe beschränken sich größtentheils auf die Production der gewöhnlichen Lebensbedürfnisse der Einwohner und es finden sich verhältnißmäßig nur wenige Fabrikanlagen von größerer Ausdehnung.«

LESENSWERT DIE AUFZÄHLUNG ALLER GEWERBE IM HERZOGTUM NASSAU:

»885 Mahlmühlen mit 1.136 Mahlgängen, 239 Öl-, 17 Schneid-, 11 Walk-, 9 Loh-, 11 Gyps-und 18 Hanfreibmühlen, 1 Klicker-, 2 Pulver- und 21 Papiermühlen mit 23 Schöpfkufen, und 43 Mühlärzte, 8 Mineralbrunnen, 23 Bergwerke, 31 Hammerwerke mit 55 Feuern und 20 Hüttenwerke, 1 Bleiröhren- und Tafelbleifabrik, 6 Drahtzüge mit 23 Zangen und 22 Rollen, 1 Kratzenfabrik, 34 Drahtarbeiter, 9 Siebmacher, 956 Grob-, 2 Zeug-, 6 Wappen-, 4 Ketten-, 11 Messer- und 327 Nagelschmiede, 200 Schlosser, 17 Scherenschleifer, 11 Nadelmacher, 1 Nadelfabrik, 4 Schnallenmacher, 2 Glocken- und 9 Zinngießer, 78 Blech- und 13 Kupferschmiede, 17 Backsteinmacher, 3 Gürtler, 2 Mechaniker, 35 Uhrmacher, 11 Gold- und Silberarbeiter, 4 Thongruben, 47 Kalk- und 51 Ziegelbrenner, 107 Häfner, 251 Krug- und 23 Pfeifenbäcker, 2 Steingutfabriken, 7 Stein- und Schieferbrüche, 37 Steinhauer, 913 Maurer, 13 Backofenmacher, 50 Weißbinder, 65 Tüncher, 130 Schieferdecker, 249 Strohdecker, 53 Schornsteinfeger, 1 Spritzenmacher, 9 Pumpenmacher, 12 Pflasterer, 427 Zimmerleute, 172 Glaser, 959 Schreiner, 112 Dreher, 2.176 Lein- und Damastweber, 34 Seiler, 21 Flanellarbeiter, 2 Baumwollenzeug- und 1 Sayetgamfabrik verbunden mit einer Schönfärberei, 2 Wollspinnereien, 439 Strumpf-und Kappenweber, 5 Strumpf- und Kappenfabriken, 61 Tuchmacher, 4 Tuchscheerer, 1 Tuchfabrik mit Maschinen, 110 Schön- und Blaufärber, 1.684 Schneider, 27 Knopfmacher, 2 Posamentierer, 39 Putzmacherinnen, 4 Friseure, 110 Bader, Barbierer und Schröpfer, 668 Metzger, 60 Seifensieder und Lichterzieher, 3 Seife- und Lichterfabriken, 100 Loh- und 19 Weißgerber, 5 Safanfabrikanten, 2.180 Schuhmacher, 132 Sattler, 12 Säckler, 1 Kürschner, 52 Hutmacher, 6 Leimsieder, 18 Kammmacher, 8 Bürstenbinder, 2 Bürstenfabriken, 15 Viehbeschneider, 11 Abdecker, 1 Salmiakfabrik 893 Bäcker, 15 Conditoren, 2 Nudelmacher, 1 Nudelfabrick, 1 Stärkemacher, 347 Bierbrauer, 7 Malzmacher, 946 Branntweinbrenner, 26 Essig- und 24 Potaschsieder, 6 Theerbrenner, 3 Cichorien- und 25 Tabaksfabriken, 528 Küfer, 2.942 Wirthe, 30 Badewirthe, 34 Großhändler, 12 Spediteure, 157 Mäkler, 2.580 Kleinhändler und Krämer, 75 Fruchthändler (Hitschler), 344 Wiederverkäufer von Victualien, Töpferwaaren und steinernem Geschirr, 71 Korbmacher, 15 Papierhausierer, 21 Theerhausirer, 505 Posthalter, Hauderer, Fuhrleute und Halfterer, 664 Wagner, 1 Chaisenfabrik, 238 Schiffer, 10 Schiffbauer, 24 Steuermänner, 7 Buchdrucker mit 15 Pressen, 4 Buchhändler, 43 Buchbinder, 1 Schreibfedern- und Siegellack-, 1 Spielkarten-, 1 Wachstuch- und 1 Tapetenfabrik, 7 Tapezierer, 7 Instrumentenmacher, 211 Musikanten, 8 Bildhauer, 3 Lackierer, 1 Lackier- und 1 Farbenfabrik, 2 Maler, 2 Graveure, 1 Kupferstecher.«

Zwar belegt diese Aufstellung eine bunte Vielfalt an Berufen, aber weiterhin sind die Angehörigen der meisten Berufsgruppen auch noch im landwirtschaftlichen Bereich tätig. So streichen die Angaben des Adressbuches heraus: »Mit den gewöhnlichen Gewerben ist beinahe allenthalben ein mehr oder minder bedeutender Ackerbau verknüpft. Es finden sich daher nur 8.668 ackerbautreibende Gutsbesitzer ohne Fuhr, welche hier nicht schon als Gewerbebesitzer angegeben sind, und an Gutsbesitzern mit Fuhren, welche nicht zum Betrieb anderer bereits aufgeführter Gewerbe nothwendig gehören, sind 28.269 vorhan-

den nämlich 13.620 mit einer halben Fuhre, wofür ein noch nicht dreijähriges Pferd, ein Ochs, 2 Kühe oder zwei junge Ochsen (Zuchtstiere) gelten, und 14.649 mit einer oder mehrerer vollen Fuhren, d. h. einem Pferd oder zwei Ochsen. Die Anzahl der Weingutsbesitzer beträgt 1.809, und der Tagelöhner, wozu hier alle gemeine Bergarbeiter, Fischer, Hirten etc., so wie überhaupt die nicht zur Familie gehörenden Gewerbegehülfen gerechnet werden, 12.928.« Trifft diese bunte Vielfalt der Berufe auf alle Amtsbezirke des Herzogtums Nassau zu, so werden die statistischen Angaben noch sehr viel detaillierter erklärt.

Aus Tradition innovativ.

Ein neues, innovatives Produkt ließ den Klempner Josef Heppel im Jahr 1872 die Blech-Emballagen-Fabrik, wie die Blechwarenfabrik Limburg ursprünglich hieß, gründen:
Die Konservendose.

Nach dem Ende des zweiten Weltkrieges hat sich die Blechwarenfabrik Limburg von der Konservendosenfabrik hin zu einem namhaften Hersteller im Bereich der Verpackungen für chemisch-technische Produkte gewandelt.

Unser ständiges Forschen und Entwickeln, um mit unseren Produkten den speziellen Wünschen unserer Kunden gerecht zu werden, hat dazu geführt, dass wir heute mehr als 150 verschiedene Varianten unserer Dosen, Kanister und Flaschen anbieten können. Wir arbeiten ständig daran, sowohl die Transportsicherheit zu verbessern und die Stapelfähigkeit zu erhöhen – in diesem Bereich sind wir der erste Hersteller, der einen stapelbaren und gleichzeitig etikettierbaren Kanister anbieten kann – als auch daran, die Dichtigkeit zu steigern und neue Verschlussarten zu entwickeln.

Aber nicht nur im Bereich der Verpackungen aus Weißblech sind wir ein namhafter Lieferant. Mit unserem Dienstleistungsangebot im Rahmen des Blechdrucks sind wir in der Lage mit aktuellsten Programmen, modernsten Maschinen und nicht zuletzt gut ausgebildetem Personal den hohen Anforderungen unserer Kunden zu entsprechen. Durch die Kombination einer 6-Farben-Druckanlage mit einer digitalen Computer to plate Einrichtung steht in Limburg eine der am modernsten eingerichteten Druckereien im Bereich der Blechdekoration in Europa.

Ein weiterer Unternehmensbereich beschäftigt sich mit der Herstellung von Kronenkorken. Dieses Produkt garantiert einen hygienischen und sicheren Verschluss ihrer Flaschen, er ist sehr gut werbewirksam zu bedrucken und nicht zuletzt durch den Einsatz des Stahls und der PVC-Freien Dichtungsmasse zu 100% recyclebar, ohne die Umwelt zu belasten. Der Kronenkorken ist ein einfaches Produkt, das aber nicht einfach herzustellen ist, da bei der Produktion die hohen Anforderungen und Hygienevorschriften des Lebensmittelrechts genauestens beachtet werden müssen.

Wir stehen im ständigen Austausch mit unseren Kunden, um deren Wünsche und Anforderungen zu erkennen und ihnen sowohl mit unserer Erfahrung als auch mit unseren Entwicklungen nicht nur ein Lieferant sondern auch ein Partner zu sein.

In unseren Gebäuden in der Stiftstraße und in unserem Zentrallager im benachbarten Diez beschäftigen wir zur Zeit ca. 300 Mitarbeiter, darunter befinden sich auch zahlreiche Auszubildende in allen Unternehmensbereichen.

Für die Blechwarenfabrik Limburg bedeutet der Standort Limburg ein verkehrsgünstig gelegener Ausgangspunkt für unsere Lieferungen durch eine optimale Anbindung an die nationalen und internationalen Märkte.

Aufgrund unserer langjährigen Erfahrung und unserer kontinuierlichen Forschung nach neuen Produkten ist mitten in Limburg ein moderner Fertigungsbetrieb entstanden.

Das ist ein Zeichen dafür, dass „Aus Tradition innovativ" für uns nicht nur ein Slogan, sondern unsere Philosophie ist.

Blechwarenfabrik Limburg GmbH
Stiftstraße 2 · 65549 Limburg
Tel.: 0 64 31 / 299 - 0 · Fax: 0 64 31 / 299 - 299
Info@blechwaren-limburg.de
www.blechwaren-limburg.de

Aus Tradition innovativ.

Über 130 Jahre Erfahrung in der
Verarbeitung von Weißblech, qualifizierte
und motivierte Mitarbeiter, ein zertifiziertes
Qualitätsmanagement, konsequente
Kundenorientierung, eine flache Hirarchie
mit kurzen Entscheidungswegen und ein
Standort im Herzen Europas haben uns
zu dem gemacht, was wir heute sind:

Einem leistungsstarken und verlässlichen
Partner in Sachen Blech.

Blechwarenfabrik Limburg GmbH
verpacken · verschließen · veredeln · werben
Stiftstraße 2 · 65549 Limburg
www.blechwaren-limburg.de

Seit 1872

Statistische Angaben zum Amt Weilburg

»1) Flächengehalt: 94.428 Steuernormalmorgen, nämlich 331 Morgen Gebäudestellen, 237 Morgen Gärten, 36.677 Morgen Ackerland, 10.622 Morgen Wiesen, 94 Morgen Weiher, 40.453 Morgen Waldungen, 3.226 Morgen Trieschland, Weideplätze, etc, 2.788 nicht besteuerte Liegenschaften.

2) Politische Eintheilung: 40 Gemeindebezirke, bestehend aus 1 Stadt, 4 Flecken, 36 Ortschaften mit 10 Höfen und einzelnen Wohnhäusern, 32 Mühlen, 2 Hütten- und Hammerwerken, 2 Zainhämmern, 1 Zechenhaus, 1 Ziegelhütte und 18 Kalköfen.

3) Bevölkerung: 3.991 Familien in 2.692 Wohnhäusern, und 16.144 Einwohner, nämlich 3.347 evangelisch-christlich, 2.630 Katholiken und 167 Juden.

4) Viehstand: 410 Pferde, 63 Esel und Maulesel, 9.715 Stück Rindvieh, 7.050 Schafe, 2.997 Schweine, 371 Ziegen und 510 Bienenstöcke.

5) Gewerbe: 30 Bäcker, 3 Bader, 30 Bierbrauer, 1 Bildhauer, 75 Branntweinbrenner, 4 Buchbinder, 2 Büchsenmacher, 7 Dreher, 6 Färber, 21 Fuhrleute und Hauderer, 9 Glaser, 55 Grobschmiede, 1 Großhändler, 1.854 Gutsbesitzer, 3 Hämmer mit 5 Feuern, 1 Hanfreibmühle, 3 Hutmacher, 2 Hüttenwerke, 8 Kalkbrenner, 32 Küfer, 107 Kleinhändler, 114 Leinweber, 3 Lohgerber, 47 Maurer, 2 Messerschmiede, 24 Metzger, 32 Mühlen mit 17 Mahlgängen, 5 Mühlärzte, 13 Musikanten, 9 Nadelmacher, 1 Nadelfabrik, 38 Nagelschmiede, 10 Öl- und 2 Papiermühlen, 6 Sattler, 4 Schieferdecker, 9 Schlosser, 102 Schneider, 1 Schneidmühle, 41 Schreiner, 83 Schuhmacher, 7 Seifensieder, 3 Seiler, 3 Siebmacher, 1 Steingutfabrik, 9 Strohdecker, 482 Taglöhner, 8 Tuchmacher, 1 Uhrmacher, 52 Wagner, 1 Walkmühle, 151 Wirte, 3 Ziegelbrenner, 11 Zimmerleute.

6) Betrag eines Steuersimplums: 10.855 fl. 30 kr., nämlich 6.891 fl. kr. 59 Grund-, 1.111 fl. 40 kr. Gebäude- und 2.857 fl.51 kr. Gewerbesteuer.«

Interessant sind die detaillierten Beschreibungen der einzelnen Ortschaften im Amt. So werden unter dem Namen der jeweiligen Ortschaft Besonderheiten erwähnt, beispielsweise unter Weilburg der Hinweis »Stadt und Amtssitz mit einem herrschaftlichen Residenzschloss, die Wimpfische Mahl- und Papiermühle, Steingutfabrik und Walkmühle«, oder unter Rohnstadt »eine Mühle, Zechenhaus in der Mehlbach, genannt die Wäsche«.

In den folgenden Spalten werden die jeweilige Anzahl der Familien und die Anzahl der Einwohner des betreffenden Ortes angeführt. Selbstverständlich war Weilburg mit 493 Familien und 2.060 Einwohner der größte Ort im Amtsbezirk, gefolgt von Weilmünster (298, 1.199) Mengerskirchen (216, 954), Merenberg (184, 652), Löhnberg (163, 599) und Weinbach (135, 530). Die kleinsten Orte waren Laimbach (26, 96), Selters (25, 139) und Audenschmiede (12, 70).

Die nächste Spalte nennt den Namen des jeweiligen Schultheißen des Ortes. Auch der schulische Bereich wird aufgezeichnet, allerdings werden dabei nicht die einzelnen Lehrer namentlich benannt, sondern lediglich die »Schulinspectoren«. Eine eigene Aufstellung benennt die kirchlichen Strukturen, die Pfarreien und Kirchengemeinden, ihre Filialgemeinden und schließlich auch die Pfarrer der Pfarreien. Hierbei wird deutlich, dass sich im Blick auf die Strukturen der einzelnen Pfarreien in den vergangenen gut 170 Jahren nur wenige Veränderungen ergeben haben.

Was bringt der Blick in die Struktur unserer Heimat? Interessant und hilfreich beim Verstehen der Menschen der damaligen Zeit ist der Blick in ihr »soziokulturelles Umfeld«. Wie lebten diese Menschen, welche Berufe hatten sie, welche Berufe gab es in den einzelnen Ortschaften vor der »Industrialisierung«. Ein Blick in das gut 170 Jahre alte Staats- und Adresshandbuch gibt viele Antworten – aber es entstehen auch viele Fragen, die neues Interesse an der Heimatgeschichte eröffnen können.

PAULA DATUM

MIT IHRER HILFE ERBLICKTEN MEHR ALS 1.000 KINDER DAS LICHT DER WELT

VON GUNDEL MÜLLER

Bis Ende der 50er Jahre war es auf den Dörfern üblich, dass die Kinder zu Hause auf die Welt kamen. So hatte fast jeder Ort eine eigene Hebamme.

Hier in Weyer war es Paula Datum, geb. Schäfer, am 11. Mai 1894 in Weyer geboren. Sie absolvierte in Marburg/Lahn ihre Ausbildung als Hebamme. Mit noch fünf Schülerinnen legte sie dort am 27. September 1921 ihre Prüfung als Geburtshelferin

Paula Datum (erste von links).

ab. Am 1. Oktober 1921 übernahm sie in Weyer ihren Hebammendienst, den sie bis Ende 1961 ausübte.

Eine Entbindung wurde bis zur Inflation mit drei bis vier Mark entlohnt. In der Inflation kostete eine Geburt etliche Millionen, dafür bekam man am nächsten Tag gerade mal ein Stück Seife. Die armen Leute bezahlten manchmal mit Naturalien.

Vor dem Zweiten Weltkrieg erhielt eine Hebamme für die Entbindung und 20 Hausbesuche acht Reichsmark. Erst ab 1949 setzte durch die Krankenkassen für die Hebammen eine feste Bezahlung von 32 D-Mark ein, was sich mit den Jahren etwas steigerte.

Liesel Datum, geboren am 20. Oktober 1921, war das erste Baby, dem sie den Weg ins Leben erleichterte – ihr Enkelkind Sonja Datum das letzte. Am 1. Oktober 1961 feierte Paula Datum hochgeehrt ihr 40-jähriges Dienstjubiläum. In den vierzig Jahren ihrer Tätigkeit hat sie 1.000 Kindern auf die Welt geholfen. Mit Stolz konnte sie vermerken, dass keine Komplikationen bei den Geburten auftraten und auch keine der Wöchnerinnen dank ihrer Pflege erkrankte.

Ihre ruhige, umsichtige Art hat mancher ängstlichen Gebärenden die Angst genommen. Alle fühlten sich bei ihr in guten Händen und sicher.

Es war damals ein anstrengender Beruf. Die Wege zu den Wöchnerinnen wurden zu Fuß zurückgelegt, und das am Tag zweimal. Als sie die ersten Jahre die Nachbargemeinde Münster mitbetreute, fuhr sie bei Tag und Nacht und bei Wind und Wetter mit dem Fahrrad. Nur zur Entbindung wurde sie mit dem Pferdefuhrwerk abgeholt. Manche Geburten kamen dicht hintereinander. Ich weiß noch, in der letzten Woche im April bis 1. Mai 1961 hatte sie gleich vier Wöchnerinnen zu betreuen.

Sechs Wochen vor der Entbindung kam die Hebamme ins Haus. Sie untersuchte die Schwangere, ob das Kind die richtige Lage hatte. Sie gab Anweisung, was zur Entbindung benötigt würde. Ferner half sie mit Rat, die Erstausstattung des neuen Erdenbürgers zusammenzustellen.

Als Dank und Anerkennung für 40 Jahre verantwortungsvolle Arbeit erhielt sie von der Vorsitzenden der Hebammenvereinigung eine goldene Brosche sowie Glückwünsche und Danksagungen.

NAMENLOSE GRABSTELE ERINNERT AN EINE TRAGISCHE LIEBE

VON JOSEF KRAMM †

Auf dem Friedhof um die Berger Kirche steht eine Stele, die eine Geschichte über eine Tote, deren Namen sie verschweigt, erzählen kann:

Decedée
Sur la terre etrangère
le 24, septembre 1852
a l'age de 27 ans

(Verschieden auf fremder Erde am 24. September 1852 im Alter von 27 Jahren.) Wer war die anonym beerdigte junge Frau? Sie hieß Philippina Cecilie Felicitas Lallement und war am 18. Dezember 1824 in Namur, Belgien, als Tochter sehr wohlhabender und angesehener Eltern geboren. Ihr Vater war Mathematikprofessor, und ihre große Liebe galt Josef Poulet. Der Sohn eines Schuhmachermeisters war am 18. Mai 1816 ebenfalls in Namur geboren und ein geweihter Priester in Florix.

Josef und Philippine hatten sich so verliebt, dass der junge Priester sich vom kirchlichen Gelübde entbinden ließ. Hierdurch wurde auch ihr Ruf und der ihrer Eltern geschädigt. Um Gerede und Spott zu entgehen, floh das Paar zunächst nach Weilburg an der Lahn. Hier wurde am 25. September 1849 ihr Sohn Franz Laurentius Josef Lallement geboren[1]. Auch wenn sich Josef sogleich zu seinem ersten Sohn bekannte, kamen sie erneut ins Gerede und konnten nicht länger bleiben. Nach reiflicher Überlegung wechselten sie ihren Wohnsitz und zogen nach Dauborn, das als tolerant, liberal und sehr wohlhabend bekannt war.

Josef Poulet fand Arbeit als Lehrer für die französische Sprache beim Institut Fellernarium. Dieses Institut hatte der evangelische Dauborner Pfarrer Friedrich W. Ch. Feller (1850 bis 1866) im Pfarrhaus gegründet, um Volksschüler für das Gymnasium (Sekundarstufe) vorzubereiten. Das Institut hatte bis zu 30 Schüler, auch Mädchen, was damals keineswegs allgemein üblich war. Bis zu zwölf Schüler waren im Pfarrhaus untergebracht. In Dauborn verstarb bereits mit sieben Monaten der erste Sohn Franz Laurentius am 6. April 1850[2].

Josef Poulet und Philippine Lallement wollten für immer ein gemeinsames Leben in einer von Amts wegen genehmigten Form führen. Deshalb kehrten sie noch einmal nach Belgien zurück. Am 27. Mai 1850 heirateten sie in Gent[3] und kehrten als rechtmäßige Eheleute nach Dauborn zurück. Hier kauften sie das Haus eines Juden, Laistraße 20, das sie bewohnten. Dieses Haus steht heute noch, allerdings mit mehreren Um- und Anbauten zu einer Metzgerei und Gastwirtschaft, »Zum Adler«. Am 20. April 1851 kam

Foto: Heinrich Eppstein

ihr zweiter Sohn Josef in Dauborn zur Welt[4]. Seine Paten waren Dr. med. Noetershausen aus Niederselters und Katharina Stahl aus Dauborn, beide katholisch. Die Eltern waren glücklich. Sie hatten ein Haus, Arbeit, einen Sohn und waren beliebt im Ort. Dieses große Glück dauerte aber nur zwei Jahre. Bereits am 24. September 1852 starb Philippine Poulet im Alter von nur 27 Jahren[5] und wurde auf dem Friedhof bei der Berger Kirche beerdigt. Die Kinder, die dem Leichenzug gefolgt waren, bekamen jedes einen Weck (Reihenweck) geschenkt[6].

Witwer Poulet zog später mit seinem Sohn Josef nach Wiesbaden, wo er als Hauslehrer für französische Sprache tätig blieb. Um in die katholische Kirche wieder zurückkehren zu können, ging er nach Chile. Am 20. Juni 1880 ist er in Conception gestorben und auch dort begraben worden. Sein Sohn Josef gründete in Wiesbaden, Kirchgasse 53, ein Textil- und Miederwarengeschäft, das heute noch sein Enkel Dieter J. Poulet weiterführt.

Er ist es auch, der die Grabstätte auf dem Berger Friedhof pflegt. Die Pflege wird auch weitergeschehen, denn der Vater von Dieter Poulet hat 1939 mit der Gemeinde Brechen und dem Kirchenvorstand in Werschau einen Vertrag geschlossen, dass das Grab für die Zeit des Bestehens des Friedhofes bei der Berger Kirche bestehen bleiben kann.

Josef Kramm verstarb im Oktober 2004.

1 Weilburg, Ev. Pfarramt, Geburtsbuch Nr. 53 S. 33 Nr. 67/ 1849 : Am 25.9.1849 erscheint die ledige Philippe Cecilie Felicitas Lallement aus Namur/ Belgien, kath. und gibt an, daß sie an 25.9.1849 einen Sohn geboren hat: Franz Laurentius Josef. Als Vater meldete sich später Josef Poulet, Sohn des Schuhmachermeister Poulet in Namur/Belgien.
2 Familienkundliche Dokumentation des Kirchspiels Dauborn von Helmut Knapp Jan. 1992, S. 331.
3 DAL Werschau K 4, Fol. 219v-220r.
4 Knapp, S. 187.
5 Knapp, S. 333.
6 Persönliche Angabe des Urenkels Herr Dieter Poulet Wiesbaden.

GROSSMUTTER UND ENKELIN
VON HEINZ KETTER

Großmutter, du mahnst mich, geh gerade ja,
und sitzest so krumm auf dem Stuhle da.
Mein Kind, auch ich ging einst gerade umher,
doch siebzig Jahre, die drücken schwer.
Dein Haar ist so weiß, so sah ich noch keins,
war es nicht auch so braun wie meins.
Mein Haar war wie deins so braun und so weich,
der Schnee des Alters es bleich.
Großmutter, ziehst ja die Stirne so kraus?
Ich denke, die meine sieht anders aus,
fühl her, meine Stirn ist weich und glatt,
wie kommt's, dass deine viel Falten hat.
Wohl hundert von kleinen Fältchen sind hier
und dann die großen eins, zwei, drei und vier.
Großmütterchen, sage mir doch genau.
Wer grub dir die Furchen so tief und so rau?
Die Furchen, mein Kind, so groß und klein,
die fügte das Leben so schroff hinein.

Die kleinen Furchen um Mund und Kinn,
die zogen die kleinen Sorgen dahin.
Die Furchen ums Auge so wirr und kraus,
die höhlten die salzigen Tränen aus.
Doch sag mir, liebes Mütterlein,
wer grub dir die großen Furchen ein?
Die erste grub mir mit einem Schlag
einst deines Großvaters Todestag,
dann blieb dein Vater in heißer Schlacht,
das hat mir den zweiten Strich gebracht.
Dann starb deine Mutter und ließ dich allein,
davon mag der dritte Strich wohl sein.
Und der vierte, du arme Großmama,
der scheint mir der tiefste, der schlimmste ja.
Jawohl das Schwert durch die Furche schnitt,
es schnitt einen Teil meines Herzens mit.
Mein anderer Sohn war ein böser Wicht.
Mein Kind nun frage mich ferner nicht.

SELTERS
(Taunus)

Rathaus in Niederselters

Durch das Gesetz zur Neugliederung des Landkreises Limburg und des Oberlahnkreises vom 6. Februar 1974 wurden die Gemeinden Niederselters, Eisenbach, Haintchen und Münster zu der Gemeinde Selters (Taunus) zusammengeschlossen. Heute hat Selters 8186 Einwohner. Das Gemeindegebiet umfaßt eine Fläche von 4047 ha, davon 1822 ha Wald (Stand 31. 12. 1996).

Sehenswürdigkeiten in Selters

Niederselters

Zur Zeit des Herzogtums Nassau (1806 – 1866) konnte unumstritten festgestellt werden, daß in dem katholischen Pfarrdorf Niederselters der „berühmteste Gesundbrunnen Deutschlands" beheimatet ist. Aufgrund der Auseinandersetzungen zwischen Kurtrier und dem Fürstentum Nassau-Oranien, wer Eigentümer der berühmten Quelle sei, wurde schon 1730 ein Wachhaus und 1789 eine Kaserne errichtet. Die Kaserne blieb erhalten und beherbergt heute das Rathaus.
Das Brunnenhaus beim Seltersbrunnen wurde 1907 errichtet und ist mit dem Emblem des Königreichs Preußen versehen.
Das heutige Kirchenschiff der alten katholischen Kirche St. Christophorus wurde zwischen 1717 und 1719 errichtet, es handelt sich um einen Saalbau mit dreiseitigem Chorschluß und kurzen Querschiffarmen unter Mansarddächern. Seit der umfassenden Restaurierung im Jahre 1991 dient das Gebäude als Kulturzentrum.

Eisenbach

(Schönstes Dorf Hessens im Wettbewerb „Unser Dorf soll schöner werden" 1984)
Eisenbach wurde erstmals 1234 urkundlich erwähnt. Heute zählt der anerkannte Erholungsort zu einem der landschaftlich schönsten Orte des Taunus.
Zu den Sehenswürdigkeiten zählt die katholische Pfarrkirche St. Petrus, eine neuromanische Basilika mit Chorgestühl aus der 2. Hälfte des 19. Jahrhunderts, sowie das Herrenhaus des Hofgutes Hausen, das 1662 errichtet wurde. 548 ha der Gemarkung Eisenbach ist Wald. Zahlreiche gut ausgebaute und markierte Wanderwege laden den Besucher zu kürzeren oder längeren Spaziergängen ein. In der Ortsmitte steht eine festinstallierte Wanderkarte, auf der Wege und Wanderzeiten eingezeichnet sind.

Haintchen

Die Barockpfarrkirche St. Nikolaus wurde 1751 fertiggestellt. Der Saalbau mit schmalem dreiseitig geschlossenem Chor zählt nach seiner Renovierung im Jahre 1983 zu einer der Sehenswürdigkeiten, die man unbedingt besuchen sollte. Die an der Hessenstraße gelegene Kapelle, die schon 1495 als Heiligenstock erwähnt wird, der Bildstock von 1764 im Camberger Weg und das St. Nikolaus Epitaph von 1762 gegenüber dem Johannesbrunnen im Unterdorf gehören ebenfalls zu den historischen Sehenswürdigkeiten von Haintchen.

Münster

Die evangelische Pfarrkirche von Münster mit dem romanischen Westturm, der um das Jahr 1000 errichtet wurde, mit dem Chor im gotischen Stil und dem Mittelschiff, das 1960 – 1962 erneuert worden ist, zählt zusammen mit dem Pfarrhaus (Vorderstraße 17) aus dem Jahre 1716 zu den kulturhistorischen Einmaligkeiten dieses Ortsteils von Selters.
Münster bietet dem Erholungssuchenden mit dem Freizeitgelände, bestehend aus einem See, einem Grillplatz und einem Trimmpfad, die ideale Möglichkeit, inmitten von gesunden Wäldern neue Kraft zu tanken. Von diesem Freizeitgelände kann man einen Spaziergang zur Grube Lindenberg, die 1941 in Betrieb genommen wurde, machen: hier wurde bis zur Stillegung der Grube am 30. Juni 1970 2,3 Millionen Tonnen Erz gefördert. Zu einem informativen Besuch lädt die Heimatstube im ehemaligen Rathaus ein.

Weitere Auskünfte erteilt:

Gemeindeverwaltung, Brunnenstraße 46, 65618 Selters/Ts.-Niederselters
Telefon (0 64 83) 91 22-0 · Telefax (0 64 83) 91 22 20

LAUF, VATER, LAUF!

VON CHRISTA PULLMANN

Diese Geschichte einer erzwungenen Emigration im Jahr 1935 wurde vom Sohn des jüdischen Religionslehrers Julius Isaak aus Limburg aufgeschrieben, dessen Nachkommen heute in Israel leben. Sein Vater war der erste Jude aus Limburg, der die Stadt auf Grund bitterer Erlebnisse verließ.

Im Juni 2003 erhielt Christa Pullmann diesen Bericht von Lee Liebmann, geboren 1923 in Limburg, heute in Teaneck, New Jersey, USA, lebend. Sie bearbeitete ihn und widmet ihn hiermit dem Arzt Dr. med. Philipp Weinholt, geboren am 9. Juli 1890, gestorben am 28. März 1958 in Limburg. Er überlebte den Terror der Nazis, kehrte nach dem Krieg nach Limburg zurück und praktizierte wieder als Arzt. Er war überaus angesehen und beliebt. Sein Grab befindet sich auf dem jüdischen Friedhof in Limburg. Seine Frau Ise Hanf-Weinholt, geboren am 26. Mai 1893, eine anerkannte Künstlerin, starb am 20. August 1937 und ruht im gleichen Grab.

»Keine Wolke war am Himmel zu sehen, und es versprach, wieder ein sonniger und warmer Tag über Limburg, meiner Heimatstadt, zu werden. Hoch droben zwitscherte und trillerte eine Lerche ihr Lied. Einige Krähen stolzierten am Rande der gewundenen Straße, die die Stadt mit den umliegenden Dörfern verband. Die Vögel nickten sich selbstzufrieden zu und zeigten wenig Interesse für alles um sie herum, bis ein einsamer Wanderer mit schnellem und festem Schritt herankam und die Vögel in tiefem Flug davonfliegen ließ, ohne Eile!

Die Ruhe an diesem Sommermorgen war vollkommen bis auf dieses von fern hörbare Lied der Lerche und das rhythmische Klicken des Spazierstocks auf der Straße.

Der Wanderer war mein Vater Julius Isaak sel. A. Fast fünfzig Jahre alt, von mittlerer Größe, ging er aufrecht, fast militärisch stramm, wobei sein Stock den Boden nur leicht berührte. Eigentlich brauchte er ihn nicht, aber er nahm ihn mit auf seinem wöchentlichen Gang. Er war auf dem Weg nach Mensfelden, einem der Dörfer um Limburg, wo er die Bibel, die Gebete und die jüdischen Feste und ihre Bedeutung den jüdischen Kindern vermitteln wollte.

Limburg war stolz auf sein mittelalterliches Erbe. Der die Stadt überragende Dom, der angrenzende Bischofssitz und die Altstadt waren für ihre Schönheit bekannt. Die meisten Limburger waren Katholiken, die durch die liberale Einstellung des Bischofs toleranter und damit weniger antisemitisch eingestellt waren als die protestantische Minderheit. 22 Jahre persönlichen Erlebens in Deutschland und mein Geschichts-studium haben mich fest davon überzeugt, dass die Nazis keiner großen Anstrengung bedurften, um die stets unter der Oberfläche glimmende Glut des Judenhasses zu einer Feuersbrunst zu entfachen, die Millionen tot zurückließ.

In einer kurzen Zeitspanne von zwanzig Jahren nach dem Ersten Weltkrieg sollten diese Wolken immer unheilvoller am politischen Horizont auftauchen. Straßen-aufmärsche und Demonstrationen fanden routinemäßig statt. Reden wurden gehalten und politische Gegner von den Nazis verprügelt, bis schließlich Hitler die Regierungsgewalt übernahm. 1933 war nur der Anfang! Falsch! Es war die Fortsetzung einer staatlich geschürten Propaganda, die die Juden als die Antithese alles Guten und Anständigen darstellte.

Wie Joseph Goebbels, Hitlers Propaganda-minister, sagte: 'Die Leute werden jede

Lüge für wahr halten, wenn sie nur oft genug wiederholt wird.' Mit deutscher Gründlichkeit wurde die Bevölkerung unablässig mit visuellen und akustischen Mitteln bombardiert. Plakate wurden an Wänden und Schaufenstern angebracht. Zeitungen und die Boulevardpresse warben für Julius Streichers 'Der Stürmer', indem sie immer wieder darauf hinwiesen, wie schlimm das 'jüdische Krebsgeschwür' sei, das ein für alle Mal aus Deutschland ausgemerzt werden müsse. 'Und wenn das Judenblut vom Messer spritzt, dann geht's noch mal so gut!', war ein Marschlied, das man mehrere Male täglich in den Straßen hören konnte. All dies war das teuflische Vorspiel zu den KZs und den Gaskammern!

Mein Vater wurde in eine traditionelle jüdische Familie geboren, deren Vorfahren seit Generationen in Lich, einer kleinen Stadt in Oberhessen, gewohnt hatten. Er war eins von sechs Kindern. Sein Vater musste hart arbeiten, um seine Familie durch den Verkauf von Kurzwaren zu ernähren. Schon sehr früh erkannte mein Vater, dass der schnellste Weg, um ein ausreichendes Einkommen zu erreichen, der Beruf des Lehrers war, da man zu seiner Vorbereitung nur kurze Zeit benötigte. Das nächste Lehrerseminar war in Alzey, wo er glücklicherweise noch einen Lehrer fand, der seine angenehme Baritonstimme schulte. Dies kam ihm später als Kantor zu Gute. So wurde mein Vater Lehrer. Seine Schüler waren oft viel größer als er. Wie Schüler überall gaben sie ihm einen Spitznamen und nannten ihn 'Quecksilber', da er nicht still sitzen oder stehen konnte.

Freitags fuhr der junge Lehrer mit dem Zug nach Hause, um den Sabbat mit seiner Familie zu verbringen. Oft brachte er ein sehr nötig gebrauchtes 'Geschenk' seinen alten Eltern mit. Nach seiner Hochzeit nahm er eine Stelle als Kantor, Prediger und Seelsorger bei der Israelitischen Kultusgemeinde in Limburg an. Dem Rat seines Schwiegervaters Rosenzweig folgend, arbeitete er auch als Versicherungsagent und machte aus dieser Nebenbeschäftigung ein lukratives Geschäft. Ausgestattet mit scharfem Verstand, wissbegierig und offen, war mein Vater in weltlichen und religiösen Fragen bewandert. Einige der Predigten, die er in tadellosem, manchmal auch 'blumenreichem' Stil gehalten hatte, sind noch in seinem Gebetbuch, säuberlich gefaltet, aufbewahrt.

Meine Mutter, obwohl sie nicht so gebildet war, war eine äußerst praktische, entschlossene und warmherzige Frau. Sie ergänzten sich in ihrer wundervollen Ehe prächtig.

Vaters schon erwähnte Ausflüge auf die Dörfer, die Teil seiner seelsorgerischen Aufgaben waren, boten eine willkommene Abwechslung von der bedrückenden Atmosphäre in der Stadt in den dreißiger Jahren, wo sich die Anzeichen von Judenhass täglich deutlicher zeigten. Plakate an jüdischen Geschäften tauchten über Nacht auf. Ihre gehässige Botschaft: 'Deutsche kauft nur bei Deutschen!' oder 'Juda verrecke'. In ihren flotten Uniformen standen ein oder zwei Braunhemden oft drohend vor der Ladentür. Alte Bekannte wandten sich ab oder wechselten die Straßenseite, wenn sie uns kommen sahen. Wir taten so, als ob wir nichts bemerkten, sahen uns Schaufenster an, ohne wirklich etwas zu sehen, und empfanden dabei nur Ablehnung und Furcht.

Hier auf der Straße nach Mensfelden konnte Vater klare Gedanken fassen, nicht nur über seine bevorstehende Unterrichtsstunde, sondern auch über andere persönliche Pläne, die Flucht seiner Familie vor der, wie er fühlte, immer mehr drohenden Vernichtung. Für ihn als einem der Wenigen sprachen die Zeichen an den Wänden eine klare Sprache. 'Ihr werdet sehen, es wird immer unerträglicher hier werden', sagte er immer wieder. 'Ich kann nicht länger in einem Land leben, wo uns als Mensch und Jude Würde und Respekt genommen werden.' Auf mich deutend, sagte er: 'Du wirst der Erste sein, der geht.' Und so verließ ich Deutschland Anfang 1934 und ging nach Palästina. Meine Schwester und meine Eltern blieben in Limburg, um ihre Flucht ruhig und unauffällig zu planen.

An diesem Morgen war Vater allein auf der Straße. Die Ruhe wurde plötzlich unterbrochen durch ein Motorengeräusch. Was zuerst nur als ein Punkt in der Ferne erschien, erwies sich als kleiner Lieferwagen, der sich schnell näherte. – Vater wurde oft eine Mitfahrgelegenheit angeboten, da er als 'Herr Lehrer Isaak' in der Stadt gut bekannt war. Er ging daher an die Straßenseite und winkte dem Fahrzeug. Mit der anderen Hand stützte er sich auf seinen Stock.

Julius Isaak war der erste Limburger Jude, der bereits 1935 mit seiner Familie Deutschland verließ.

Die großen schwarzen Krähen warnten 'Kraa, Kraa' mit ihren krächzenden Stimmen. Der Fahrer, dessen Gesicht hinter der glitzernden Windschutzscheibe nicht zu erkennen war, hielt seinen Wagen ein paar Meter entfernt an. Ein Mann in einer braunen SA-Uniform sprang heraus, einen metallisch glitzernden Gegenstand in seiner Hand. Er ging auf Vater zu!

Fred Stein, ein junger Geschäftsmann aus Mensfelden und ehemaliger Schüler meines Vaters, fuhr mit seinem Wagen nach Hause. Er kannte die Straße so gut, jede Vertiefung und jede Kurve, dass er auch mit geschlossenen Augen hätte fahren können.

Plötzlich sah er in der Ferne etwas Ungewöhnliches, was er zuvor noch nie bemerkt hatte. Er fuhr langsam und sah etwas, was aussah wie ein altes Kleiderbündel. Trotz des geronnenen Blutes auf Gesicht und Haaren erkannte er seinen ehemaligen Lehrer sofort, der eine klaffende Kopfwunde hatte, die stark blutete. Vaters Hut lag ein paar Schritte entfernt, sein blutverschmierter Stock lag am Straßenrand. Fred half dem stöhnenden Opfer in seinen Wagen und fuhr direkt zurück in die Stadt zu Dr. Weinholt. Während der Doktor die Wunde versorgte, fuhr Fred schnell zu meiner Mutter, um sie zu informieren.

Wir hatten bald herausgefunden, dass der Angreifer meines Vaters ein bekannter Nazi, der 'Wasser-Wolf' war, der Sodawasser in Flaschen in den umliegenden Dörfern verkaufte. Er war einer der Ersten, der in die Partei eintrat. Wenn Fred Stein nicht gewesen wäre, wäre mein Vater am Straßenrand auf der Straße nach Mensfelden verblutet.

Am nächsten Morgen schickte Mutter meine Schwester Else zum Einkaufen. Leichtfüßig wie immer rannte sie die paar Stufen zur Haustür hinunter, wobei ihr Rock sie luftig umspielte. Plötzlich, wie vom Blitz getroffen, blieb sie fest gewurzelt stehen. Sie sah ein großes Plakat am Gartenpfosten, das über Nacht angebracht worden war.

Seine roten Buchstaben schrien: 'Die Juden sind unser Unglück.'

Dieser Zwischenfall, so erschreckend er

auch war, hatte ein positives Ergebnis. Er beschleunigte die Ausreise meiner Familie. Unzählige Behördengänge waren zu machen: zur Polizei, zur Stadtverwaltung, zum Finanzamt. Wo auch immer Vater mit seinem Kopfverband hinging, wurde er feindselig angestarrt und endlos und unerbittlich ausgefragt. Unzählige Dokumente mussten geschrieben, ergänzt, unterschrieben, gegengezeichnet und abgestempelt werden. Pässe mussten ausgestellt oder erneuert werden. Deutsche und britische Behörden, letztere im Auftrag Palästinas, schienen miteinander zu konkurrieren beim Aufbau bürokratischer Hürden. Unser schönes Haus im Oraniensteiner Weg 13 musste zu einem Bruchteil seines Wertes schnell verkauft werden.

So schwierig es auch war, einen Anwalt zu finden, der den Kaufvertrag für meinen Vater bearbeitete, so war es noch schwerer, einen Käufer zu finden. Der Käufer, der schließlich das Haus erwarb, weigerte sich, direkt 'mit diesem Juden' zu verhandeln. Und so wurde 'Raus so schnell wie möglich!' unser Leitspruch. An dem Tag, an dem der Vertrag abgeschlossen war, verließen meine Eltern und meine Schwester Limburg und zogen heimlich in das Haus des Lehrers Levi, eines Kollegen meines Vaters, in Höchst. 48 Stunden, nachdem sie das Haus verlassen hatten, stürmte eine auf einem Lastwagen angefahrene Gruppe von Nazis unser Haus und suchte den 'Juddelehrer'.

> **FOLGENDE JUDEN AUS DER REGION VERLIEßEN EBENFALLS SCHON 1935 DEUTSCHLAND:**
>
> **Any Rothschild,** geb. Rosenthal aus Holzappel. Sie hatte 1933 ihr Abitur an der Marienschule in Limburg gemacht und emigrierte über England 1951 nach Israel. Sie lebt heute in Jerusalem.
> **Herta Proter,** geb. Liebmann. Sie heiratete wenige Stunden vor ihrer Emigration Jakob Proter aus Köln und lebt in Haifa (Israel).
> **Günther Goldschmidt** aus Limburg. Floh über Dänemark und England nach Palästina. Seine Mutter kam in Theresienstadt um. Er ist Mitbegründer des Kibbuz Kfar Blum im Norden Israels. Dort lebt er heute noch.

Als sie es leer fanden, fuhren sie direkt zum Haus von Siegfried Besmann. Siegfrieds Frau Bettine war die Kusine meiner Mutter. Die Schufte hatten ihre Hausaufgaben gemacht. 'Wo sind die Isaaks?', riefen sie. Der erschrockene Besmann hatte keine Ahnung, zumindest tat er so. Tatsächlich war er einer der wenigen, die meine Eltern eingeweiht hatten. Auf Anraten meines Vaters war Siegfried auch dabei, seine Ausreise nach Palästina vorzubereiten.

Lehrer Levi in Höchst war sehr gastfreundlich und bot sein Heim als vorläufige Bleibe an. Leider, wie so viele andere, folgte er nicht dem dringenden Ersuchen meines Vaters, Deutschland sofort zu verlassen. 'Ich gebe Hitler drei Monate. Du wirst sehen, dann ist er weg', war seine Ansicht und die vieler anderer. Ich bin sicher, dass keiner von ihnen Hitlers 'Mein Kampf' gelesen hatte, wo er seine Politik schon sehr früh dokumentierte. Zehntausende, Lehrer Levis Familie eingeschlossen, mussten mit dem Leben dafür bezahlen.

Ausreise: Das waren schreckliche, furchterfüllte Tage für meine Mutter und meinen Vater. Jeder fürchtete das Geräusch von schweren Stiefeln, das laute Klopfen an der Tür. Um die Aufmerksamkeit der Nachbarn nicht zu erregen, verließen sie das Haus nicht und zählten die Tage bis zur Abreise mit ihrem Schiff. Die Lloyd-Triestino-Bordkarte war zweifellos das wertvollste Dokument im Besitz meines Vaters. Er war überzeugt, dass er seine

Angstgefühle gut unter Kontrolle hatte, als er das Büro von 'Lloyd Triestino' in Frankfurt betrat. Er hatte nur eine Sorge: Gab es eine Verbindung zwischen dem Reisebüro und den Behörden? Obwohl alle Dokumente einwandfrei in Ordnung waren, befürchtete mein Vater das Schlimmste. Er stellte sich jeden Moment vor, dass der Angestellte zum Hörer greifen würde: 'Hallo, hier ist ein gewisser Herr Isaak, der eine Fahrkarte kaufen möchte...', auf diese Weise alle sorgfältige Planung und den glühenden Wunsch vereitelnd, dieses teuflische Land zu verlassen.

Glücklicherweise geschah nichts dergleichen. 'Wie viel?' '366 Reichsmark', war die Antwort. Vater zahlte. Sein Herz klopfte und auf seiner Stirn waren Schweißperlen. Er war skeptisch. 'Halte ich wirklich die Fahrkarte in die Freiheit in Händen?' Beim Verlassen des Büros ließ er diesen Gedanken noch einmal Revue passieren und sprach ein stilles Dankgebet. Er prüfte die Bordkarte genau und buchstabierte jeden Buchstaben des Textes.

BILLETTO DE PASSAGIO;
LLOYD TRIESTINO No. 00380, Serie 000
CABINO HUOMO 103, DONNE 184 & 186
SIGNOR JULIUS ISAAK;
SIGNORE BELLA & ELSE ISAAK
(tre adulti)
Prezzo di passaggio RM 121,--,
totale 366,--
Frankoforte, meno 3/9/1935 XIII

Von fern grüßend lag die 'Galilea' im Hafen von Triest, während ich auf der gegenüberliegenden Seite des Mittelmeeres ungeduldig wartete. Was für eine Aufregung! Welche dunklen Vorahnungen mussten die Herzen meiner Lieben bewegt haben! Vor meinem geistigen Auge sah ich, wie sie sich den beiden uniformierten Offizieren

am Ende der Gangway näherten, ihre Fahrkarten fest in der Hand haltend. Es gab immer noch die Möglichkeit, dass etwas passieren, etwas schief gehen konnte. Gott, behüte!

Die Angst hatte meine Eltern in den entscheidenden Momenten ihres Lebens immer noch im Griff. Ihre Herzen pochten, und ihr Puls raste, als die Offiziere ihre Fahrkarten gründlich prüften und einen Steward aufforderten, ihnen ihre Kabine zu zeigen. Sie folgten zögernd dem uniformierten Steward – jeder in Uniform war suspekt – zu ihrer Kabine, wo sie warteten und warteten. Plötzlich sprangen sie auf. Das Schiffshorn dröhnte über ihren Köpfen. Holzbalken scheuerten, Eisenketten ratterten. Mein Vater gab flüsternd seinen Kommentar: 'Die Landungsbrücke wird eingezogen. Jetzt wird der Anker gelichtet.'

Der Schiffsrumpf zitterte mächtig, als die Turbinen in Gang gesetzt wurden. Und dann: 'Es fährt!'. Quälend langsam zuerst, als ob es zögerte, den Hafen zu verlassen, nahm die 'Galilea' zum Hafenausgang Geschwindigkeit auf und war schließlich auf offener See. Mein Vater sprach leise das Schecheyanu-Gebet:

Gelobt und gepriesen seist Du, Ewiger, König der Welt,
der uns am Leben erhält und uns so viel Gutes erwiesen hat.
Unisono sagten alle drei: AMEN
50 bzw. 45 und 20 Jahre alt, fühlten sie sich zum ersten Mal in ihrem Leben wirklich frei. Sie waren frei. Endlich!«

Um 1985 schrieb der Sohn des Lehrers Julius Isaak, der in Israel lebende Julius Isidor Isaak, diesen Text. Die Übersetzung aus dem Englischen besorgte Helmut Apel, Staffel, der im März 2004 leider verstorben ist.

222

WERNER BELL – MALEN AUS LEIDENSCHAFT

VON ULLRICH DAHINDEN

Werner Bell malte »Runkel im Sommerlicht« 1959 in Öl auf Leinwand.

Eine Ausstellung, die sechste in Folge, ausgerichtet von den Kunstfreunden Runkel, wurde im Oktober 2003 einem im Verborgenen nur seiner Malleidenschaft verpflichteten Künstler unserer Heimat gewidmet.

Der Maler Werner Bell war mit seiner liebevollen Hinwendung zu den Schönheiten des Lahntals eine großartige Entdeckung und rechtfertigte die späte und stilvolle Würdigung im Runkeler Rathaussaal in jeder Weise.

Es war die erste Ausstellung der Werke Bells überhaupt, 26 Jahre nach seinem Tod. Wie seine Schwiegertochter Jutta Bell versicherte: Er wäre sicher mächtig stolz gewesen, hätte er die Ausstellung erleben dürfen.

Die zahlreichen Besucher waren beeindruckt von der Gestaltungskraft und dem ausgeprägten Farbempfinden des bis dato fast unbekannten Künstlers, der seiner Mal- und Zeichenleidenschaft schon seit frühester Jugend nachging.

Werner Bell, am 29. März 1895 in Solingen geboren, war vom Vater Ernst Julius Bell einem Fabrikanten, nach dem Besuch des Gymnasiums und einer Fachoberschule für Stahlwaren in Solingen für das familieneigene Stanz- und Prägewerk vorgesehen. Ab 1912 arbeitete er im Betrieb mit, der 1914 auf Kriegsproduktion umgestellt wurde. Mitte 1915 erfolgte seine Einberufung zum Militär. Vom Kriegseinsatz an der Westfront kehrte er zweimal verwundet in die Heimat zurück.

Nach Beendigung des Krieges lebte die Familie nacheinander in Düsseldorf, Wien und Berlin. In diese Zeit fallen die ersten Mal- und Zeichenversuche des durch die für ihn ungünstigen Zeitläufe verhinderten jungen Künstlers. Um sein Talent weiter zu schulen und auszubauen, besuchte er an den jeweiligen Wohnorten seiner Eltern die für ihn erreichbaren Kunst- und Malschulen, so unter anderem in Berlin die Reimann-Schule und die Ateliers am Zoo. Während des Aufenthaltes in Wien lernte er seine spätere Ehefrau Elisabeth Brettar kennen, die dort bei Prof. Hey Bildhauerei studierte. Das Paar heiratete am 20. Juni 1923 in Berlin. Hier kam im Jahre 1925 ihr Sohn Arno zur Welt. 1927 übersiedelte die Familie nach Mühlberg an der Elbe. Hier gründete Werner Bells Vater die »Ernst Julius Bell Möbelfabrik«. Spätestens jetzt musste er seinen größten Wunsch, als freier Künstler zu leben und zu arbeiten, endgültig aufgeben. Er übernahm die Betriebsleitung im väterlichen Werk, aber seine Liebe zur Kunst war ungebrochen, und so malte, zeichnete und modellierte er in jeder freien Minute.

Zu Beginn des Zweiten Weltkrieges wurde Werner Bell zum Kriegsdienst eingezogen. 1940 erfolgte Bells Freistellung zur Leitung einer »kriegswichtigen Produktionsstätte«. Die Firma Bell stellte nun unter seiner Leitung Luftschutzbetten und Holzpantoffeln her. 1942 starb sein Vater in Berlin. Er wurde in die Familiengrabstätte

nach Mühlberg überführt. Hier wurde auch seine Mutter beigesetzt, die im April 1945, wenige Tage vor Einmarsch der Russen, verstarb.

Werner Bell, ein öffentlich bekennender Pazifist, wurde von »Freunden« der Familie denunziert, am 13. August 1943 von der Gestapo verhaftet und in Berlin-Moabit inhaftiert. Die Anklage des Volksgerichtshofes lautete auf »Defätismus«, ihm drohte die Todesstrafe. Pro forma ließ er sich von seiner Frau scheiden, um der Sippenhaftung vorzubeugen. Durch Bemühungen seiner Schwester im Untergrund gelang es mit großer Mühe, seinen Freispruch zu erreichen. Im August 1944 wurde er entlassen und sofort wieder zum Kriegseinsatz eingezogen. Der elterliche Betrieb fiel der Plünderung anheim.

Bei der Übernahme der Verwaltung durch einen russischen Stadtkommandanten wurde Werner Bell aufgefordert, den elterlichen Betrieb wieder in Gang zu setzen. Als Freigeist und engagierter Liberaler gründete er den Stadt- und Kreisverband der LDP (Ost-FDP). Durch seine engagierte politische Arbeit geriet er immer stärker in Konflikt zur SED, der neuen Macht im Staate. Im Jahre 1950 wurde er von Freunden vor seiner bevorstehenden

1965:
Werner Bell unterwegs
mit seiner mobilen
Malerwerkstatt.

Verhaftung gewarnt und konnte noch rechtzeitig in den Westen fliehen.

Mitte des Jahres 1951 bekam er die Genehmigung, in Diez (Gemarkung Heistenbach) eine Kleinmöbelfabrik zu betreiben. Werner Bell wagte den Neubeginn. 1953 floh auch seine Frau mit dem gemeinsamen Sohn Arno aus Mühlberg, und das Paar heiratete nochmals. Einige Jahre später organisierte er mit dem Sohn den Umzug der »*Ernst Julius Bell Kleinmöbelfabrik*« nach Runkel-Kerkerbach, wo er größere Räumlichkeiten fand. Hier wohnte er mit seiner Frau in der Heerstraße, bis er 1965 aus der Firma ausschied.

In den nun vor ihm liegenden Jahren konnte er sich nun endlich ganz seiner Passion als Maler widmen. Wie in der Zeit zuvor nur sporadisch, malte und zeichnete er jetzt ungestört und widmete sich plastischen Arbeiten. Der Malerei ging er vornehmlich mit seiner selbstentworfenen »*mobilen*

Malerwerkstatt« im Freien nach. Seine im impressionistischen Malduktus angelegten Malereien überzeugen durch Stilsicherheit und reifes Können. Werner Bells Liebe gehörte seiner ihn umgebenden heimatlichen Landschaft. Immer wieder malte er die Orte und Städte der Lahn, die waldigen Höhen und die einsamen Täler. Nicht Sinnbildhaftes wollte Bell zeigen, sondern Abbilder der ihn in immer neuen Reizen leuchtend umgebenden Natur. Aller Problematik und allen Experimenten war er in seiner Malerei abhold. Er malte »*durch das Auge*« für das Auge, und gerade durch seine liebevolle Erfassung der Natur kam er ihrem Wesen nahe.

Werner Bell starb nach kurzer Krankheit am 12. Februar 1978 und wurde neben seiner Frau auf dem Runkeler Friedhof zur letzten Ruhe gebettet. Unsere Region verlor durch seinen Tod einen stillen Beobachter und genauen Chronisten unserer Heimat.

226

KRISTA JASCHINSKI-EHLERS

KÜNSTLERIN ZWISCHEN ELBINGER LAND UND WESTERWALD

VON WALTER RUDERSDORF

Krista Jaschinski-Ehlers (1904 bis 2002).

Apothekerstochter aus Braunfels, aber geboren in Christburg in Westpreußen. Die ersten sieben Lebensjahre verbrachte Krista Ehlers an der Lahn. 1911 zog die Familie in die alte Hansestadt Elbing östlich von Danzig in Westpreußen. Dort besuchte Krista das Gymnasium und fand schnell Anschluss an eine Wandervogel-Mädchengruppe. Mit ihr durchstreifte sie die Wälder und die Landschaft am Frischen Haff und auf der Frischen Nehrung, der schmalen Halbinsel, die das Haff – einen eiszeitlichen Grundmoränensee – von der offenen Ostsee trennt. Diese eigenartige Landschaft und die Menschen, die dort lebten – die Fischer –, hatte Krista besonders liebgewonnen.

Diese Erinnerung prägte ihr junges Leben und ließ sie zeitlebens nicht mehr los. Nach ihrer Schulzeit schickte sie die Familie nach Berlin, wo sie als Kindergärtnerin ausgebildet wurde. Zehn Jahre war sie dann Angestellte im städtischen Kinderhort Berlin-Ost.

Zusätzlich studierte sie an der Kunstgewerbeschule und nahm an Kursen für Bildhauer teil.

Sie hatte von der Wiege an eine ausgesprochen künstlerische Begabung. Im September 1999 formulierte sie selbst so: *»Das Vorbild für Zeichnen und Malen gab meine Mutter Hilda Ehlers Elbing. Ihr Onkel Max Schlichting war Kunstmaler und später Direktor der Kunstakademie Berlin-Charlottenburg.*

Mit 17 Jahren trieb mich der Drang, etwas zu formen, zur Ofenfabrik Monath am Elbingfluß, um bescheiden um etwas Ton zu fragen. 'Aber gern, hier ein Klumpen

Krista Jaschinski-Ehlers starb am 11. Januar 2002 in Fussingen. Sie wäre am 7. April 2002 98 Jahre alt geworden. Eigentlich hatte sie drei Vornamen: Christiane, Agnes und Margarethe, nannte sich aber selbst »*Krista*« in dieser Schreibweise mit »*K*« am Anfang.

Sie war eine ungewöhnliche Frau mit einem interessanten Lebenslauf. Geboren wurde sie am 7. April 1904 im Kloster Altenberg bei Wetzlar an der Lahn. Ihr Vater Albert Ehlers war Förster in Diensten der Solms-Braunfelser Fürstenfamilie, ihre Mutter Hilda Schlichting eine

Ton!' Darauf ich ganz zaghaft frage, ob sie das auch brennen könnten. 'Ja gewiß, lassen sie die Figur drei bis vier Wochen trocknen, dann stellen wir die in eine Lore auf die Rund-Eisenbahn, die langsam fährt von der kalten Zone in die wärmere, durch die heiße Zone bis zur Abkühlung, Dauer vier Tage.' Meine grobe Figur eines Fischers der Frischen Nehrung steht heute noch auf meinem Schreibschrank.«

Die Fischer der Frischen Nehrung hatten es ihr besonders angetan. Sie zeichnete und modellierte sie und stellte Wandkacheln mit Fischermotiven her. Das machte ihr große Freude.

1932 – Krista war damals 28 Jahre alt – rief die Familie sie nach Elbing zurück. Ihre Mutter, die sechs Jahre in der Verwaltung des Städtischen Museums von Elbing tätig gewesen war, war schwer erkrankt und brauchte Betreuung. Der Leiter des Museums Prof. Bruno Ehrlich erkannte sogleich ihre Begabung und stellte sie als Zeichnerin am Museum an. Als solche begleitete sie Prof. Ehrlich zu den archäologischen Ausgrabungsstätten der Vor- und Frühgeschichte im Elbinger Land, besonders in Succase.

Krista Ehlers zeichnete die Funde sehr genau. Das lag ihr. Dabei lernte sie viele Einzelheiten der Vorgeschichte West- und Ostpreußens kennen. So entstand ihr lebhaftes Interesse für geschichtliche Zusammenhänge.

Ich erlebte sie öfter im Kulturgeschichtlichen Museum in Ellar. Sie beobachtete sehr genau und fragte gezielt. Das Museum schätzte sie. Sie schenkte ihm für die archäologische Sammlung die Nacharbeitung eines Topfes der späten Jungsteinzeit vom Steinzeitdorf Succase bei Elbing, die in der archäologischen Vitrine 1 bei den Funden aus der Jungsteinzeit betrachtet werden kann.

Nach drei Jahren Arbeitslosigkeit fand ihr Verlobter, Ingenieur Adolf Jaschinski, schließlich eine Arbeit als Fachingenieur bei der MAN in Nürnberg. So konnten sie 1935 heiraten und nach Nürnberg umziehen.

1938 siedelten sie nach Düsseldorf über. Darüber schrieb sie selbst: »*Dort nahmen wir ein kleines Siedlungshaus mit Garten mit vielen Kindern und Freunden. Während unser lieber, guter Vati (Adolf Jaschinski) nach überstandener Kriegszeit und halbjähriger Verwundungszeit nun wieder in seinem technischen Beruf tätig war, erlitt er mit 51 Jahren einen Schlag – unerbittlich. Unser Sohn Hannes und unser Pflegesohn Dieter Bock blieben viele Jahre bei uns.*«

Adolf Jaschinski starb leider viel zu früh, bevor er seinen Ruhestand in Fussingen, der geplant war, genießen konnte. Das Ehepaar war schon öfter in den Westerwald zur Erholung gefahren.

1978 ließ sich Krista Jaschinski-Ehlers endgültig in Fussingen nieder, das sie so sehr liebte. Hier konnte sie ihrer künstlerischen Neigung nachgehen. Sie zeichnete und töpferte. Ihre Vier-Zimmer-Wohnung, die sie mir einmal zeigte, war voller Figuren – fast ein Museum für sich.

Ihre Skulpturen stellten Fischer und einfache Menschen, ebenso Tiere und die Nachbildung vorgeschichtlicher Funde dar, wie sie sie im Elbinger Land und auf der Frischen Nehrung kennen gelernt und noch in guter Erinnerung hatte. Sie hat nicht nur die Nachbildung eines jungsteinzeitlichen Gefäßes dem Kulturgeschichtlichen Museum in Ellar zur Verfügung gestellt, sondern auch in früheren Jahren am Frischen Haff aufgesammelte Bernsteine.

Besonders eindrucksvoll war ihr Triptichon »*Elbing 1935-1945-1985*«, eine Darstellung des unzerstörten Elbing, der brennenden Stadt und der Ruinenstadt 40 Jahre danach.

Ihre Werke wurden in vielen Ausstellungen präsentiert, so in Münster, Bremerhaven, Offenbach, Ellar und anderen.

Im Westpreußischen Landesmuseum in Münster kann man zahlreiche Arbeiten von ihr bewundern. Immer wieder sind es Fischer- und Preußenmotive.

Aber sie verfasste auch eine Anzahl Veröffentlichungen zur Vorgeschichte und Geschichte West- und Ostpreußens sowie Erinnerungen an die Tage mit den Fischern auf der Frischen Nehrung.

Gegen die einst geplagte Errichtung einer atomaren Wiederaufbereitungsanlage im Merenberger Wald kämpfte sie nach eigenen Aussagen »*wie ein Löwe*«.

Zum Ende ihrer Selbstständigkeit schrieb sie: »*Nach der 20-jährigen Zeit des Alleinseins im Westerwald, als ich vormittags und nachmittags allein getöpfert habe und mich einsam fühlte – da konnte die rechte Hand nicht mehr töpfern, die geformt hatte, gute Figuren, feine Gesichter, über die ich mich selber freute. Kurz vor Weihnachten 1998 gingen auch die Treppen weder runter noch rauf zu gehen. Nichts mehr.*«

Sie lebte nun in einer Altenpflegeeinrichtung in Fussingen. Im 98. Lebensjahr starb sie am 11. Januar 2002.

Im Nachruf in der Zeitschrift »*Der Westpreuße*« Nr. 3/2002 heißt es u. a.: »*Nach 1945 ließ die Elbingerin kaum ein Elbinger Heimattreffen aus. Sie suchte stets das Gespräch mit den Menschen, und sie konnte viel, oft weit mehr als andere, aus ihrer reichen Erinnerung an Elbing und die herrliche Elbinger Umgebung mitteilen.*«

SCHLEMMEN NACH LUST UND LAUNE

KARTOFFELSUPPE (6 PERS.)

Zutaten:
- 8 - 10 große Kartoffeln
- 3 - 4 Möhren
- 1 - 2 Zwiebeln
- 1 Stange Lauch
- Salz, Pfeffer, Majoran
- Brühe
- 1 Becher Schmand
- Cabanossi (geräucherte Knackwurst)

Zubereitung: Den Lauch putzen und in Ringe schneiden. Zwiebeln, Kartoffeln und Möhren schälen und in Würfel schneiden. Die Zwiebeln nun in einem großen Topf mit etwas Öl anbraten. Kartoffeln, Möhren und den Lauch hinzugeben und leicht mit andünsten. Mit einem Liter Brühe aufgießen und mit Salz, Pfeffer und Majoran abschmecken. Ca. 30 Minuten kochen lassen. Die fertige Kartoffelsuppe wird nun püriert und mit einem Becher Schmand verfeinert. Die Cabanossi in mundgerechte Stücke schneiden, in den Eintopf geben und kurz heiß werden lassen.

FÜR DIE EINSENDUNG DES REZEPTES BEDANKEN WIR UNS BEI SIGTRUD SCHNEIDER AUS LIMBURG-LINDENHOLZHAUSEN.

Planung • Montage • Betreuung und Wartung
von Anlagen im 24-Stunden-Service

Die Firma Klum wurde im Jahre 1962 von Horst Klum gegründet.
Der Hauptsitz befindet sich seit 1974 in Bad Camberg.

• Heizung • Lüftung • Sanitär
• Klima- und Solartechnik

Individualbedarf und Großprojekte
Private Projekte • Bauvorhaben von Kommunen,
Kreis und Land • Wohnanlagen • Einkaufszentren
Bürogebäude • Industrieanlagen

Klum GmbH

Hauptsitz	Liebigstraße 4 • 65520 Bad Camberg
	Telefon 0 64 34 / 2 04-0
NL Erfurt	Am Teiche 2 • 99195 Erfurt-Stotternheim
	Telefon 03 62 04 / 5 41-0
NL Runkel	Großmannswiese 1 • 65594 Runkel-Ennerich
	Telefon 0 64 31 / 99 00-0

DES BDKJ-PRÄSES WILLY BOKLERS VILLMARER JUGENDFÜHRERZEIT

VON ARMIN M. KUHNIGK

Am 12. Februar 2004 waren es 30 Jahre her, dass Willy Bokler, geboren am 1. September 1909 in Villmar, in Mainz starb. Er war von 1952 bis 1966 der Präses des Bundes der Katholischen Jugend in Deutschland und von 1962 bis 1974 auch Mitglied des Präsidiums des Deutschen Sportbundes. Schon ab dem 1. Januar 1941 bis 1952 war er Diözesanjugendseelsorger im Bistum Limburg gewesen.

In mindestens zwei Dutzend weiteren Ämtern und Verbänden, Gremien und Instituten hat der Priester, Monsignore und Päpstliche Hausprälat, aber auch Träger des Großen Bundesverdienstkreuzes sich engagiert. Mit bewegt hat der Kontaktmann der Katholischen Kirche zum Deutschen Sport ab 1959 den so genannten »*zweiten Weg*« des Breitensports, und gestanden hat er auch 1970 an der Berliner Wiege der Trimm-Aktion.

Woher ihm die Kräfte zu seinem enormen geistigen Stehvermögen zugewachsen sind, sagte er selber am Abend seiner Primiz am 15. Dezember 1935 nach Weihe zum Priester im Limburger Dom am 8. Dezember. In der Pfarrfeier im Villmarer Saal Durrer gestand der 26-Jährige seinen Dorfnachbarn wörtlich:

»*Mein Ursprung liegt tief im Volk, tief in der untersten Schicht des Volkes. Ich fühle mich als Sohn Villmars und stehe zu ihm. Aber vor allem bin ich hervorgegangen aus seiner katholischen Jugend und für sie habe ich gekämpft und zu ihr stehe ich. Und das betone ich nochmals: ich stehe zu dieser Jugend.*«

Über Villmars Katholische Jugend als Prägegrund Boklers hat uns einiges der Villmarer Pfarrer Nikolaus Homm 1987 aus

Prälat Willy Bokler

seinen persönlichen Erinnerungen an seine Kaplanszeit in Villmar von 1933 bis 1936 sowie aus Aktenquellen in seiner Broschüre über »*Die Katholische Mannesjugend Villmar in der Abwehr des Nationalsozialismus 1933 bis 1936*« mitgeteilt.

Der andere und vielleicht noch stärkere Auspräger des Villmarer Schülers, aber auch noch des Theologiestudenten nach dem Abitur im Jahre 1930 in Hadamar, ist wohl der Villmarer Rektor Adam Baier gewesen, der zu Kaplan Homm gesagt hatte: »*Ich sehe meine Aufgabe in meinem gesamten Unterricht darin, die jungen Menschen fähig zu machen, dem Nationalsozialismus zu widerstehen.*«

Vor allem in den Jahren 1932 bis 1935 konnte auch Willy Bokler, da schon Theologiestudent, aber doch in den Semesterferien sich in der Villmarer Jugendarbeit engagierend, von Rektor Baier lernen, wie dieser bei seinen Absichten »*mit großer*

Klugheit« verfuhr, so Pfarrer Homm, und so bis 1935 seiner zeitweisen Dienstentlassung als *»Staatsfeind«* entgehen konnte, wie die NS-Presse schrieb.

Rektor Baier hat auch selber in den 60er Jahren in zwei Schreibheften Erinnerungen an die Villmarer kath. Jugendarbeit seit seiner Versetzung an die Villmarer Volksschule in 1924 festgehalten und dort vor allem auch auf das große Engagement Willy Boklers hingewiesen.

Im Jahre 1924 von Kaden/Westerwald nach Villmar versetzt, übertrug der nach Niederbrechen wechselnde Kaplan Wilhelm Schäfer die Leitung der Villmarer Kath. Jugend, damals noch *»Jünglingsverein«* genannt, im Oktober des Jahres dem Adam Baier. Hier begegnete er zuerst dem 15-jährigen Willy Bokler als Mitglied des *»Jünglingsvereins«* *»unter Aloysiusfahne mit Goldfransen zu Knüppelmusik mit Trommeln und Pfeifen«,* wie Baier schreibt, damals als im Zuge der Jugendbewegung der Bund der Kath. Jugend in Deutschland *»mit Bannern und Wimpeln«* als ablösende Embleme auch in Villmar entstand.

Bokler hatte schon als 14-Jähriger 1923 ein starkes Prägeerlebnis noch als Mitglied des *»Jünglingsvereins«* erfahren, als der Präses und Villmarer Kaplan Albert Wohlrabe mit der Spielschar des Vereins, aber unter Hinzuziehung fast der ganzen Gemeinde, wie Homm schreibt, den *»Wilhelm Tell«* als Freilichtspiel auf den Lahnwiesen oberhalb Villmars aufführte. Die Aufführung gelang dermaßen gut, dass das Publikum von weit herbeiströmte, so etwa sogar Schüler in Sonderzügen, und das Spiel fast allsonntäglich 1923 und noch 1924 wiederholt werden musste. Das Theatergelände trägt heute noch den offiziellen Flurnamen *»Tellswiese«.*

Willy Bokler beeindruckte nicht nur der Freiheit fördernde Gehalt des Stückes, sondern auch die Möglichkeit solchen Spiels, eine ganze Gemeinde zusammen-zuschließen. So hat er später als Theologiestudent in Frankfurt-Sankt Georgen nach 1930 selber nicht nur regen Anteil an der Jugendarbeit in seinem Heimatort durch Vorträge in den Gruppenstunden und Gründung der Pfadfindergruppe in 1932 genommen, sondern als Leiter der Jugendspielschar die Auswahl und die Proben für Theaterstücke an den Familienabenden übernommen.

Dank seiner Initiative kam es 1933 zur Aufführung von Seidl *»Heilige Heimat«* und von Ludwig Hugin *»Der Reichsucher«,* 1934 bot er am traditionellen Theaterabend, nämlich dem Dreikönigstag, *»Das Apostelspiel«* von Max Mell und von Henri Ghéon *»Die drei Weisheiten des alten Wang«.* Noch am 31. März 1935, wenige Monate vor seiner Priesterweihe am 8. Dezember, erzielte Bokler in der Gemeinde Villmar große Aufmerksamkeit mit der Aufführung des *»Überlinger Münsterspiels«* von Alois Johannes Lippl.

Zu den Villmarer Gemeinschaftsgliederungen des Bundes der Kath. Jugend gehörten in Villmar ab 1927 die Deutsche Jugendkraft (DJK) mit dem Fußballsportdress violett-orange statt eigentlich gewolltem blau-orange.

1932 entstand die Sturmschar des Jungmännerverbandes mit silbergrauen Hemden und graublauen Samthosen.

Die noch nicht 14-Jährigen bildeten die Jungschar, die in blauen Kitteln auftrat.

1930 gründete sich für die Jungbauern noch die Junglandgruppe.

1934 bestellte Ferdinand Dirichs, der spätere Limburger Bischof, als Diözesanjugendpfarrer den Führer der Villmarer Junglandgruppe Josef Stahl zum Diözesanleiter der gesamten Landjugend. Auch dort referierte Willy Bokler am 30. April 1933 über die berufsständige Ordnung, forderte Verbesserung der Agrarstruktur durch Aussiedlung von Bauernhöfen aus dem beengenden und fern ab von den

Feldern liegenden Ortskern. Damals schlug zuerst Willy Bokler den Pfingstritt der Jungbauern zur Berger Kirche vor.

Seit Pfingsten 1933 unternahmen dann tatsächlich die Junglandgruppen des Goldenen Grundes jährlich den Pfingstritt zur Berger Kirche bei Niederbrechen mit Predigt und Pferdesegnung dort. 1934 entstand dabei Bernhart Otts aus Ffm-Sossenheim Film »*Pfingstritt im Goldenen Grund*«. Im November 1937 verboten die Nazis auch die Junglandgruppen und den Pfingstritt.

Nicht genug schienen Bokler die Jugendgliederungen im Flecken zu Anfang der 30er Jahre als Bollwerke gegen das NS-Jungvolk (die Pimpfe) und die Hitlerjugend (HJ) zu sein, denn er gründete persönlich noch die Villmarer Georgspfadfinder am 1. April 1932. Er selber war der erste Stammführer, und der Stammname kam vom Villmarer Schutzpatron »*St. Matthias*«. Erster Sturmtag war Pfingsten 1932 mit Lager in der Struth und Sturmbannerweihe durch den Diözesanpräses Dirichs am Pfingstsamstag. Abends gab es einen Fackelzug über die Lahnbrücke zum Steinbruch am Bahnhof, wo Ferdinand Dirichs die Feuerrede hielt, bevor zurück im Flecken vom Balkon der Gastwirtschaft »*Germania*« noch der Diözesanjugendleiter Bernhard Litzinger zur Gemeinde sprach. Am Abend des Pfingstsonntags brachten Boklers Pfadfinder im Saalbau Durrer das Stück »*Siegfrieds Tod*« zur Aufführung.

In den Semesterferien übernahm Bokler regelmäßig die Gestaltung der Heimabende, z. B. am Gruppenabend der Jungmannschaft einmal das Thema »*Wehrdienst oder nicht*« oder »*Über das Gottesreich*«.

Hinzu traten unter seiner Leitung Jugendführerabende sowie Familienabende. Er verfasste Gebete aus verschiedenen Anlässen und stellte Jahrespläne für die einzelnen Gruppen auf.

Rektor Adam Baier nannte ihn »*unermüdlich schaffend, begeistert und begeisternd;*

immer anregend und einfallsreich hat er sich große Verdienste um die Jugend Villmars erworben. Früh zeichneten sich hier die Umrisse seiner späteren Tätigkeit ab.«

Nicht weniger beeindruckend erscheint heute eine »*Beurteilung*« der SD-Außenstelle Limburg im Auftrag der SD-

Rektor Adam Baiers Widerstand gegen die Nazis hat die Lebenseinstellung Boklers stark geprägt.

Stelle Wiesbaden vom 23. September 1938 über den seit 1937 in Niederzeuzheim und vorher in Nentershausen als Kaplan tätigen 29-jährigen Willy Bokler: »*Arbeitet mit außerordentlichem Aktivismus. Seine Predigten sollen bei geöffneter Kirchentür im ganzen Ort* (Niederzeuzheim) *hörbar sein. Wenn der losdonnert, wackeln die Wände, sagte mir gelegentlich ein Hitlerjunge. Mit seinem Temperament bzw. Wutausbrüchen verbindet er eine geschickte Ausdrucksweise. B. ist ein leidenschaftlicher Fanatiker, der zweifellos jede sich bietende Gelegenheit zur Kampfansage gegen unsere Weltanschauung benutzt. Besonders aktiv ist er in der getarnten 'Jugendseelsorge'. Es scheint geboten, seine Predigten in Limburg scharf zu überwachen.*« (Zitiert aus Klaus Schatz, Geschichte des Bistums Limburg, S. 435).

Pfarrer Homm weiß anzufügen, dass Bokler auch nach seiner Priesterweihe in 1935 mit vielen Villmarern in persönlichem Kontakt blieb, da er dank seiner Westerwälder Kaplanstellen – erst Nentershausen, dann Niederzeuzheim - und ab 1939 als Sekretär des Bischöflichen Jugendamtes in Limburg in der Nähe Villmars blieb.

DER RENTNERCHOR VON WÜRGES

VON ERICH MÜLLER

Eine einmalige Erscheinung im Kreis Limburg-Weilburg ist wohl der Rentnerchor im Gesangverein »*Eintracht*« Würges. Er wurde 1987 ins Leben gerufen.

Der eigentliche Beweggrund und Grundgedanke war zur damaligen Zeit das Singen auf dem Friedhof an Werktagen für die verstorbenen Mitglieder des Gesangvereins.

Viele Sänger des Vereins standen ja noch in Arbeit und Brot und waren für solche Auftritte nicht verfügbar.

In früheren Jahren, als noch mehr einheimische Handwerker und Landwirte dem Verein angehörten, kamen zu solchen Anlässen immer genügend Sänger zusammen, so dass man sogar jedem, der es

wollte, gegen einen Kostenbeitrag das Trauergeleit gab.

So kam unser Sangesfreund, mein langjähriger Schulkamerad und Freund Felix Hartmann, auf die Idee, die alten Sänger im Rentenalter zu befragen, ob sie gewillt wären, in einem Rentnerchor den Grabgesang zu pflegen.

Als genug Zusagen eingegangen waren, verschickte er am 1. November 1987 Einladungen zur ersten Chorprobe am 6. November 1987.

Mit Genehmigung der Pfarrgemeinde durften wir das Pfarrheim als Übungslokal benutzen. Zu dieser ersten Gesangstunde fanden sich 14 Männer ein, die als langjährige Sänger sofort bereit waren,

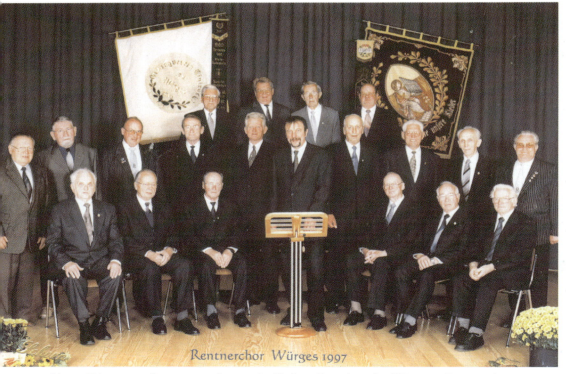

Rentnerchor Würges 1997

Dieses Erinnerungsfoto entstand zum zehnjährigen Bestehen des Würgeser Rentnerchores.

diese Aufgabe zu übernehmen. Als Chorleiter stellte sich der Initiator dieses Gedankens unentgeltlich zur Verfügung, und so beschlossen wir, alle 14 Tage eine Chorprobe abzuhalten. In der zweiten Probe waren wir bereits 17 Sänger.

Bereits am 9. Januar 1988 war unser erster öffentlicher Auftritt auf dem Friedhof.

Unser Dirigent erweiterte nach und nach unseren Liedschatz mit leichten Volksliedern.

Unsere Trauer war groß, als unser Gründer und erster Dirigent Felix Hartmann am 29. Mai 1988 plötzlich starb.

Wie sollte es weitergehen?

In dieser Notsituation sprang sein Patenkind Eberhard Munsch sofort in die Bresche und setzte das Werk seines Onkels unentgeltlich bis heute fort.

Unter seiner Leitung haben wir inzwischen 33 Chöre und Lieder einstudiert, die wir auch in der Öffentlichkeit und in der Kirche zu Gehör bringen. Auch das offene Volksliedersingen mit Akkordeon und Gitarre erfreut sich großer Beliebtheit, so dass wir oft zu Geburtstagen, Frühschoppen, Pfarr-festen, Hochzeiten, Altennachmittagen, Liederabenden und Kapellenfesten eingeladen werden. So kommen meist 20 Auftritte im Jahr zusammen.

Der Chor ist inzwischen auf 31 Sänger angewachsen. Die Altersstruktur spannt sich von 56 bis 87 Jahren, wovon acht Sänger über 80 Jahre zählen.

Der Chor wird durch Spenden der Mitglieder getragen. Dreimal jährlich werden gemütliche Chorstunden abgehalten, wo unsere Musikanten und Solisten für gute Stimmung bei Haxen- oder Würstchenessen und Freibier sorgen.

Einmal im Jahr laden der Dirigent und seine Frau nach Walsdorf zur Grillparty in ihren Garten ein, wo das Ehepaar die Bewirtung übernimmt. Für gute Stimmung sorgen auch hier unsere Musikanten und Solisten. Es ist immer das schönste Fest des Jahres. Elf Sänger haben wir seit der Gründung durch Tod verloren, aber es kamen immer wieder neue dazu, auch aus den benachbarten Orten.

Wir hoffen, dass es uns vergönnt sei, noch lange in diesem Kreis zu musizieren.

SCHLEMMEN NACH LUST UND LAUNE

ZWIEBELSOßE MIT PELLKARTOFFELN

200 g Dörrfleisch würfeln und knusprig anbraten,
5 dicke Zwiebeln würfeln und in dem ausgebratenen Fett ebenfalls anbraten,
1 EL Mehl einstäuben und anbräunen,
mit Salz, Pfeffer und etwas Zucker würzen,
1 Liter Brühe auffüllen und 10 Minuten leicht köcheln lassen.

Mit 200 g Sahne oder Schmand verfeinern.

Die fertige Zwiebelsoße zu gegarten Pellkartoffeln servieren.

FÜR DIE EINSENDUNG DES REZEPTES BEDANKEN WIR UNS BEI SYLVIA BRÜHL AUS RUNKEL-ARFURT.

DAS WEILBURGER KRIEGERDENKMAL –
TREFFPUNKT UND ERINNERUNG

VON HELGA REUCKER

Anfang des vergangenen Jahrhunderts entstand diese Postkarte mit dem Motiv des Weilburger Kriegerdenkmals.

»Wir treffen uns am Denkmal« oder »ich möchte am Denkmal aussteigen« – ob man es einem Bekannten mitteilt oder dem Busfahrer – jeder weiß, was gemeint ist, denn dort, wo die Neugasse in Richtung zum Schloss hin beginnt und nach rechts die Mauerstraße abzweigt, steht auf dem freien Platz vor dem Komödienbau ober-halb des Hainberges das Denkmal, seit eh und je der beliebte Altstadttreffpunkt. Es ist ein Kriegerdenkmal zur Erinnerung an den deutsch-französischen Krieg 1870/71, errichtet am 2. September 1875.

Über dem gestuften Unterbau erhebt sich ein quadratischer Sockel und auf diesem ein Pylonpfeiler, der ringsum beschriftet ist. Die Vorderseite trägt folgenden Text:

»Zum bleibenden Gedächtnis seiner im Kampfe für Deutschlands Recht und Ehre ruhmvoll gefallenen Söhne. Der dankbare Oberlahnkreis 1870/71.« Auf den übrigen Seiten stehen die Namen der Gefallenen in der folgenden Anordnung:

Linke Seite (zum Komödienbau):

Emil Wilh. Rinker, Ferdinand Ruehl, Heinrich Schaefer, Phil. Wilh. Scheerer, Friedr. Lud. Seelbach, Adolph Schmidt, August Schmidt, Phil. Karl Schneider, Joh. Andr. Schroeder, Heinr. Karl Schweitzer, Joseph Staehler, Wilhelm Steiof, Josef Strieder, Johann Strieder, Peter Trott-mann, Ludwig Wagenknecht, Pet. Karl Weber, August Weil, Christian Zei, Phil. Christ. Zimmermann.

Hintere Seite:
Jakob Krailing, Peter Kurz, Georg Laux, Johann Laux, Joh. Adam Laux, Simon Loew, Phil. Heinr. Maurer, Wilh. Joh. Medenbach, August Melior, Jakob Meuser, Johann Michel, Johann Moen, Jakob Mueller, Johann Mueller, Karl Christ. Heinr. Mueller, Heinrich Mueller, Christan Nibel, Franz Joh. Ohlenschlaeger, Christ. Phil. Heinr. Paul, Ludwig Praetorius, Konrad Preussner.

Rechte Seite (Richtung Niedergasse):
Jakob Bach, Karl Becker, Jakob Bender, Christian Bindenberger, Joseph Eisel, Wilhelm Eisenbach, Wilhelm Fritz, Joh. Wilh. Georg, Saladin Hahn, Karl Peter Haibach, Moritz Haus (oder Hans), Karl Heftrich, Moritz Heimann, Jakob Hemming, Christian Horn, Jakob Jeuck, Georg Immel, Heinr. Christ. Kaiser, Joh. Wilh. Kalbfus, Martin Ketter, Karl Phil. Klapper, Christ. Wilh. Klein.

Über allem thront der gekrönte Reichsadler auf einer Kriegsbeute, so wie es damals bei der Gestaltung dieser Denkmale üblich war. Das Denkmal war umgrenzt von kunstvoll geschmiedeten Ketten, die bogenförmig Sandsteinpfosten verbanden. Links und rechts stand ein Rotdornbaum. Willi Görtz, der Besitzer des Hotels »Zur Traube«, der das Anwesen 1916 von seinem gleichnamigen Vater übernommen hatte, war ein Autoenthusiast und richtete sich neben dem Denkmal eine Tankstelle ein.

Bis zum Zweiten Weltkrieg war das Denkmal in seiner ursprünglichen Form erhalten. Auf Grund zuverlässiger mündlicher Überlieferung schossen die Amerikaner bei der Besetzung Weilburgs, die am 28. März 1945 beendet war, die Krone vom Kopf des Adlers herunter. Am 3. März 1977 stürzte der ganze Adler zu Boden, vermutlich durch die Vorläufer eines Erdbebens, das man am 6./7. März 1977 registrierte. Danach war es längere Zeit fraglich, ob das Denkmal an seinem Platz bleiben sollte. Vielerseits wurde der alte Friedhof an der Frankfurter Straße als neuer Standort in Erwägung gezogen, doch schließlich blieb es an seinem gewohnten Platz. Man entfernte je doch die Ketten und die Sandsteinpfosten, um Platz für Kurzzeitparkplätze zu bekommen.

2003 erfolgte eine umfassende Restaurierung sowohl des Denkmals als auch des umgebenden Geländes. Das Denkmal erhielt einen Anstrich in Rot, ein neues Pflaster wurde verlegt, und man ersetzte die Pfähle der Abgrenzung zum Hainberg.

Quellen:
Weilburg an der Lahn – Lexikon zur Stadtgeschichte, Limburg-Weilburg 1997.
Aufzeichnungen von Kurt Weber, Wetzlar.

Auf der folgenden Seite finden Sie das Gedicht von Carl Appel, das er anlässlich des 25-jährigen Bestehens dieses Monumentes schrieb.

Carl Appel (1847 bis 1906), als Verleger, Buchhändler und Heimatdichter eng mit Weilburg verbunden, war selbst Teilnehmer am deutsch-französischen Krieg 1870/71.

Das Gedicht erschien am 1. September 1900 im Kreisblatt für den Oberlahnkreis.

AN DIE VETERANEN
DES OBERLAHNKREISES

1875 – 2. SEPTEMBER – 1900

VON CARL APPEL †

Nun vor fünfundzwanzig Jahren
Weihten wir das Denkmal ein,
Das für die gefall'nen Söhne
Unsres Kreises sollte sein.
Ein erinnernd Liebeszeichen
An die große schwere Zeit,
Die gebracht viel deutsche Siege,
Aber auch sehr vieles Leid.
Jetzt nach fünfundzwanzig Jahren
Stehn im Geiste wir vereint
Wieder an des Denkmals Stufen;
Mancher eine Thräne weint.
Einem Freund und Kameraden
Nach, der ruht in Frankreich aus
Von gar machen kühnen Thaten
Und nach herbem, heißen Strauß.
Wohl ist kleiner unser Häuflein,
Mancher schied aus unsrem Kreis,
Der gefochten hat für Deutschland
Brav und tapfer, kühn und heiß!

Weihen wir den Sel'gen allen,
Die Kam'raden wir genannt,
Ein erinnernd Liebeszeichen
Ihrem Denkmal sei's gesandt.
Wir gedenken an Euch alle,
Reichen Euch im Geist die Hand,
Grüßen Euch! Geht's gut Euch allen
Hoch! Hoch! Hurrah! Vaterland.
Und wenn wir zur Ruhe gehen,
Sei es frühe oder spät,
Rufen wir noch einmal betend,
Gott schick Segen Eurer Saat.
Lasse der Gefallenen Opfer
Aufgeh'n bringend reiche Frucht,
Die so lang die deutschen Völker,
Sich ersehnten und gesucht.
Schütz das Reich und unsern Kaiser
Und die ihnen bleiben treu,
Deutschland, Deutschland über alles!
Sei und bleib' uns Feldgeschrei.

Nach seiner Restaurierung präsentiert sich das Weilburger
Kriegerdenkmal in neuem Glanz.   Foto: Helga Reucker

MUSEUM »LICHTHÄUSCHEN«

VON LINDA BAUSCH

Das wohl kleinste Museum im Landkreis wurde im Laubuseschbacher »Lichthäuschen« Ende 2003 feierlich eröffnet.
Die erste Ausstellung lautete:
»55 Jahre Strom-Transformatorenturm Laubusstraße.«
In den 20er Jahren sollten auch die ländlichen Gebiete Hessens mit Strom versorgt werden. Transformatoren hatten die Aufgabe, 20.000 Volt der Überlandleitungen auf 220 bzw. 380 Volt umzuwandeln. 1921 wurde der erste Transformatorenturm in Laubuseschbach errichtet. Als mit Eintreffen der Firma Heinrich Woerner der Strombedarf drastisch anstieg, wurde ein zweiter Transformator notwendig. 1947 wurde daher der Transformatorenturm in der Laubusstraße aus Bruchsteinen errichtet. 55 Jahre wandelte der Transformator am Ortseingang von Laubuseschbach gebrauchsfertigen Strom, bis 2001 die EAM den Turm räumte. Der Abriss drohte, konnte aber von dem Kunst- und Damastschmied Markus Balbach verhindert werden, der das technische Bauwerk übernahm. Heute präsentiert sich der ehemalige Transformatorenturm unter der Leitung der Kunsthistorikerin Linda Bausch als kleinstes Museum im Kreis mit wechselnden Ausstellungen.
Das »Lichthäuschen« ist jeweils am letzten Sonntag im Monat von 14.00 bis 16.00 Uhr geöffnet. Der Eintritt ist frei.

1921, DER ERSTE TRANSFORMATORENTURM IN LAUBUSESCHBACH

Eine wichtige Rolle beim Aufbau der Stromversorgung in der Region Wetzlar und im Oberlahnkreis übernahmen die Eisenwerke Buderus. Auf dem Gelände der Sophienhütte in Wetzlar standen drei Hochöfen.
Über die Erzeugung von Dampf wurden Dampfmaschinen und Turbinen versorgt, die wiederum Dynamomaschinen und Generatoren antrieben.
Erzeugte Buderus am Anfang lediglich seinen eigenen benötigten Strom, so wurde ab circa 1904 die Erzeugungskapazität ausgebaut, so dass die Eisenwerke ab 1910 auch Gemeinden, Gruben und Industriebetrieben Angebote zur Stromversorgung machen konnten.

Transformatorenturm Laubuseschbach - heute das Museum »Lichthäuschen«.

Ein wichtiges Datum für die Gemeinde Weilmünster ist 1912, da in diesem Jahr mit dem Bau für eine Oberleitung Richtung Burgsolms, Braunfels, Essershausen usw. begonnen wurde. Essershausen wurde zum Bindeglied zwischen der Überlandleitung und einer Ringleitung, die unter anderen Orten auch Weilmünster und Laubuseschbach mit Strom versorgten. Dieser Leitungsbau war, bedingt durch die Zwangspause des Ersten Weltkrieges, erst 1922 vollendet.

Laubuseschbach wurde bereits Ende Dezember 1919 über das Vorhaben der Eisenwerke Buderus informiert, eine Hochspannungsleitung von Neukirchen über Altenkirchen, Weilmünster, Rohnstadt, Langhecke bis nach Aumenau und Wirbelau zu bauen.

Einstimmig wurde ein Stromlieferungsvertrag in der Gemeindeverordnetensitzung Laubuseschbach vom 20. November 1920 gebilligt.

Ein Bauerlaubnisgesuch mit Baubeschreibung und Plänen zum Bau eines Transformatorenturmes wurde bereits am 8. Mai 1921 vom Bürgermeister Höhler eingereicht und am 28. Mai vom Kreisbaumeister genehmigt. Der Bauschein wurde am 1. Juni 1921 ausgestellt.[1]

Nach den Plänen wurde am Emmershäuser Weg ein zweistöckiger Transformatorenturm mit einer Dachfirsthöhe von 9,20 Metern und einem Grundriss von 2,50 auf 2,30 Metern errichtet. Die Fundamente waren aus Bruchsteinmauerwerk, das aufgehende Mauerwerk Schlackesteine in Kalkmörtel. Der Erdgeschossfußboden und die Zwischendecken wurden aus Beton hergestellt. Das Satteldach, eine Tannenholzkonstruktion, wurde verschiefert, die Außenwände mit einem rauen Putz versehen und der Innenraum verfugt und geweißt.

Am 4. November war es dann so weit: Laubuseschbach bekam »*elekrisch Lischt*« aus dem 20-kVA-Transformator im errichteten Turm im Emmershäuser Weg. Die Schulchronik von Laubuseschbach berichtet aber von bald eintretenden Schwierigkeiten: »– *aber nachdem es einige Stunden gebrannt, war alles in tiefes Dunkel gehüllt. Ein starker Sturm hatte wahrscheinlich an der Überlandleitung Störungen hervorgerufen. Ein noch heftigerer Sturm setzte dann abermals am 6. November, einem Sonntag, ein und brachte abends Störungen.*«

Bei knapp 1.000 Einwohnern war der Transformator auf circa 20 Watt pro Einwohner ausgelegt, was der Stromversorgung von einer Glühlampe pro Kopf entspricht. Zum Vergleich beträgt heute die gesamte installierte Trafoleistung für Laubuseschbach 3.200 kW.

Der Strom wurde meist für den Antrieb von Motoren und für Beleuchtungszwecke genutzt. Endlich hatte man »*sauberes*« Licht. Man sprach von einem Segen für die Menschheit. Doch längst nicht alle Einwohner konnten sich Strom leisten. Für eine betriebsfertige Lampenleitung mit Schalter mussten 35 Mark bezahlt werden. Legt man einen Stundenlohn von circa 50 Pfennig zugrunde und einen kWh-Preis zwischen 30 und 45 Pfennig, so erkennt man leicht, wie teuer man das elektrische Licht bezahlen musste.

In den 80er Jahren wurde der Transformatorenturm am Emmershäuser Weg abgerissen und der Transformator in einem Container gegenüber dem Friedhof untergebracht.

EIN ZWEITER TRANSFORMATORENTURM WURDE NOTWENDIG

Die Firma Heinrich Woerner (Metallverarbeitung) kam nach dem Krieg von Frankfurt nach Laubuseschbach, da auf dem Lande die Arbeitskräfte deutlich billiger waren. Als Übergangsunterkunft ließ sich der Betrieb 1947 und 1948 unter dem auf Stelzen gebauten Saal des Gasthofes »*Jägerhof*« nieder. Hier wurde abgemauert und so ein Provisorium errichtet. Doch nicht nur die Örtlichkeiten waren ungenügend; auch die Stromversorgung reichte nun mit Eintreffen der Firma Woerner nicht mehr aus.

Zehn bis zwölf Elektromotoren mit zwei großen Transmissionen (Motor-Riemen-Welle), an welchen jeweils circa fünf Maschinen hängten, mussten versorgt werden. Der Strom wurde zu schwach, dadurch bedingt liefen die Maschinen zu langsam.

Auch die Bevölkerungszahl war von circa 1.000 auf 1.400 angestiegen, was einen erhöhten Stromverbrauch nach sich zog. Ein zweiter Transformatorenturm wurde notwendig.

Die Bauzeichnung für den geplanten Transformatorenturm stammt vom 30. Juli 1947. Sie sieht einen zweistöckigen, sich nach oben verjüngenden, sehr massiven Bruchsteinturm in Hanglage am Standort Laubusstraße vor. Der Grundriss misst 3,20 Meter im Quadrat. Die Mauerstärke beträgt im

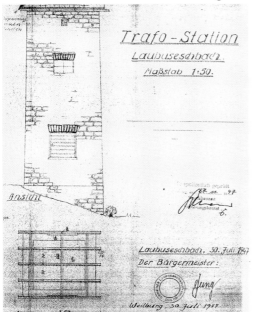

Bauzeichnung Trafo- Station Laubuseschbach vom 30. Juli 1947.
Archiv der Gemeinde Weilmünster.

unteren Bereich an allen vier Wänden 60 Zentimeter, unter dem Dach aber nur noch 40 Zentimeter. Der Eingang ist an der Bergseite. Die Höhe des Turmes misst hier bis zum Dachfirst 9,20 Meter. Das Satteldach ist verschiefert, der Dachgiebel ist mit Holzbohlen (4 x 15 Zentimeter) verkleidet.

Ein zweiter Anschluss war vorgesehen. Eine rundlaufende Betonstütze sollte den Zug der Abspannung aufnehmen. Eine Stahlbetonzwischendecke und eine Oberdecke aus dem gleichen Material wurden eingezogen.

Ist der Bauschein für das Bauvorhaben auch erst am 17. Dezember 1947[1] erteilt worden, so wurde noch im Herbst 1947 der Transformatorenturm in der Laubusstraße errichtet. Die Gemeinde Weilmünster übernahm die Finanzierung. Der Bau wurde von dem Laubuseschbacher Maurer Karl Stubig und seinem Gehilfen Heinrich Solz mit Bruchsteinen aus dem örtlichen Steinbruch am Alteberg aufgemauert.

Stand das Gebäude bald fertig und bezugsfertig vor Ort, so ließ doch der Transformator selbst auf sich warten, so dass noch auf einer Weihnachtsveranstaltung der Firma Woerner 1947 mit einem Bibelzitat gewitzelt wurde:

»Er wird nun bald erscheinen in seiner Herrlichkeit – Euer Leid und Weinen verwandeln wird in Freud.«

Anfang des kommenden Jahres konnte dann die Trafostation in der Laubusstraße in Betrieb genommen werden und wandelte bis zu ihrer Stilllegung 2001 die 20.000 Volt der Überlandleitungen auf 220 beziehungsweise 380 Volt um.

STILLLEGUNG DES TRANSFORMATORENTURMS

Im Jahre 2001 verlor der Transformatorenturm in Laubuseschbach seine Funktion, die EAM baute den Transformator aus. Es drohte dem Turm das gleiche Schicksal wie dem Turm im Emmershäuser Weg, in

Rohnstadt und in so vielen anderen Orten: Der Abriss!

Der Ortsvorsteher Ernst Jung erkannte die Notwendigkeit, einen neuen Besitzer zu finden, der von der EAM den Turm als erhaltungswürdiges Industriedenkmal übernähme und somit einen Abriss verhindere. Ernst Jung machte den Vorschlag, dass sich die Gemeinde Weilmünster anbiete, den ehemaligen Transformatorenturm kostenlos als »*städtebauliches Kleinod*« zu übernehmen. Nach öffentlichem Aufruf zur Erhaltung des Bruchsteinturmes wandte er sich auch an die Presse mit dem Erfolg, dass sich der Privatmann Markus Balbach bereit erklärte, den Turm zu übernehmen und zu erhalten. Der Kunst- und Damastschmied Markus Balbach, der in der »*Woernerhalle*« seine Schmiede eingerichtet hat, freute sich über den Zusammenhang, dass er die Halle und nun auch den ehemaligen Transformatorenturm, der so eng mit der Firma Woerner in Verbindung steht, besitzt. Er machte den Turm der Öffentlichkeit zugänglich, indem er in Zusammenarbeit mit der Kunsthistorikerin Linda Bausch regelmäßig Ausstellungen realisiert. Die Themenpalette reicht von heimathistorischen Präsentationen bis zu Ausstellungen von Kunst und Künstlern.

Die zweite Ausstellung mit dem Titel »*Vom Erz zum Eisen*« wurde im April 2004 eröffnet. Gezeigt wurden verschiedene Eisenerze aus der Region, wie ein frühzeitlicher »*Luppeofen*« funktionierte und wie Eisen aus Erz gewonnen wurde. Die Ausstellung unter der Leitung von Linda Bausch wurde von dem Hobbygeologen Volker Hoffmann und dem Kunst- und Damastschmied Markus Balbach zusammengestellt.

1 Archiv der Gemeinde Weilmünster

DIE NEESBACHER KIRCHE
EIN JUWEL MITTELALTERLICHER BAUKUNST

VON KLAUS DÖNGES

Nach der gelungenen Außenrenovierung der Neesbacher ev. Johannes-Kirche ist das kleine Gotteshaus eine besondere Visitenkarte für das jetzt 1225 Jahre alte Dorf an der Hühnerstraße. Das kleine Kirchlein, das inzwischen seit 294 Jahren ein besonderer Blickfang inmitten des Dorfes ist, hat eine bewegte Geschichte. Bereits an der gleichen Stelle und auf den Fundamenten der heutigen Kirche stand eine kleine Kapelle, die im Jahre 1455 erstmals erwähnt ist und die dem Täufer Johannes geweiht war. Über das Schicksal dieser Johannis-Kapelle gibt es keine besonderen Hinweise. Man hat bei der Innenrenovierung unter dem Kirchenboden Reste eines Altars und des ursprünglichen Fußbodens gefunden, doch aus Kostengründen hat man damals auf eine transparente Freilegung verzichtet.

Eine Besonderheit der Neesbacher Dorfkirche sind die Decken- und Wandmalereien, die für eine ev. Kirche ungewöhnlich sind. Interessante Details hat man bei der Restaurierung freigelegter barocker Malereien im Inneren der Kirche entdeckt. Der Künstler, ein nassauischer Hofmaler aus Idstein namens Johann Richard Wächter, hat seine Namensinitialen und auch die Jahreszahl 1740 hinterlassen. Bei den Nachforschungen hat man erfahren, dass Wächter auch die Kirche in Wörsdorf ausgemalt hat. Bei den vorausgegangenen Untersuchungen hat man festgestellt, dass die Malereien der Decke und der Wände bereits mehrmals überkalkt waren. Das gab den Restauratoren und Fachleuten zunächst Rätsel auf. Anhand der Kritzeleien und Zerstörungsspuren ist man zur Überzeugung

gekommen, dass die Malereien Opfer der Wirren nach der französischen Besatzungszeit waren. Denn die erste Überkalkung der offenbar französischen Namenseinkratzungen ist im Jahre 1813 erfolgt. Dies ist ja auch das Jahr des endgültigen Sieges der damaligen Alliierten über Napoleon und der Übergang der vereinigten Armeen über den Rhein.

Die barocken Malereien – das Deckengemälde vom Jüngsten Gericht ist wohl einem Bild aus der Merianbibel entnommen, das der Franzose Jean Cousin geschaffen hat – waren mit grauen, blauen und roten Farbtönen abgedeckt. Ein Beweis mehr dafür, dass jede Generation die Kirche nach eigenem Geschmack gestaltet hat. Die Anlehnung an Merians Bibeldarstellungen bei den Wandgemälden ist allerdings nicht klar erkennbar. Die vier Evangelisten beispielsweise sind in wesentlich anderer Position dargestellt. Nur die Attribute Engel, Löwe, Stier und Adler sind identisch. Im Gegensatz zu der faden Graustimmung der letzten Jahrzehnte wurde unter dem Putz eine bewusst farbige Gestaltung festgestellt. Kräftige Blautöne lösten eine Blumenmalerei des Biedermeiers ab, und das Wilhelminische

Die vier Evangelisten haben dank einer Punktretusche, die der Restaurator anwandte, wieder einen besonderen Schauwert.   Fotos: Klaus Dönges

zeigte sich mit großflächigen grünen Schablonierungen. Restaurator Eberhard Gramberg hat durch Witterungseinflüsse zerstörte Teile der Bilder so in die Retusche integriert, dass sie sich der Stimmung des Originals anpassten. Die Darstellung von Martin Luther erinnert übrigens an das Gemälde von Lucas Cranach, das Kurfürst August von Sachsen 1574 in Auftrag gab und das heute in der Feste Coburg hängt. Die Vertäfelung der Emporen mit alten Bibelsprüchen stammt ebenfalls von Wächter. Die goldfarbenen Sprüche hat Restaurator Eberhard Gramberg trotz mehrfacher Ablaugungen und Überanstriche wieder freigelegt.

Überhaupt hat Eberhard Gramberg nach gesicherten Befunden manches so rekonstruiert, dass das Gesamtbild der Kirche wieder dem ursprünglichen Erscheinungsbild entspricht. Dass der Restaurator so manches technische Problem hat bewältigen müssen, um einen befriedigenden Schauwert zu erreichen, sei nur am Rande erwähnt. Den Besuchern vermittelt das Gotteshaus die kraftvolle Frömmigkeit einer Zeit, die heute kaum noch verständlich ist. Die Malereien sind eine bildhafte Übersetzung der Bibel.

FÜR DEN BAU DER PROBBACHER KIRCHE SPENDETEN AUCH ELSÄSSER CHRISTEN

VON ERWIN SCHÖN

Mit erheblichem finanziellen Aufwand wurde 2002/03 die Kirche St. Michael in Probbach renoviert. Das Gotteshaus erstrahlt heute wieder in vollem Glanz und gibt Anlass zu einem Rückblick.

Gegen Ende des 17. Jahrhunderts erhält Probbach auf Betreiben einer Frau eine kleine Kapelle sowie ein Vikariehaus. Überliefert ist, dass Elisabeth Diehl unter hohem persönlichen Einsatz von Dorf zu Dorf, von Stadt zu Stadt zog, um Spenden für den Bau einer Kapelle in Probbach zu sammeln. Selbst der für seine umfassende Kenntnis unserer Heimatgeschichte bekannte ehemalige Arborner Dorfschullehrer Leonhard Hörpel veröffentlichte 1926 einen Bericht über die Tätigkeiten dieser Frau. Um Elisabeth Diehl, die Kapelle und das Vikariehaus ranken sich reichlich Legenden und Überlieferungen, die einer eigenen Bearbeitung wert sind.

Die kleine Dreifaltigkeitskapelle 1698 erbaut und 1778 erweitert, war in der Mitte des 19. Jahrhunderts bereits zu klein und trotz aller Reparaturen so baufällig, dass man sich mit dem Neubau eines größeren Gotteshauses befasste.

Seit 1860 bemühte sich Kaplan Fluck mit Schreiben an seine Mitbrüder um Spenden für einen neuen Kirchenbau in Probbach. Er muss mit seinen Bettelbriefen einen gehörigen Eindruck hinterlassen haben. Das Diözesanarchiv Limburg verwahrt Urkunden und Abrechnungen über Kollekten in seinem Bestand, die Zeugnis ablegen über die Spendenbereitschaft der Gläubigen, auch aus Nachbardiözesen, wie beispielsweise den Bistümern Paderborn und Münster, aber auch von weit über die Landesgrenzen hinaus. Selbst aus der Stadt Haarlem im Westen der Niederlande erreichten Spenden den kleinen Ort.

Probbach war in dieser Zeit eines jener bitterarmen Dörfer im Westerwald, wo der sauer erworbene Verdienst nicht ausreichte, alle hungrigen Mäuler zu stopfen. Die karge Ackerkrume und die nassen und sauren Wiesen ließen wenig Nahrung wachsen, und die Möglichkeiten für einen Nebenerwerb waren gering. Selbst nach dem Ende des Zweiten Weltkrieges war dies im Westerwald noch bittere Wirklichkeit.

Aus dem im klimatisch begünstigten oberrheinischen Tiefland liegenden, mit allen irdischen Reichtümern versehenen Elsass kommend, verschlug es 1870 einen jungen Mann mit Namen Rentz in diese Armut. Er wird in Probbach seelsorgerisch als Expositus (Geistlicher in einem abgegrenzten selbstständigen Seelsorgebezirk einer Pfarrei) tätig. Die hier von ihm angetroffene Not muss den jungen Mann wie ein Schock getroffenen haben. Spontan nahm er die bisherige Sammeltätigkeit seines Vorgängers zur Beschaffung von Geldern für den Bau einer neuen Kirche in Probbach auf. Mit größtem Eifer sammelte er auch in seiner elsässischen Heimat.

Die Elsässer, nach dem Krieg 1870/71 von der französischen Besatzung und deren Last befreit, erhörten die Bitten ihres Landsmannes und spendeten reichlich für das neue Gotteshaus. Unter der Mitwirkung freiwilliger Helfer aus Winkels und mit den erbettelten Spenden seiner beiden Kapläne Fluck und Reitz konnte Probbach eine schöne Kirche bauen. Für die

Die Kirche St. Michael zu Probbach. Foto: Werner Eisenkopf

damaligen circa 500 Einwohner war die Kirche eigentlich ein wenig zu groß. Der im Diözesanarchiv Limburg im Original aufbewahrte, gedruckte Bettelbrief von Kaplan Fluck schildert dies sehr plastisch: »...*Die bis jetzt benützte kleine Kapelle ist aber jetzt sehr baufällig geworden, die Mauern, das Türmchen und besonders das Dach sind so schadhaft geworden, dass trotz aller Reparatur dennoch der Regen in das Innere des Gotteshauses dringt und sogar der Einsturz desselben sehr nahe ist. Dazu soll diese kleine Kapelle, anfänglich für 300 bis 400 Einwohner gebaut, nunmehr 1200 bis 1300 fassen, was geradezu eine Unmöglichkeit ist. Die Folge hiervon ist, dass leider ein zu großer Teil dieser armen Bewohner von Probbach nach mühsamen Tagewerk während der Woche an den Sonn- und Feiertagen im Winter bei Sturm und Regen, bei Kälte und Schnee während des Gottesdienstes unter freiem Himmel vor der Türe stehen muss, weil der Raum im Innern zu beengt ist...*« Kaplan Fluck

hatte leicht übertrieben und die neue Kirche in seinen Bettelbriefen und den Planungen bereits auf reichlichen Zuwachs der Bevölkerung berechnet.

1873, noch vor der Konsekration des neuen Gotteshauses, verließ Expositus Reitz Probbach und übernahm eine Stelle als Expositus in Ahlbach im damaligen Amt Hadamar. Doch auch von dort aus begleitete er den Fortgang des Kirchenneubaus. Sein Nachfolger Kaplan Bergmann weihte am Festtag des heiligen Michael am 29. September 1873 die neue Kirche ein. Probbach feierte in seiner neuromanischen Basilika, die allein schon durch ihre einfache äußere Form besticht, seine Gottesdienste. Aber mit der Einweihung allein war es nicht getan. Denn genauso schlicht wie das Äußere des Gotteshauses war auch das Innere gehalten. Es sollte noch eine geraume Zeit dauern, bis die Kirche ihr heutiges Aussehen hatte.

Expositus Reitz sammelte nicht nur Geld,

er war auch mit der Betreuung des Bauvorhabens und den Verhandlungen mit den Handwerkern befasst. Eindrucksvoll schildert der im Diözesanarchiv Limburg verwahrte Schriftwechsel zwischen Expositus Reitz, den Handwerkern und dem Bischöflichen Ordinariat unter anderem auch die finanziellen Probleme während und noch nach der Bauzeit und welche Opfer die Gläubigen des kleinen Westerwalddorfes für ihr Gotteshaus zu geben bereit waren. Aufschlussreiche Aufzeichnungen von Expositus Reitz über seine Verhandlungen mit Handwerkern und die Auftragsvergabe der Schreinerarbeiten, der Herstellung und Lieferung des Altartisches und weiterer Arbeiten sind dort vorhanden. Parallel dazu finden sich die entsprechenden Stellungnahmen und Genehmigungen des Bischöflichen Ordinariates zu den Verhandlungen und Auftragsvergaben.

So ist in einem Schreiben des Bischöflichen Ordinariats vom 24. Dezember 1872 nachzulesen, dass der Auftragsvergabe für den vom Architekten Kontzen gezeichneten Altartisch und die ihn umgebenden Stufen an den Limburger Steinmetz Anton Roth stattgegeben wurde. Bereits im nächsten Satz wird der eifrige Expositus Reitz aber auch darüber unterrichtet, dass sein Vorvertrag mit dem Schreiner Herkenroth aus Marienrachdorf im heutigen Westerwaldkreis zur Anfertigung von insgesamt 16 Kirchenbänken mit jeweils 12 Meter Länge nicht genehmigt wurde, »...desgleichen genehmigen wir den Accord mit dem Schreiner Herkenroth, jedoch Position 1,e ausgeschlossen. Die hier vorläufig bestellten 16 Bänke kosten an 200 Thaler.
Wir zweifeln nicht, dass, wenn auch die Bänke der alten Kapelle zu Probbach nicht ausreichen, doch ganz billig und vielleicht gratis sich ältere Bänke aus in Restauration begriffenen Kirchen werden beschaffen*

lassen. So sollen zum Beispiel dem Vernehmen nach sämmtliche Bänke des Frankfurter Domes durch neue ersetzt werden. Jene 200 Th[ale]r werden so für die Beschaffung eines würdigen Hochaltar-Aufsatzes reservirt bleiben.«
Eine Randbemerkung von Expositus Reitz auf dem Schreiben des Bischöflichen Ordinariats besagt, dass der Schreinermeister Herkenroth den Auftrag ohne die Bänke nicht ausführen will. Wie aus den Unterlagen hervorgeht, wurden die genehmigten Schreinerarbeiten vom Schreinermeister Johann Meyer aus Waldernbach ausgeführt.
Im Diözesanarchiv Limburg findet sich ein im Stil jener Zeit und in gestochener Schrift verfasstes Bittschreiben des Kirchenvorstandes von Probbach, datiert vom 13. März 1876, an das Bischöfliche Ordinariat zu Limburg. Es gibt in deutlichen Worten die Situation im Ort selbst und die Sorgen der damalig Verantwortlichen wieder: *»Wie Bischöflichem Ordinariate zu Limburg sehr wohl bekannt ist, hat die Gemeinde Probbach wegen Mangel an Fonds durch milde Gaben wohltäthiger Menschen von nah u.[nd] fern wohl unter der Führung der Bischöflichen Behörde Limmburgs eine schöne prachtvolle Kirche erbaut.*
Die Bauarbeit konnte trotz allen Gaben und persönlichen Hilfeleistungen der Einwohner Probbachs und Winkels nicht weitergeführt werden, dass vorläufig Gottesdienst abgehalten werden konnte.
In 1874 hielten wir nochmals in hiesiger Gemeinde eine Hauscollecte zur Anschaffung von Stühlen, was dann auch zum Segen Gottes soweit gekommen, dass wir die alten Stühle in dem Dom zu Limburg uns ansteigern und in hiesiger Kirche beschaffen konnten.
Nun fehlt aber noch vieles im Innern der Kirche was in ein kathol.[isches] Gotteshaus gehört zum Beispiel Kanzel, Seitenaltäre, Orgel usw.

Der sehnlichste Wunsch der hiesigen Einwohner wäre, eine Gott dem Herrn angemessene Wohnung zu dessen Verehrung herzustellen.

Obgleich der gute Wille der hiesigen Einwohner noch nicht erstorben ist, so verbietet doch manchem Bürger seine ärmliche Lage resp.[ective] Verhältnisse noch weitere große Opfer zu bringen. Trotzdem werden wir immer unsern Muth noch nicht sinken lassen u.[nd] alles aufbieten was wir immerhin können.

Von mehreren wohlthätigen Christen ist uns eine Summe von 60 [Mark] zugesendet worden. Ist aber bei weitem nicht ausreichent zur Deckung der Kosten für diese Gegenstände, müssen deshalb nochmals weitere Hilfe anrufen.

Wir ersuchen nun ganz ergebenst im Namen der hiesigen Kirchengemeinde Bischöfliches Ordinariat in Limburg uns die Genehmigung erteilen zu wollen um Abhaltung einer allgemeinen Kirchencollecte bei unseren kathol.[ischen] Mitbrüder des Bisthums Limmburg.

Für jede milde Gabe, sei sie noch so klein, sagen wir vorläufig schon unsern ergebensten Dank.

Hochachtungsvoll harret der ergebenste Kirchenvorstand von Probbach

Unterschriften von: Wilhelm Müller, Josef Pfeifer, Josef Wohlfahrt und Anton Schäfer.«

Domcapitular Dr. Gerlach gestattet mit Vermerk vom 28. März 1876 das Gesuch des Kirchenvorstands zur Abhaltung einer allgemeinen Kirchenkollekte im Bistum Limburg. Welch finanzieller Erfolg der Kollekte beschieden war, ist nicht bekannt. Die klaren, einfachen Formen des sakralen Bauwerkes haben wohl in den ersten Jahren des beginnenden 20. Jahrhunderts eine Gruppe junger Künstler um den Limburger Kirchenmaler Heinrich Sebastian dazu bewogen, sich dem Kirchenvorstand anzubieten, um den bisher nur weiß getünchten Innenraum der Kirche in dem gerade aufgekommenen Jugendstil für den vergleichsweise geringen Betrag von 3.700 Mark auszumalen. Diese Kirchenmalergruppe gab der Kirche die heutige Prägung. Der Chor und Altar wurden unter Expostius Urban in 1901 ausgemalt. Unter Fortführung der von Sebastian gefertigten Entwürfe wurden das Haupt- und die Nebenschiffe unter Expositus Jakob Kohlhaas in 1902 fertiggestellt.

Die dem seinerzeitigen Kirchenvorstand und dem amtierenden Kaplan vorgelegten Entwürfe des Kirchenmalers Sebastian fanden nicht ungeteilte Zustimmung. Dem einen war die Ausmalung zu bunt und überschwänglich, der andere fand das Stilgemisch aus dem neuen Jugendstil und der mittelbyzantinischen Kunst im Chor der Kirche unpassend. Nach einigen Korrekturen hat man das Angebot der Künstlergruppe angenommen und sie gewähren lassen. 1902 waren die Arbeiten abgeschlossen. Das Ergebnis konnte sich damals und erst recht heute sehen lassen. Drei große Gemälde zieren die Decke, darunter ein Weihnachtsbild in warmen Farbtönen von Braun und Dunkelblau, mit ein wenig Rot und Weiß. Die Apsis beherrscht eine Darstellung des Neuen Testaments, die gekrönt wird von einem Bild des Jüngsten Gerichts mit Christus als endzeitlichem Weltenrichter, der die Gerechten von den Ungerechten scheidet, thronend zwischen Maria und Johannes dem Täufer als Fürsprecher in klaren Farben von Rot und Blau, abgesetzt vom weißen Grund, aus dem goldene Sterne funkeln.

Aus den Zwischenräumen der Chorfenster schauen die Kirchenväter auf die Gläubigen herab. In den Säulenbogenfeldern sind Petrus und Paulus als Träger des Neuen Bundes und Jesaja und Jeremias als die Träger des Alten Bundes zu sehen.

Als einmaliges Ereignis für das kleine Westerwalddorf Probbach ist wohl die Tatsache zu sehen, dass die damaligen Künstler den mittelalterlichen Malern wie z. B. Martin Schongauer aus Colmar nacheiferten und Einwohner zu ihren Modellen machten. So sehen Probbacher Groß- und Urgroßväter heute ernst und gütig auf ihre Enkel herab.

Weitere erhebliche finanzielle Anstrengungen, Kollekten und Sammlungen waren erforderlich, bevor in den späten 20er Jahren endlich der langersehnte Hochaltar eingeweiht werden konnte. Die Wind und Regen ausgesetzte Westseite des Kirchenbauwerkes hatte in den zurückliegenden Jahren stark gelitten. Um diese Seite zu stützen, wurde in den Jahren 1950/51 wiederum mit großem Idealismus ein 32 Meter hoher Kirchturm angebaut. Dieser Turm vergrößerte den Kirchenraum und nahm den Glockenraum und die Empore auf. 1975 wurde das Kirchengebäude erstmals renoviert, um die ursprüngliche Ausmalung annähernd wiederherzustellen, die Anfang der 50er Jahre grundlegend verändert worden war.

Die Feuchtigkeit des Bauwerkes, Kerzenruß und Heizungsluft haben Spuren hinterlassen, so dass eine erneute Restaurierung im Jahr 2003 nötig wurde. Mit großem Aufwand wurden alle Teile der Kirche, auch die Engelbilder über den Seitenaltären, wieder in ihren Originalzustand versetzt.

Aus dem Text des Bittgesuches

des Probbacher Kirchenvorstandes aus dem Jahr 1876 ist zu entnehmen, dass 1874 der Innenraum der neuerbauten Kirche mit Bänken ausgestattet wurde, die aus dem 1870 völlig neu renovierten und restaurierten Dom zu Limburg übernommen wurden und noch weitere 90 Jahre in Probbach ihren Dienst verrichteten. Ende der 50er Jahre des 20. Jahrhunderts wurden die Kirchenbänke durch neue, bequemere Bänke ersetzt und die alten den Flammen übergeben oder zweckentfremdet. Einzelne Bänke konnten jedoch vor der Entsorgung bewahrt werden und fanden sich auf Speichern oder Schuppen. Ein Einzelstück verblieb im Eingangsbereich der Kirche.

Der barocke Stil der geschnitzten Wangen lässt vermuten, dass die Bänke im ausgehenden 17. Jahrhundert entstanden sind. Mehr als 3 1/2 Jahrhunderte haben die aus massivem Eichenholz gefertigten Bänke den Gläubigen gedient. Traurige und glückliche Begebenheiten haben die Gläubigen darauf ihrem Herrgott erzählt, gebetet, um Vergebung und Hilfe gefleht. Der Schreiner und passionierte Möbelrestaurator Heinz Eckert aus Probbach hat eine der Bänke detailgenau und liebevoll restauriert und dabei besonders schön die kunstvollen, im barocken Stil geschnitzten Wangen der Bank herausgearbeitet. Neben der fachgerechten Bearbeitung des jahrhundertealten Eichenholzes sowie der mit geschnitzten Holzstiften gefügten Gefache des Rückenteiles, ist es Heinz Eckert hervorragend gelungen, die ursprüngliche Farbgebung der Bänke wiederherzustellen.

Die restaurierte Bank hat einen Ehrenplatz in den Vereinsräumen des Kultur- und Heimatvereins Probbach erhalten.

Quellen- und Literaturverzeichnis:
Diözesanarchiv Limburg: P 6 31/1
Festausschuss 700 Jahre Probbach.

WIE SCHNITZE ICH EIN PFEIFCHEN?

VON ERICH MÜLLER

Es sind vier Arbeitsgänge notwendig:

1. Abschneiden eines Weidenstückes von etwa 10 bis 15 Zentimeter Länge. Es darf keine Astnarben oder seitliche Austriebe haben.
2. Zuschneiden des Mundstückes und der Kerbe hinter dem Mundstück.
3. Klopfen des Weidenstückes, bis sich die Rinde vom Holz löst.
4. Trennen der Rinde vom Holz. Abschneiden des Mundstückes und oben abplatten. Wiedereinschieben der beiden Teile in die Rinde.

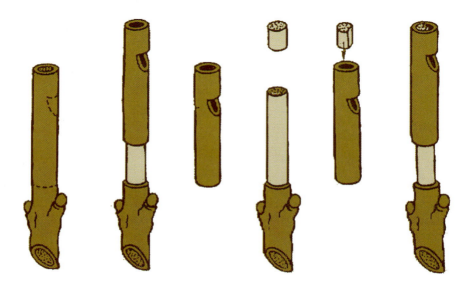

Liedchen, das beim Losklopfen der Rinde des Weidenstöckchens beim Herstellen eines Pfeifchens gesungen wurde:

DOS PEIFELIEDCHE
Modder, geb mer'n Kreuzer.
Wos willste met dem Kreuzer dou?
Neelercher kaafe, Neelercher kaafe.
Wos willste met dene Neelercher dou?
Säckelscher flicke, Säckelscher flicke.
Wos willste met dene Säckelscher dou?
Stoanerscher lääse, Stoanerscher lääse.
Wos willste met dene Stoanerscher dou?
Vielerscher werfe, Vielerscher werfe.
Wos willste met dene Vielerscher dou?
Brore, sore, dos Peifsche soll gerore.

DAS PFEIFENLIEDCHEN AUF HOCHDEUTSCH
Mutter, gib mir einen Kreuzer.
Was willst du mit dem Kreuzer tun?
Nadeln kaufen, Nadeln kaufen.
Was willst du mit den Nadeln tun?
Säckchen flicken, Säckchen flicken.
Was willst du mit den Säckchen tun?
Steinchen lesen, Steinchen lesen.
Was willst du mit den Steinchen tun?
Auf Vöglein werfen, auf Vöglein werfen.
Was willst du mit den Vöglein tun?
Braten, sotten, das Pfeifchen soll geraten.

Dieses Lied wurde so lange wiederholt, bis sich die Rinde von der Weide löste.

DIE NATURRÄUME UNSERES LANDKREISES

VON DR. BERNOLD FEUERSTEIN

»Die Lahn scheidet Taunus und Wester-wald« - so liest man es vielfach, und ein erster Blick auf die Landkarte scheint dies zu bestätigen. Schaut man aber genauer hin, so findet man zwischen Gebirgen Tallandschaften mit eigenem Charakter. Flüsse als reine *»Demarkationslinien«* werden dem Landschaftsbau nicht gerecht, und so sieht die Landeskunde auch in den Tälern eigenständige Naturräume. Innerhalb der Großstruktur des Rheinischen Schiefergebirges liegen rechtsrheinisch und für den Limburg-Weilburger Raum von Bedeutung Taunus, Westerwald und die Großtalfurche der Lahn.

Dieser Beitrag soll einen Überblick der uns vertrauten Landschaft aus der Sicht der naturräumlichen Gliederung bieten. Hier werden die Landschaftsräume nach ihrer Oberflächengestalt, Geologie, Böden, Klima und Landnutzung charakterisiert und unterschieden. Grundlage der naturräumlichen Gliederung sind so genannte Haupteinheiten, welche in der Systematik dreistellige Kennzahlen tragen. Die Haupteinheiten werden zu Gruppen mit zweistelligen Kennzahlen zusammengefasst, so zum Taunus (30), Lahntal (31) und Westerwald (32). Unser Landkreis hat Anteil an sieben Haupteinheiten: Östlicher Hintertaunus (302), Idsteiner Senke (303), Westlicher Hintertaunus (304), Limburger Becken (311), Weilburger Lahntalgebiet (312), Hoher Westerwald (322) und Oberwesterwald (323). Die Haupteinheiten werden weiter in Teil- und Untereinheiten unterschieden, welche durch ein- bis zweistellige Anhänge an die Kennziffer tragen. Die folgende Darstellung orientiert sich im Wesentlichen an der geographischen Landesaufnahme 1:200.000, Blätter 124 Siegen, 125 Marburg, 138

Koblenz, 139 Frankfurt a. M. (Herausgeber: Institut für Landeskunde, Bad Godesberg) mit kleineren Abänderungen durch den Verfasser, mit * gekennzeichnet.

30 TAUNUS

Der Taunus bildet den südlichen Komplex des rechtsrheinischen Schiefergebirges und besteht zu großen Teilen aus zertalten Rumpfflächen in 300 bis 500 Meter Höhe. Darüber erhebt sich der von WSW nach ONO dem Faltenbau des Grundgebirges folgende Kamm des Hohen Taunus (301), welcher stärker herausgehoben ist und als Quarzit-Härtlingsrücken der Erosion stärker widerstanden hat. Mit dem Großen Feldberg (880 Meter) wird hier die höchste Erhebung des Schiefergebirges erreicht. Großräumig zeigt der Taunus ein asymmetrisches Profil, indem er im Vortaunus (300) steil zum Oberrheingraben abfällt, während der Hintertaunus weitflächig zum Lahntal hin abdacht. Diese zonale Struktur wird deutlich durch senkrecht zur Richtung des Taunuskamms verlaufende tektonische Störungen untergliedert, von denen die Idsteiner Senke (303) den Hintertaunus in einen östlichen (302) und westlichen Teil (304) trennt.

302 ÖSTLICHER HINTERTAUNUS

Der vom Fuß des Hohen Taunus aus 400 bis 600 Meter Höhe allmählich bis auf 300 Meter zum Lahngebiet hin abfallende östlich der Idsteiner Senke gelegene Teil des hinteren Taunus ist in unterschiedlich stark herausgehobene hohe Gebirgsschollen gegliedert. Besonders markant ist das über den Steinfischbacher Hintertaunus (302.7) aus der Idsteiner Senke geradezu mauerartig aufragende, bewaldete Pferdskopf-Bergland (302.6), wo mit dem Kuhbett

(526 Meter) die zweithöchste Erhebung unseres Kreises erreicht wird. In mittlerer Höhenlage finden sich der waldreiche Möttauer Rücken* (302.1) jenseits der Weil und der Hasselbacher Hintertaunus (302.3). Diesen vorgelagert ist im Bereich der geologischen Lahnmulde der hügelig zertalte Langhecker Lahntaunus (302.8), wo durch die tiefere Lage der Wald zugunsten der Landwirtschaft etwas zurücktritt.

Der Untergrund besteht weitgehend aus gefalteten devonischen Schiefern mit örtlichen Quarzitvorkommen, im östlichen Teil auch aus den mehr sandigen Grauwacken des unteren Karbon. Im Bereich der Lahnmulde treten vulkanische Gesteine (Diabas, Schalstein) hinzu. Das Klima ist mit zunehmender Höhenlage kühl und feucht, besonders im Pferdskopf-Bergland, welches mit dem Pferdskopf (663 Meter) und dem Weilsberg (701 Meter) den westlichen Taunuskamm (Rheingaugebirge) an Höhe noch übertrifft und durch seinen nordsüdlichen Verlauf gleichsam als Regenfänger wirkt.

303 IDSTEINER SENKE

Dieser drei bis sechs Kilometer breite, nach Süden doppelästige Grabenbruch stellt über die Königshofener Pforte eine verkehrsgeographisch wichtige Verbindung zwischen dem Limburger Becken im Norden und dem Rhein-Main-Tiefland im Süden her. Autobahn A 3, ICE-Strecke und Regionalbahn nutzen diesen günstigen Übergang über den Hohen Taunus. Den nördlichen Teil der Senke in 200 bis 300 Meter Höhe nimmt der vom Emsbach durchflossene Goldene Grund (303.0) ein, welcher sich nach Norden als Brecher Grund* (311.22) in das Limburger Becken fortsetzt. Hier entspringen am Rand der geologischen Lahnmulde aus tektonischen Bruchlinien die Mineralquellen von Ober- und Niederselters. Nach Süden gabelt sich die Senke jenseits der Kreis-

grenze in den Idsteiner Grund (303.1) und den schmaleren, östlich gelegenen Escher Grund (303.2), getrennt durch den 300 bis über 400 Meter hohen Idsteiner Wald (303.3). Durch ihre klimatisch geschützte Lage und fruchtbare Lößböden ist die Senke intensiv ackerbaulich genutzt.

304 WESTLICHER HINTERTAUNUS

Von diesem Naturraum reicht nur ein kleiner Teil im Bereich des östlichen Aartaunus (304.3) in unser Kreisgebiet und fällt südlich Kirberg in einer deutlichen Geländestufe zum Limburger Becken hin ab. Der flachwelligen Hühnerberg-Hochfläche* (304.30) ist nordwestlich zum Goldenen Grund hin die teils lößbedeckte, waldärmere Wallrabensteiner Platte* (304.31) vorgelagert, die randlich entlang der Kreisgrenze vom Wörsbach durchbrochen wird. Dieser entwässert den Idsteiner Grund und findet so Anschluss an das Limburger Becken, wo er bei Brechen in den Emsbach mündet. Das stärkere Gefälle bedingt, dass sich auf der kurzen Durchbruchsstrecke insgesamt sieben Mühlen finden.

31 GIEßEN-KOBLENZER-LAHNTAL

Als klimatisch begünstigte Großtalfurche zwischen Taunus und Westerwald verbindet dieser untere Abschnitt des Lahnverlaufs die Hessische Senke mit dem Mittelrheingebiet. Er reicht von der Talenge bei Leun bis zur Mündung bei Niederlahnstein und unterteilt sich flussabwärts in das hochflächigere Weilburger Lahntalgebiet (312), den weiten Senkungsraum des Limburger Beckens (311) und das tief eingeschnittene untere Lahntal (310). Das Tal weist in allen Abschnitten mehrere Terrassenstufen auf, die von den höchstgelegenen Verebnungen einer schon im Tertiär angelegten Trogfläche bis zur heutigen Talsohle reichen, aber unterschiedlich stark ausgeprägt sind. Vielfach ist eine Unterteilung in ein breites Obertal und ein darin scharfkantig eingesenktes Untertal zu bemerken.

311 LIMBURGER BECKEN

Diese etwa 20 mal 14 Kilometer weite, waldarme Landschaftskammer ist als tektonisches Einbruchsfeld angelegt und verbindet die stärker eingeschnittenen Talstrecken im Weilburger Lahntalgebiet mit denen des unteren Lahntals. Sie gliedert sich in das Nord- und Süd-limburger Beckenhügelland (311.0 bzw. 311.2) sowie das nahezu ebene Innere Limburger Becken (311.1) mit der Villmarer Bucht (311.11) und der Linterer Platte (311.10), in dessen Sohle sich der ge-wundene Lahnverlauf etwa 50 Meter tief eingesenkt hat. Die an den Rändern des Beckens vorspringenden oder aus diesem aufragenden Hügel bilden weithin sicht-bare Landmarken, welche das Land-schaftsbild prägen, so das Heidenhäus-chen (396 Meter) nördlich Steinbach, der Mensfelder Kopf (314 Meter) und der Villmarer Galgenberg (277 Meter).

Der Untergrund besteht überwiegend aus Gesteinen der geologischen Lahnmulde, welche an den Rändern und an steileren Talhängen zu Tage treten. Von besonderer Bedeutung sind hierbei drei von WSW nach ONO verlaufende Züge mitteldevo-nischen Massenkalks (»Lahnmarmor«), welche in die überwiegend vulkanischen Gesteine (Diabas, Schalstein) der Lahn-mulde eingebettet sind. Im Norden tritt der jüngere Vulkanismus des Westerwaldes mit einzelnen Basaltvorkommen - Hada-marer Galgenberg (242 Meter), Großer Berg (245 Meter) bei Ahlbach, Beselicher Kopf (296 Meter) – in Erscheinung. Diese stehen in Zusammenhang mit tektoni-schen Verwerfungen, welche das Becken in Nord-Süd-Richtung durchziehen und an Weitungen im Runkeler Lahntal (311.12), der Limburger Lahntalweitung (311.13)

sowie an Grabenfüllungen (Sand, Kies, Ton) erkennbar sind. In der Diezer Pforte* (311.14) verlässt die Lahn das Becken und geht, von ansteigenden Terrassenfluren begleitet, bei Fachingen in das Balduin-steiner Lahntal (310.0) über. Die dortigen Mineralquellen entspringen an einer tek-tonischen Bruchlinie, welche den weithin sichtbaren Westrand des Beckens zur Katzenelnbogener Hochfläche (304.92) bildet und sich über die Thermalquellen von Bad Schwalbach und Schlangenbad bis zum Rheingau verfolgen lässt.

Große Teile des Beckens tragen mächtige Lößdecken, so auf der Ahlbacher Börden-platte (311.00), welche vom Elz-Hadamarer Beckenrand (311.01) mit dem Elbbach-grund und der Schupbach-Hofer Rand-platte (311.02) mit dem unteren Kerker-bachtal als Begrenzung flankiert wird. Die schwarzerdeähnlichen Böden machen neben der Klimagunst das Limburger Becken zu einem wichtigen Altsiedelraum mit intensivem Getreide- und Hackfrucht-anbau. Im südlichen Beckenteil mit Kirberger Hügelland* (311.20), Unteraar-Beckenrand* (311.21) und Brecher Grund* (311.22) erinnern die volkstümlichen Namen »Goldene Grafschaft« an der Aar und »Goldener Grund« entlang des Emsbaches daran. Nicht zu unterschätzen ist die verkehrsgeographische Bedeutung des Beckens als wichtiger Lahnübergang bei Limburg, wovon schon Fernhandels-wege des Frühmittelalters zeugten, in deren Tradition heute die Autobahn A 3 und die ICE-Strecke Köln-Frankfurt auf ganz ähnlicher Trassierung stehen.

312 WEILBURGER LAHNTALGEBIET

Zwischen Taunus und Westerwald ist hier eine etwa acht Kilometer breite, flach-wellige Verebnung ausgebildet, die kaum 300 Meter Höhe überschreitet. In diese hat sich das Weilburger Lahntal (312.1) 60 bis 80 Meter tief eingesenkt. Dessen oberer

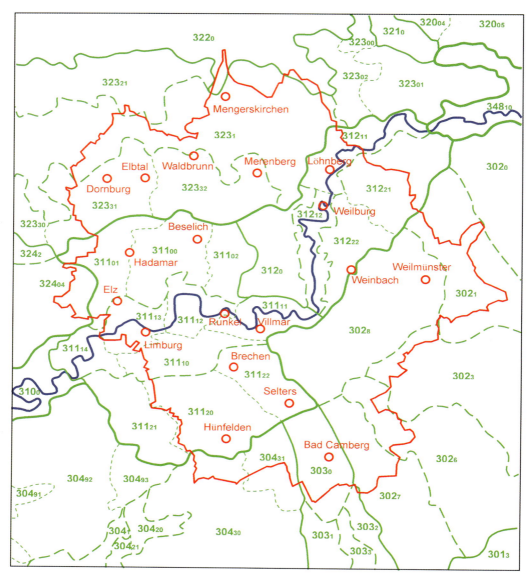

Abschnitt verläuft als Löhnberger Talweitung (312.11) am nordwestlichen Rand des Gebietes und ist tektonisch angelegt, wovon die aus den Bruchzonen entspringenden Mineralquellen zeugen. Das relativ breite Sohlental zeigt hier ein asymmetrisches Profil mit offenen Terrassenfluren nördlich und westlich der Lahn, denen steile, bewaldete Hänge gegenüberstehen. Im folgenden Weilburg-Aumenauer Lahntal (312.12) wendet sich der Fluss mit den beiden Schlingen von Weilburg und Kirschhofen nach Süden, bis er am Flussknie von Aumenau die Villmarer Bucht erreicht und nach Westen in das Limburger Becken eintritt. Die Trogfläche wird von diesem engen und steilhängigen Untertal in die westlich des Flusses gelegene Gaudernbacher Platte (312.0) und die gegenüberliegenden Edelsberg-

Braunfelser Platten (312.2) zerschnitten. Im Untergrund findet sich der komplizierte Faltenbau der Lahnmulde mit verbreiteten vulkanischen Gesteinen (Diabas, Schalstein), Streifen von Schiefern und Kalken (Lahnmarmor, Kubacher Kristallhöhle) nebst Eisensteinlagern. Die Braunfelser Platte (312.21) trägt auf ärmeren Böden mehr Waldbedeckung, während sich auf der etwas tiefer gelegenen Edelsberger Platte (312.22) bei teilweiser Lößbedeckung stärkere Ackernutzung findet, so z. B. auf dem flachen Landrücken zwischen Lahn und Weinbach. Gleiches gilt für die entsprechenden Teile der Gaudernbacher Platte. Wald findet sich auf flachgründigen Böden der Höhenrücken (z. B. Runkeler Wald) und Talhängen. Klimatisch steht das Gebiet seiner tiefen Lage wegen dem Limburger Becken näher als den kühleren und feuchteren Hochflächen von Westerwald und Taunus.

32 WESTERWALD

Als mittlerer Teil des rechtsrheinischen Schiefergebirges ist der Westerwald ähnlich wie der Taunus aus einem Faltenrumpf von überwiegend devonischen Schiefern aufgebaut. Diesem Grundgebirge sind aber zusätzlich im Bereich des Hohen Westerwaldes (322) und des Oberwesterwaldes (323) Basaltdecken und -kuppen aus dem Tertiär überlagert. Aus dem gleichen Erdzeitalter stammen Tonablagerungen, welche vor allem in Senken und Becken des Niederwesterwaldes (324) größere Verbreitung haben (Kannenbäckerland um Montabaur). Insgesamt ergibt sich so ein deutlicher Stockwerkaufbau des Gebirges (Niederwesterwald: 250 bis 400 Meter, Oberwesterwald: 300 bis 500 Meter, Hoher Westerwald: 450 bis 650 Meter). Die außerhalb der Senken waldreichen Niederwesterwälder Hochflächen sind in ihren Randzonen zum Rhein und zur Lahn

hin von deren Zuflüssen tief zertalt. Gleiches gilt für den Osthang des eigentlichen Westerwaldes zum breit eingesenkten Dilltal (321) hin. Das jenseits des Dilltals gelegene Gladenbacher Bergland (320), volkstümlich auch »Hessisches Hinterland« genannt, gehört zwar nicht mehr zum Westerwald im engeren Sinne, wird jedoch mit diesem zu einer Haupteinheitengruppe zusammengefasst.

322 HOHER WESTERWALD

Das oberste Stockwerk des vulkanischen Westerwaldes ist von ausgedehnten Basaltdecken überzogen und bildet auf Grund der Widerstandsfähigkeit der Gesteine die flachwellige Westerwälder Basalthochfläche (322.0). Diese ist weitgehend entwaldet und unter dem rauhen, niederschlagsreichen Klima auf fruchtbaren, aber zu Staunässe neigenden Basaltlehmen der Grünlandnutzung vorbehalten. Unser Kreisgebiet reicht im Norden an den Südrand der Basaltfläche und erreicht mit der Gemarkung Mengerskirchen am Knoten mit 605 Metern seine höchste Erhebung. Der Rand der Basaltfläche ist zum Teil als markante Abbruchkante ausgebildet, an der sich bei Nenderoth jenseits der Kreisgrenze ein hübscher kleiner Wasserfall befindet.

323 OBERWESTERWALD

Dem Hohen Westerwald ist nach Westen, Süden und Osten eine mittlere Höhenstufe vorgelagert, in der sich das geschlossene Basaltgebiet allmählich in kleinere Decken, Rücken und Kuppen auflöst. Im westlichen Bereich bilden ausgedehntere Basaltdecken das Oberwesterwälder Weiherland* (323.2), wo auf wasserstauenden Böden der Talmulden zahlreiche Stauweiher angelegt wurden (Westerwälder Seenplatte). Unser Kreisgebiet tangiert dieses Gebiet im Norden der Gemarkung Dornburg, wo an der Hohen Hahnscheid (421 Meter) das Wiesensee-Plateau (323.22) steil zum Elbbachtal abbricht. Unweit davon hat der Holzbach, eine wildromantische Basaltschlucht, den Deckenrand geschnitten.

Nach Süden und Südosten erstreckt sich das oberwesterwälder Kuppenland (323.1), wo die Reste einst weiter ausgedehnter Basaltdecken als bewaldete Tafelberge das Landschaftsbild prägen, so das Watzenhahn-Massiv (475 Meter) mit der Dornburg (396 Meter), Eichberg/Hohensehn (408 Meter) bei Molsberg, Höhburg (398 Meter) bei Merenberg und Hohenstein/Hermannskopf (370 Meter) bei Hasselbach. Wo das Grundgebirge zwischen den Basaltrücken freiliegt, haben sich die zur Lahn entwässernden Bäche unter starkem Gefälle tief eingeschnitten (Vöhler Bach, Faulbach, Kallenbach). In ihren Quellmulden finden sich größere Tonlager, so bei Winkels.

Südlich ist der Oberwesterwald mit dem Limburger Becken über das südoberwesterwälder Hügelland (323.3) verzahnt. Bedingt durch das mildere Klima und eingestreute Lößlehmböden weichen hier der Wald und Grünland vermehrt der Ackernutzung. Dieses Vorland des basaltischen Westerwaldes gehört noch zu dem tektonischen Einbruchsfeld des Beckens mit sandigen und tonigen Ablagerungen des Tertiärs, was sich deutlich in der breiten um 200 Meter hoch gelegenen Frickhöfer Bucht* (323.31) zeigt. Im östlich anschließenden Merenberger Hügelland* (323.32) erheben sich Basaltkuppen und -kegel (Heidenhäuschen, Ruine Merenberg) über sanften Talgründen.

324 NIEDERWESTERWALD

Mit den waldreichen Emsbach-Gelbachhöhen (324.0) reicht der Faltenrumpf des Schiefergebirges im Westen in unser Kreisgebiet hinein. Hier bildet die Eppenroder Hochfläche (324.04) mit dem Elzer Wald die Westberandung des Limburger Beckens, welche als deutliche Geländestufe am Elzer Berg den Autofahrern auf der A 3 wegen der dortigen Radarkontrollen auch überregional ein Begriff ist. Der schieferige Untergrund ist von Quarzitbänken durchzogen, welche jenseits der Kreisgrenze den weithin sichtbaren Bergkegel des Höchst (440 Meter) bei Hirschberg aufbauen.

Die auf der Karte gezeigten naturräumlichen Einheiten außerhalb des Kreisgebietes, welche hier nicht näher beschrieben sind, seien der Vollständigkeit halber im Folgenden genannt:

30	*Taunus*
301	*Hoher Taunus*
301.3	*Feldberg-Taunuskamm*
302	*Östlicher Hintertaunus*
302.0	*Wetzlarer Hintertaunus*
304	*Westlicher Hintertaunus*
304.1	*Westlicher Aartaunus (Kemeler Heide)*
304.2	*Mittleres Aartal*
304.20	*Aar-Aubach-Grund*
304.21	*Hohensteiner Aartal*
304.9	*Dörsbach-Taunus*
304.91	*Jammertal-Gebiet*
304.93	*Schiesheimer Aartalweitung*
32	*Westerwald*
320	*Gladenbacher Bergland*
320.0	*Lahn-Dill-Bergland*
320.04	*Hörre*
320.05	*Krofdorf-Königsberger Forsten*
321	*Dilltal*
321.0	*Unteres Dilltal*
323	*Oberwesterwald*
323.0	*Dillwesterwald*
323.00	*Westerwald-Osthang**
323.01	*Klosterwald-Rücken**
323.02	*Ulmtal**
323.3	*Südoberwesterwälder Hügelland*
323.30	*Steinefrenzer Platte*
324	*Niederwesterwald*
324.2	*Montabaurer Senke*
34	*Westhessisches Berg- und Senkenland*
348	*Marburg-Gießener Lahntal*
348.1	*Gießener Becken*
348.10	*Gießen-Wetzlarer Lahntal*

VIEL SCHWEIN

SCHWARZWILDBESTÄNDE NEHMEN ZU – EINE HERAUSFORDERUNG FÜR DIE JÄGER

VON HELMUT PAUL

Sus scrofa lautet sein wissenschaftlicher Name, Schwarzwild nennen es die Jäger wegen seiner dunklen Winterborsten, und als Wildschwein ist es allgemein bekannt. Schwarzwild gehört zu den autochthonen Wildarten unserer Heimat, ist also quasi ein »Ureinwohner« wie Hirsch, Reh, Fuchs und Dachs. Es ist der einzige nicht wiederkäuende Paarhufer in unserer Wildbahn. Wegen seiner starken Vermehrung stellt es zurzeit eine große Herausforderung für die Jägerschaft dar.

Als Allesfresser sind Wildschweine den Lebensräumen der Kulturlandschaft mit ihrem Nahrungsangebot sehr gut angepasst. Sie leben in sozialen Verbänden, den »Rotten«, die aus Bachen (erwachsenen weiblichen Tieren) und deren Nachwuchs, den Frischlingen (Tiere im ersten Lebensjahr), bestehen. Wenn die Frischlinge ins Überläuferalter (zweites Lebensjahr) kommen, werden die männlichen Exemplare, die Überläuferkeiler, aus dem Verband ausgestoßen und müssen sich künftig allein zurechtfinden.

Jede Rotte wird von einer Leitbache geführt, nach deren Verhalten sich die übrigen Rottenmitglieder zu richten haben. Die Keiler suchen erst wieder Kontakt zu einer Rotte, wenn sie alt und erfahren genug sind, um zusammen mit den paarungsbereiten Bachen für Nachwuchs zu sorgen. In dieser Zeit, der »Rauschzeit«, kommt es zu heftigen Auseinandersetzungen zwischen den Keilern, die ihre gefährlichen Waffen, die langen und spitzen Eckzähne des Unterkiefers, im Kampf einsetzen.

URSACHEN FÜR DAS POPULATIONSWACHSTUM

Eine steigende Zunahme der Schwarzwildbestände in unserer Heimat vollzieht sich etwa seit den 80er Jahren und ist offenbar noch nicht zu Ende. Als Gründe sind zu nennen:

1. Mit dem fortschreitenden Mais- und Getreideanbau in der Landwirtschaft wurden dem Schwarzwild neue Nahrungsquellen erschlossen, an die es leicht gelangen konnte und die es kräftig »nutzte«, bis ihm Abwehrmaßnahmen des Menschen Einhalt geboten. Fast alle Feldfrüchte gehören zum Nahrungsspektrum der Schwarzkittel: Mais, Kartoffeln, Rüben, Raps sowie Hafer und Weizen in der Milchreife, so dass während der Vegetationszeit kein Mangel an Nahrung besteht. Wenn die Nutzpflanzen im Feld eine gewisse Höhe und Dichte erreicht haben, dienen sie den gewöhnlich im Wald lebenden Sauen bis zur Ernte häufig auch als Tagesversteck.

2. Eine vermutlich vom »Baumsterben« verursachte Zunahme von Waldmasten bei Eiche und Rotbuche (alle zwei Jahre statt vorher alle zehn bis zwölf Jahre) gibt dem Schwarzwild Gelegenheit, durch Aufnahme von Eicheln und Bucheckern mit ausreichenden Fettdepots im Körper die vegetationslose Winterzeit zu überstehen.

3. Die relativ milde Witterung vergangener Winter machte es den Sauen möglich, im kaum gefrorenen Boden auch während der so genannten Notzeit erfolgreich bis ins Frühjahr nach Fraß zu brechen. Das Ausbleiben extremer Kälte verschonte die

Diese Rotte im Weilburger Tiergarten richtet keinen Flurschaden an.

oft schon Ende März zur Welt kommenden kleinen Frischlinge, die sehr wärmebedürftig sind, von einem Tod durch Unterkühlung, so dass sie zur weiteren Reproduktion vermehrt zur Verfügung standen.

Diese günstigen Lebensbedingungen haben in den letzten Jahren für eine ständige Zunahme des Schwarzwildes gesorgt. Auf ein gutes Nahrungsangebot reagieren die Sauen, wie andere Tierarten auch, mit einer verstärkten Vermehrung. Hier kann nur eine angemessene Bejagung helfen, um zum einen die vom Schwarzwild angerichteten Schäden zu minimieren und zum anderen zu verhindern, dass die Natur die ungebremste Zunahme der Schwarzkittel mit einer Wildseuche, in diesem Falle der Schweinepest, stoppt.

WILDSCHÄDEN DURCH SCHWARZWILD

Durch die »Nutzung« von Kulturpflanzen können Wildschweine in der Landwirtschaft erhebliche Schäden anrichten. Diese sind laut Pachtvertrag von den Jagdausübungsberechtigten (den Pächtern) zu ersetzen. Deren verständlicher Wunsch ist es, die Schäden möglichst niedrig zu halten.

Mit der Aussaat des Maises im Frühjahr beginnen die Probleme: Die Sauen werden unwiderstehlich von den Maiskörnern angelockt und versuchen, sie aus dem Boden zu holen und zu verzehren. Als Abwehrmaßnahmen gegen diese Gefahr werden die Maisäcker direkt nach der Aussaat von den Jägern mit Elektrozäunen umgeben. Die bleiben so lange stehen, bis der Mais aufgelaufen und für die Sauen nicht mehr interessant ist. Wenn später die Maisstängel Kolben ansetzen, müssen die Elektrozäune wieder aufgestellt werden. Dann ist es die Aufgabe des Pächters und seiner Helfer, die Zäune täglich auf ihre Funktionstüchtigkeit zu überprüfen und, falls nötig, zu reparieren. Die Installation der Zäune und die tägliche Kontrolle sind sehr zeitaufwändig. Trotz dieses Aufwandes bietet das Einzäunen keinen hundertprozentigen Schutz, weil die Schwarzkittel mitunter die Abwehreinrichtungen durchbrechen und erhebliche Schäden anrichten. Dann muss der Pächter tief in die Tasche greifen.

Was die Grünflächen, die Wiesen und Weiden betrifft, so gehen dort die Sauen ganzjährig zu Schaden. Auf der Suche nach proteinhaltiger Nahrung (Larven der Wiesenschnake und des Maikäfers, andere Insekten, aber auch Mäuse) brechen sie die Grasnarbe um und zerstören sie an vielen Stellen. Hier ist wegen der riesigen Ausdehnung der gefährdeten Flächen eine Zäunung nicht möglich.

Durch den Einsatz von Spezialmaschinen lassen sich die geschädigten Bereiche, mit gewissen Abstrichen, auf Kosten des Pächters ihrer eigentlichen Aufgabe als Viehfutterlieferant wieder zuführen.

Nicht zu vergessen bei der Anwesenheit von Schwarzwild in den heimischen Revieren ist dessen negativer Einfluss auf andere Wildarten: Als Allesfresser wenden sich die Schwarzkittel allem Lebendigen zu, das ihnen schmeckt. Dazu gehören die Gelege von Bodenbrütern, die frisch gesetzten Junghasen und die Rehkitze, die versteckt im Gras liegen. Mit seinem feinen Geruchssinn ist das Wildschwein in der Lage, unterschiedliche Nahrung zu entdecken und sie dann zu seinen Gunsten zu verwenden. Natürlich gehören auch Aas und Fallwild zu seinem Nahrungsspektrum.

Streckenzahlen für Hessen und den Landkreis

Die Erkenntnis »*Wo viel Wild ist, wird viel Wild erlegt*« gilt im Grundsatz auch für das Schwarzwild. Deshalb lässt sich anhand der über einen längeren Zeitraum erzielten Jahresstrecken feststellen, ob eine Zu- oder Abnahme der Populationen auf einer bestimmten Fläche stattgefunden hat. Die nach unten oder oben auftretenden Abweichungen entstehen durch von den Jägern nicht zu steuernde Umstände bei der Jagdausübung. Sie beeinflussen aber die vorherrschende Tendenz nicht. Diese zeigt für den Heimatkreis und auch für das Land Hessen, wie die beiden Grafiken ausweisen, eindeutig nach oben, lässt also auf eine erhebliche Bestandszunahme schließen.

Der Streckenrekord in Hessen fällt in das Jagdjahr 2001/02. Mit 73.347 erlegten Sauen erreicht er etwa das

16-fache der Strecke aus dem Jahr 1980/81 (4.481 Wildschweine).

Der Kreis Limburg-Weilburg verbucht das höchste Streckenergebnis ebenfalls im Jagdjahr 2001/02 mit 4.002 Sauen. Das sind sechsmal so viel wie im Jagdjahr 1998/99 mit 659 erlegten Wildschweinen.

Bejagungsstrategien

An den Abschusszahlen lässt sich erkennen, dass die heimischen Jäger der Vergrößerung der Wildschweinpopulationen nicht tatenlos zusahen. In verschiedenen Hegegemeinschaften wurden der Lebensweise und den Bedürfnissen des Schwarzwildes angepasste Bejagungsrichtlinien entwickelt und angewandt. Sie sollen helfen, den jährlichen Zuwachs abzuschöpfen wie auch die Wildschäden zu verringern.

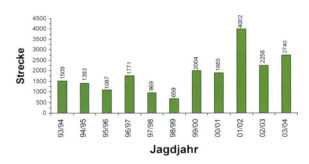

Schwarzwildstrecke im Kreis Limburg-Weilburg

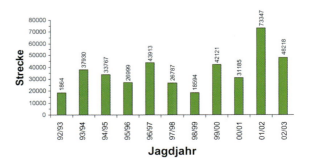

Schwarzwildstrecke im Land Hessen

Da die fast ausschließlich nachts aktiven Sauen beim Einzelansitz kaum effektiv genug zu bejagen sind, treten revierübergreifende Ansitz- und Bewegungsjagden als erfolgreiche Strategien zur Reduktion der Schwarzkittel in den Vordergrund. Diese Jagden werden höchstens ein- oder zweimal im Jahr während des Winters in mehreren benachbarten Revieren gleichzeitig durchgeführt. Bei ihnen beunruhigen Treiber und Stöberhunde die Sauen etwa vier Stunden lang auf einer großen Fläche, damit sie den Schützen, die in den Revieren im Wald auf Ansitzeinrichtungen verteilt sind, schussgerecht kommen. Schwerpunkt dieser Jagden ist die Erlegung von Frischlingen, die an Größe und Färbung leicht erkennbar sind. Führende Bachen (Wildschwein-Mütter mit kleinen Frischlingen) genießen das ganze Jahr über absoluten Schutz.

Ein Bild von der Effektivität einer solchen Jagdart gibt die im Jahre 2000 im Schwarzwildhegering Runkel-Beselich mit 16 Revieren erzielte Tagesstrecke von 42 waidgerecht erlegten Sauen.

Natürlich wird Schwarzwild auch auf dem Einzelansitz bejagt, und zwar vornehmlich an Stellen, an denen man mit dem Auftreten von Schwarzkitteln rechnen kann. Dazu gehören gefährdete Mais-, Kartoffel- und Getreideäcker, Sauwechsel (häufig benutzte Wildpfade) in der Nähe von Einständen und natürlich auch Kirrungen. Letztere sind vom hessischen Jagdgesetz ausdrücklich erlaubte, von der Unteren Jagdbehörde genehmigte »Kleinstfutterstellen« zum Anlocken und Bejagen der Sauen.

Der Einzelansitz macht fast ausschließlich in mondhellen Nächten, bei einer Schneedecke und in der Abend- und Morgendämmerung Sinn. Er ist eine nicht zu unterschätzende Ergänzung der Bewegungsjagden, hat eine lange Tradition und erfordert viel Ausdauer und Sitzfleisch bei oft sehr unfreundlichen Temperatur- und Wetterbedingungen. Während des Ansitzes kann der Jäger das Wild meist über längere Zeit beobachten und erfährt aus eigener Anschauung viel über die Verhaltensweisen der Wildschweine wie auch anderer Wildtiere. Gewöhnlich kommt beim Einzelansitz jeweils nur eine Sau, die der Schütze zuvor sorgfältig ausgewählt hat, zur Strecke.

Für alle Jagdarten spielt die »*Gunst der Stunde*« eine maßgebliche Rolle. Wenn der Jäger Erfolg haben und Beute machen will, muss er zum richtigen Zeitpunkt am richtigen Ort sein, nämlich dort, wo unter günstigen Umständen das erwartete Wild schussgerecht in Anblick kommt. Das ist bei weitem nicht immer der Fall, denn für die Jagd gibt es kein garantiertes Erfolgsrezept. Dieser Umstand macht das Jagen aber so spannend und so aufregend und die Freude am Erfolg so groß. Doch auch die vielen Ansitze ohne Beute erfüllen den passionierten Waidmann mit Genugtuung, kann er sich immerhin in der Natur aufhalten und am Leben ihrer Geschöpfe teilhaben.

WILDBRET AUS HEIMISCHEN REVIEREN

Die vermehrte Erlegung von Schwarzwild bringt es mit sich, dass in der Bevölkerung ein ständig wachsender Bedarf an Wildbret aus heimischen Revieren gestillt werden kann: Im Anschluss an die Bewegungsjagden sind die Wildkammern und Gefriertruhen der Waidmänner gefüllt mit Wildfleisch, das die Jäger als wertvolles und gesundes Nahrungsmittel für die Käufer bereithalten. Strenge Hygienevorschriften sorgen dafür, dass das Wildbret nur in bester Verfassung an den Kunden gelangt und sich auf vielfältige Weise zu wohlschmeckenden Gerichten weiterverarbeiten lässt.

EINE BESONDERE VERANLAGUNG – TÖLT UND PASS

VON DR. RÜDIGER FLUCK

Neben den drei Gangarten unser heimischen Pferderassen – Schritt, Trab und Galopp – besitzen die meisten isländischen Pferde die Veranlagung für zwei weitere Gangarten, den Tölt und den Pass. Auch im Landkreis Limburg-Weilburg werden Islandpferde geritten; im alten Hengststall des Dillenburger Gestüts in Hadamar unterhält Ivar Brethouwer neben einer Reitschule mit zurzeit fast 50 Schülern auch eine Schule für therapeutisches Reiten und setzt dabei auf den Einsatz seiner 15 Islandponys, die dort im Herdenverband gehalten werden, um die sozialen Kontakte der Tiere untereinander zu fördern.

Die Rasse der Islandponys (Islandpferde) ist wohl die älteste Reinzucht von Pferden auf der ganzen Welt. Island war bereits seit dem 4. Jahrhundert den seefahrenden Völkern bekannt. Seit dem 6. Jahrhundert lebten irische Einsiedler und Mönche zeitweise auf der Insel. Erst gegen Ende des 9. Jahrhunderts wurde die Insel dauerhaft durch Wikinger besiedelt. Die Rasse der Islandpferde existierte noch nicht; sie entwickelte sich damals aus den von den Wikingern mitgebrachten Pferden. So stammt, was alte Skelettfunde belegen, das heutige Islandpferd wahrscheinlich von irischen, schottischen und norwegischen Rassen ab. Die Pferde aus Norwegen waren von kleinem Wuchs, aber voller Kraft und Ausdauer. Die Keltenponys, welche die Wikinger an den Küsten der Britischen Inseln erbeuteten, waren leichter und feiner als die Norweger; beide Typen bildeten den Grundstock für die heutigen Isländer. So sind diese Pferde die einzige europäische Rasse, in die seit rund

1.000 Jahren keine andere Rasse mehr eingekreuzt wurde. Die Nachkommen der Wikingerpferde haben sich daher auch eine Eigenschaft bewahrt, die in den Pferderassen des Kontinentes mit der Zeit verloren ging: Islandpferde können tölten. Die Gangarten Schritt, Trab und Galopp beherrscht das Islandpferd selbstverständlich auch. Aber der für die Reiter so angenehme Tölt ist ihre Spezialität geworden. Im Mittelalter waren auch auf dem Kontinent Pferde, die tölten konnten, sehr begehrt; es waren die Zelter, Reisepferde der Könige und Adligen – was durch Darstellungen töltender Pferde auf Denkmälern, Stichen und Münzen dokumentiert wurde; immer wieder liest man von *»schlohweißen Zeltern«*, auf welchen auch Prinzessinnen und kirchliche Würdenträger zu Hochzeiten und Konzilien ritten. Wenn man im Mittelalter reisen wollte, hatte man zwei Möglichkeiten; entweder zu Fuß oder zu Pferd. Begüterte Reisende ritten *»Zelter«*, die damals auf dem europäischen Kontinent überall mit dem örtlichen Zuchtmaterial nach sehr individuellen Vorstellungen gezüchtet wurden. Im damaligen Frankreich gab es so viele Typen von *»bildet d´ allures«* (kleines Reitpferd mit verschiedenen Gängen), wie es Feudalherren gab; jeder züchtete mit dem, was an Passgängern zur Verfügung stand, z. B. töltenden Ponys von beiden Seiten der Pyrenäen. Reisepferde, die Zelter, waren ein kostbares Gut, begehrt von Freund und Feind. Im Jahr 1000 nach Christus, circa 300 Jahre nach dem ersten Maureneinfall in Iberien, begann die Blütezeit der iberischen Tölter, der *»Tieldones«*. Thieldon war die Bezeichnung der Römer

Ein imponierendes Bild; Reitlehrer Ivar Brethouwer in isländischer Landestracht auf einem töltenden Islandpferd. Fotos: Dr. Rüdiger Fluck

für edle, vorwiegend iberische Tölter (von thieldo, thiali, Zelte, telt, Tölt). Auf seiner zweiten Reise nahm Kolumbus die ersten Tölter mit nach Übersee; diese legten den Grundstein für die zahlreichen Gangpferderassen von Süd- und Nordamerika, die wir heutzutage kennen.

Doch wie entwickelten sich die Zelter im alten Europa? Bis ins 18. Jahrhundert erfreuten sie sich großer Beliebtheit, um anschließend ziemlich schnell aus allen Ställen zu verschwinden. Was waren die Gründe, dass die jahrhundertlang so geschätzten Zelter ihre Bedeutung verloren und in die Randgebiete der damaligen Zivilisation abgeschoben wurden? – Man hatte inzwischen begonnen, Straßen zu bauen, es fuhren die ersten Postkutschen, der Reisende war nicht mehr aufs Reitpferd angewiesen, und die Nachfrage nach Reisepferden nahm ab. Dazu kamen

die militärischen Anforderungen und das damit verbundene Exerzieren und Formationen reiten; beim Militär wurden alle Tölter ausgemustert, da sie ihre Tölt-Gangart von Pferd zu Pferd in unterschiedlichem Grundtempo gingen und somit für ein Truppenreiten völlig ungeeignet waren.

Im 19. Jahrhundert verschwand in Westeuropa der Zelter fast gänzlich; sein Gang wurde als unrein und krankhaft bezeichnet, und nach den einst so hochgepriesenen Tieldones bestand keine Nachfrage mehr.

Es sollte zwei Jahrhunderte dauern bis zur Renaissance der Zelter und Tölter in Kontinentaleuropa, bis die ersten Passgänger, die Isländer, Mitte der 50er Jahre des 20. Jahrhunderts wieder auf unseren Kontinent zurückkehrten. Zurzeit stehen über 50.000 Islandpferde in Deutschland;

in den letzten 50 Jahren hat diese Rasse durch die Arbeit der einzelnen Züchter und der Zuchtorganisation IPVZ große Zuchtfortschritte aufzuweisen.

Die nächsten zwei Tölterrassen, die 1973 auf den europäischen Kontinent kamen, waren Peruanische Pasos und Kolumbianische Paso Finos. Beide Rassen haben auch einen absolut genetisch fixierten Tölt, der sich nur in der Kadenz unterscheidet.

Ohne das Islandpferd jedoch wäre den Inselbewohnern die Besiedlung der rauen Insel Island nicht möglich gewesen. Nur auf dem Rücken dieser trittsicheren, ausdauernden und genügsamen Pferde war es ihnen möglich, die reißenden Flüsse, die steinigen Hochebenen und die Gletscher zu überqueren. Das Islandpferd entwickelte den Tölt vermutlich auf Grund der unwegsamen Landschaft seiner Heimat. Bis weit in das letzte Jahrhundert hinein war das Pferd in Island das einzige Fortbewegungsmittel.

Schon früh machten sich die Bewohner von Island Gedanken über die Pferdezucht. Bereits im 10. Jahrhundert beschloss der isländische Rat ein bis heute gültiges Gesetz, welches die Einfuhr von Pferden verbietet; damit wollte man verhindern, dass Pferdekrankheiten vom Festland übergreifen - bis heute gibt es noch das Verbot des Reimportes von Islandpferden, die im Ausland gewesen sind (z. B. bei Reitturnieren). Durch strenge Selektion wurde eine hochtemperamentvolle und ausdauernde Rasse geschaffen. Die Isländer setzten unbrauchbare Pferde auf ihre Speisekarte und unterstützten dadurch die hohe Qualität der entstehenden Rasse. Trotz seiner geringen Größe (Stockmaß

etwa 1,35 Meter – beim Stockmaß von 1,48 Metern liegt die Grenze zwischen Pony und Pferd) und seines Gewichtes (circa 400 Kilogramm) ist das Pferd in der Lage, einen bis zu 150 Kilogramm schweren Reiter zu tragen.

Bemerkenswert ist die große Vielzahl der Farben; circa 40 Prozent Rappen und Dunkelbraune, 20 Prozent Füchse (oft mit hellem Langhaar und Abzeichen), zehn Prozent Schimmel, zehn Prozent Falben in zahlreichen Farbspielarten; seltener Isabellen, Schecken und Albinos. Die Pferde, die ungefähr 35 bis 40 Jahre alt werden können, sind erst mit sechs Jahren ausgewachsen und werden gewöhnlich erst vierjährig angeritten.

In Deutschland wuchs die Begeisterung für das Islandpony (welches allerdings hier als Pferd klassifiziert wird) in den 50er Jahren. Nach dem Zweiten Weltkrieg wurden über 10.000 Islandpferde von Island aus in alle Welt exportiert, wo sie die Welle der Robustpferde-Freizeitreiterei einleiteten. Die ersten Islandponys wurden Anfang der 50er Jahre als *»Hauptdarsteller«* für die Fernsehserie *»Ferien auf dem Immenhof«* nach Deutschland eingeführt.

Schon seit zehn Jahren beschäftigt sich der Reitlehrer Ivar Brethouwer in Hadamar mit seinen Islandpferden und auch mit dem therapeutischen Reiten. Er führt hier die

Reitschule Hadamar:
Mit Begeisterung dabei. – Reitstunde für
Kinder mit Islandponys im alten Reitstall des
ehemaligen Dillenburger Gestüts in Hadamar.

Industriegebiet OT Merenberg

Altes Fachwerk

Barig-Selbenhausen

Am Ufer

Vöhler Weiher

Merenberg –
Das Tor zum Westerwald

Merenberg entwickelte sich als Siedlung um die gleichnamige, von den Herren von Merenberg erbaute und seit 1129 belegte Burg Merenberg. Im Jahr 1290 verlieh König Rudolf von Habsburg der Siedlung das Recht der Reichsstadt Friedberg, verbunden mit einem Wochenmarkt. Die junge Stadt umgab sich mit einer Stadtmauer, die auch auf dem Siegel, das die Stadt nun führen durfte, dargestellt ist. Im Jahr 1331 wurde Merenberg durch Kaiser Ludwig den Bayern das Recht der Reichsstadt Frankfurt verliehen, wiederum verbunden mit einem Wochenmarkt an jedem Donnerstag.

Nach den Zerstörungen des 30jährigen Krieges lebte das Bemühen Merenbergs um die Sicherung des Status als Stadt wieder auf. Die Stadtmauer wurde instand gesetzt, und die städtischen Privilegien wurden zwischen 1664 und 1789 bei jedem Regierungswechsel vom Landesherrn neu verliehen. Trotzdem wird Merenberg in der Überlieferung dieser Jahrhunderte nebeneinander als Stadt wie auch als Flecken bezeichnet, d.h. der städtische Charakter blieb nur schwach entwickelt.

Aufgrund der historisch begründeten geschichtlichen Entwicklung wurde der Gemeinde Merenberg durch das Hessische Ministerium des Inneren und für Sport mit Schreiben vom 11.02.2003 die Befugnis erteilt, die Bezeichnung „Marktflecken" zu führen.

Viele Einrichtungen der neuzeitlichen kommunalen Daseinsfürsorge – Dorfgemeinschaftshäuser, Sporthalle, Kindergärten, Sportstätten, Tennisplätze, Freizeitanlagen etc. – sind vorhanden. Es bestehen gute Verkehrsverbindungen in den Raum Wetzlar / Gießen, in das Rhein-Main-Gebiet und in das Ruhrgebiet. Die Autobahnanschlüsse Frankfurt / Köln und Frankfurt / Dortmund sind bequem zu erreichen. Ebenfalls ist der in Limburg vorhandene ICE-Anschluss gut zu erreichen.

Baugebiete in landschaftlich schöner Lage bieten auch in Zukunft die Möglichkeit zur Ansiedlung. Umweltfreundliche Industrie- und Gewerbegebiete mit direktem Anschluss an die B 49 sind vorhanden. Die umfangreichen Gewerbeansiedlungen und weiträumigen Wohnbaugebiete haben es mit beeinflusst, dass die Einwohnerzahl des Marktflecken von 1975 bis 2004 von 2.313 auf über 3.600 angestiegen ist.

Kinder behutsam an die Pferde heran und versucht, Angst zu nehmen und Vertrauen zu schaffen. Zu seiner Klientel gehören vor allem Kinder mit sensomotorischen Integrationsstörungen, mit Teilleistung und Konzentrationsdefiziten, Verhaltensauffälligkeiten im sozialen und psychischen Bereich sowie mit motorischen und krankheitsbedingten Bewegungsstörungen. Das Islandpony ist auf Grund seiner Liebenswürdigkeit und der hohen Frustrationstoleranz besonders gut als Kinderreitpferd geeignet.

Die meisten Pferde des Reitpädagogen Brethouwer sind Viergänger, das heißt, sie verfügen über die so genannten Grundgangarten Schritt, Trab und Galopp und zusätzlich über die Gangart Tölt, einige beherrschen noch eine weitere Gangart, den Rennpass.

Der Schritt ist die gebräuchlichste, langsamste Gangart des Pferdes. Es ist ein Viertertakt mit sehr regelmäßigem Abstand zwischen den einzelnen Schritten. Dabei wechseln sich Dreibein- mit Zweibeinstützen ab, wobei diese abwechselnd diagonale und laterale Zweibeinstützen sind. Die Fußfolge dabei ist: Rechts-vorn, links-hinten, links-vorn, rechts-hinten usw. Schritt reitet man auf längeren Ritten und zur Erholung zwischen Arbeitsreprisen oder schnelleren Gangarten.

Der Trab ist eine mittelschwere Gangart, in der sich das Pferd in zügigem Tempo über große Distanzen fortbewegen kann. Er ist ein Zweitakt, eine gesprungene Gangart, bei der Sprungphase wird der Reiter im Sattel geworfen. Durch seine lösende und gymnastizierende Eigenschaft ist er eine sehr wichtige Gangart sowohl bei der Arbeit mit jungen Pferden als auch bei der weiteren Ausbildung. Die Fußfolge dabei ist: Rechts-vorn und links-hinten, links-vorn und rechts-hinten usw.

Der Galopp ist die schnellste Gangart des Pferdes. Man unterscheidet zwischen Rechts- und Linksgalopp. Da der Galopp ein Dreitakt ist, greift immer ein Bein weiter nach vorne. Der Galopp ist zwar eine gesprungene Gangart, ist aber verhältnismäßig bequem zu sitzen. Die Fußfolge ist dabei: Links-vorn, rechts-hinten, links-hinten, rechts-vorn usw.

Der Tölt ist ein Viertakt in der Schwebephase, bei dem das Pferd abwechselnd ein oder zwei Hufe auf dem Boden hat. Tölt kann vom Schritt- bis zum Galopptempo geritten werden. Das Pferd geht bei stolzer Haltung nahezu erschütterungsfrei und ermöglicht dem Reiter ein bequemes, ermüdungsfreies Sitzen über lange Strecken. Beim Tölt verliert das Pferd keinen Moment lang die Bodenstütze, deswegen hat er keine Sprungphase, was ihn für den Reiter so bequem macht. Die Gangart Tölt ist dem Islandpferd angeboren und wird freiwillig dem Reiter angeboten. Bei vielen Fohlen sieht man den Tölt schon bald nach der Geburt. Sicherlich hat gerade der Tölt ganz besonders zur Beliebtheit des Islandpferdes beigetragen. Unterschiedlich ist jedoch die Kombination mit den anderen Gangarten; viele Pferde bieten den Tölt als Lieblingsgangart an, andere traben ebenso gerne.

Je nach Zuchtlinie verfügen viele Islandpferde als so genannte Fünfgänger darüber hinaus noch über den Pass. – Der Pass (Rennpass) ist eine laterale Gangart mit Flugphase, bei der beide Beine einer Seite gleichzeitig auffußen. In Island wird der Rennpass als *»Königsgangart«* bezeichnet. Im langsamen Tempo ist der Pass beim Islandpferd nicht erwünscht. Er wird ausschließlich im Renntempo über kurze Strecken geritten. Die Pferde können Zeiten von acht Sekunden auf 100 Metern erreichen, das entspricht einer Geschwindigkeit von 45 Stundenkilometern. Das Pferd entfaltet hierbei eine enorme Kraft und Energie und scheint fast zu fliegen. Gute Rennpasser sind besondere Rennpferde; extrem temperamentvoll und vibrierend vor Energie den Start erwartend.

EINBLICKE IN LANDSCHAFT, FLORA UND FAUNA HEIMISCHER MARMORBRÜCHE

VON DIETER STAHL

Inmitten des Landkreises Limburg-Weilburg, beginnend in Villmar über Steeden und Dehrn durch die Gemarkung von Niedertiefenbach und Schupbach bis nach Gaudernbach und Wirbelau, erstreckt sich C-förmig, die Lahn unterquerend, eine Lagerstätte von devonischen Riffkalken in unterschiedlicher Tiefe. Diese Riffkalke werden nur noch in Steeden großflächig als Kalkstein abgebaut. Weitere Abbauflächen liegen in Niedertiefenbach.

Neuaufschluss im Kalksteinbruch Steeden. Hier wird noch großflächig Kalkstein abgebaut.　　　*Fotos: Dieter Stahl*

Die Marmorbrüche in dem Landschaftsraum zwischen Weilburg und Limburg liegen in einer abwechslungsreichen und reizvollen Natur- und Kulturlandschaft. Westerwald und Taunus sind die bestimmenden Mittelgebirge. Potentielle Standorte für Magerrasen bestehen im niederschlagsarmen Lahntal und einigen Seitentälern. Die Höhenzüge in diesem Gebiet streichen von Südwest nach Nordost, werden gegliedert vom Flusslauf der Lahn und dem Nebenfluss Kerkerbach, erreichen maximal im Runkeler Wald 306 Meter und fallen bei Limburg herab in die Lahnaue auf nahezu 100 Meter Höhe. Sie werden geprägt von einer Eichen-Mischwaldzone und der unteren Buchen-Mischwaldzone. Die natürlichen Waldgesellschaften sind der Perlgras-Buchenwald und der artenreiche Hainbuchen-Traubeneichen-Mischwald. Der Anteil der Laubbaumarten beträgt circa 75 Prozent. Die untersuchten Marmorbrüche liegen im Bereich des Hessischen Forstamtes Hadamar. Die Wiederbewaldung der Marmorbrüche ist bereits nach kurzer Zeit bemerkenswert und zeigt, wie schnell sich die Natur verlorengegangenes Terrain zurückerobert.

Aber nicht nur die naturnahen Sukzessionen von Sträuchern und Waldbäumen, sondern auch die nachfolgende artenreiche Avifauna, zurückkehrende Reptilien und Insekten und die besondere Flora belegen, dass sich heute die ehemalig so sehr begehrten und attraktiven Marmorbrüche zu wichtigen Trittsteinen in einem sich wieder mehr und mehr vernetzenden Kultur- und Naturlebensraum entwickeln. Landschaftsprägende Magerrasen finden wir im Raum Limburg-Weilburg selten. Deshalb sind die Felsbiotope in den Marmorbrüchen eine Rarität von regionaler Bedeutung. Alle

Trocken- und Halbtrockenrasen haben einen hohen faunistischen Wert. Vor allem wirbellose Tieraten benötigen nachweisbar diese trockenwarmen Standorte. Heuschrecken, Tag- und Nachtfalter, Wildbienen, Käfer, Wanzen, Zikaden sind auf solche Biotope angewiesen aber auch Reptilien und Vögel. Alle heutigen Magerrasenbiotope sind nach dem Bundesnaturschutzgesetz besonders geschützt. Das Thema Magerrasen ist sehr umfangreich. Dies beruht nicht nur auf der Vielfalt der Pflanzen- und Tierwelt, sondern auf der Tatsache, dass die Magerrasen ein Musterbeispiel für die Gefährdung einer Lebensgemeinschaft durch Verbrachung und Verbuschung sind, die durch gezielte Pflegeeingriffe erhalten werden müssen.

Die in der Vergangenheit und auch zum Teil noch heute viel bescholtenen Eingriffe durch Abbau »*Landschaftsschäden*« haben dazu beigetragen, dass solche wertvollen Refugien für Tiere und Pflanzen entstanden sind. Diese zu bewahren und zu erhalten muss Ziel des Naturschutzes in der Zukunft sein.

Es wurden zwei ehemalige Marmorabbaugebiete ausgewählt, um Bestandserfassungen durchzuführen. Die bestandserfassten Brüche liegen in den Gemarkungen Beselich und Villmar. Die Beselicher Brüche liegen im westlichen Hang des Kerkerbachtales, nördlich des Schupbacher Ortsteiles »*Am Bahnhof*«. Naturräumlich gehört das Gebiet zur Untereinheit »*Südoberwesterwälder Hügelland*« mit »*Gaudernbacher Platte*«, die von den devonischen Gesteinsformationen durchzogen wird. Insgesamt befinden sich drei Brüche an der recht hohen Steilkante des Kerkerbachtals, das vom Kerkerbach 40 bis 80 Meter tief in die Landschaft eingeschnitten wurde. Dadurch wurden an den Bruchkanten die alten devonischen Gesteinsschichten angeschnitten und treten dort zutage. Das Klima der Gemeinde Beselich und somit auch der unmittelbare Bereich der untersuchten ehemaligen Marmorbrüche ist charakterisiert durch relativ geringe Niederschläge und relativ milde Temperaturen, verursacht einerseits durch die Lage im Wind- bzw. Regenschatten des Westerwaldes andererseits durch die nördliche Randlage zum Limburger Becken hin. Die mittleren Jahresniederschläge für Beselich belaufen sich auf 700 bis 750 mm, wobei die höchsten Werte in den Sommermonaten liegen. Das Tagesmittel der Lufttemperaturen beträgt circa 8 bis 8,5 Grad Celsius im Jahresdurchschnitt. Die Klimaverhältnisse in den untersuchten Steinbrüchen werden darüber hinaus durch ihre Lage am Hang und durch die allerdings unterschiedliche Waldbestockung beeinflusst und geprägt.

Der Marmorbruch »*Korallenfels*«

Während die Brüche »*Schupbach Schwarz*« und »*Famosa*« an der Hangoberkante liegen, befindet sich der Marmorbruch »*Korallenfels*« an der Hangunterkante, fast auf Höhe des Talweges, der nur wenig über Bachniveau liegt. Somit wird letzterer durch das Mikroklima des Tales, z. B. Kaltluftschneise, Nebelbildung, stärker beeinflusst als die beiden höher liegenden Steinbrüche. Zusätzlich tritt an einigen Felswänden auf der Hangseite Sickerwasser zutage, was den Wuchs von Moosen, Flechten und Farnen fördert. So ist die große, etwa acht Meter hohe Abbauwand fast vollständig mit Moosen überwuchert, in denen eine Vielzahl von Insekten, Spinnen und Schnecken ihren Lebensraum haben.

Der Bruch hat die Form einer Birne und ist in leichtem Bogen in den Hang hineingetrieben. Der Abbau des Gesteins erfolgte so nahezu waagerecht. Die Zuwegung erfolgt über eine vom Talweg abgehende ziemlich zugewachsene Trasse mit schnell steiler werdenden Rändern, die so bald zu einem Hohlweg wird. Der Weg erreicht den Steinbruch nach etwa 40 Metern an der schmalsten Stelle der Sohle. Diese ist leicht uneben, überlagert mit Geröll und Gesteinsblöcken, die teilweise mit Kräutern bewachsen sind. Die bewaldeten Hänge zum umgebenden Terrain steigen unterschiedlich steil an. Im hinteren Teil des Steinbruches blieben mehrere senkrechte Abbauwände, zum Teil stufig versetzt, erhalten. Im Marmorbruch »*Korallenfels*« wurden die Bestandserhebungen von Februar bis Oktober 1998 durchgeführt.

Einzelne Fichten(Picea abies) und Lärchen (Larix decidua), die seit Stilllegung des Marmorbruches angeflogen sind, erreichen Ende der 90er Jahre bereits Baumholzdimensionen. Auf Grund der sehr geringen Wasserversorgung der Böden werden die einzelnen Fichten und Lärchen bald absterben und so frühzeitig Wohnraum für die Spechtarten bilden. Spechthöhlen dienen auch anderen Vogelarten als Brutquartier. Weitere Tiere wie Fledermäuse, Bienen und Hornissen besiedeln gerne diese Baumhöhlen. Dieses Vorgehen bedeutet, dass die Sukzessionsflora

insgesamt sich selbst überlassen bleibt. Der »*Korallenfels*« steht exemplarisch für die untere Buchen-Mischwaldzone.

DIE MARMORBRÜCHE »*FAMOSA*« UND »*SCHUPBACH SCHWARZ*«

Die Brüche »*Famosa*« und »*Schupbach Schwarz*« befinden sich auf der Oberkante des Kerkerbachtalhanges in der Nähe des Ortes Schupbach. Die Brüche liegen, durch einen Weg getrennt, unmittelbar nebeneinander. Während der nördliche Bruch »*Famosa*« steil und tief mit Bäumen und Gebüsch bewachsen ist, ist der südliche Bruch »*Schupbach Schwarz*« weniger steil und abschüssig und kaum zugewachsen. Er ist floristisch weitaus interessanter als sein Nachbar. Demzufolge haben sich die Untersuchungen überwiegend auf »*Schupbach Schwarz*« beschränkt.

Die Brüche sind über einen Feldweg, der kurz hinter dem Ort Schupbach von der Landesstraße abzweigt, zu erreichen. Nach etwa 300 Metern biegt von diesem Weg die Steinbruchzufahrt rechtwinklig Richtung Tal ab und erreicht im Linksbogen die Marmorbrüche. Diese liegen in einer kleinen, vom übrigen Waldverband getrennten Waldfläche, einer Grenzertragsfläche, die forstlich zurzeit nicht genutzt wird.

Der Abbau der Gesteine erfolgte von der Hangoberfläche aus. So entstanden kraterähnliche Steinbrüche, deren Sohlen nur durch Abstieg zu erreichen sind. Im Steinbruch »*Schupbach Schwarz*« ist auf Grund des Abbaus eine zentral liegende, leicht schräg nach unten abfallende Fläche entstanden, die größtenteils eine nur geringe Humusdecke

Der »Famosabruch« befindet sich an der Hangoberkante des Kerkerbachtals.

trägt. Vereinzelt steht sogar der pure Fels an. Demzufolge hat sich eine Trockenvegetation eingestellt, die zusätzlich durch die intensive Sonneneinstrahlung begünstigt wird. Größere schattenbildende Sträucher und Bäume können auf dieser Fläche – von einigen Ausnahmen abgesehen – nicht wachsen. Unterhalb dieser zentralen Sohlenfläche wurde der Abbau in einem schmalen Halbkreis in die Tiefe getrieben, so dass hier beschattete Steilwände anzutreffen sind. Hier findet man Moose, Farne und Flechten, die diese Biotopform besonders bevorzugen. Der Bruch »*Schupbach Schwarz*« bietet außerdem vielen Spinnenarten und Käfern Lebensraum. Diese werden in den nächsten Jahren ebenso »*erforscht*« werden wie auch die Artenvielfalt der Schmetterlinge. Auffallend ist die große Anzahl der Hundsflechte (Peltigerea canina). Dadurch, dass der Bruch Famosa viele offene und unterwuchsfreie Stellen hat, ist dieser idealer Lebensraum für Reptilien. Insbesondere die Zauneidechse (Lacerta agilis), Waldeidechse (Lacerta vivipara) und Blindschleiche (Anguis fragilis) sind die typischen Bewohner solcher Kleinbiotope.

Die Hundsflechte bietet zahlreichen Reptilien ideale Lebensbedingungen.

DER MARMORBRUCH »UNICA«

Ein weiterer stillgelegter Marmorbruch befindet sich in Villmar südwestlich des Bahnhofes. Der »*Unica-Bruch*« liegt in einem Geländeeinschnitt, der nur nach Süd bis Südost offen und ansonsten von Geländeanhöhen umschlossen ist. Auf der obersten Abbruchebene des Kalkgesteins, etwa sechs Meter oberhalb des Tiefstpunktes des Bruches, hat sich über Jahrzehnte eine flachgründige Humusschicht aufgebaut, die einen artenreichen Halbtrockenrasen entstehen ließ. Das Kalkgestein kommt an der Abbruchkante offen zutage. Dort ist die Pflanzendecke dementsprechend sehr lückenhaft ausgebildet, so wie es bei Trockenrasen der Fall ist. Die vorgefundenen Pflanzenarten weisen auf einen mäßig trockenen, nährstoffarmen, kalkhaltigen, neutralen bis sehr schwach sauren Boden hin, was sich durch Reaktionstests bestätigen ließ. Diese Ausprägungsform des Halbtrockenrasens findet man heute nur noch kleinflächig auf sonnenexponierten Felsen an den Lahntalhängen. Sie sind aber in ihrem Bestand durch das Eindringen von Gehölzen sehr stark gefährdet. Die günstige Einbettung in das Gelände und seine südexponierte Lage begünstigen natürlich auch das Biotopklima. Selbst bei einfließender Kaltluft aus östlicher Richtung wird diese zuerst in den tiefer liegenden Bereich des Marmorbruches abgeleitet und aufgenommen. Andererseits wird in den Sommernächten die tagsüber in den Marmorflächen gespeicherte Sonnenwärme nach oben abgegeben. Dadurch werden auf dem Halbtrockenrasen besonders starke Temperaturschwankungen im Tages- und Jahresverlauf vermieden. Der Rasenfläche zugeführtes Niederschlagswasser versickert nur bis zur abgetragenen Kalksteinschicht, die das

Wespenspinne

Wasser hangabwärts zur Geländeabbruchkante leitet. Dies hat zur Folge, dass die Feuchtigkeit in der Humusschicht des Halbtrockenrasens sich nicht sehr lange halten kann und besonderes in der Vegetationszeit durch Sonneneinstrahlung verdunstet. Durch Bernd Dresen, Villmar, wurden seit 1993 Bestandserhebungen an Tagfaltern und Hautflüglern durchgeführt. Auffallend ist die Artenvielfalt auf einem Biotop, das nur circa 200 Quadratmeter groß ist. Insbesondere Tagfalter sind in auffallender Anzahl hier zu finden. Hervorzuheben ist das Vorkommen der Dickkopffalterpopulation. Hier ist vor allem der Rote Würfel-Dickkopffalter (Spialia sertorius) zu nennen, der auf der »Roten Liste« der Bundesrepublik Deutschland als hochgradig gefährdet geführt wird.

Als weitere Tagfalterarten sind hier anzutreffen: Gelbwürfeliger Dickkopffalter (Carterocephalus Palaemon), Braunkolbiger Braun-Dickkopffalter (Thymelicus sylvestris), Mattscheckiger Braun-Dickkopffalter (Thymelicus acteon), Rostfarbiger Dickkopffalter (Ochlodes venatus), Roter Würfel-Dickkopffalter (Spialia sertorius), Kleiner Würfel-Dickkopffalter (Pyrgus malvae), Zitronenfalter (Gonepteryx rhamni), Grünader-Weißling (Pieris napi), Kleiner Eisvogel (Limenitis camilla), Großer Fuchs (Nymphalis polyclorus), Tagpfauenauge (Inachis io), Admiral (Vanessa atalanta), Kleiner Fuchs (Algais urticae),

C-Falter (Polygonia c-album), Landkärtchen (Araschnia levana), Kaisermantel (Argynnis paphia), Schornsteinfeger (Aphantopus hyperantus), Kleines Wiesenvögelchen (Ceononympha pamphilius), Waldbrettspiel (Pararge aegeria), Mauerfuchs (Lasiommata megera), Nierenfleck-Zipfelfalter (Thecla betulae), Blauer Eichen-Zipfelfalter (Qercusia quercus) und Faulbaum-Bläuling (Celastrina argiolus).

Auch Wildbienen wie Rotpelzige Sandbiene (Adrena fulva), Graue Sandbiene (Adrena haemorrhoa), Weidensandbiene (Adrena vaga), Winzige Furchenbiene (Lasioglossum panxillum), Furchenbiene (Halictus sexcinctus) haben hier ihren Lebensraum. Diese Wildbienen legen ihre Brutröhren in den feinsandigen Lehmboden.

Als Besonderheit unter den Spinnen sei hier die Wespenspinne (Argiope lobata) genannt, eine farbenprächtige Spinnenart. Im Herbst 1998 wurde der Unica-Bruch als Naturdenkmal gemäß den § 14, 16 und 17 des Hessischen Naturschutzgesetzes ausgewiesen. Zweck der Ausweisung ist die dauerhafte Sicherung des international bedeutsamen Marmoraufschlusses, der einen dreidimensionalen Einblick in ein mitteldevonisches Stromatoporenriff bietet und erlaubt, Riffwachstum und Sedimentationsgeschichte nachzuvollziehen. Die Sicherung dient dem Geotopschutz und ist naturwissenschaftlich und erdgeschichtlich begründet.

Kleiner Eisvogel

RUNKEL
an der Lahn

Die Stadt Runkel liegt in einem Talkessel zu beiden Seiten der Lahn, welche die natürliche Grenze zwischen Taunus und Westerwald bildet. Runkel, im Jahre 1159 erstmals erwähnt, hat viele Sehenswürdigkeiten wie die Burg mit Museum, die steinerne Lahnbrücke aus dem 14. Jahrhundert, Reste der Stadtmauer, Fachwerkhäuser.

Auskünfte erteilt:

Stadtverwaltung Runkel
Burgstraße 4 · 65594 Runkel
Tel. (0 64 82) 9 16 10 · Fax (0 64 82) 91 61 44

272

MUNDIPHARMA
LEISTUNG FÜR ARZT UND PATIENT

Mundipharma ist eines der führenden mittelständischen, forschenden Pharmaunternehmen in den Bereichen **Schmerztherapie und Wundbehandlung,** und mit über 600 Mitarbeitern einer der größten Arbeitgeber im Raum Limburg-Weilburg.

Mundipharma hat sich auf die Entwicklung **innovativer hochwertiger Arzneimittel** spezialisiert, die sehr effektiv und gleichzeitig gut verträglich sind, und hat als „Schmerzspezialist" neue Maßstäbe gesetzt: Mit der Einführung **der ersten Morphin-Retardtablette,** ein Opioid mit langanhaltender Wirkung (über 12 Stunden), wurde 1984 die Schmerztherapie im ambulanten Bereich erst ermöglicht.

Opioide sind starke Schmerzmittel, die im Rückenmark wirken. Für **Tumorpatienten** hat Mundipharma 1999 eine neue, besonders effektive **Opioid-Formulierung** entwickelt, die gleichzeitig sehr gut verträglich ist.

Für Patienten, die an starken **Schmerzen des Bewegungsapparates** wie Osteoporose und Arthrose leiden, bietet Mundipharma seit August 1998 ein neues **Opioid-Präparat** an, das schon bei mehr als **250.000** Patienten mit großem Erfolg eingesetzt wurde.

Auch auf dem Gebiet der **Wundbehandlung** hat Mundipharma sich einen Namen gemacht. Das **Antiseptikum Betaisodona®** ist mittlerweile seit fast 30 Jahren auf dem Markt und unübertroffen, wenn es um die optimale Erregerbekämpfung bei der **antiinfektiven Wundversorgung** geht.

Dank moderner Forschung und Entwicklung ist Mundipharma auch auf dem wesentlich komplexeren Gebiet der **Wundheilung** wieder einen Schritt voraus: Seit kurzem ist das innovative Hydrogel **Repithel®** auf dem Markt, das durch seine besondere Formulierung die Zellheilung und den Gewebeaufbau nachhaltig unterstützt.

Haben Sie noch Fragen? Wollen Sie mehr über Mundipharma wissen? Dann besuchen Sie die Website **www.mundipharma.de.** Hier finden Sie zahlreiche Informationen und alles Wissenswerte rund um das Unternehmen.

Mundipharma GmbH
65549 Limburg

JAHRBUCH-QUIZ
ES GEHT BERGAUF!

VON HEINZ PFEIFFER

Ungefähr in der Mitte wird unser Landkreis vom Lahntal durchschnitten. Von dort aus steigen zwei Mittelgebirgslandschaften auf: nordwärts der Westerwald, südwärts der Taunus. Man könnte daraus folgern, hier lebten echte Aufsteiger. Nur in wirtschaftlicher Hinsicht könnte das Aufsteigen beiderseits der Lahn durchaus steiler angelegt sein und rascher respektable Höhen erreichen lassen.

Reden wir daher besser nur von Bergsteigern, denen sich auch in unseren Stadt- und Landgemeinden schweißtreibende Bergaufstiege anbieten. Da gibt es immerhin das Kuhbett mit 526 Metern und Hasenberg wie Koberg mit jeweils 460 Metern Höhe. Und wo es an solchen Gipfelmetern mangelt, da fehlt es unseren Höhen doch nicht an geschichtlicher Hochachtung. So etwa sind Dornburg und Almerskopf schon in der Keltenzeit von großer Bedeutung gewesen, der Galgenberg als Richtstätte im Mittelalter und der Mensfelder Kopf als Heerlager während des Dreißigjährigen Krieges.

Wer selber einmal dort droben stehen will, dem sagt unser richtig gelöstes Jahrbuchquiz, in welcher Großgemeinde sich der gesuchte Berg befindet. Zusätzlich garantiert das zu findende Lösungswort mit elf Buchstaben, die Teilnahme an der Verlosung interessanter Preise.

Schreiben Sie das Lösungswort auf eine Postkarte und senden Sie diese an die

KREISVERWALTUNG LIMBURG-WEIBURG
KREISHEIMATSTELLE
SCHIEDE 43
65549 LIMBURG

mit dem Kennwort versehen:
»JAHRBUCH-QUIZ«.

Bei mehreren richtigen Einsendungen entscheidet das Los.
Einsendeschluss ist der 30. April 2005

VIEL ERFOLG!

Wo findet man...

I.   den Mensfelder Kopf (314 m):
   - ❏ Hünfelden   B
   - ❏ Löhnberg   A
   - ❏ Hadamar   L

II. den Almerskopf (336 m)
   - ❏ Weinbach   F
   - ❏ Weilburg   R
   - ❏ Merenberg   E

III. die Dornburg (394 m)
   - ❏ Elbtal   W
   - ❏ Runkel   V
   - ❏ Dornburg   R

IV. den Hofer Berg (194 m)
   - ❏ Runkel   G
   - ❏ Villmar   I
   - ❏ Brechen   K

V.   den Scheuernberger Kopf (269 m)
   - ❏ Löhnberg   Z
   - ❏ Mengerskirchen   L
   - ❏ Weilburg   S

VI. das Kuhbett (526 m)
   - ❏ Weilmünster   U
   - ❏ Waldbrunn   O
   - ❏ Bad Camberg   T

VII. den Suterkopf (462 m)
   - ❏ Villmar   M
   - ❏ Selters/Ts.   E
   - ❏ Beselich   N

VIII. den Hansenberg (460 m)
   - ❏ Löhnberg   Y
   - ❏ Mengerskirchen   I
   - ❏ Elz   S

IX. den Kreuzberg (411 m)
   - ❏ Löhnberg   G
   - ❏ Weilburg   P
   - ❏ Weinbach   Q

X.   den Rote Küppel (378 m)
   - ❏ Villmar   O
   - ❏ Selters/Ts.   R
   - ❏ Weilmünster   E

XI. den Galgenberg (277 m)
   - ❏ Runkel   W
   - ❏ Elz   D
   - ❏ Villmar   R

Das Lösungswort lautet:

JAHRBUCHQUIZ-GEWINNER 2004

1. PREIS: HERBERT GRÖSSCHEN AUS DORNBURG

2. PREIS: MANUEL WAGNER AUS RUNKEL

3. PREIS: MONIKA JUNG AUS LIMBURG

4. PREIS: REINHOLD OPPEL AUS WEILBURG

5. PREIS: EGINHARD KUHMANN AUS MERENBERG

6. PREIS: MARIA WEINGARTEN AUS DILLHAUSEN

7. PREIS: HANS MEURERS AUS LIMBURG

8. PREIS: RENATE PAUL AUS WEILBURG

9. PREIS: THEA SCHMITT AUS BRECHEN

EBENSO AUF DEM FOTO: LANDRAT DR. MANFRED FLUCK, BERND KEXEL UND SIMONE FROHNE, BÜRO DES LANDRATS.

PREISE IM JAHRBUCHQUIZ 2005

1. Preis   Ein Gutschein für eine Reise für 2 Personen im Wert von 500 Euro, gestiftet von der Wetzlardruck GmbH, Wetzlar

2. Preis   Gutschein für 2 Erwachsene und 2 Kinder über eine zweitägige Kanutour auf der Lahn mit Campingplatzübernachtung im Wert von 217 Euro, gestiftet von der Firma Lahn-tours, Roth

3. Preis   Ein Dauphin-Bürodrehstuhl im Wert von 150 Euro, gestiftet von der Firma Müller & Höhler, Limburg-Offheim

4. Preis   Ein Espresso-Cappuccino-Automat im Wert von 100 Euro, gestiftet vom Weilburger Tageblatt

5. Preis   Menü für 2 Personen im Wert von 80 Euro, gestiftet vom Hotel Schäfer, Elz

6. Preis   Essensgutschein im Wert von 75 Euro, gestiftet vom Landhaus »Schaaf«, Runkel-Schadeck

7. Preis   2 Eintrittskarten für einen Besuch der Weilburger Schlosskonzerte im Wert von 64 Euro, gestiftet von der Weilburger Schlosskonzerte e. V.

8. Preis: Gutschein im Wert von 49 Euro für eine Classica-Aroma-Gesichts-behandlung Sensis in der Beauty-Wellnessoase im Hotel »Nassau-Oranien«, gestiftet vom Hotel »Nassau-Oranien«, Hadamar

9. Preis: Gutschein für 2 Personen im Wert von 45 Euro für ein Candle-Light-Dinner, gestiftet vom Restaurant »Gallo-Haus«, Bad Camberg

10. Preis: Fahrradhelm im Wert von 40 Euro, gestiftet von der Firma Zweirad-Center Meuer, Diez

11. Preis: 2 Eintrittskarten für den Hessentag im Wert von 30 Euro, gestiftet von der Fremdenverkehrs-Marketing GmbH, Weilburg

12. Preis: 2 Eintrittskarten für den Hessentag im Wert von 30 Euro, gestiftet von der Fremdenverkehrs-Marketing GmbH, Weilburg

13. Preis: Gutschein im Wert von 25 Euro, gestiftet von Uhren-Schmuck Norbert Heep, Frickhofen

14. Preis: Frühstücksgutschein für 2 Personen im Wert von 22 Euro, gestiftet vom Café Bassin, Limburg

15. Preis: Gutschein im Wert von 20 Euro, gestiftet von Café/Konditorei Kosmol, Limburg

16. – 25. Preis   10-mal je ein Gutschein über eine Kiste Apfelsaft oder eine Kiste Apfelwein, gestiftet von der Kelterei Heil, Laubuseschbach

26. – 35. Preis: Je ein Heimatbuch, gestiftet von der Kreisheimatstelle des Landkreises Limburg-Weilburg

AUTORENVERZEICHNIS

Aumüller, Lydia	Kalkstraße 33, 65606 Villmar
Bausch, Linda	Mittelgasse 16, 35789 Laubuseschbach
Becker, Uli	Kreissozialamt, Schiede 43, 65549 Limburg
Becker, Erich	Hammelburg 14, 65589 Hadamar
Blechschmidt, Leni	Jahnstraße 25, 65597 Hünfelden
Bröckl, Edith	Friedrich-Ebert-Straße 32, 35781 Weilburg
Caspary, Eugen	Rubensstraße 3, 65520 Bad Camberg-Erbach
Crone, Dr. Marie-Luise	Büro des Landrats, Schiede 43, 65549 Limburg
Dahinden, Ullrich	Ste.-Foy-Straße 9, 65549 Limburg
Diefenbach,Paula	Steinweg 5 a, 51570 Windeck-Dreisel
Dönges, Klaus	Obere Hohlgasse 2, 65597 Hünfelden-Neesbach
Eller, Gerhard	Mittelstraße 24, 65614 Beselich-Schupach
Engel, Hermann	Selterster Straße 81, 35781 Weilburg-Ahausen
Engelmann, Kurt	Schulstraße 21, 35799 Merenberg-Barig-Selbenhausen
Eppstein, Heinrich	Spessartstraße 5, 65597 Hünfelden-Dauborn
Erbe, Otto	Langenberg 13, 35789 Weilmünster-Aulenhausen
Eriksson, Melanie	Jugendbildungswerk, Schiede 43, 65549 Limburg
Faber, Dr. Rolf	Carl-von-Ossietzky-Straße 29, 65197 Wiesbaden
Feuerstein, Dr. Bernold	Falkenweg 16, 65606 Villmar
Finger, Ulrich	Brückenstraße 13, 35789 Weilmünster-Essershausen
Fluck, Dr. Manfred	Kreishaus, Schiede 43, 65549 Limburg
Fluck, Dr. Rüdiger	Am Liebfrauenberg 18, 65618 Selters-Haintchen
Frohne, Simone	Büro des Landrats, Schiede 43, 65549 Limburg
Gerharz, Walter	WFG, Freiherr-vom-Stein-Platz 1, 65549 Limburg
Gran, Günter	Am Schwimmbad 11, 35781 Weilburg-Bermbach
Grund, Dr. Erhard	Ringstraße 1, 65597 Hünfelden-Ohren
Habel, Joachim	Waldstraße 13, 65599 Dornburg-Frickhofen
Haberkern, Antonia	Agentur für Arbeit, Ste.-Foy-Straße 23, 65549 Limburg
Hasselbächer, R.	Kreishaus, Schiede 43, 65549 Limburg
Hecker, Hubert	Hainbuchenweg 10, 65599 Dornburg-Frickhofen
Heun, Bernhard P.	Gutenbergring 8, 65549 Limburg
Hofmann, Wilfried	Limburger Straße 10, 65555 Limburg-Offheim
Holm, Annette	Büro des Landrats, Schiede 43, 65549 Limburg
Jung, Josef J. G.	Bahnhofstraße 45, 65551 Limburg-Lindenholzhausen
Jung, Monika	Erfurter Straße 10, 65549 Limburg
Kaiser, Martin	Kreisjugendamt, Schiede 43, 65549 Limburg
Kaßnitz, Renate	Talstraße 11, 65599 Dornburg-Thalheim
Kasteleiner, Monika	Schulstraße 15, 65551 Limburg-Lindenholzhausen
Ketter, Heinz	Selterser Straße 23, 35781 Weilburg-Ahausen
Kexel, Bernd	Büro des Landrats, Schiede 43, 65549 Limburg
Kuhnigk, Armin M.	Kirchbergstraße 1, 65618 Selters-Niederselters
Kunz, Manfred	Bahnhofstraße 51, 65520 Bad Camberg
Leinweber, Rudi	Limburger Straße 45, 35781 Weilburg
Motyka, Franz	Berliner Straße 5, 65520 Bad Camberg

Müller, Gundel	Westerwaldstraße 2, 65611 Brechen
Müller, Erich	Bergstraße 13, 65520 Bad Camberg-Würges
Musolf, Johannes J.	Tiefenbacher Mühlchen, Lindelbachstraße 19, 35619 Braunfels
Nieder, Franz-Karl	Feldbergstraße 4a, 65550 Limburg-Linter
Nigratschka, Kurt	Sintersbacher Straße 2, 65597 Hünfelden-Kirberg
Paul, Helmut	Goethestraße 14, 35781 Weilburg
Pfeiffer, Heinz	Schützenstraße 6, 35781 Weilburg-Ahausen
Plescher, Helmut	Uhlandstraße 1, 65520 Bad Camberg
Preußer, Gertrud	Neuherbergstraße 11, 65597 Hünfelden-Dauborn
Pullmann, Christa	Rheinberg Straße 49, 65594 Runkel-Steeden
Reucker, Helga	Forellenweg 1, 35781 Weilburg-Odersbach
Roos, Astrid	Kreisjugendamt, Schiede 43, 65549 Limburg
Rücker, Wilma	Sudetenstraße 13, 65556 Limburg-Staffel
Rudersdorf, Walter	Carl-Goerderler-Straße 92, 60320 Frankfurt am Main
Schermuly, Erna	Dillhäuser Straße 20, 35794 Mengerskirchen-Probbach
Schick, Hans-Peter	Stadt Weilburg, 35781 Weilburg
Schmidt, Josef	Hinterstraße 16, 65554 Limburg-Ahlbach
Schön, Erwin	Am Ginsterhang 4, 35794 Mengerskirchen-Probbach
Schoth, Willi	Anlagenweg 21, 65604 Elz
Schweitzer, Peter Paul	Bornwiese 5, 65589 Hadamar
Sehr, Franz Josef	Kellerweg 2 a, 65614 Beselich-Obertiefenbach
Stahl, Dieter	Weinbergstraße 9, 65594 Runkel-Eschenau
Stähler, Theo	Mühlenhof, 65589 Hadamar-Niederzeuzheim
Stillger, Franz Josef	Feldbergstraße 3, 65618 Selters-Niederselters
Stöppler, Walter	Diezer Straße 58, 65549 Limburg
Wagenbach, Dr. Hubert	Mainzer Landstraße 4, 65589 Hadamar
Weigand, Julia	Kreisjugendamt, Schiede 43, 65549 Limburg

MARKTFLECKEN MENGERSKIRCHEN IM WESTERWALD

Im östlichen Westerwald, an der Grenze zu Rheinland-Pfalz, liegt der Marktflecken Mengerskirchen mit seinen fünf Ortsteilen Dillhausen, Mengerskirchen, Probbach, Waldernbach und Winkels. Die 6.000-Einwohner-Gemeinde gehört zum Landkreis Limburg-Weilburg und wird landschaftlich vom 605 m hohen "Knoten" und vielen bewaldeten Basaltkuppen geprägt.

Nicht nur der "Knoten" als Wander- und Wintersportgebiet, sondern auch das Freizeit- und Erholungszentrum am "Seeweiher" sowie der immer beliebter werdende "Waldsee" tragen viel zur Lebensqualität der Wohngebiete bei. Zur ausgezeichneten Infrastruktur gehören natürlich auch Kindergärten, eine zentrale Grundschule, die Westerwaldschule als weiterführende Schule mit Realschulzweig. Sportstätten und Bürgerhäuser stehen als Begegnungsstätten für Jung und Alt zur Verfügung.

Um den Einheimischen, vor allem den jungen Familien, erschwingliche Bauplätze anbieten zu können, ist die bedarfsgerechte Ausweisung von Baugebieten seit langem bewährte Praxis. Derzeit liegt der Kaufpreis für Bauland in allen Ortsteilen unter 30,-- €/m² (ohne Erschließung).

Der Marktflecken wurde im Regionalen Raumordnungsplan Mittelhessen zum Unterzentrum aufgestuft, da über das eigentliche Gemeindegebiet hinaus noch ca. 9.000 Einwohner im Einzugsbereich liegen, die als Kunden langfristig gebunden werden sollen. Die Entwicklung der Einwohnerzahl ist seit 1980 um ca. 30 % gestiegen, die Zahl der Beschäftigten um 85 %. Die gemeindliche Entwicklungskonzeption sieht die Kerngemeinde als Dienstleistungsschwerpunkt vor, während sich die gewerbliche Wirtschaft in Waldernbach entwickeln soll, von wo aus die überregionalen Verkehrsanbindungen auf kürzestem Weg zu erreichen sind.

Auskünfte über Wohnbau- und Gewerbeflächen sind bei der Gemeindeverwaltung, Schlossstr. 3, 35794 Mengerskirchen, Tel. 06476/9136-0, Fax: 06476/9136-25, E-Mail: info@mengerskirchen.de erhältlich.

Foto: Thomas Franz

SCHLEMMEN NACH LUST UND LAUNE

BIERSUPPE

Eine ideale kalte Suppe für heiße Tage, ebenfalls ein altes Rezept, früher nahm man dafür helles Bier, was die alten Leute mit dem Bierkrug beim Wirt holten. Heute nimmt man Malzbier, dann ist es für Kinder eine schmackhafte Suppe.

Zutaten:
2 Flaschen Malzbier
1 Pack. Zwieback
1 ltr. Milch
etwas Gustin
2 Eier
Zucker nach Geschmack
1 Prise Salz

Die Milch erhitzen, mit Gustin etwas andicken, abkühlen lassen. Eier mit 3 Eßl. Zucker schaumig rühren, Bier langsam dazugeben sowie die angedickte Milch.
Alles nochmals 1 bis 2 Stunden in den Kühlschrank stellen. Den Zwieback in die Suppe bröseln.

FÜR DIE EINSENDUNG DES REZEPTES BEDANKEN WIR UNS BEI
HEIDEMARIE CRECELIUS AUS HÜNFELDEN.

283

ELBTAL

Die Gemeinde Elbtal (Landkreis Limburg-Weilburg) am Südrand des Westerwaldes und im Nordwesten einer Lahnmulde gelegen, besteht aus vier Ortsteilen.

Insgesamt gesehen sind die Elbtaler Ortsteile auf sehr frühe Siedlungen zurückzuführen. Bei Feldarbeiten wurden jung-steinzeitliche Geräte wie Steinbeile, aber auch das Stück eines Keulenkopfes gefunden. Aus der Eisenzeit (ca. 475 v. Chr.) stammen auch die Grabhügelfelder im Gemeindewald bei Hangenmeilingen.

Am 1. 2. 1971 schlossen sich die Ortsteile Dorchheim, Hangenmeilingen und Heuchelheim zu einer Gemeinde mit dem Namen »Elbtal« zusammen. Durch die gesetzliche Regelung der Gebietsreform kam die damals noch selbständige Gemeinde Elbgrund am 1. 7. 1974 zur Gemeinde Elbtal hinzu. Insgesamt hat Elbtal heute über 2500 Einwohner.

Es verfügt über vielfältige Einrichtungen der Grundversorgung. In jedem Ortsteil ist ein Dorfgemeinschaftshaus zu finden. Vielfältig sind auch die Möglichkeiten der Freizeitgestaltung. Ein reiches Vereinsleben birgt beinahe für alle Interessen und Neigungen eine Möglichkeit des sinnvollen Zeitvertreibes.

Überwiegend zeigt sich Elbtal jedoch als Wohnsitzgemeinde; Industrie ist nicht vorhanden. Dafür sorgen aber kleine Handels- und Handwerksbetriebe nicht nur für die Versorgung der Bürger vor Ort, sondern auch über die Grenzen Elbtals hinaus für einen regen Handel und Wandel.

Die unmittelbare Lage an der Bündesstraße 54, der Hauptschlagader der Gemeinde Elbtal, läßt es insbesondere nicht zu, daß sich in den beiden größten Ortsteilen, wie dies häufig im Westerwald anzutreffen ist, Fremdenverkehrs-betriebe etablieren. Dafür aber sorgt die Bundesstraße 54 für Möglichkeiten der Ansiedlung von Gewerbe, welches die Gemeinde in den nächsten Jahren verstärkt fördern will. Die vier Ortsteile können auf eine lange Geschichte zurückblicken, die zum Teil in alten Urkunden anschaulich verfolgt werden kann.

Gemeindeverwaltung:
Rathausstraße 1, 65627 Elbtal-Dorchheim, Tel. (0 64 36) 94 46 10, Fax 94 46 29, eMail: gemeinde-elbtal@t-online.de
Öffnungszeiten: Mo: 9.00 - 12.00 Uhr, Di: 17.00 - 18.30 Uhr, Mittwoch keine Sprechstunde, Do & Fr: 9.00 - 12.00 Uhr

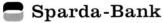

Caritasverband für den Bezirk Limburg e.V.

- **Dauerpflege, Kurzzeitpflege, Tagespflege**
Ihre Angehörigen sind bei uns in guten Händen!
Wir informieren und beraten Sie gerne über unser Einrichtungen des Heimverbundes

- **Altenzentrum St. Josefshaus,** Elz
- **Seniorenzentrum Mutter-Teresa-Haus,** Brechen
- **Seniorenzentrum Maria Hilf,** Beselich

- **Sozialstationen für ambulante Pflege- und Hilfsdienste**
Kranken-, Alten- und Behindertenpflege, Behandlungspflege / Intensivpflege, Beratung, Hauswirtschaftliche Versorgung, Information und Schulung, Hilfsmittelverleih, Familienpflege, Mobiler sozialer Dienst, Vermittlung von weiteren Hilfen...

- **Sozialstation Bad Camberg - Selters**
- **Sozialstation Hadamar, Beselich, Elz**
- **Sozialstation Limburg einschl. Ortsteile Sozialstation Waldbrunn, Dornburg, Elbtal und Mengerskirchen**

- **Beratung und Hilfe in Problemsituationen:**
Wir informieren, beraten, begleiten und vermitteln Hilfe in vielen unterschiedlichen Problemsituationen.
Caritasverband für den Bezirk Limburg, Schiede 73, 65549 Limburg
Tel. 06431/2005-0, Fax: 06431/2005-51
e-mail: info@caritaslimburg.de   homepage: www.caritaslimburg.de

Gemeinde Weinbach

Die in günstiger Lage zwischen den Flüssen Lahn und Weil gelegene Gemeinde Weinbach stellt mit ihren fast 50 % Wald- und Wiesenflächen einen optimalen Erholungsort dar.

Das Nebeneinander von Tradition und Moderne in Leben und Arbeit der ca. 5000 Einwohner der Gemeinde Weinbach bietet dem Besucher einen lebhaften Einblick in den Alltag einer ländlich geprägten aber trotzdem den Ansprüchen des neuen Jahrtausends gerecht werdenden Gemeinde.

Ein solarbeheiztes Schwimmbad, Spielplätze, zahlreiche Rad- und Wanderwege, Wassersportmöglichkeiten „an und auf der Lahn" sowie die Nähe zu einer Vielzahl berühmter und sehenswerter Ausflugsziele in der Umgebung machen die Gemeinde Weinbach zu einem hervorragenden Ausgangspunkt vieler Unternehmungen.

Desweiteren ist das Wasserschloss in Elkerhausen mit einem Museum für zeitgenössische Kunst und die Burgruine Freienfels in jedem Fall einen Ausflug wert. Die Freienfelser Ritterspiele, die schon weit über die Landesgrenzen hinaus bekannt und die größten ihrer Art in ganz Deutschland sind, ziehen alljährlich hunderte Besucher in ihren Bann.

Für weitere Auskünfte stehen wir Ihnen gerne und jederzeit zur Verfügung:
Gemeindeverwaltung Weinbach, Elkerhäuser Straße 17, 35796 Weinbach,
Tel. 0 64 71 / 9 43 00, Fax 0 64 71 / 94 30 23
e-mail: GemeindeWeinbach@t-online.de, Homepage: www.weinbach.de

292

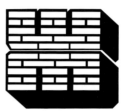

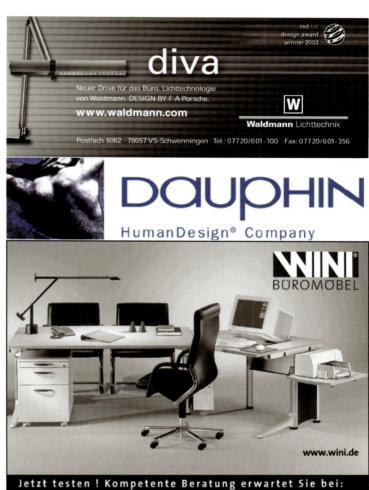